L'ÉCOLOGIE DE L'AMOUR

Dans la même collection :
Réussir son couple, c'est possible, Brigitte Lahaie.
Comment gérer un partenaire toxique, Christophe Médici.
Libérez votre désir, Philippe Arlin.
La masturbation, si on en parlait, Bruno Ponsenard.

Conception graphique couverture : dpcom.fr / Illustration @ Elysart / Istock
Photographie de l'auteur en 4e de couverture : Tous droits réservés
Photographie de Brigitte Lahaie en couverture : © Misha Agard

La Musardine, Libraire-Éditeur,
122, rue du Chemin-Vert – 75011 Paris
www.lamusardine.com
ISBN : 978-2-36490-504-7

DR GÉRARD LELEU

L'ÉCOLOGIE DE L'AMOUR

PSYCHO-LOVE < *La Musardine*

UNE COLLECTION DIRIGÉE PAR BRIGITTE LAHAIE

Du même auteur :

La Fidélité et le Couple, Flammarion, 1999.
La Mâle peur, J'ai Lu, 1999.
Le Jardin des caresses, Flammarion, 2000.
L'Intimité et le Couple, J'ai Lu, 2002.
Le Traité des caresses, J'ai Lu, 2003.
Le Traité du désir, J'ai Lu, 2004.
Amour et calories, J'ai Lu, 2004.
L'Art de bien dormir à deux, J'ai Lu, 2004.
La Caresse de Vénus, Leduc.s Éditions, 2005.
Le Traité des orgasmes, Leduc.s Éditions, 2007.
Comment le rendre fou de vous, Leduc.s Éditions, 2007.
Comment la rendre folle de vous, Leduc.s Éditions, 2008.
L'Art de la fellation, Leduc.s Éditions, 2010.
L'Art du cunninlingus, Leduc.s Éditions, 2010.
Le Traité du plaisir, J'ai Lu, 2011.
L'Homme (nouveau) expliqué aux femmes, Leduc.s Éditions, 2012.
Il n'y a pas d'âge pour s'aimer, conseils pratiques pour une sexualité épanouie, Flammarion, 2015.
L'Art de lui faire l'amour à lui / à elle, Leduc.s Éditions, 2017.
Sexualité : la voie sacrée, Guy Trédaniel, 2017.

Table des matières

Préface
de Brigitte Lahaie

L'écologie est devenue un mot à la mode. Quant à l'amour, il est sans nul doute l'un des premiers ou en tout cas l'un des mots les plus utilisés et appréciés. Lorsque j'ai découvert ce livre, j'ai tout de suite été séduite par son titre. Depuis, il m'arrive très souvent d'évoquer « l'écologie relationnelle », sans nul doute en hommage à cet ouvrage que j'ai dévoré un été avec avidité. Je le garde précieusement dans ma bibliothèque, et en le relisant pour vous le proposer dans cette collection, j'ai vu à quel point de nombreux passages étaient soulignés, encadrés. J'ose le dire, il fait partie pour moi des livres essentiels sur la relation amoureuse. Enfin un livre qui évoque autant l'amour que la sexualité, car l'un ne va pas sans l'autre. S'ajoute à cela une ouverture spirituelle qui permet d'atteindre les dimensions les plus subtiles du cœur.

Ma rencontre avec Gérard Leleu eut lieu au tout début de mon expérience radiophonique, en 2002 je crois. Gérard ne me connaissait pas vraiment. Il n'a jamais été adepte de la pornographie, il aime trop l'âme des femmes sans doute. Ce qui est sûr en revanche, c'est que nous nous sommes tout de suite retrouvés comme deux vieilles âmes toujours en quête de sens et d'amour. Nos parcours sont pourtant bien différents mais nous n'avons de cesse de transmettre nos connaissances et d'aider les gens à vivre plus harmonieusement leur vie de couple.

De même, l'un comme l'autre, nous savons que parler de sexe sans parler d'amour est aussi stupide que d'évoquer la faim sans parler du plaisir de manger.

Lui l'homme si féminin, moi la femme si masculine. Je crois qu'il adorerait que j'évoque notre complémentarité. Ce yin et ce yang qui se rencontrent et se retrouvent comme s'ils s'étaient connus dans un monde plus ancien.

Gérard est bien plus féminin que bon nombre d'hommes. Il sent l'essence féminine mieux que quiconque. Je l'ai surnommé « Docteur Caresses » en référence à son best-seller : *Le Traité des caresses*, paru en 1982, que j'avais lu comme bon nombre de gens à l'époque. Ce livre reste un ouvrage de référence.

Au moment de la première publication de l'*Écologie de l'amour**, Gérard Leleu était probablement un peu en avance, le terme d'écologie n'était pas encore aussi à la mode, mais surtout nous étions dans une époque où tout était sexe et encore sexe. À l'époque, la plupart des livres que je recevais pour mon émission de radio étaient des manuels pour mieux faire l'amour. Nous étions déjà dans cette notion de performance qui, malheureusement, reste toujours aussi présente et nuit à la bonne harmonie sexuelle des couples. C'était le moment où la pornographie hard commençait à exploser faisant oubliant toute la part fantasmatique nécessaire à l'être humain.

Grâce à Gérard et à cet ouvrage, vous découvrirez à quel point la sexualité sans amour ni sensualité, et sans compréhension de ce qu'est notre identité sexuelle, n'a aucun sens. Gérard insiste aussi toujours beaucoup sur nos différences hommes / femmes et sur la nécessité de faire la paix au lieu de se monter les uns contre les autres.

Autant dire que ce livre est sans nul doute encore plus d'actualité qu'au début des années 2000.

---

* Une première édition de l'*Écologie de l'amour* est parue chez Flammarion en 2001.

Voilà pourquoi j'ai le plaisir, l'honneur de vous le proposer dans ce nouveau format.

J'en suis fière et je suis fière d'être l'amie de Gérard qui m'a fait confiance en acceptant de nous offrir cette nouvelle édition.

Ce livre est pour moi comme une bible de l'amour. Ce n'est pas son livre le plus connu, certes, mais contrairement au *Traité des caresses*, celui-ci englobe la totalité de nos rapports charnels. Il est bien plus riche.

Avant de vous laisser en compagnie de Gérard, j'aimerais juste vous dire quelques mots de ce vieil homme toujours aussi jeune dans son esprit. C'est sans nul doute son amour des autres qui lui permet de rester aussi ouvert et débordant de vitalité.

Nous avons passé ensemble quelques soirées à échanger et il me confia pourquoi il est devenu sexologue. Au départ, il était médecin et il découvrit que les patients avaient souvent des maux dont les origines étaient en lien avec leurs malheurs amoureux. De même, si à la fin de la consultation, il posait une question en rapport avec la sexualité du patient, ce dernier pourtant déjà prêt à partir revenait aussitôt s'asseoir et se confiait avec émotion.

Le lien entre le corps malade et la maladie d'amour fut pour Gérard une telle révélation qu'il décida alors de se tourner vers la sexologie. Gérard avait tout juste 45 ans, l'âge des grands tournants de la vie. À cette époque, être sexologue était assez innovant. Je suis certaine qu'il a aidé de nombreuses personnes à comprendre ce qu'aimer veut dire. À les aider à se débarrasser de tout ce qui pollue la relation, bref à devenir des écologiques de l'amour. À vous maintenant de cultiver votre amour, de le respecter comme on devrait le faire avec Gaïa…

INTRODUCTION

« Docteur, me déclare Mme Z, je viens vous consulter parce que j'ai toujours mal à la tête… »

Bien entendu, je vais l'ausculter et prescrire les examens nécessaires ; derrière un mal de tête tout est possible de la banale migraine à la tumeur cérébrale. Mais, d'abord, je vais l'écouter ; si je manifeste un tant soit peu d'intérêt, elle va me confier ce qu'elle a sur le cœur, ou plutôt dans la tête. Alors, il y a huit chances sur dix pour que je découvre dans ses confidences la cause de ses migraines, tant il est vrai que le symptôme n'est autre qu'un message que le médecin a mission de décrypter. Presque toujours, ce message dit : « C'est de n'être pas aimé que je souffre. » En effet, à l'origine de la plupart des maladies se trouve une histoire d'amour malheureuse ; les angoisses, les frustrations, les stress qui en résultent perturbent le fonctionnement des organes. Cette somatisation revient à faire dire au corps ce que la conscience n'a pu supporter ni la bouche exprimer.

De fait, Mme Z, trois semaines avant de venir me consulter, avait trouvé dans la voiture de son mari une lettre d'amour d'une autre femme. Aussitôt, sa tête allait « éclater ». Depuis cet instant, son mal de tête ne l'avait plus quittée. Il est probable que de m'avoir parlé de son chagrin constituera un premier pas vers sa guérison.

Récemment, alors que je feuilletais mes albums de photos, j'en ai extrait les photos de mariage de mes proches et de mes amis. Je les ai étalées sur la table : tous ces êtres souriaient, pleins d'espoir. Cependant, aujourd'hui, rares sont ceux qui ont tenu les promesses de l'aube – à moins que ce ne soit l'aube qui n'ait pas tenu ses promesses – quelle hécatombe !

J'aurais pu me morfondre en délectations moroses, mais, à chaque fois que j'ai été près de désespérer des êtres et de ce monde, une voix m'a interpellé : « Qu'as-tu fait, toi, à ton échelle, pour que le monde soit moins désespérant et que les êtres soient moins désespérés ? Nul n'a le droit de se plaindre s'il n'a pas tout fait pour que les choses aillent mieux. »

Voilà pourquoi j'ai écrit ce livre, dans lequel j'analyse tant de malheureuses expériences et où je propose des remèdes préventifs et curatifs. Je veux l'offrir aux amoureux qui se bécotent sur les bancs publics, pour que leurs rêves ne se transforment pas en cauchemars, aux jeunes époux qui sourient sur le parvis des églises, pour que leur joie demeure, aux divorcés qui sortent des palais de justice, pour qu'ils ne reconduisent pas demain les mêmes scénarios. Et à tous ceux dont le bonheur se délite et le cœur se meurt parce qu'ils n'ont pas protégé leur relation amoureuse des larmes acides, des « amouricides » et autres pollutions qui la détruisent.

Autrefois, durer était plus facile, car tout concourait à maintenir les conjoints ensemble : la pression sociale (les contraintes des mariages religieux et civil, la difficulté, voire l'impossibilité tant juridique qu'éthique de divorcer), la pression morale (le devoir, le péché, la réputation), le statut inférieur de la femme (sa soumission, son manque de revenus personnels).

Quant à être heureux, on faisait comme on pouvait ! De toute façon, compte tenu de l'irréversibilité de la situation, il fallait bien s'évertuer à trouver des accords, voire des arrangements. Ce qui – seul point positif de la contrainte – obligeait à faire des efforts, au lieu de renoncer trop tôt et de se séparer trop vite, comme beaucoup le font actuellement. En outre, la notion de devoir et de vertu en donnant un sens à l'effort, pouvait procurer des bonheurs d'âme.

De nos jours, durer est plus difficile, toutes les contraintes étant levées : le divorce est facilité, les pressions religieuses et sociales sont moindres, et les femmes ont presque les mêmes droits et les mêmes revenus que les hommes. Alors, qu'est-ce qui peut bien faire qu'une femme et un homme puissent s'unir et demeurer ensemble ? Le sentiment d'amour et le désir? L'un et l'autre peuvent s'user. Les intérêts matériels communs, les habitudes? Ces piètres raisons ne peuvent assurer un couple de qualité. Les enfants? « Se sacrifier » pour eux et prolonger un couple dont les conjoints se déchirent ne semble pas être une option favorable à l'épanouissement de chacun. Il faut donc, pour vivre à deux, trouver d'autres relais, un autre sens. C'est ce que nous tenterons de faire tout au long de ces pages.

Être heureux ensemble est, de nos jours, la raison première et la priorité des couples. Mais c'est toujours aussi problématique, les difficultés inhérentes à la nature humaine s'ajoutant à celles de la civilisation actuelle; il n'y a même plus l'obligation de trouver des solutions, puisque, quand le duo ne va plus, il est facile de changer de partenaire. Il est ainsi possible d'aller de partenaire en partenaire sans jamais comprendre ce qu'est l'amour et sans découvrir les secrets de la vie à deux.

Toutefois, le bonheur à deux pourrait être possible si, au lieu d'en rêver de façon quelque peu « bêtifiante », on faisait du couple une pépinière d'évolution et un moyen de s'accomplir (Ce qui suppose d'effectuer un travail – personnel aussi bien que commun –, dans le but de débarrasser la relation entre la femme et l'homme de toutes les pollutions qui l'encombrent).

Face aux problèmes relationnels, certains couples se séparent, profitant de la facilité nouvelle qu'il y a à le faire; d'autres s'efforcent, voire s'obstinent, à vivre ensemble.

Ceux qui se séparent me semblent souvent le faire trop facilement, influencés par la mentalité consumériste ambiante et ses pratiques extrêmes de « l'usage unique » et du « jeter après usage ». Que de gâchis dans ces séparations « Kleenex » : gâchis d'amour, car tout le capital affectif, toutes les potentialités d'entente, toutes les possibilités d'amélioration n'ont pu être exploitées; gâchis par rapport aux enfants, car si pour eux il vaut mieux des parents séparés que des parents s'affrontant en permanence, il serait bien aussi d'avoir des parents réconciliés et réunis; gâchis de patrimoine, car, si la liberté n'a pas de prix, ce qui fut gagné à la sueur de son front est plus respectable que jetable. Alors, dénoncer les pollutions qui embrouillent leur relation, c'est donner aux couples une chance de s'entendre et de mûrir ainsi une décision lourde de conséquences.

Parmi ceux qui restent ensemble, il y a deux catégories: ceux qui trouvent un *modus vivendi* heureux et ceux qui survivent en coexistence plus ou moins pacifique, se résignant à ne pas trouver le bonheur. Chez les résignés au-dedans, beaucoup compensent au-dehors: ils se consolent dans le sport, les arts, les affaires, la politique, la religion; parfois, même, ils s'y «éclatent». Cependant, toutes ces réussites sociales, si elles enivrent les acteurs et éblouissent les spectateurs, n'empêchent pas que dans le secret des cœurs couve l'infinie tristesse de n'avoir pu vivre l'amour. Elle se révélera plus ou moins tard, à l'heure des bilans. Ce sont sans doute ceux qui ont le plus de galons qui seront aussi les plus nostalgiques. Quand, dans mon cabinet, les P.-D.G., députés et chefs de cabinet se retrouvent nus d'âme et de corps, je vois poindre sous leur dépression le regret terrible de n'avoir pu réussir leur couple. Et quand telle femme célèbre par ses romans d'amour me confie combien sont malheureuses ses relations conjugales, je constate que la renommée ne compense pas ces échecs-là, et que le talent de romancière ne remplace pas un travail personnel pour vivre le véritable amour. L'intelligence qui conduit à la réussite publique ne peut mener au bonheur intime, au bonheur réel. Ce qui y mène, c'est l'intelligence du cœur, celle qui permet de se relier, humblement et lucidement, à son soi profond et à l'autre. C'est aussi un travail courageux, qui consiste à éliminer une à une toutes les pollutions qui envahissent le chemin du couple.

Ce qui pollue l'amour, c'est tout ce qui entraîne les incompréhensions, les frustrations, les oppositions, les régressions, les peurs et les souffrances. Donc tout ce qui empêche le bonheur et l'épanouissement de chacun et du couple, ou, pire, provoque le marasme et le malheur pour finalement acculer les êtres à la séparation. Désigner ces pollutions sournoises et proposer les moyens de s'en débarrasser devrait permettre de vivre à deux dans une meilleure harmonie et de cheminer ensemble vers l'accomplissement de chacun et l'acquisition d'une conscience plus libre, plus large et plus élevée.

Au-delà de l'enjeu personnel, il en va de la société à venir, qu'il est impératif d'inventer. Je suis persuadé que le couple, quand il sera devenu cet espace d'harmonie et d'accomplissement, sera la base de la civilisation nouvelle. Apaisé et comblé dans son couple, l'homme (en particulier) n'aura plus à compenser ses frustrations dans des jeux vides de sens (le business, la Bourse, le sport-argent...) ou à transférer son agressivité, née de relations de couple décevantes, dans l'exploitation des autres, leur torture, leur assassinat collectif. Le couple nouveau sera l'embryon d'un monde nouveau.

Pour l'instant, nous vivons une période de transition, où nos valeurs, nos références et nos certitudes sont mises en question, entre autres celles qui fondaient le couple. D'où la désorientation et les souffrances que nous constatons, d'où également la nécessité de tout réinventer. Époque douloureuse, mais passionnante.

PREMIÈRE PARTIE
LES POLLUTIONS LIÉES À L'ENFANCE

Chapitre I
LE MANQUE D'AMOUR DE SOI

C'est parce qu'elle est la plus répandue et la plus nocive que je commence par cette pollution. Le manque d'amour de soi est une force d'autodestruction qui n'a de cesse d'aspirer le partenaire dans le vide qu'elle creuse en lui. Aussi puissante que perfide, elle s'acharne à détruire la relation amoureuse.

Les raisons du manque d'amour de soi

Trop de gens n'aiment pas leur corps et ont du mal à entrer en contact avec lui. Ils ne l'écoutent et ne le sentent pas. Certains croient avoir des raisons de ne pas le supporter : un visage disgracieux, une surcharge pondérale, une taille trop petite, des seins trop volumineux ou trop réduits, etc., ils sont hantés par ces imperfections. D'autres, qui ont un corps parfait, le détestent quand même. Ce ne sont donc pas seulement les imperfections qui conduisent à la mésestime de soi, c'est aussi le regard porté par les parents. Si le père ou la mère n'ont pas valorisé le corps de l'enfant ou, pire, s'ils l'ont dévalorisé, leur avis est inscrit au fer rouge sur son front et sur celui de l'adulte qu'il deviendra.

Sur le plan psychique également, trop de gens ne s'aiment pas vraiment. Ils sous-estiment leurs qualités et ne voient que leurs défauts. Ils font des «complexes» (d'infériorité, d'incapacité, de culpabilité), voire des névroses d'échec. Certains pratiquent l'autodénigrement: ils disent du mal d'eux-mêmes (ce qui est dangereux car il en reste toujours quelque chose chez les autres), ou appliquent l'autopunition: «C'est bien fait pour moi si j'ai raté telle chose.» Ici aussi, l'attitude des parents a été déterminante. Ce sont eux qui ont délivré l'estampille indélébile «cancre», «incapable», «pas aimable».

Les parents ne sont pas les seuls à jouer un rôle dans la dévalorisation. Tous les membres de la famille et les éducateurs y contribuent. L'autodévalorisation n'est que l'écho des déclarations et jugements négatifs émis par les autres. Inversement, ceux qui ont été valorisés dans leur enfance s'aiment, même s'ils sont porteurs de défauts physiques ou psychiques. L'enfant est comme un morceau de cire où s'impriment les avis des adultes, ces dieux tout-puissants qui ne peuvent se tromper.

Au-delà des jugements négatifs, le manque d'amour de soi vient du manque d'amour des parents; ce déficit est plus ou moins grave: parfois énorme, cruel; d'autres fois relatif, car l'enfant peut aussi être un tyran insatiable.

Il faut ajouter que beaucoup de gens ne se connaissent pas réellement: ils n'ont aucune certitude sur ce qu'ils sont, ce qu'ils aiment, ce qui leur fait plaisir, ce dont ils ont besoin, ce qu'ils veulent. Ils ne savent donc pas s'occuper d'eux-mêmes. S'ignorer, c'est aussi une façon de ne pas s'aimer.

Les conséquences perverses du manque d'amour de soi

Les conséquences perverses de ce manque d'amour de soi sur la relation sont multiples :

Celui qui ne s'aime pas se trouve dans le besoin d'être aimé

Il demande alors à son partenaire de l'aimer à sa place et se montre aussi excessif qu'insatiable. Il attend toujours des preuves d'amour, il guette les mots, épie les gestes. Il lui faut sans cesse des confirmations, des réassurances. C'est un mendiant en quête perpétuelle d'amour et de reconnaissance. Il a peur de perdre l'être aimé, il vit dans l'inquiétude et panique à la moindre apparence de désaffection. Du reste, il s'attend à être abandonné : il interprète les phrases et les attitudes dans un sens qui lui est défavorable, il ne retient que ce qui témoignerait d'un désamour et confirmerait qu'il ne peut être aimé. On dit qu'il « tamise ». Du coup, son humeur est instable, il passe vite de l'exaltation à l'effondrement, de l'adoration aux récriminations. Son partenaire, d'abord surpris, ne sait que faire, puis, blasé, il n'accorde pas plus d'importance aux adulations qu'aux reproches. Ainsi, cette personne, non contente d'étouffer et d'épuiser l'autre, le désoriente.

Le plus souvent, celui qui est dans le besoin d'amour cherche à plaire. Pour cela, il se crée une belle façade. Désireux de séduire, il soigne particulièrement son apparence : vêtements à la mode, maquillage élaboré et autres soins d'esthétique. Voulant se faire admirer, il recherche les belles situations et acquiert nombre de biens. Mais, surtout, craignant de déplaire et d'être alors quitté, il s'efforce d'être comme il s'imagine que l'autre le veut. Hélas, l'intimité requiert des êtres authentiques et se situe dans l'être, et non dans le paraître.

Celui qui ne s'aime pas n'est pas capable d'aimer vraiment

Trop occupé à prendre, il ne saurait donner, trop absorbé par le manque fondamental qu'il doit combler, il ne peut être attentif à l'autre. Il confond aimer et besoin d'être aimé. Quand il dit « Je t'aime », il pense « Aime-moi ». Son amour est conditionnel, il n'« aime » que si l'autre reste à sa disposition et ne le contrarie pas ; si ce n'est pas le cas, il peut le détester. Il patauge dans l'ego alors que l'amour véritable exige de le dépasser.

Il arrive que celui qui ne s'aime pas étende sa propre dévalorisation à l'autre : « Si tu m'aimes, pense-t-il, si tu t'intéresses à moi, si tu perds ton temps avec moi, c'est que tu es toi-même aussi insignifiant que moi. » Ce mépris en sourdine est particulièrement polluant.

Celui qui ne s'aime pas risque de ne pas savoir se laisser aimer

Pour ne plus souffrir de ses manques, de ses frustrations, il s'est coupé de ses sens et de son cœur ; pour se protéger de l'extérieur, des violences infligées, il s'est forgé une carapace. Il ne se sent plus, il ne sent plus les autres. Ses sensations et ses sentiments lui sont imperceptibles. Cette dureté est incompatible avec l'intimité.

Parfois aussi, cet être, qui ne sait pas se laisser aimer, développe des tactiques de fuite, telle l'agitation perpétuelle : il se livre à d'incessantes occupations d'ordre professionnel ou autre, il ne peut vraiment pas « rester à ne rien faire ». Pas tant pour prouver qu'il n'est pas ce « paresseux », ce « bon à rien » que dénonce son critique intérieur, mais pour fuir le tête-à-tête avec lui-même ou avec l'autre.

Celui qui ne s'aime pas va multiplier les conflits

Ses demandes et ses récriminations incessantes vont tendre l'atmosphère jusqu'à ce que son partenaire lui accorde les réassurances qu'il attend. Parfois, la tension est telle qu'une dispute éclate. On peut alors se demander pourquoi l'inconscient de celui qui ne s'aime pas l'a poussé à cette extrémité. Qu'en espère-t-il ? La réconciliation ? Pas forcément. Et s'il cherchait la rupture ? En effet, sa position est ambiguë : il semble se plaire à se tenir au bord du gouffre, comme s'il cherchait à y tomber. Tout se passe comme si une voix en lui disait : « Tu ne peux être aimé ; si ta femme actuelle t'aime, c'est qu'elle est stupide. Pour en avoir le cœur net, tu devrais te tester auprès d'une autre femme. Si tu ne réussis pas à t'en faire aimer, une fois de plus la démonstration sera faite que tu n'es pas « aimable ». Juste punition. Si tu trouves quelqu'un qui t'aime, tu seras rassuré pour quelque temps, et tu récupéreras un état fusionnel tout neuf. Alors, tu pourras continuer tes acrobaties. »

Celui qui ne s'aime pas n'existe pas

Aussi va-t-il, pour exister, s'appuyer sur l'autre et vivre à travers lui. À la longue, cette attitude risque d'user ce dernier et d'altérer l'intimité. Celle-ci ne peut se satisfaire longtemps d'une relation déséquilibrée ; les échanges intimes supposent l'existence de deux personnes qui tiennent debout seules, existent à part entière et ont chacune quelque chose à donner.

Celui qui ne s'aime pas ne se connaît pas

C'est pourquoi il ne pourra aider son partenaire à découvrir qui il est, ce qu'il veut, ce qu'il aime. En effet, comment imaginer que l'autre sache ce qui est bon pour lui s'il ne le sait pas lui-même ?

Les heureuses conséquences de l'amour de soi

La plus importante, c'est d'être délivré du besoin de se sentir aimé. C'est la plus grande libération qui soit. En allant chercher l'amour à l'intérieur de nous, nous n'avons plus à le quémander à l'extérieur. Il est du reste logique que le seul, ou en tout cas le premier, à pouvoir combler *réellement* notre grand manque, ce soit nous-même. Nous sommes celui dont l'amour nous est le plus nécessaire.

Débarrassé du besoin d'être aimé, nous pourrons accueillir l'autre sans peur de le perdre, sans crainte de souffrir ; l'autre ne pouvant plus nous faire mal, nous avons le pouvoir de ne plus souffrir. Affranchi de l'état de manque, nous serons en mesure d'aimer l'autre sans réclamer, sans geindre, sans l'épuiser, sans douter, en l'acceptant tel qu'il est, en respectant sa liberté. Notre relation sera équilibrée, vraie, enrichissante, toujours renouvelée et joyeuse. Libéré de l'attente fiévreuse, nous recevrons l'amour non comme un secours vital – et paradoxalement porteur de douleurs potentielles –, mais comme une grâce venue de surcroît, à goûter sans mélange. L'autre n'est pas là pour remplir un vide, mais pour apporter un plus. Enfin, délivré de notre incessante envie de mendier, nous attirerons l'amour. « Mieux on parvient à s'aimer soi-même, plus la source d'amour jaillit librement… C'est aimer qui fait que l'on est aimé, et c'est alors, la plupart du temps, qu'une fidélité qui n'est plus exigée s'installe toute seule. »[6*]

Bref, débarrassé de notre ego, nous pourrons accéder à l'amour-don. Le bonheur en couple nous sera devenu possible.

Se connaître pour s'aimer

La source de l'amour, c'est l'amour de soi et, par extension, l'amour de la vie. Qu'est-ce que s'aimer ? C'est d'abord être bien dans son corps, le connaître, l'accepter et l'aimer tel qu'il est, le respecter et en prendre soin. C'est aussi être bien dans sa tête, se connaître, s'accepter en totalité – sa part d'ombre comme sa part de lumière –, et viser à développer ses dons et à réaliser ses aspirations.

Le « connais-toi toi-même » de Socrate demeure une injonction fondamentale pour l'être humain. Le fait de nous connaître nous permet de choisir ce qui est bon pour nous : les êtres avec qui nous serons en harmonie et avec qui nous pourrons progresser, les actions dans lesquelles s'épanouiront nos aspirations et nos dons. Cela devrait aussi nous permettre d'éviter ce qui est mauvais pour nous : les êtres et les actions néfastes.

Nous voilà donc face à notre miroir, et nous nous posons cette question : « Qui suis-je ? » L'immensité de l'interrogation nous donne le vertige. Alors décomposons-la en sous-questions, en commençant par ce qui est positif.

* Les numéros indiqués renvoient aux références indiquées dans la bibliographie, p. 493.

Quelles sont mes qualités ?

Relevons ce que nous aimons en nous, ce que les autres aiment en nous, ce qui nous a permis de nous affirmer, ce qui nous rassure, ce qui nous donne un sentiment de bonheur intérieur, ce qui nous rapproche des autres. Ces points forts étant recensés, écrivons-les sur une feuille blanche : c'est la base de notre confiance en nous, de l'amour que nous pouvons avoir pour nous ; en un mot, c'est notre base. C'est aussi notre part de lumière ; plus nous la développerons, plus nous nous aimerons et plus on nous aimera.

Quelles sont mes insuffisances ?

Ne rechignons pas, regardons-nous en face et pointons ce que nous n'aimons pas en nous – voire ce qui nous dégoûte –, ce que les autres n'aiment pas en nous, ce qui nous fait rater nos projets, ce qui écarte nos amis et nos proches, ce qui nous rend malheureux, bref, ce que nous voudrions changer. C'est notre part d'ombre.

Là se trouvent nos insuffisances, nos déficiences, nos incapacités, ce qui nous limite et que parents et enseignants ont tellement dénoncé ; c'est de là que viennent nos complexes d'infériorité. Là réside également ce qui nous rend fragile et vulnérable : craintes, manques, insécurité, anxiété, angoisse, même. Là enfin sont les sentiments « mauvais » dont nous avons honte : peurs, ressentiments, colère, haine, agressivité, violence, qui font aussi partie de nous.

Ces sombres facettes se mêlent à nos éclats de lumière. En réalité, nous sommes un assemblage complexe et extravagant du meilleur et du pire, d'autant plus déroutant que les multiples aspects ne sont pas seulement différents, ils sont paradoxaux. Nous avons un côté à la fois aimable et détestable, fort et vulnérable, tendre et cruel, calme et colérique, intrépide et couard, etc. En outre, cette complexité constellée de paradoxes est mouvante et changeante comme un kaléidoscope.

Nous craignons cette part d'ombre; sa noirceur, sa complexité, ses paradoxes, sa mouvance nous donnent une mauvaise image de nous, nous compliquent la vie, brouillent nos points de repère. De plus, parents et éducateurs n'ont eu de cesse de nous les reprocher. Leur attitude dure, rigide, manichéenne, leurs exigences aveugles nous ont rendus extrêmement sévères avec nous-même: nous ne sommes jamais aussi bien que nous le voudrions. En fait, nous ne sommes pas comme ils désiraient que nous soyons.

Bien que nous n'aimions pas notre côté sombre, ayons pourtant le courage de l'explorer, d'en faire l'inventaire, puis de l'accepter. Nous devons même aller plus loin qu'un consentement indulgent, somme toute superficiel; il nous faut accepter plus profondément, plus radicalement notre mauvais côté. Il nous faut l'intégrer, c'est-à-dire considérer que nos défauts et nos insuffisances font autant partie de notre identité que nos qualités: en effet, les nier nous enferme dans la répétition de réactions négatives, tandis que les intégrer nous permettra d'évoluer. Les nier n'a que des inconvénients, les intégrer ne présente que des avantages.

• **Les nier n'empêche pas qu'ils interviennent à notre insu et nous manipulent.** Que nous le voulions ou pas, ils sont indissociables de nos émotions, décisions, actions, relations. Au contraire, les regarder en face et les intégrer nous permet de les contrôler ou les dépasser.

• **Les nier nous maintient dans le faux et la vanité.** À l'inverse, les intégrer nous rend authentique et humble. Et permet des relations justes.

• **Les nier nous contraint à dépenser beaucoup d'énergie** pour conserver la belle façade que nous avons érigée et derrière laquelle nous les dissimulons à nous-même et aux autres. Le fait de les intégrer nous épargne ce gaspillage d'énergie et nous libère, car cette façade est aussi une prison.

• **Les nier nous rend vulnérable**. Rien n'est pire qu'une blessure révélant le défaut de la cuirasse que l'on affectait d'ignorer.

Tout se passe comme si quelque chose que nous voulions cacher était soudain dévoilé ; la peur et la honte se mêlent à la douleur. Les intégrer supprime l'effet de surprise, les sentiments de honte et de peur, et atténue la souffrance. Si, par exemple, nous avons tendance à mentir, mais que nous refusions de l'admettre et redoutions que les gens ne le sachent, nous serons doublement blessés, car surpris et confus quand quelqu'un nous traitera de menteur ; notre blessure sera proportionnelle à nos dénégations. Mais si, un jour, face à notre miroir, nous reconnaissons être enclins à la fabulation, nous accepterons mieux ce reproche à l'avenir. Surtout si, lors de cette confrontation avec nous-même, nous nous interrogeons sur l'origine profonde de nos mensonges (le plus souvent, la peur de parents trop sévères) et si nous décidons d'affronter les situations dangereuses plutôt que de les esquiver par des raisonnements fallacieux.

• **Les nier nous condamne à les pérenniser**, alors que les intégrer nous donne la faculté de nous amender.

• **Les nier, enfin, complique nos relations** avec notre partenaire et plus généralement avec les autres :

- **Si je refuse mes imperfections, je suis intolérant envers moi-même**, ce qui me conduit à être intolérant envers les autres. Ce que je n'accepte pas de moi, je ne peux l'accepter des autres. En revanche, si je reconnais et intègre mes imperfections, je deviens tolérant envers les autres, et en particulier envers l'autre, qui n'aura plus à être cette personne idéale et parfaite dont je rêvais. En m'acceptant, je m'ouvre à l'amour. De l'amour de soi à l'amour de l'autre, la boucle est bouclée.

- **Si je rejette mon ombre, je refuse du même coup d'en identifier les démons**, mais ceux-ci n'en existent pas moins. Quand une difficulté relationnelle apparaîtra, ils se réveilleront et m'inspireront des réactions malheureuses sur lesquelles je n'aurai plus de prise. Par exemple, ils me feront projeter sur l'autre un de mes aspects négatifs, ou l'agresser quand une peur que j'écartais de mon esprit me saisira.

- **Si je méconnais mon ombre, je ne peux pas me confier totalement à l'autre**, ni m'abandonner à une véritable intimité.
- **Si je dénie mon ombre, je ne suis pas en mesure de recevoir l'ombre de l'autre**, ce qui interdit également une relation authentique.

De toute façon, nous devons faire preuve de compassion face à nos déficiences, nos fragilités, nos inquiétudes. Elles ne sont pas la marque d'une infériorité-méchanceté-perversité-etc. particulière, mais celle de notre humanité. Les êtres que nous admirons ont aussi leur ombre et leurs travers, contre lesquels ils ne cessent de lutter. Sortons du jugement, nous qui sommes le fruit amer d'un monde arbitraire ; ceux qui nous jugeaient ne faisaient que projeter leurs mauvais côtés. Traitons avec bonté l'enfant perdu en nous, et faisons-le grandir.

Quels sont mes besoins ?

Comme la plupart des gens, notre plus grand besoin est sans doute d'être aimé. Mais cette exigence qui nous maintient dans une immaturité affective et nous transforme en quêteur insatiable n'est-elle pas excessive ?

Pour mieux se connaître, il convient de se poser certaines questions. Quels sont mes autres besoins ? Qu'est-ce que j'attends de la vie ? Qu'est-ce qui me ferait plaisir ? Si nous ne le savons pas, personne ne le saura non plus, et nous demeurerons insatisfaits. À moins que, comme cela est souvent le cas, notre partenaire ne prétende connaître nos attentes et, imposant ses vues, ne commence à parler et à agir à notre place. Par amour ou par simple gentillesse, nous laissons faire, nous nous laissons faire ; nous voulons tellement être aimés. Mais, un jour, cela ne nous convient plus et nous nous rebellons. C'est alors que se profilent les incompréhensions et les conflits. Il ne faut pas oublier que la sollicitude d'un partenaire peut être une façon de s'approprier l'autre.

Il se peut que nous soyons renseignés sur nos désirs et nos espoirs, mais que nous y ayons renoncé pour nous consacrer à ceux de l'être tellement chéri. C'est une erreur. Aimer, ce n'est pas se sacrifier, renoncer à soi, et cela n'amène pas notre partenaire à nous aimer davantage. Bien au contraire, cela le conduit à ne pas nous prendre en considération plus que nous le faisons nous-même, c'est-à-dire à se désintéresser de nous.

Inversement, si, sachant ce que sont nos besoins, nous nous employons à les satisfaire, si nous nous occupons de nous, si nous nous faisons plaisir, notre partenaire s'intéressera à nous. C'est en se respectant que l'on se fait respecter. C'est en étant fidèle à soi, à la vie en soi, que l'on induit les conditions de la fidélité de l'autre.

Quelles sont mes aspirations ?

Quelles sont mes aspirations ? Pour quoi suis-je fait ? Ces aspirations sont-elles les miennes, celles de mes parents ou celles de l'être aimé ? Qu'ai-je fait pour concrétiser mes ambitions et exploiter mes dons ? Qu'ai-je fait pour devenir ce que je suis, pour être pleinement moi, pour m'accomplir ? Qu'est-ce qui m'empêche de faire ce que je souhaite, pour réaliser ce dont je rêvais quand j'avais dix-huit ans ?

Quels sont mes manques ?

Quelles sont mes frustrations ? Quelles sont mes douleurs ? Quels sont mes ressentiments et mes haines ? Quelles sont mes appréhensions ? Bien plus que mes insuffisances et le manque de chance, ce qui m'empêche d'être moi et de me réaliser, ce sont mes peurs. Nous y reviendrons au chapitre III.

Qu'en est-il de la programmation de mon enfance ?

Où en suis-je par rapport à mon enfance? Comment dois-je me situer dans la constellation familiale? Où en suis-je par rapport à ma mère? Ai-je résolu mon complexe d'Œdipe? Où en suis-je par rapport à mon père? Ai-je résolu mon complexe d'Electre? Qu'en est-il de l'enfant qui est au fond de moi? Est-il paisible ou pleure-t-il encore? Suis-je sorti de la programmation de mon enfance? Ou suis-je encore manipulé par la disquette enregistrée dans mes premières années?

Où en est ma blessure d'enfance? Question subsidiaire de la précédente, mais primordiale. Vraisemblablement, cette blessure est au cœur de la disquette, et c'est elle qui se réactualise et se réveille au cours de remakes des scènes infantiles causant souvent d'insupportables souffrances. Nous aborderons ce sujet dans le chapitre III.

Apprendre à s'aimer

Il est normal de s'aimer, c'est même impératif: pour soi, afin d'exister pleinement; pour les autres, afin de jouer son rôle et d'assumer ses devoirs vis-à-vis d'eux. On ne le répétera jamais assez: la condition fondamentale pour aimer les autres, c'est de s'aimer soi-même. S'aimer, c'est se considérer comme un être à part entière, libre, égal aux autres, fait pour aimer et être aimé – donc digne d'amour –, pourvu d'un certain nombre de qualités qui lui sont propres et dont certaines constituent un véritable talent, une personne destinée à une mission bien précise, en rapport avec son caractère et ses talents. S'aimer, c'est se donner les moyens de rester libre, de vivre dans l'amour, de développer ses dons et de réaliser ce pour quoi on est fait. C'est se construire un ego solide, fécond et ouvert aux autres.

Il est clair que s'aimer n'a rien à voir avec l'égoïsme ou l'égocentrisme. Du reste, ce qui caractérise l'égoïste, ce n'est pas tant l'hypertrophie de l'ego que sa structure exclusivement centripète : il ramène tout à lui, ne parle que de lui, ne pense qu'à lui, ne s'occupe que de lui. Plus qu'une forme de suffisance, cette attitude traduit plutôt un manque en soi, notamment un manque de confiance.

Dans notre culture imprégnée de religion chrétienne, nous avons mauvaise conscience à nous aimer. On nous a tellement prêché l'oubli de soi, voire le sacrifice de soi. Sans doute a-t-on mal entendu le message de Jésus, qui était : « Aime ton prochain *comme toi-même,* pour l'amour de Dieu. » Sans doute aussi a-t-on mal transmis le sens de son supplice final, insistant plus sur le côté sacrificiel que sur sa dimension sacrée, si bien que chez trop de gens le don de soi a des relents de masochisme. Heureusement, la *vox populi* affirme en contrepoint : « Charité bien ordonnée commence par soi-même. »

De nos jours, l'évolution des esprits inverse les attitudes. En réaction à la pression des idéologies dominantes – qu'elles soient religieuses ou politiques –, qui donnaient la priorité à la collectivité sur l'individu, est venu le temps de l'individualisme. Il faut dire que les systèmes de pensée qui nous ont été imposés n'ont pas tenu leur promesse de bonheur ; pire, ils ont enfermé l'homme dans le malheur et la mésestime de soi. Aujourd'hui, l'individu libre de toute pression – mais aussi dépourvu de repères – doit, seul, trouver sa voie et inventer sa religion. C'est à chacun de se construire à sa façon, en fonction de sa nature et de ses prédispositions, de trouver ses références, sa vérité, son sens, son but. Que chacun s'assume, et s'aime corps et âme.

Aimer son corps

Il nous faut aimer notre corps, car dans l'intimité nous le montrons, mieux, nous l'offrons. Mais c'est là un raisonnement trop restrictif. Il faut l'aimer parce qu'il est *nous,* aussi. À partir du moment où nous avons habité ce corps – où nous nous y sommes incarnés –, il est devenu artificiel de vouloir le scinder en physique et en esprit. Nous formons un tout. C'est pourquoi nous ne devrions pas dire « le corps que j'ai », mais « le corps que je suis ». Par ailleurs, notre corps mérite une reconnaissance infinie eu égard aux milliards de milliards de services qu'il nous rend. Enfin, nous pouvons lui vouer une admiration sans borne, compte tenu de la complexité inouïe de sa structure et de la perfection quasi absolue de son fonctionnement. Ayant étudié ces choses et ayant soigné des milliers de malades et de blessés, je sais que la vie est un miracle de chaque instant. Aimons donc la vie qui foisonne dans notre corps.

S'il faut aimer son corps, il est bon de respecter une juste mesure. Autrefois, il était méprisé et diabolisé ; support du désir et objet de plaisir, il était la porte de l'enfer. S'il souffrait, le coupable, c'est qu'il devait expier. S'il peinait, l'esclave, c'est qu'il lui fallait payer l'erreur originelle. De nos jours, sorti de l'interdit qui le frappait, le corps est, à l'inverse, idolâtré. Par force gymnastiques, on gonfle ses muscles ; par toutes sortes de régimes, on élimine sa graisse ; par moult produits cosmétiques, on pare sa peau. Ce culte du corps relève de la civilisation de l'apparence, dont un des buts est d'avoir un beau corps pour avoir une belle façade. C'est une autre façon de le chosifier et de l'exploiter, mais il n'est toujours pas vraiment aimé. Le comportement actuel n'est pas plus juste que l'attitude ancienne.

Aimer son corps, c'est en préserver le bon fonctionnement et même l'améliorer. C'est en tirer du bien-être et des bonheurs. Pour cela, il faut s'occuper de ses sens autant que de ses muscles. J'ai indiqué, dans *Le Traité du plaisir* [24], comment vivre en majesté sa sensualité en pratiquant ces exercices de « sensualisme » qui ouvrent tout grands les sens : sentir pleinement, lentement, longuement une fleur ; admirer avec ferveur, avec lenteur, en s'emplissant de ses couleurs, un coucher de soleil ; déguster en pleine conscience, en s'y adonnant complètement, en recevant largement.

Enfin, aimer son corps, c'est aussi lui parler. Avant de lui demander un effort, formulons réellement notre demande avec des mots. Puis encourageons-le, remercions-le, félicitons-le. Adressons-nous aussi à notre visage, à nos yeux, à notre palais, à notre odorat, à notre peau, à toutes les parties de notre corps. Annonçons-leur ce que nous allons leur offrir comme douceurs ou comme soins : des caresses, un chocolat, une pommade, une douche, une sieste, etc. Et commentons nos offrandes.

Cette tendresse pour notre corps, ce respect, est une forme de gratitude pour ce qu'il y a d'admirable dans son fonctionnement, de foncièrement beau dans sa conception. C'est une reconnaissance de sa part divine, une louange adressée à la nature – ou à Dieu – qui l'a créé. C'est enfin une façon de se relier à la vie qui parcourt le corps de notre partenaire, à la vie en général.

Aimer son esprit

Ce détour par la connaissance de soi, ce questionnement et ces réponses nous ont déjà donné les bases de notre amour pour nous et les moyens de l'approfondir. En voici la quintessence :

- Soyons bien conscient de nos points forts, soulignons-les et appuyons-nous sur eux.
- Intégrons nos points sombres afin d'être plus vrai, donc moins vulnérable, et efforçons-nous de toujours les améliorer.
- Changeons le disque de notre enfance. Les appréciations négatives de cette époque n'ont plus cours. Les douleurs et les peurs remontant à ce temps sont dépassées.
- En dressant le bilan de notre vie, ne soyons pas injuste envers nous-même, voyons ce qui a été fait, parfois dans des circonstances difficiles,

mais ne nous montrons pas trop indulgent non plus. S'il est souhaitable que nous nous aimions, il ne faut pas pour autant que nous soyons trop vite content de nous. Soyons sage, soyons humble, mais soyons ambitieux aussi, à condition que cette ambition soit au service de l'amour et contribue à l'évolution des consciences. En tout cas, essayons. De toute façon, sachons qu'il n'est jamais trop tard pour bien faire, comme le souligne l'adage populaire. On a vu des artistes, des écrivains, des chercheurs qui se révélaient à soixante ans, et même à quatre-vingts ans. Inspirons-nous de cette phrase de Thomas Moore: « Il n'est pas besoin d'espérer pour entreprendre, ni de réussir pour persévérer », elle devrait nous guider. De fait, pour s'aimer, ce qui compte n'est pas de réussir, mais d'essayer. Après, nous pourrons dire, comme François Ier : « Tout est perdu, fors l'honneur. » Et pour l'estime de soi, l'honneur est primordial.

Quand enfin nous parvenons à nous aimer, nous réalisons combien nous pouvons aimer l'autre : sans attendre, sans réclamer, sans geindre, sans le harceler, sans l'épuiser, sans douter, en l'acceptant tel qu'il est, en respectant sa liberté. Notre relation est équilibrée, vraie, enrichissante, toujours renouvelée et joyeuse, et notre intimité est heureuse. Ce bonheur, aucune fortune, aucune gloire ne peut l'égaler. [28]

Ainsi, l'amour de soi, comme on l'entend ici, n'est pas un repli sur l'ego, un recroquevillement sur soi. Il est approfondissement et agrandissement d'une source intérieure, dans le but de la faire rejaillir avec plus de force vers l'extérieur. De toute façon, l'amour de soi ne suffit pas pour vivre heureux ; il n'est porteur de bonheur et de sens que s'il s'étend et circule dans la communauté. C'est le seul moyen de passer du besoin absolu – égoïste – à l'amour absolu – universel. [29]

Chapitre II
LES BLESSURES D'ENFANCE

La plupart d'entre nous souffrent, au plus profond d'eux-mêmes, d'une « blessure d'enfance » plus ou moins marquée. Elle est le résultat de traumatismes psychiques ou physiques – ou les deux – autrefois infligés par des adultes – notamment parents et éducateurs –, et parfois par d'autres enfants.

Il peut s'agir d'une multitude de petits traumatismes répétés qui peu à peu, jour après jour, creusent la plaie. Par exemple, la préférence d'une mère pour la sœur aînée, qui se traduit quotidiennement par les priorités qu'elle lui accorde, les comparaisons dévalorisantes, le partage inéquitable des cadeaux, les punitions injustes. Mais cela peut être un seul grand traumatisme : la punition à la cave, dans le noir, avec les araignées et éventuellement les rats, ou bien la fessée aussi mémorable qu'imméritée. Tous les parents, même les « bons », ont commis de ces erreurs, et aucun d'entre eux ne peut éviter à l'enfant certaines frustrations, contrariétés ou séparations ; celles-ci contribuent, du reste, à l'acquisition de l'autonomie et à la maturation psychique.

Parfois, les parents ne sont nullement responsables de l'événement traumatisant : un père mobilisé partant à la guerre et dont personne ne sait quand il reviendra ni même s'il reviendra après avoir franchi la porte, une valise à la main. Cette scène nous a brisé l'âme et nous ne pouvons l'évoquer sans avoir les larmes aux yeux – pour l'inconscient, le temps n'existe pas. C'est grande blessure, celle qui détermine nos comportements.

D'autres fois, les parents sont gravement responsables : violents, bourreaux, ils battent, martyrisent et séquestrent leurs enfants. Mais la violence la plus terrible et la plus perfide, c'est la violence sexuelle : terrible, car le bourreau viole l'intégrité du corps d'un enfant qui n'a pas son libre arbitre ; perfide, car le bourreau se sert de la tendresse – celle qu'il feint et dont a besoin le petit – et du plaisir – celui ressenti, à contrecœur, par l'enfant – pour circonvenir la victime. Attouchements et rapports sexuels, sodomie sont pratiqués par des pères, des mères, des grands-pères, des oncles, des enseignants. Les faits ne sont pas rares, les psychothérapeutes estiment que sept femmes sur dix ont été l'objet d'actes sexuels forcés au cours de leur enfance. Ici, la blessure est un cratère et met en jeu l'essence même de l'être et son existence psychique. Du cratère montent les effluves les plus toxiques et les plus polluants qui soient, affreux mélange de dégoût de soi, de culpabilité, de haine pour l'autre, de perte d'identité sexuelle et de profond écœurement pour la sexualité.

Pour survivre à ces blessures, surtout si elles sont majeures, pour ne pas en ressentir les lancinements au quotidien, nous les avons enfouies au fond de notre inconscient et les avons recouvertes d'un oubli lourd comme une pierre tombale. Mais, inévitablement, surviendra une circonstance douloureuse qui fera voler en éclats le couvercle, et la blessure du présent rejoindra la blessure d'antan, l'avivera, la creusera. La souffrance résultant de cette combinaison explosera comme une bombe. Les relations amoureuses sont pleines de ces événements propices à rouvrir les plaies.

Ces blessures enfouies constituent les pires pièges pour le couple. En effet, il arrive que nous – notre inconscient – assimilions à tort une scène pénible de notre vie actuelle à une scène traumatisante du passé. L'enfant blessé qui gît au fond de nous se réveille alors, souffre et geint. Il nous entraîne dans des douleurs et des pleurs à contretemps, dans des scénarios qui ne sont plus de mise.

Rouverte, la blessure d'autrefois double, voire décuple les douleurs d'aujourd'hui. La souffrance devient insupportable, la peur se fait panique, la distanciation de l'autre abandon. Il s'ensuit des conduites irraisonnées, des conflits disproportionnés, la relation est lacérée, l'amour malmené.

Il faut s'occuper de cet enfant, et c'est à nous de le faire, individuellement ou avec thérapeute. En aucun cas, il ne faut demander à l'amour – d'une femme, d'un homme – de s'en charger. Ne mélangeons pas les rôles, n'encombrons pas l'amour. Parlons à l'enfant, rassurons-le, consolons-le. Assurons-le que nous l'aimons, que désormais nous sommes son père, sa mère, et qu'il ne sera jamais plus seul, ni blessé. Disons-lui que, maintenant, nous l'écoutons, que nous comprenons son chagrin, qu'à l'époque des événements ses parents n'ont pu agir autrement, que la vie était difficile et qu'ils ont fait ce qu'ils pouvaient, qu'ils étaient eux-mêmes des enfants mal aimés. Séchons ses larmes, faisons-le sourire. Chaque fois que dans notre vie un incident réveillera en nous l'ancienne blessure, parlons à cet enfant, rappelons-lui que l'incident ne le concerne pas, qu'il peut être tranquille. Car l'enfant heureux, c'est notre créativité, notre spontanéité, la fraîcheur de notre sensibilité et notre goût du jeu, c'est notre trésor.

Les blessures de l'enfance ne peuvent être guéries en un temps bref et par des moyens superficiels. Il faut y travailler sans relâche.

Chapitre III
LES DISQUETTES PÉRIMÉES

Tout au long de notre vie, nos comportements et nos émotions sont fortement influencés, voire déterminés, par les événements qui se sont déroulés dans l'enfance et qui sont enregistrés sur nos disquettes infantiles.

La programmation infantile

L'enfant vit dans un microcosme limité aux parents, sœurs et frères, auxquels s'associent les grands-parents et les éducateurs. Pour lui, les « grands » sont tout-puissants et peuvent procurer autant d'agréments que de désagréments, chérir ou abandonner, nourrir ou affamer, caresser ou frapper, gâter ou punir. Impuissant, vulnérable, il est dépendant de leur amour, de leurs humeurs, de leurs névroses. Aussi, dans le but, d'une part, d'obtenir le maximum d'amour et, d'autre part, d'éviter autant que possible les frustrations, les souffrances et les punitions, il échafaude un système de croyances et met au point des schémas d'actions et de réactions.

Ces croyances et schémas, à force d'être confirmés par les faits, sont inscrits de façon indélébile dans son cerveau et chacune de ses cellules. Chaque fois qu'une situation analogue à des situations originelles survient, le programme s'enclenche et détermine automatiquement et inconsciemment les mêmes comportements : séduction, soumission, protection, fuite, colère, révolte, autopunition. Désormais, tout se passe comme si une disquette surprogrammait toute la vie de l'individu : la disquette infantile.

Plus tard, l'adulte entre dans un macrocosme – le couple, les enfants, la famille, le milieu de travail, la ville – et continue à obéir à la disquette du microcosme. Le même système de croyances et les mêmes schémas de comportement dirigent sa vie, bloquant sa pensée, déformant sa perception de la réalité, lui imposant des actions stéréotypées, ce qui limitera ses possibilités d'action et son développement affectif, en d'autres termes sa capacité à aimer.

> Dans son enfance, Arnaud était systématiquement rejeté par son beau-père dès qu'il s'en approchait ou tentait de lui parler. Il en souffrait énormément, car c'était un enfant câlin. Il a donc renoncé à aborder cet homme et à lui adresser la parole ; bientôt, il s'est mis à l'éviter, à le fuir même. Désormais, il fuira toutes les situations où il s'exposerait à être repoussé. Adulte, il se comporte de la même façon : il se protège de tout risque de rejet. Au travail, il n'occupe volontairement que des emplois subalternes et en change dès qu'il s'imagine qu'il peut déplaire. Quant aux femmes, il ne s'intéresse qu'à celles qui sont médiocres et les quitte dès qu'il croit pressentir une désaffection. De telles attitudes le conduisent à rejeter les autres avant même qu'ils l'aient écarté et à s'exclure lui-même. In fine, cette programmation aberrante aboutit à un cercle vicieux : il se croit rejeté, alors qu'il est rejetant, les autres, s'estimant rejetés, l'évitent, ce qui confirme l'impression de rejet ressentie par Arnaud. [29]

Disquette et couple

Dans l'histoire du couple, nos disquettes infantiles déterminent nos relations avec notre partenaire et induisent nos attitudes à son égard. Certaines disquettes comportent des scénarios de rapprochement, d'autres des scénarios d'opposition.

Lors de la première rencontre, c'est un scénario d'attirance qui nous fait élire une personne donnée; ensuite, d'autres scripts confirment notre choix et mettent en scène la relation. Ces scripts, enregistrés autrefois, ont pour auteurs notre mère, notre père, et s'appuient sur ce qu'ils étaient, ce qu'ils faisaient.

Dans l'état amoureux, les scénarios de la série noire sont escamotés au profit de ceux de la Bibliothèque rose ou des films classés X. L'heure est à l'euphorie des sentiments et à l'ivresse du désir. Et tant pis si certaines cassettes ressortent aussi de l'illusionnisme.

Voilà que passe l'état amoureux et que survient la crise. Alors, les scénarios noirs resurgissent et compliquent sérieusement la situation. Ils nous montrent des séquences où nous nous trouvons incapable d'être aimé, d'autres où nous sommes abandonnés; ils nous racontent des histoires qui nous font peur, qui nous poussent à des conflits, qui nous incitent à être possessif, et toutes sortes d'autres situations désagréables. Mauvais films de moments pénibles de l'enfance. Projetés sur le présent, ils lui confèrent un aspect plus dramatique encore. En réactualisant le passé, ils aboutissent à recréer au présent des drames analogues.

Le couple poursuit sa marche, mais les êtres changent, et d'autres crises apparaissent. Certaines cassettes qui assuraient la cohésion de la dyade s'usent, se périment et ne sont plus appropriées au nouveau stade. D'où la énième zone de turbulences dont le couple ne pourra sortir qu'en renonçant aux anciens scénarios et en inventant de nouveaux rapports. « Une relation ne peut se renouveler qu'à condition de se défaire de ses vieilles peaux. » [51]

La disquette abandon

Nombre de peurs, liées cette fois à la mère, commandent la vie affective de la plupart des hommes, et par-dessus tout, la peur de perdre l'amour, née chez l'enfant en ces jours lointains où la mère s'absentait ou, pire, allait rejoindre le père dans le lit. Quarante ans plus tard, l'homme dont la partenaire s'absente de façon inhabituelle sent monter en lui une angoisse, tandis qu'une voix au fond de lui, précisant la menace, susurre : « Et si elle était partie voir un autre homme ? Et si elle allait te quitter ? »

Pour un homme, les souffrances, les angoisses, voire les paniques, qui le saisissent lorsque sa compagne s'intéresse à un autre homme sont des remakes des émotions qui le submergeaient lorsque, autrefois, son père s'interposait entre sa mère et lui ; un père particulièrement dur, qui l'arrachait à la tendresse de sa mère et exigeait qu'il soit mis dans son parc ou dans son lit avant d'emmener la femme dans la chambre parentale. Des drames semblables, l'enfant en a vécu des centaines. Dans le vécu du petit, c'est peu de parler de jalousie : il s'agit d'une peur atroce de perdre l'amour.

Sur un mode un peu différent, la femme a engrammé les mêmes disquettes. C'est pourquoi tous les êtres, quel que soit leur sexe, vivent si douloureusement l'infidélité avérée de leur partenaire. Leur souffrance peut les entraîner dans des réactions violentes et inappropriées : mots acerbes, gestes agressifs envers l'autre ou envers eux-mêmes, décisions hâtives. Aussi faut-il qu'ils apprennent à contrôler leurs émotions et leurs réactions. Ils y arriveront par un effort de conscientisation qui leur révélera le rôle désastreux joué par leurs disquettes infantiles.

Lucides, ils comprendront que si leur douleur est d'une telle intensité – et donc disproportionnée –, c'est qu'inconsciemment ils assimilent l'événement actuel à des scénarios enregistrés dans l'enfance, si bien que la souffrance du présent se double de celle du passé. Pourtant, la situation est différente : ce ne sont plus des enfants impuissants, dépendants, condamnés à subir ; ils sont adultes, libres de se déterminer. Cette démarche leur permettra de relativiser leurs émotions, de les ramener à de plus justes proportions. Mais il leur restera à s'occuper de l'enfant de la disquette.

Cette conscientisation leur fera également découvrir que leur partenaire n'est pas responsable à 100 % de leur chagrin, et qu'il n'est pas équitable ni bon de le charger. Si sa conduite les affecte tant, c'est que, comme on l'a vu, elle trouve en eux un écho amplifié par les disquettes anciennes. À la limite, le partenaire n'est qu'un figurant en avant-scène de leur théâtre intérieur, mais le véritable acteur est l'enfant qui est en eux. Les mots méchants et les gestes mauvais qu'ils adressent à leur partenaire sont en réalité ceux de l'enfant éperdu qui règle leur compte aux auteurs présumés de ses souffrances passées, ses parents en particulier. En pratiquant le discernement et en se responsabilisant, le couple détend l'ambiance et rend possible un dialogue constructif.

Nicole avait un père distant, voire indifférent ; elle attendait en vain des signes d'affection et d'intérêt de sa part. Voyant qu'il n'était pas attaché à sa famille, elle craignait, quand il s'absentait, qu'il ne revienne pas. Un jour, il quitta définitivement la maison.
Patrick, lui, avait une mère trop affectueuse, qui l'étouffait. Négligée par son mari, pris par ses affaires, elle avait reporté toute son affection sur son fils. Patrick devait sans cesse se protéger de ses excès de tendresse en se renfermant, en se retirant.
Quand Patrick a épousé Nicole, il a accepté ses manifestations d'affection. Mais à la longue, ses craintes d'être étouffé ont eu tendance à prendre le dessus. Alors le couple est entré dans un cercle infernal : plus Patrick se méfiait, prenant quelque distance, plus Nicole, inquiète, le sollicitait. Et plus Nicole le serrait, plus Patrick se retirait. Par peur de n'être plus aimée ou, pire, d'être abandonnée, elle réclamait des preuves d'amour, se cramponnait. Par crainte d'être étouffé, Patrick se faisait froid et distant, se fermait, s'isolait. Nicole vivait ce

besoin d'isolement comme une menace. Patrick ressentait le besoin d'amour de Nicole comme une menace aussi.
Sans doute le couple serait-il allé vers une rupture si Nicole et Patrick n'avaient pas fait une thérapie qui leur a révélé le rôle de leur scénario d'enfance.

La disquette colère

Il est une autre situation où les scénarios du cinéma muet – notre cinéma intérieur et son programme infantile – nous font jouer des rôles dépassés : les scènes de ménage. En réalité, il s'agit de la remise en scène d'une colère datant de la petite enfance, mais ce que nous avions sur le cœur n'a pu être formulé. La femme dit à son mari ce qu'elle n'a jamais pu exprimer devant son père ; le mari dit à son épouse ce qu'il n'a jamais osé déclarer à sa mère. Si bien que, dans la dispute, celui qui est apparemment la cible n'est pas vraiment concerné, puisque l'attaque est destinée au parent de même sexe. En prenant conscience du fait que le casting est faussé, il sera plus facile de gérer le conflit.

En laissant agir l'ancien programme, nous nous infligeons beaucoup de souffrances, aussi intenses qu'inutiles. Pire, nous nous laissons entraîner dans des comportements inadaptés au présent, erronés et répétitifs, véritables scénarios qui reprennent des événements de l'enfance et nous conduisent à l'échec par panique, manque de confiance en nous-même et autopunition.

Il est temps que nous changions de disquette. Celle de l'enfance est périmée, elle ne correspond plus à la réalité. Plus grave encore, elle crée une fausse réalité en projetant une vision dépassée sur l'actualité. Sous son emprise, nous demeurons infantile, c'est-à-dire inachevé, bloqué dans une position de survie et incapable d'évoluer vers d'autres façons d'aimer. Le plus grand progrès de conscience que nous puissions faire, c'est d'en finir avec la programmation du microcosme. Il faut, dans une situation douloureuse, repérer ce qui appartient au passé et bien prendre conscience de ce qui est archaïque (et donc infantile) dans notre comportement actuel. Nous devons alors nous dire : « Stop, elle n'est pas ma mère, il n'est pas mon père et je ne suis pas cet enfant éperdu ! », et, plus généralement, éviter de prendre l'autre pour ce qu'il n'est pas et la situation pour ce qu'elle n'est pas. Cette conscientisation va désamorcer la puissance délétère des scénarios anciens.

La plus grande réussite humaine est de devenir, sur le plan affectif, une personne parachevée, capable d'évoluer vers des formes d'amour plus matures. [28]

Chapitre IV
LES CROYANCES D'ENFANCE

Ce sont des appréciations que nous avons sur la vie en général et sur nous en particulier, et qui nous servent de repères pour nous situer dans les aléas de l'existence : pensées philosophiques, vision du monde, jugement de valeur énonçant le bien et le mal, le vice et la vertu, règles de conduite. Il arrive que nous nous en servions de façon irréfléchie, mais le plus souvent c'est inconsciemment qu'elles dictent nos comportements. D'appréciations, elles se font parfois « certitudes », « vérités », et peuvent alors devenir des chaînes et des carcans.

Les origines des croyances

La plupart des croyances ont été formulées, voire imposées, au cours de notre enfance, par les « grands » – essentiellement les membres de notre famille et nos proches – et sont profondément imprimées en nous. Ils ont tiré certaines de leurs « vérités », de leur propre expérience de la vie ; les autres, ils les tiennent eux-mêmes de la « société » et n'en sont que le relais. Ils ne font alors que transmettre des idées préconçues et des mythes couramment répandus ; il s'agit le plus souvent de généralisations qui remontent à la nuit des temps et ne sont pas toujours rationnelles.

Mais l'enfant que nous étions a pu établir ses propres convictions en conclusion à des constats répétés concernant son vécu. Les croyances d'enfance sont les plus tenaces.

Par la suite, tout au long de notre existence, nous continuons à collecter ou à inventer d'autres appréciations. Nous sommes également amenés à réajuster nos croyances de base en fonction des événements que nous vivons : de l'opinion que nous nous en faisons, nous tirons de nouvelles conclusions.

Les rôles néfastes des croyances

Les croyances déterminent fortement notre vie amoureuse. Elles sont partie prenante dans le choix du partenaire et la conduite de nos relations avec lui. Leur influence est souvent néfaste, polluante pour la vie du couple, et elles sont à l'origine de beaucoup de problèmes et de conflits. Faussant notre jugement, elles empêchent l'évaluation saine d'une situation ; distribuant les rôles, elles contrarient la libre expression de notre personnalité ; proposant des solutions toutes prêtes, elles limitent notre créativité et entravent notre capacité à nous adapter spontanément ; imposant des contraintes (obligations, devoirs, règles strictes), elles engendrent l'inquiétude de mal faire et la culpabilité d'avoir mal fait ; jouant parfois la prophétie de malheur, elles induisent découragement et fatalisme. Tout cela génère des attentes, des inhibitions, des frustrations, des échecs, de la colère, des oppositions – oppositions inévitables, chacun ayant ses croyances et sa vision du monde, souvent différentes de celles de l'autre.

Enfin, les croyances reflétant des stéréotypes anciens – ceux de nos parents – ou, pire, rétrogrades – ceux de la société –, freinent l'évolution de chacun, et donc celle du couple. D'une façon plus générale, les vérités «éternelles» entravent toute réflexion sur le vivre en couple.

La liste noire des croyances

Croyances concernant l'estime de soi

• Croyances dévalorisantes

Je ne pourrai jamais être aimé. Je ne mérite pas que l'on m'aime. Je ne suis pas assez bien pour être aimé. Je ne vaux pas la peine, ça ne va pas durer. Si elle me trompe, c'est que je ne présente aucun intérêt.

• Croyances autoculpabilisantes

Si mon mari est triste, c'est que je ne sais pas le rendre heureux.

• Croyances interdisant d'être authentique, car sous-tendues par la peur de perdre

Si je me montre tel que je suis, elle ne pourra plus m'aimer. Si je lui dis la vérité, il me quittera et j'en mourrai. Il ne faut rien faire qui lui déplaise, sinon elle partira. Je me soumets pour ne pas le décevoir. Il faut toujours faire plaisir pour être aimé. Il ne faut jamais contrarier pour être aimé. Il ne faut jamais avouer son amour.

À l'origine de cette kyrielle de fausses idées, il y a la certitude – fondée ou non – d'un manque d'amour de la part des parents, qui, elle-même, génère la conviction d'être peu valable, voire mauvais.

Le manque d'estime de soi peut également être dû à une interprétation erronée de l'attitude des parents par l'enfant.

> Pierre, dont la mère s'est suicidée alors qu'il n'avait que sept ans, s'imagine que s'il avait été un bon enfant il aurait su l'empêcher de faire ce geste. Élodie, dont le père a divorcé et quitté le foyer, croit que si elle avait été toujours gentille son père ne serait pas parti.

Croyances à propos de l'amour

L'amour c'est éternel, il n'y a rien à faire. L'amour, ça doit durer toujours. Amour rime avec toujours.

L'amour, ça ne dure pas. Le mariage tue le prince charmant.

Le bonheur, ça n'existe pas. Le bonheur, ça se paie.

L'amour va me sauver. Puisque je l'aime, je vais le sauver, c'est ma mission. Quand on aime, on est tenu de faire le bonheur de l'autre. L'amour va combler toutes mes attentes.

Quand on aime, on ne peut avoir de colère. Quand on aime, on ne doit pas montrer sa colère. Quand on aime, on ne peut pas se disputer. Quand on aime, on est toujours d'accord. Puisque tu n'es pas d'accord, c'est que tu ne m'aimes pas.

On ne doit pas faire l'amour avant le mariage.

Le but du mariage, c'est d'être heureux.

Croyances concernant la relation

Quand on est en couple, on ne fait qu'un. Quand on est en couple, on fait tout ensemble. Quand on est en couple, on ressent les mêmes choses. Quand on est en couple, on doit tout se dire.

- Mon partenaire doit deviner mes attentes, mes désirs, mes besoins, mes émotions...

• Mon partenaire ne doit s'occuper que de moi. Ma partenaire ne doit aimer que moi.
• Si mon partenaire ne s'adresse plus à moi, c'est qu'il me fait la tête et ne m'aime plus.
• Si, quand je suis en colère, mon mari se tait ou, pire encore, sort de la pièce, c'est qu'il est indifférent envers moi, que je ne l'intéresse plus.
• Si je l'aime, il doit m'aimer. Si je me dévoue, si je donne, je suis en droit d'attendre la même chose.
• Si l'on s'aime, on doit faire du vélo ensemble le dimanche après-midi.
• Quand on a trois enfants, on ne divorce pas.

Croyances au sujet des sexes

Les femmes

• Les femmes sont inconstantes, menteuses, frivoles, etc. On ne peut leur faire confiance.
• Les femmes sont masos, elles aiment se soumettre et souffrir.
• Au fond, les femmes sont méchantes, elles adorent faire souffrir les hommes.
• Il n'est jamais bon qu'une femme gagne plus d'argent que son compagnon.
• Une femme doit toujours être d'accord avec son mari.
• Une femme ne peut vivre seule, elle a besoin d'un homme.
• Actuellement, les femmes préfèrent vivre seules, car elles n'ont pas besoin d'homme.
• Les femmes n'aiment pas les hommes sensibles.
• Les femmes préfèrent les hommes autoritaires, qui les dominent.

Les hommes

• Les hommes sont égoïstes.
• Tous les hommes sont des machos.
• Les hommes sont des coureurs.
• Tous les hommes sont des salauds.

- Les hommes sont tous les mêmes, ils finissent toujours par vous laisser tomber.
- On ne peut faire confiance aux hommes.
- Un homme, ça ne doit pas être coquet.
- Un homme, ça ne pleure pas, ça ne se plaint pas.
- Un homme qui offre un cadeau sans raison a quelque chose à se faire pardonner.

Il faut faire sa propre liste d'idées reçues, puis effectuer le travail que je vais proposer.

Pour en finir avec les mauvaises croyances

Pour se débarrasser de l'emprise des croyances, il faut faire un effort de conscientisation. Cela consiste à les sortir de notre subconscient, à les repérer, à les examiner, à prendre la mesure de leur nocivité, à prendre conscience de leur fausseté et, enfin, à trouver des contre-croyances.

Pour repérer les croyances, il faut savoir qu'elles s'expriment souvent par le verbe *devoir*: on doit, on ne doit pas, tu devrais, tu ne devrais pas, ou bien le verbe *falloir*: il faut, il ne faut pas. Elles contiennent fréquemment les termes *toujours* ou *jamais*. Elles comportent des raisonnements qui se veulent logiques : *Si tu… c'est que…*

Prendre la mesure de leur nocivité, c'est réaliser à quel point elles stéréotypent nos réponses, rigidifient nos comportements, nous confinent dans l'attente, entretiennent nos illusions, nous privent de tous les possibles, bref, bloquent notre évolution. C'est voir aussi qu'elles nous empêchent d'être authentique, de prendre des décisions personnelles, de nous adapter à chaque situation. Enfin, c'est évaluer ce qu'elles nous coûtent en énergie.

Prendre conscience de leur fausseté, c'est découvrir qu'elles ne sont que la généralisation abusive de l'opinion d'une personne (peut-être nous-même), d'une famille, d'une société.

Exemple : un homme dont les membres de la famille n'ont cessé de lui répéter qu'il fallait se méfier des rousses, car ce sont des femmes volages, tombe amoureux d'une femme rousse. Interpellé, il décide d'approfondir cette croyance familiale. Que découvre-t-il ? Que la voisine de sa grand-mère était rousse et qu'elle a séduit son grand-père !

Autre exemple : nous avons entendu dire que les hommes qui font des cadeaux sans raison ont quelque chose à cacher ou à se faire pardonner. Si nous cherchons un peu, nous apprendrons que la femme à l'origine de cette loi générale avait un mari particulièrement infidèle. Pour masquer ses activités clandestines, il créait un rideau de fumée dont les cadeaux faisaient partie.

Trouver des contre-croyances, c'est imaginer des sentences qui s'opposent aux idées reçues en expliquant et interprétant autrement les faits.

Exemple : face à un mari qui devient silencieux et tend à s'isoler, sa femme est convaincue qu'une telle attitude signifie qu'il se désintéresse d'elle, qu'il ne l'aime plus. Trouvons une contre-croyance : un homme qui se tait et se retire est un homme fatigué et soucieux qui n'ose en parler pour ne pas inquiéter sa femme. Ou : les êtres ont bien le droit d'avoir des phases de retrait. Ou bien : il existe des hommes introvertis, ça ne les empêche pas d'aimer.

Autre exemple : quand on aime, on est toujours d'accord, dit la croyance. Puisque tu n'es pas d'accord et qu'en plus tu montres de la colère, c'est que tu ne m'aimes plus. La contre-croyance sera : on peut parfaitement aimer et n'être pas d'accord, et même éprouver de la colère.

Exemple : si elle ne veut pas faire de vélo avec moi le dimanche après-midi, c'est qu'elle ne m'aime pas assez, dit la croyance. À nous d'imaginer la contre-croyance : une femme qui refuse de faire du vélo avec son mari est une femme aimante. Cette affirmation nécessite le développement suivant : c'est parce qu'elle m'aime qu'elle ne veut pas faire du vélo ; elle déteste cela. Si elle se force par trop, elle sera en colère et de mauvaise humeur, chose qu'elle ne souhaite pas.

Face à toutes ces affirmations, nous devons nous poser les bonnes questions, celles qui nous remettent en cause et nous responsabilisent (sans toutefois nous culpabiliser), et inventer les réponses justes et responsabilisantes.

In fine, le but est de retrouver notre libre arbitre, de penser et d'agir selon nos propres aspirations.

Chapitre V
L'IMMATURITÉ AFFECTIVE

C'est, avec le manque d'amour de soi, la pire des pollutions. Du reste, elle est liée à l'autodévalorisation, comme nous le verrons. Elle est à la source de la plupart de nos souffrances et des conflits avec notre partenaire. On sait que 80 % des séparations sont initiées par les femmes, et le motif qu'elles avancent le plus souvent est l'immaturité de leur conjoint. Précisons qu'elles désignent ici l'immaturité affective, les hommes en question ayant par ailleurs une vie professionnelle satisfaisante, et certains même une carrière très réussie.

L'empreinte des dieux

Pour l'enfant, les dieux tout-puissants, adorés et redoutés, sont sa mère et son père. Après l'avoir conçu, ils vont le façonner pendant des années, le marquant à jamais de leur empreinte.

La relation mère-enfant

La relation mère-enfant conditionne nos amours à venir. Selon les cas, elle favorisera la formation d'un couple harmonieux ou, au contraire, fera le lit des mésententes et des infidélités. De l'amour infantile, il faut garder certains aspects et en éliminer d'autres.

Ce qui caractérise l'amour de l'enfant, c'est qu'il est égocentrique : aimer, pour le tout-petit, c'est être dans le besoin d'amour. Nécessité physiologique avant tout – besoin de nourriture, de chaleur, de contact – exigence psychique aussi – besoin de présence, afin que l'on apaise ses douleurs et ses chagrins. Il demande, il réclame même, que cessent ces désagréments au profit des agréments. Très vite, le bébé s'attachera, et ses attentes primaires se doubleront de besoins affectifs. Certes, il donnera à son tour, par ses sourires, ses rires, ses gazouillis, bien conscient de faire plaisir, mais son égocentrisme sera toujours présent. Son immaturité – cérébrale, intellectuelle, motrice – en fait un être vulnérable, et donc un quémandeur.

Selon l'attitude de nos parents – notre mère surtout – notre amour infantile évoluera vers une attitude plus oblative ou restera foncièrement égocentrique. La façon dont ils nous ont aimés dans notre enfance déterminera nos comportements amoureux futurs ; à notre insu, notre vie amoureuse rééditera des aspects de notre vie affective infantile. De même, la manière dont ils se sont aimés l'un l'autre conditionnera notre couple ultérieur. À notre corps défendant, notre partenaire sera le substitut de nos parents.

Le couple de référence

Si nos parents se sont aimés, nous avons le maximum de chances de former d'emblée un couple d'amour. C'est pourquoi il est très important que l'enfant voie ses parents se témoigner leur affection, par exemple en échangeant des paroles ou des gestes tendres.

Si nos parents se sont mal aimés, nous manquerons de références ou de repères pour construire un bon couple. Pire, nous aurons tendance à suivre certains schémas de ce modèle. Dans le cas de parents infidèles, les conséquences dépendront du contexte : l'enfant va soit s'identifier au modèle, soit le rejeter. Prenons le cas d'une petite fille dont la mère est coquette et séductrice, mais par ailleurs mal aimante et peu disponible. L'enfant va repousser cet aspect de la féminité ; elle se fera terne, sans séduction, et affichera des tendances masculines. Inversement, si sa mère ne montre aucun désir de plaire et est peu intéressée par l'amour, laissant son mari sur sa soif de féminité, la fillette s'en rendra bien compte et, à l'avenir, s'identifiera aux fantasmes de son père : elle se fera désirable, enjôleuse, et s'offrira quelques adultères.

Si nos parents nous ont aimés de la meilleure façon qui soit, ni étouffante ni insuffisante, dans un juste milieu, notre vie affective sera probablement réussie. Mieux nous aurons été aimés, mieux nous serons capable d'aimer et d'être aimé. C'est d'abord la mère qui apprend à son enfant ce qu'est l'amour. Sur cette base, il pourra construire son amour de soi et saura établir des relations durables avec les autres : amour femme-homme, mais aussi amour en général.

Si nos parents n'ont pas su ou pu aimer, notre vie affective sera compromise. On peut se demander comment il se fait que les parents qui – sauf exceptions pathologiques – aiment leurs enfants se conduisent trop souvent d'une façon apparemment trop dure, trop distante ou même stupide, si bien que la plupart des gens souffrent de ne pas avoir été aimés comme ils l'auraient voulu. C'est que les parents, bien qu'aimants, commettent des erreurs. Il y a ceux qui ont mauvais caractère, ceux qui sont anxieux, voire dépressifs, ceux qui travaillent beaucoup et sont souvent absents et surmenés, ceux qui critiquent en public ou comparent avec le cousin, ceux qui ne sentent pas les besoins de l'enfant et attendent que celui-ci se comporte comme ils le souhaitent, ceux qui l'aiment trop, l'étouffent, le couvent – les possessifs –, ceux qui pratiquent l'amour conditionnel : « Je t'aime si tu es comme je te rêve, si tu fais ce que je veux. Je ne t'aimerais plus si tu n'es pas… si tu ne fais pas…» Mais comment être comme cela, parfaitement comme cela? Du coup, l'enfant vit dans la peur de n'être plus aimé. Enfin, il y a ceux qui sont dans l'incapacité d'aimer, car ils ne s'aiment pas, l'enfant qu'eux-mêmes ont été n'ayant pas été aimé; ils ne peuvent que projeter sur leur propre enfant la mésestime dans laquelle ils ont été tenus. [28]

Bien entendu, il faut tempérer la responsabilité des parents en se souvenant que bébé a un appétit d'amour insatiable, tyrannique; quoi que l'on fasse, c'est toujours insuffisant. D'autre part, l'enfant considère ses parents comme des êtres tout-puissants, parfaits, infatigables, bref, des dieux; il est forcément déçu quand il ne reçoit pas ce qu'il attend.

Quelle que soit la mauvaise façon d'aimer, le résultat est toujours le même: les parents et les adultes en général ont nécessairement raison, et s'ils n'aiment pas assez l'enfant, c'est qu'il ne le mérite pas. Ainsi naît le non-amour de soi, dont les conséquences sont importantes, parfois tragiques (en particulier dans la vie affective), et perdurent jusqu'à ce que soit entrepris un travail sur soi. La première, et la plus grave, c'est qu'ainsi se crée un besoin d'amour incommensurable qui s'ajoute au grand manque et exaspère la quête d'amour. Ainsi est scellé le destin de la plupart des gens perpétuellement amoureux de l'amour et lancés dans une recherche incessante d'un autre introuvable. Ils vont de femme en femme, d'homme en homme, mendiant l'amour.

Ces mal-aimés de l'enfance, condamnés à ne pas s'aimer eux-mêmes, sont des paniers sans fond. Leur manque est tel que l'on a beau y déverser des trésors d'amour, d'admiration et de réassurance, le vide est toujours là. Rien n'est pire que de ne pas s'aimer.

Chaque erreur des parents, et plus généralement des adultes, contribue à creuser ce vide chez l'enfant. Parfois survient un événement marquant qui produit en lui une blessure ponctuelle; ce peut être un événement apparemment anodin, mais mal vécu (une réflexion, un oubli…), ou un événement plus grave (une injustice flagrante, une violence, un abandon plus ou moins réel) ; tous ces incidents entretiendront ou aggraveront la blessure et ses douleurs, si bien qu'à tout âge elle sera prête à se rouvrir et influera sur le cours de la vie.

Les réactions de l'enfant

Pour se garder du mal-amour, des frustrations, des blessures, des souffrances et des peurs qui s'ensuivent, l'enfant élabore un système de protection.

• **Écorché, il s'entoure d'une carapace** de manière à être moins perméable aux événements extérieurs, à moins ressentir les tourments infligés. Mais, chez certains, le cœur reste vulnérable, sans doute un défaut de la cuirasse. Cette carapace gênera beaucoup la communication dans le couple.

• **Docile, il échafaude une façade devant sa personnalité réelle**, façade faite sur mesure, selon les souhaits de ses parents. Il s'agit de leur plaire, dans l'espoir d'en être aimé, et de ne pas les contrarier, afin de s'épargner rejet et punitions. Ce faux moi devient une seconde nature ; et l'enfant ne saura plus ce qui lui appartient vraiment, quels sont ses vrais désirs, ses vrais plaisirs, ses véritables émotions, ses véritables réactions. Il sera coupé de lui-même. Quand viendra le temps d'aimer, sa façade jouera de mauvais tours aux relations amoureuses : basée sur des apparences, elle sera fausse, illusoire. Comme les illusions ne résistent pas à l'épreuve de la vie à deux, le couple ne tardera guère à entrer en crise.

• **Craintif, il s'affuble d'un masque** pour cacher ses faiblesses, ses hontes, ses méchancetés. C'est le masque « enfant gentil » qui est le plus porté, car il donne droit à l'amour des autres. Il le gardera sans doute toute sa vie sans avoir conscience de la somme de reniements de soi-même et de lâcheté qu'il implique. Ce masque jouera aux aimants les mêmes tours que la façade.

• **Prudent, il élabore et met au point un système de croyances** et de comportements destinés à lui éviter les châtiments de ses parents et à lui attirer leurs bonnes grâces.

Ces croyances et comportements mille fois expérimentés sont mémorisés et constituent des programmes de survie qu'il ressort chaque fois que la situation le commande. Il continuera à utiliser les disquettes de sauvegarde à l'âge adulte, dans des circonstances qui ressemblent à celles de l'enfance, mais qui en réalité en diffèrent; d'où des douleurs inutiles et des réactions inadaptées, dont les effets seront particulièrement pervers dans les relations amoureuses.

Les conséquences sur les amours à venir

Tout ce qui s'est passé dans l'enfance hypothèque nos futures relations amoureuses.

• **Notre sentiment d'avoir été mal aimé nous conduira à rechercher un être susceptible de réparer ce déficit.** Le lancinement de nos blessures nous poussera à chercher la personne qui saura nous panser. Toutefois, ces amours établis sur un manque et sur une plaie risquent d'être temporaires. Le besoin étant fondamentalement insatiable – un panier sans fond – et la plaie réellement inguérissable, notre partenaire finira par se lasser. Par ailleurs, notre soif d'amour étant immense, nous la projetons trop vite sur des êtres inaptes à l'étancher.

> Joël rencontre Sylvie et croit voir en elle la femme la plus tendre du monde. Dans la réalité, Sylvie se révèle dure et rigide, parce que réprimée dans son enfance. Ainsi Joël n'a pas vu la femme réelle, mais la projection de son rêve de femme tendre. De son côté, Sylvie est également déçue, car elle pensait Joël adulte, or il est immature.[28]

Seul un travail sur nous-même peut nous débarrasser de notre déficit d'amour et de nos blessures.

• **Notre besoin maladif d'être aimé va nous exposer à nombre de souffrances et de peurs.** Les souffrances correspondent à la réouverture de blessures anciennes à l'occasion de circonstances qui rappellent une situation passée. Les peurs gravitent autour de l'éventualité d'être moins aimé ou, pire, quitté. Tout est motif pour souffrir et craindre, d'autant que tout est interprété dans un sens défavorable : les mots ou les silences, les gestes ou leur absence, les attitudes, les oublis, les rencontres, les horaires constituent autant de menaces de désamour, d'indices de trahison, voire d'abandon. Nous en arrivons à vouer une sorte de ressentiment contre l'autre, car il a le pouvoir de provoquer en nous des sentiments pénibles ; c'est tout juste si la haine n'est pas aussi forte que l'amour. Notre partenaire finit par percevoir notre ambivalence et en est perturbé. Ici encore, un travail personnel pourra nous débarrasser de notre besoin d'être aimé et des peurs qui en résultent. Ainsi devenu stable, solide et délivré d'un excès émotionnel, nous pourrons nous situer à un autre niveau d'amour. Et notre partenaire, libre d'être une personne différente de nous, pourra nous aimer sans restriction.

• **Notre non-amour de nous-même aura des conséquences importantes sur notre vie et nos relations à venir :** il nous poussera sans cesse à chercher quelqu'un qui nous aimera à notre place, nous rendra à notre propre estime, nous redonnera confiance en nous ; pour notre partenaire, c'est un travail de Sisyphe qui risque d'être décourageant. Autres conséquences : il nous mettra dans l'incapacité d'aimer vraiment, il nous gênera pour recevoir l'amour de l'autre, enfin, il nous donnera mauvais caractère en nous faisant patauger dans le mauvais ego, cet amour-propre qui rend susceptible, vulnérable, égocentrique, perfectionniste par vanité. Ayant été jugé nous-même, nous jugeons à notre tour, condamnons, culpabilisons – nous-même autant que les autres –, et cette sorte de paranoïa nous fait inutilement souffrir et brouiller la relation avec notre partenaire. Pour sortir du non-amour de soi, un travail de réconciliation avec soi-même doit être entrepris.

• **Notre besoin de relation fusionnelle** venu de l'enfance pourra également conduire nos amours de demain dans des impasses. Nous reviendrons sur ce sujet.

Un lourd héritage

En tant qu'êtres sexués, la femme et l'homme paieront chèrement l'héritage de l'amour infantile. L'homme sera sans doute le plus entravé : adulte, il retrouvera dans son couple une personne de sexe opposé, comme c'était le cas dans son couple premier ; là où était la mère est l'épouse ; femme, elle a de la mère l'odeur, la voix, le visage, les bras, les seins, le sexe, mais aussi les manières, le psychisme. Et lui, il se niche contre ce corps, contre ces seins, dans ces bras ; mieux, il entre dans ce sexe où il passa, dans ce ventre où il fut lové. Comment ne pas penser alors que l'homme, plus ou moins inconsciemment de façon fantasmatique, vit un retour à la fusion enfantine et utérine ? Comment ne pas imaginer qu'il prend une revanche différée sur celui qui l'a évincé : le père ? L'union avec une personne du sexe de sa mère entraîne pour l'homme un certain nombre de problèmes.

• **Son besoin d'être aimé se référant au modèle maternel**, il voudra être aimé d'un amour absolu et fusionnel : puissant, total, permanent, inconditionnel. Si, sur ce plan, sa mère l'a comblé, il en redemande ; si sa mère l'a frustré, il veut se rattraper. De toute manière, il se condamne à être insatisfait, car aucune femme ne pourra éternellement offrir le même don de soi, la même disponibilité, la même indulgence.

• **Son exigence d'amour entrera en conflit avec son besoin d'autonomie** ; ses sentiments seront ambigus : il voudra la liberté et sa nostalgie le poussera à la fusion, au risque d'être emprisonné. Il voudra l'indépendance et son désir l'amènera aux rives d'un corps où il était enclos et qui risque de l'enclore à nouveau. Je te fuis et j'aspire à ta présence, je me veux libre et je me livre, je t'aime et je te hais.

• **Son respect de la mère et, au-delà, l'interdit de l'inceste pourront handicaper son désir** pour cette femme dont la tendresse et le corps sont maternels aussi. Cette dialectique madone-putain pourra être à l'origine de l'infidélité. Nous y reviendrons également.

Pour la femme, l'héritage de l'amour infantile est peut-être moins lourd, car l'être qu'elle rencontre dans l'amour est d'un sexe différent de celui de sa mère. Ce qui n'empêche pas la survivance d'un besoin d'amour absolu et fusionnel : ce qui est inscrit dans sa mémoire, c'est la façon dont elle a été aimée lorsqu'elle était enfant

Sortir de l'immaturité

En analysant ce qui constitue le manque de maturité, on découvre qu'il est fait de nombreux composants, les plus importants étant un besoin excessif d'être aimé, pas encore dépassé, et une difficulté à se responsabiliser sur le plan affectif.

Le besoin excessif d'être aimé

Sa cause, rappelons-le, est un manque d'amour des parents – manque plus ou moins réel. Ses conséquences pour le couple sont dramatiques, comme nous l'avons vu également : incapacité d'aimer inconditionnellement, c'est-à-dire de se situer pleinement dans le don d'amour, difficulté – paradoxale – à recevoir l'amour, comportement conflictuel. On ne le répétera jamais assez : s'il est normal de vouloir être reconnu, apprécié, aimé – ce qui est une aspiration vitale remontant à l'arrivée de l'enfant, nu, impuissant, dépendant, en ce monde si dur –, un besoin excessif d'être aimé est une tare qui complique la vie et dramatise les relations. En effet, cet excès renforce la nature infantile du besoin : il se fait absolu et exclusif. Si tel est notre cas, ce que nous voulons, c'est être pris en charge totalement, en permanence et sans partage. À l'extrême, c'est la fusion que nous désirons. Nous sommes exigeant, voire tyrannique. Et terriblement égocentrique : tout nous est dû. Ce besoin nous rend donc inapte à aimer véritablement : nous prenons tout, mais nous donnons peu. Si au moins ça nous rendait heureux, mais ce besoin nous insécurise : nous vivons dans la peur d'être abandonné, ce qui entraîne anxiété, susceptibilité, possessivité, soupçons, intrusions,\ contrôles.

De plus, nous sommes insatiable. Malgré tous les mots et les gestes qui nous sont offerts, notre panier est toujours vide, et nous ne sommes jamais content. Nos incessantes réclamations et notre insatisfaction finissent par lasser ceux qui nous donnent.

Enfin, nous sommes dépendant. Ce besoin d'amour est une addiction qui fait de l'autre notre alcool, notre drogue. Pour être aimé, nous ferions n'importe quoi, même aimer… et là, nous nous abusons : quand nous croyons aimer généreusement, en réalité nous aimons pour recevoir de l'amour en retour ; nous confondons aimer et besoin d'être aimé. Quand nous disons « Je t'aime », notre inconscient dit « Aime-moi, j'ai besoin de toi ». Pour être aimé, nous irions même jusqu'à soigner ; les professions de médecin, d'infirmière, d'assistante sociale, d'éducateur, etc., garantissent toutes des retombées de gratitude, des échos d'amour.

Le besoin d'être aimé est le plus grand manipulateur qui soit, tant vis-à-vis de nous-même que vis-à-vis de l'autre : nous voudrions le rendre dépendant ; en tout cas, nous craignons et refusons son autonomie. Pour montrer l'exemple, nous renonçons à la nôtre. Pour obtenir ce que nous voulons, nous pratiquons le *terrorisme relationnel*: « Si tu m'aimais, tu ne lirais pas quand on est ensemble », « Si tu m'aimais, tu ne ferais pas de foot », « Si tu m'aimais, tu me dirais où tu es allée » etc. Sous le couvert de l'amour – en fait, un pseudo-amour-, il y a beaucoup de violence dans l'intimité.

Nous ne serons capables d'aimer et d'être heureux que lorsque nous aurons dépassé ce besoin excessif d'amour. Il faut absolument que nous prenions clairement conscience de cela, que nous reconnaissions honnêtement qu'il est à l'origine de nos souffrances, de nos peurs, de nos échecs et, surtout, de notre incapacité à aimer. Quel gâchis que notre vie sentimentale jusqu'alors ! Mais quel courage lorsque nous décidons de regarder les choses en face. Si nous sommes prêt à nous débarrasser de ce besoin, donnons-nous-en les moyens : aimons-nous, réconcilions-nous avec nous-même. Quand nous nous aimerons, nous trouverons en nous les ressources que nous allions mendier chez les autres. Pour s'aimer, pour se connaître, il faut faire un travail sur soi : chercher en soi l'enfant frustré et blessé, et entreprendre de combler ses manques et de panser ses plaies, discerner les manipulations de la disquette infantile et les déjouer en changeant le programme enregistré.

La difficulté à se responsabiliser

D'une façon générale, le problème de la responsabilité n'est pas toujours simple. Faire la distinction entre ce dont nous sommes responsable et ce dont nous ne sommes pas responsable est l'un des plus grands problèmes de l'existence. Il y a ceux qui affirment plutôt : « Ce n'est pas de ma faute » et ceux qui ont tendance à dire : « Oui, c'est à cause de moi ». Les personnes qui ont grandi sans amour et sans estime – ou peu – se sentent plus facilement coupables. Si leur mère ou leur père ne les ont pas aimées ou estimées – compte tenu du fait que les parents sont des êtres parfaits et ont forcément raison – c'est que réellement elles n'en valaient pas la peine ; en conséquence, dans toutes les situations litigieuses, ces personnes se chargent des torts. Inversement, les enfants qui ont été rendus coupables de méfaits qu'ils n'avaient pas commis et punis injustement (spécialement par le pire des châtiments : « Je ne t'aime plus ») seront enclins à esquiver toute responsabilité et même à en charger quelqu'un d'autre : « Ce n'est pas moi, c'est untel. » Adultes, ils continueront à tout mettre sur le compte de l'autre. Finalement, la capacité de jauger sa responsabilité est le résultat d'une longue maturation.

On retrouvera, dans la relation amoureuse, les deux façons de réagir face à l'adversité et aux souffrances : l'autoaccusation, fondée sur un sentiment de mésestime de soi et de culpabilité, et l'accusation du conjoint : « C'est de ta faute, tu as fait ceci, tu n'as pas fait cela », « C'est toi qui as voulu, qui n'as pas voulu ». Nous sommes très doués pour culpabiliser l'autre, et il faut dire que ça marche à tous les coups : si on ne réussit pas toujours à infléchir ses décisions, au moins, on lui donne mauvaise conscience.

Il arrive aussi que nous accusions le destin : « Je n'ai vraiment pas de chance, je suis à nouveau tombée sur un homme comme ceci », « Je joue de malchance, j'ai encore hérité d'une femme comme cela ».

Accuser le conjoint ou le destin, c'est refuser sa responsabilité et se poser en victime, ce qui évite de se remettre en cause et attire quelque consolation. Pour se situer justement, en matière de responsabilité, il est important de discerner l'hétéro-responsabilité et l'auto-responsabilité. [41]

L'hétéro-responsabilité

C'est être conscient de la conséquence de nos actes et de nos paroles pour l'autre.

Jusqu'au milieu du siècle dernier, les gens avaient tendance à confondre responsabilité et culpabilité, et à se sentir trop vite fautifs ; attitude qu'explique l'influence de la religion chrétienne (ce qu'en ont fait ses clercs), qui prônait le sacrifice et invitait à battre sa coulpe. Inversement, depuis quelques années, est apparue une tendance à se laver les mains de ce qu'il advient à l'autre ; le courant individualiste et les mouvements du « développement personnel », dont un des dogmes est « C'est ton problème », expliquent cette déresponsabilisation. La juste position ne se trouve ni dans la culpabilisation ni dans l'indifférence, mais elle consiste à accepter d'être « partie prenante », c'est-à-dire responsable en partie.

L'auto-responsabilité

C'est être responsable envers soi-même de ce qui arrive, de ce que l'on ressent et de ce que l'on décide.

• Nous sommes responsable de ce qui nous arrive : nos insatisfactions, nos échecs, nos ruptures. Si notre conjoint nous quitte, au lieu d'émettre des sentences « C'est un traître », « C'est une parjure » , demandons-nous : « Quelle relation lui ai-je offerte ? » En effet, nos difficultés viennent d'abord de nous, pas de l'autre. Nous sommes responsable de nos manques, de nos peurs, de nos interprétations, de la relation que nous avons établie et même de notre programmation infantile, car, sur tous ces plans, nous pouvons travailler. Nous pouvons par exemple travailler sur le passé et transformer la relation douloureuse avec nos parents : aller les voir, leur parler, leur rendre verbalement et symboliquement les jugements qu'ils ont émis à notre égard, les préférences qu'ils ont manifestées pour notre sœur, les angoisses qu'ils ont fait peser sur nous. Certes le travail sur soi est difficile et il est plus commode d'accuser.

• Nous sommes responsable de ce que nous ressentons. Assumer la responsabilité de ses émotions est particulièrement important dans la vie de couple. Cela évite de charger l'autre injustement. C'est nous qui donnons à notre ressenti son intensité et sa qualité. C'est vrai pour la joie comme pour la peur, et plus encore pour la souffrance. Notre souffrance vient de notre sensibilité, de notre vulnérabilité, et plus sûrement encore de nos blessures, celles de toute notre histoire personnelle, et spécialement notre blessure d'enfance. Nous pouvons aller jusqu'à affirmer que nous nous faisons souffrir nous-même et alors nous demander : « Avec quoi est-ce que je me blesse ? » Nous verrons que, souvent, nous nous torturons avec peu de choses : une bribe de phrase, par exemple, que nous ressassons pendant des heures, voire des semaines, qui nous empoisonne la vie, pollue notre existence. Peut-être cette bribe contenait-elle un jugement négatif sur nous ; mais ce n'est peut-être pas le cas, et c'est nous qui l'avons interprétée en notre défaveur, ce qui arrive fréquemment.

Sortir de l'immaturité, c'est donc cesser d'accuser l'autre et la malchance, c'est accepter que les causes de nos manques, de nos douleurs, de nos peurs, de nos comportements, de nos malheurs, de nos échecs sont en nous, et décider de travailler sur elles. De toute façon, nous sommes la seule personne à pouvoir prendre la responsabilité de le faire, et aussi la plus apte à le faire.

S'il est si important de se responsabiliser, c'est que c'est un moyen de progresser. Tant que nous reportons sur l'autre notre responsabilité, tant que nous n'assumons pas nos erreurs, nous ne pouvons les analyser, les comprendre et résoudre les problèmes sous-jacents qui les génèrent : alors, nous stagnons. En revanche, si nous prenons sur nous tous nos actes, même les moins glorieux, nous entrons dans un processus d'évolution et de libération intérieure : d'esclave qui subit l'autre et les événements, nous devenons un être libre de choisir, de décider et d'assurer la suite de ses décisions. Autrement dit, nous quittons le statut de victime pour nous réapproprier notre pouvoir et être créateur de notre vie. Ce qu'il y a de merveilleux dans la responsabilité assumée, c'est qu'elle implique la solution des difficultés : puisque le mal est en nous, le remède est en nous.

La victimisation

Entretenir la victimisation, c'est se maintenir dans l'irresponsabilité, rester dans le reproche et l'accusation : « C'est toi qui m'as dit de faire cela », « Tu fais tout pour me rendre malheureuse » etc.

Cette position a quelques avantages : éviter de se remettre en cause, satisfaire son penchant masochiste en se complaisant dans la douleur et le ressentiment (n'y a t il pas quelque jouissance à toujours se présenter en mal-aimé, en incompris, en frustré ?), punir le conjoint en le désignant comme coupable, voire comme bourreau. Il n'empêche que cette position interdit d'évoluer et de trouver une relation harmonieuse avec l'autre. Il faut en sortir, et pour cela :

- **Prendre conscience de notre statut** et des bénéfices secondaires que nous en attendons.

- **Nous responsabiliser dans la relation**: «Je suis partie prenante de ce que je dis et fais (hétéro-responsabilité), je suis responsable de la façon dont je reçois ce qui vient de l'autre, de ce que je ressens alors (auto-responsabilité).» [43]
- **Changer de langage: passer de l'accusation** («Tu es toujours en retard») **à l'expression de ses émotions** («Je ressens mal ton retard. J'ai l'impression de n'être pas importante pour toi»).
- **Restituer la violence par le verbe ou en symbolisant**: «Hier, tu m'as accusé devant Catherine et Claude de dépenser sans compter. Je refuse de prendre à mon compte, justement, cette disqualification. Je te la restitue. Et je t'offre cette tirelire pour symboliser mon refus.», «Ta colère de mardi m'a fait beaucoup de peine, je ne veux pas la conserver. Je te la rends et te donne ce mini-gant de boxe qui représente la violence que j'ai reçue.»

D'autres attitudes infantiles

Ce sont des attitudes qui tentent de prolonger ou de faire renaître la relation enfant-mère. Tant que nous ne serons pas sortis de ce modèle archaïque, nous ne pourrons offrir à l'autre de bonnes relations. Il faut donc y renoncer.

- **Renoncer à l'exigence, en rayant ces pensées:** «Mes besoins à peine apparus doivent être satisfaits. Je veux être servi sans même avoir à demander ou simplement en grognant. Je rêve que mon amant me donne l'amour inconditionnel que me donnait maman.»
- **Renoncer à l'illusion de toute-puissance qu'ont les enfants, en bannissant cette réflexion:** «Il me suffit de désirer pour que le monde entier, et maman en particulier, me comble.»
- **Renoncer au langage infantile et adopter un langage adulte.**

Dans l'ordre de la demande: *passer de j'exige, j'impose, je contrains, je supplie, je séduis, j'espère, à je demande, je propose.*

Dans l'ordre du donner: passer de *j'impose, je force, j'envahis, je me donne en sacrifice, je me renie pour me donner à l'autre à j'offre.*

Dans l'ordre du refuser : passer de *j'élude, je fais semblant d'accepter, je rejette, à je dis non, je me positionne.*

Dans la communication : passer du *on* et du *nous* au *je,* des généralités au concret, des concepts au ressenti, du *parler sur l'autre* au *parler de soi.*

• **Renoncer à l'approbation des autres**, à l'avis des autres pour décider de faire.

• **Renoncer à se justifier.**

• **Renoncer à la possessivité**, à l'aliénation, respecter la liberté de l'autre.

• **Renoncer à sa propre dépendance, se rendre autonome.**

• **Renoncer à l'illusion que l'amour est un remède et le couple une guérison.**

L'amour est fait pour danser, pas pour panser.

• **Renoncer à plaire.** S'affirmer, assumer ce que l'on dit et fait, oser être soi, sortir de l'image, laisser émerger ce que l'on est, se présenter comme on est, être cohérent avec soi-même, être en accord avec ce que l'on éprouve.

• **Se positionner clairement sans se préoccuper des peurs et des exigences de l'autre.**

• **Savoir dire non.**

• **Affronter les frustrations.**

Tout cela suppose de changer, de remettre en cause nos comportements, nos habitudes, nos croyances, ce qui ne se fait pas sans un sentiment de déstabilisation, d'insécurité, ni sans affronter les incompréhensions, les peurs, l'hostilité, le rejet des autres, qui eux-mêmes sont déstabilisés et insécurisés par nos remises en cause.

Immaturité et infidélité

C'est souvent par immaturité que nous courons de bras en bras, car, en réalité, c'est une mère ou un père que nous cherchons. Il est vrai que l'état amoureux permet de rejouer un rôle d'enfant. Les premiers temps de la rencontre constituent une forme de régression infantile, l'amour naissant faisant réémerger notre enfant intérieur. Et chacun de redevenir qui une petite fille, qui un petit garçon. Pour le meilleur et pour le pire.

Le meilleur, c'est le bon côté de l'enfant. Il nous incite à déposer armes et armure, et il nous invite à nous offrir à l'amour ou à révéler notre attente, confiant, vulnérable. Il nous permet aussi de redevenir naïf, joueur, créatif, câlin. Et, par le jeu et la tendresse, d'accéder à la fusion. Ce bon côté doit être accueilli avec humilité, c'est le meilleur de l'amour.

Mais il faut se méfier du pire, du mauvais côté de l'enfance que la régression a exhibé aussi. Ce sale gosse est tyrannique, d'autant plus qu'il a été blessé. Il exige qu'on l'accepte inconditionnellement, que l'on réponde immédiatement et totalement à toutes ses attentes, que l'on se consacre entièrement à sa blessure. Il exige enfin que l'on soit semblable à lui, que l'on adopte ses goûts, ses habitudes, ses croyances. Tout cela, il le réclame de façon expresse, voire avec rage ou violence. De vorace, il peut se faire terroriste. Pour être au service de cet enfant et conforme à ce qu'il veut, le partenaire doit renoncer à ses propres besoins.

Tant qu'il est dans l'état amoureux, le partenaire se voue à cet enfant dont le bon côté est attachant, mais un jour arrive la phase de crise. Le plus mature du couple sort le premier de la confusion (illusions, projections, idéalisation) de l'état amoureux, s'autonomise et prend un peu de recul. L'autre, le plus immature, panique, croit à la trahison et à l'abandon. Le premier, que la crise a encore davantage mûri, est lucide, il voit devant lui un enfant éperdu au lieu de l'adulte qu'il attendait. Comme il l'aime malgré tout, il reste avec lui. Mais c'est l'enfant terrible qui rompra, pour repartir à la recherche d'une autre mère de substitution. À moins qu'il ne s'évade épisodiquement pour se faire materner de ci, de là. [28]

Les immatures sont fondamentalement instables, et leur parcours affectif est chaotique. Ils accumulent ruptures et divorces, collectionnent les infidélités. Ils s'emballent et s'engagent prestement, mais déchantent aussi vite. Ils continueront à se rendre malheureux et à semer le malheur tant qu'ils n'auront pas conscience du fait que l'être absolu – une mère, un père – dont ils rêvent n'existe pas, tant qu'ils ne comprendront pas que c'est à eux de mûrir et de trouver en eux l'absolu. Quand ils y seront parvenus, ils pourront enfin passer de l'état amoureux à l'amour véritable.

> Mon mari, dit Laurence, c'est mon troisième enfant. J'essaie de le changer, mais toutes nos discussions sont vaines. Il dit toujours que rien n'est de sa faute, qu'il est un mari modèle, et que c'est moi qui ne l'aime pas assez. J'en ai marre d'être la mère d'un enfant de trente ans.

Toute solution valable aux problèmes de couple passe par la résolution des problèmes personnels de chacun. Il n'y a pas d'autre issue. Il faut renoncer à croire que les choses vont s'arranger toutes seules et à attendre que l'autre change, en espérant bien entendu que cette évolution ira dans un sens qui nous convient. C'est sur nous-même qu'il faut commencer à travailler, et tant mieux si l'autre s'y met aussi.

Le but est de trouver et d'affirmer sa vraie personnalité. « Deviens ce que tu es » nous invite à nous débarrasser du faux moi, des apparences, des croyances, des comportements qui nous ont été imposés par les parents, les éducateurs, les religieux, pour retrouver notre vrai moi, c'est-à-dire nos sentiments propres, nos besoins personnels, nos attitudes véritables, et leur faire confiance. C'est ainsi que nous retrouvons notre vrai pouvoir, ce qui revient à être fidèle à soi-même.

Le but est aussi de s'épargner d'inutiles souffrances, d'échapper à des peurs génératrices de scénarios désastreux, de cesser de subir sa vie pour en devenir le créateur, de sortir du mal d'amour pour entrer dans l'amour véritable, bref, d'acquérir une certaine sagesse et de s'approcher d'une forme de bonheur.

Pour atteindre ces buts, il faut entreprendre une véritable transformation de soi, ce qui implique non seulement d'effectuer une introspection afin de se connaître, mais aussi de remettre en cause ses croyances et ses comportements, de se réconcilier avec soi. Alors on peut espérer grandir, mûrir et s'accomplir.

DEUXIÈME PARTIE
LES POLLUTIONS LIÉES À L'ÉVOLUTION DE L'ÉTAT AMOUREUX

Chapitre I
LE MAUVAIS CHOIX

Du choix originel va dépendre l'avenir du couple – sa qualité, ses conflits, sa permanence. On peut même affirmer que les failles et la fin (éventuelle) du couple sont contenues dans cette élection. Toutefois, il n'y a pas de fatalité, car une évolution maturatrice, au prix de quelques crises, est toujours possible.

Le choix en fonction du physique

L'aspect physique joue évidemment un rôle dans le choix. En cette ère du paraître, l'apparence – les formes du corps, les vêtements que l'on porte – est déterminante. Sera élue la personne dont la silhouette et le look ressemblent à ceux des vedettes du spectacle – du cinéma en particulier – ou des top modèles. Ce choix a aussi pour fonction de narcissiser le conquérant en lui permettant d'exhiber sa belle conquête et de s'en parer. Un tel choix ne garantit pas une union heureuse et durable. Sous une apparence flatteuse peuvent se cacher des perturbations psychologiques génératrices de relations conflictuelles, et la réciprocité de l'attrait physique ne préjuge pas des incompatibilités. Quant à la beauté et à la célébrité, elles sont souvent éphémères, ce qui fragilise tout couple fondé sur elles. D'autant que notre époque est aussi celle de la consommation et du « jeter après usage » et que cette mentalité s'applique également aux partenaires ; pour peu qu'ils perdent de leur éclat, on n'hésite pas à les éliminer pour les remplacer par un partenaire plus « top » encore.

Pour que ce genre d'union dure et se consolide, il faudrait que chacun sorte de la civilisation de « l'avoir » et opte pour celle de « l'être », et devienne ainsi authentique (voir cinquième partie, chapitre I, « Avoir et paraître »).

L'attrait sexuel est un élément important du choix. Dans de nombreux cas, l'attirance « charnelle » – le désir – est déterminante, a fortiori si les premiers échanges sexuels apportent les joies pressenties. Notons que l'attrait sexuel n'est pas exclusivement lié à l'apparence physique, en particulier à la beauté ; de multiples paramètres, plus ou moins mystérieux, y participent, dont sûrement les phéromones, ces molécules odoriférantes qui sont les messagères du désir. Ce que l'on constate, en tout cas, en ces jours de prépondérance sexuelle – retour obligé du balancier des siècles de répression –, c'est l'influence croissante de la libido dans la formation des couples.

L'attirance sexuelle est-elle un critère de bon choix ? On sait bien que le désir, si on ne sait le nourrir, s'use inexorablement. Aussi, une option basée essentiellement sur la sexualité ne semble pas suffire pour constituer un couple à toute épreuve. Il sera indispensable que le duo trouve d'autres accords et d'autres relais.

Par ailleurs, il existe des *éléments de choix* qui semblent concerner l'aspect physique, mais qui relèvent plus des qualités psychiques : le charme, la séduction, la gentillesse, l'ouverture d'esprit, l'autorité, etc. Encore faut-il que les impressions que donne l'extérieur correspondent bien à une réalité intérieure. Les échanges verbaux, en faisant avancer dans la connaissance de l'autre, fourniront des éléments d'appréciation qui confirmeront ou infirmeront les premières impressions, et renforceront ou annuleront le choix.

Le choix de l'inconscient

En réalité, quand nous tombons amoureux, quelque chose est plus fort que toutes ces raisons, quelque chose qui décide pour nous et emporte tout, quelque chose qui semble relever de l'irrationnel. Les romantiques parlent du destin. Les psychanalystes, eux, désignent l'inconscient. Quand les amants déclarent « C'est lui (elle) que j'attendais », « Je l'ai reconnu(e) tout de suite » ou « C'était écrit », ils sont près de la vérité, à la différence que la prédestination à laquelle ils croient n'est pas romanesque, mais psychanalytique : cette attirance irrésistible, c'est leur inconscient qui la crée, le choix, c'est l'inconscient qui le fait. Et l'amour réciproque, c'est la rencontre des deux inconscients. [32]

L'inconscient ne fait pas n'importe quoi, il a ses raisons que la conscience ne connaît pas – vraiment, l'amour n'est pas aveugle. L'inconscient opte en fonction de ses schémas profonds (désirs, attentes, croyances, etc.), il détecte la personne qui pourrait y répondre. Autrement dit, nous tombons amoureux quand nous rencontrons quelqu'un qui pourrait confirmer notre être, réparer nos blessures, nous sécuriser, résoudre nos problèmes existentiels et nous aider à trouver les moyens de réaliser nos possibilités (ce pour quoi nous sommes fait). Les amants se « reconnaissent » lorsque, à ces complétudes inconscientes, s'ajoutent des correspondances : des affinités (le goût pour le piano, par exemple) et une essence commune (même idéal, même rêve, même espérance).

L'inconscient fait-il le bon choix ? Sans doute, à l'instant de la première rencontre, son choix est-il judicieux, mais, sur la durée, ce choix ne peut garantir une harmonie éternelle. D'abord, les êtres présentent tant de facettes (et autant d'attentes, de possibilités, de peurs, etc.) que le premier choix ne peut les satisfaire toutes et pour toujours. Ensuite, les êtres évoluent, et si certaines facettes sont satisfaites et en paix, d'autres soudain exigent d'être comblées à leur tour. Enfin, il arrive que les facettes qui posaient problème soient satisfaites, mais que l'être n'éprouve plus d'intérêt pour celui ou celle qui s'en était préoccupé(e) ; le choix originel n'a plus de raison d'être. C'est, par exemple, le cas de cette femme qui, particulièrement fragile à une période de sa vie, a eu besoin d'un homme protecteur ; après avoir fait un travail pour devenir autonome, elle a pu se passer de son protecteur.

L'inconscient n'a rien oublié de notre histoire, et principalement de nos débuts, qui furent une période extrêmement sensible : notre cerveau encore vierge a enregistré une foule d'informations sur nous-même, sur les autres, sur la vie – des règles, des interdits, des croyances –, et notre état d'immaturité et d'impuissance a conféré à nos parents un pouvoir d'influence absolu : ils étaient non seulement ceux qui nous nourrissaient, mais aussi ceux qui nous protégeaient de toutes sortes de peurs – peur d'avoir faim, peur du froid, peur de l'abandon, etc. Notons que parmi les informations répertoriées par notre cerveau figurent aussi toutes ces scènes de peurs, de frustrations, de douleurs. Au total, de cette époque persistent en nous des inhibitions, des obsessions, une tendance à la dépendance, des insécurités, des attentes… C'est dans ce fatras de notre parcours personnel que nos choix plongent leurs racines.

L'inconscient porte également l'histoire de notre famille. La psychogénéalogie nous apprend qu'au-delà de notre parcours individuel, nos aïeux, de façon transgénérationnelle, influencent notre vie. Ce que nous avons d'eux en nous nous fait rencontrer des problèmes semblables aux leurs, et répéter leurs comportements. C'est pourquoi nos choix affectifs ont également des racines dans l'histoire familiale.

Le choix de l'empreinte

Un matin, Konrad Lorenz, qui venait d'observer durant de longues heures l'éclosion d'une couvée d'œufs d'oie, eut la surprise de voir certains des oisillons nés se diriger vers lui et ne plus vouloir le quitter, s'attachant à ses pas. Ce comportement des nouveau-nés persista jusqu'au jour où les oiseaux, devenus adultes, partirent pour leur migration annuelle. Autre surprise de Lorenz : au printemps suivant, ces mêmes oies revinrent sur le lieu de leur naissance et témoignèrent le même attachement pour le savant. Il en fut ainsi tous les ans. De cette expérience et d'autres qui suivirent, Lorenz tira cette loi : ce que l'animal voit ou entend à l'instant de sa naissance – animal, humain ou chose – devient objet d'amour, et l'attachement qu'il lui voue dès lors sera indéfectible. C'est le phénomène d'empreinte. Autrement dit, la perception par un être vivant d'un « existant » externe à un moment critique – dit aussi sensible –, ici, la naissance, imprime en lui un attachement profond pour cet existant.

Le phénomène d'empreinte existe aussi chez l'humain, qui, lui, présente plusieurs périodes sensibles au cours de sa vie ; elles correspondent à des moments d'émotions fortes. Chez l'humain, la loi peut s'énoncer ainsi : l'objet d'amour vers lequel nous nous dirigeons est celui qui nous a été imposé par les sens – en particulier la vue et l'ouïe – à des moments cruciaux de notre vie. Dans notre prime jeunesse, une personne proche de nous, le plus souvent le parent de sexe opposé, nous marquera d'une ou de plusieurs empreintes, ce qui nous attachera à vie à cet être. Plus tard, cette empreinte pourra jouer un rôle vis-à-vis d'une autre personne qui, par un ou plusieurs traits, physiques ou psychiques, ressemble à la première. Ainsi, notre empreinte première nous donne virtuellement la capacité de nous attacher à tout individu ressemblant à « l'emprunteur » ; elle est un moule en creux dans lequel un beau jour nous installerons tout naturellement un être aimé. À son tour, cette personne nous marquera d'une autre empreinte qui nous attachera à elle.

Ainsi, nous tombons amoureux de celui ou celle qui nous rappelle plus ou moins les personnes aimées au cours de notre existence : notre mère, notre père, nos partenaires. En effet, si l'impression se fait plus particulièrement à ces périodes ultrasensibles que sont l'enfance et l'adolescence, par la suite, un amour puissant pourra nous sensibiliser et nous marquer de son empreinte : si nous avons connu un grand amour, sa marque indélébile nous accompagnera toujours. Au total, nous portons une empreinte gigogne qui détermine nos amours.

Les choix faits en fonction de cette empreinte seront heureux ou malheureux. Nous n'avons guère le pouvoir de changer les choses, sauf à décider, après une relation qui se révélera douloureuse, d'être plus lucide dans la suite de notre vie amoureuse.

Le choix de l'Œdipe

Dans l'optique psychanalytique, le choix de la personne aimée se fait également en référence à la mère et au père, mais le mécanisme est différent. Ici, nous choisissons notre partenaire en fonction de nos désirs œdipiens, qui, bien que refoulés, restent très actifs. Autrement dit, nous tombons amoureux de tel objet d'amour (objet d'amour = ce par quoi la pulsion peut atteindre son but, le moyen pour elle d'obtenir satisfaction) parce que nous retrouvons en lui les traits de notre premier objet d'amour de sexe opposé – mère ou père –, désormais perdu. [32]

Toutefois, les choses sont plus complexes : le choix inconscient peut se faire par similitude – l'objet d'amour ressemble au parent aimé – ou par opposition – l'objet est l'inverse du parent concerné. Ce dernier choix est dit « défensif », entendant par là que le sujet se défend de retrouver dans l'objet les travers de son parent de sexe opposé, ou que le sujet se défend de son désir incestueux persistant et utilise l'objet pour s'en protéger. Ces choix œdipiens ou contre-œdipiens pourront constituer des entraves à la vie affective : en rétrécissant l'éventail des choix, en déformant les relations avec l'être aimé.

Pierre est fils unique. Sa mère, abandonnée par son mari, a été contrainte de travailler en usine, un travail manuel qui lui a causé une blessure à la main gauche. Elle s'est toujours présentée comme une femme malheureuse, qui n'a jamais eu de chance, exploitée, bref, une victime. Elle n'a cessé de répéter à Pierre : « Hélas, je sens que tu seras comme moi, malheureux ! » Quand il a été en âge de se marier, Pierre a choisi une femme complètement différente de sa mère : Jacqueline.

Jacqueline est une femme heureuse, positive, qui sait se défendre et ne pas se laisser exploiter. Intellectuelle, elle a de belles mains. Bref, c'est le contraire de la mère de Pierre. À première vue, on pourrait croire qu'il a fait ce choix pour échapper aux prophéties de malheur de sa mère : en réalité, son inconscient a retenu une personne opposée à sa mère, pour le protéger de son amour œdipien. C'est l'organisation défensive de son inconscient qui a choisi une partenaire ne pouvant en rien stimuler son attirance refoulée pour sa mère.

Mais voilà que Pierre rencontre Juliette, une femme au parcours malheureux et qui porte une cicatrice à la main gauche… Il en tombe amoureux.

Avec Jacqueline, le choix s'est fait par opposition à l'objet œdipien (en référence négative) ; c'était un choix défensif, une contre-identification à sa mère. Avec Juliette, il s'est fait par similitude (en référence positive) ; c'était l'irruption de son désir refoulé pour l'image de sa mère.

Le choix œdipien ne prend pas seulement en compte les caractéristiques individuelles des parents, il peut aussi se référer à la relation qu'établissaient entre eux la mère et le père. Dans leur propre relation sujet-objet, les amants tenteront de reproduire l'interrelation du couple parental, ou, à l'inverse, ils organiseront une relation à l'opposé du modèle. Mais, que ce soit par imitation ou par opposition, le choix se fait en référence au passé.

Christine a eu des parents étroitement unis, le type de couple éternellement fusionnel et dépendant. Leur vie durant, ils n'ont rien fait l'un sans l'autre, n'ont jamais pris de décision l'un sans l'autre, n'ont eu aucun pôle d'intérêt en dehors de l'autre, bref, ils n'étaient rien l'un sans l'autre. S'ils devaient se séparer, ils se languissaient, car ils n'avaient aucune vie personnelle. Leur horizon était assez limité, ils n'avaient pas de grands projets, n'innovaient pas, ne créaient pas. Ils étaient comme deux oiseaux dont les pattes auraient été attachées ensemble.
Christine s'était promis de ne jamais établir de relation semblable avec un conjoint. Elle s'est lancée dans des études supérieures afin d'éviter de tomber sous la coupe d'un mari. Elle a épousé plus tard un homme également autonome, qui admirait cette femme indépendante et respectait sa liberté. Mais Christine s'y attachait de plus en plus. Pour échapper à l'emprise de ses sentiments et affirmer son indépendance, elle a décidé de prendre un amant. Leur liaison a pris l'allure d'une passion sexuelle, Christine est devenue érotiquement dépendante de son amant, une véritable esclave sexuelle. Ainsi, elle a retrouvé dans son couple extraconjugal une forme de dépendance, à l'instar du duo parental. Christine n'a pu échapper au choix du passé.

Le choix de Narcisse

Dans l'être aimé, le sujet choisit un objet-miroir qui le reflète. Il aime en l'autre ce qu'il est lui-même – en totalité ou en partie–, ce qu'il a été, ce qu'il voudrait être. Qu'en est-il de la réalité de l'autre? Soit l'objet est vraiment tel que le sujet le voit, soit il n'est que la projection de *l'idéal-de-moi* du sujet.

Les ressemblances, quand elles existent réellement, portent sur les affinités – les goûts et les dégoûts –, les émotions – joies et peines –, les idées et la vision du monde, les espoirs. L'autre et nous-même, nous nous correspondons sur de nombreux plans, nous sommes des âmes sœurs. C'est pourquoi, dans les premiers temps, ceux des découvertes réciproques, nos conversations sont émaillées de « Ça alors, moi aussi ! » et de « Tout comme moi ! ».

Ainsi, l'autre nous confirme, et, en nous confirmant, nous conforte et réconforte, nous assure et rassure, et nous gratifie. Nous existons bien, nous sommes reconnu et approuvé. De plus, puisque l'autre est comme nous, il sera facile de l'aimer, la relation sera harmonieuse : nous pourrons marcher à l'amble.

Il faut pourtant savoir que le fait de se ressembler n'a pas que des avantages. Au bout d'un certain temps, l'absence de différences risque d'appauvrir, voire d'épuiser la relation. Nous y reviendrons dans l'étude de l'état amoureux.

Notons enfin que, à côté des amants semblables, il existe des amants antagonistes, et, curieusement, ils trouvent un *modus vivendi* dans leur opposition : ils s'accordent parfaitement pour n'être pas d'accord ; leur désaccord les réunit, les rend inséparables.

Le choix utilitaire

L'inconscient du sujet choisit un objet dans l'espoir de l'utiliser pour satisfaire ses désirs profonds ou le soulager de ses conflits intérieurs. Car l'inconscient de l'un, ayant parfaitement perçu l'inconscient de l'autre, y a découvert cette possibilité. Il s'ensuit une attirance irrésistible entre les êtres.

Il est des cas où l'inconscient du sujet non seulement perçoit l'analogie entre ses propres conflits intérieurs et ceux de l'autre – ce qui est déjà attirant –, mais, en plus, détecte chez l'autre une manière différente de réagir à cette problématique, ce qui multiplie l'attraction.

Sophie est dépressive depuis plusieurs années. Elle est suivie par un psychiatre qui lui prescrit divers antidépresseurs ; elle a moins d'angoisse, mais guère plus de joie de vivre et d'envie de se réaliser. Pourtant, elle est bourrée de talents ; entre autres, elle a une très belle

voix. Elle a même rêvé, dans son adolescence, de faire une carrière artistique. Mais la vie l'a amenée à subir une IVG, qu'elle a très mal vécue ; depuis, elle est en dépression et n'a pas le cœur à chanter.
Il y a un an, elle a rencontré Pascal. Lui aussi a fait une longue dépression et, sur prescription de psychiatres, a absorbé moult tranquillisants. Il a survécu dans un état second. Un jour, il a eu un grave accident de voiture lié à ses médicaments – qui réduisent la vigilance. Il a décidé de ne plus en prendre et, symboliquement, les a jetés dans un feu allumé tout spécialement. Pendant quelques jours, il a eu de nombreux malaises, une sorte d'état de manque, puis il a senti son énergie revenir et son esprit s'éclaircir. Il s'est mis à noter ses impressions sur un cahier et s'est aperçu que cela soulageait ses angoisses. Mais ce geste avait plus qu'un effet cathartique : il rejoignait une vocation refoulée, celle d'écrire. Il a alors pris conscience de ce pour quoi il était fait – l'écriture – et que s'il réalisait cette vocation sa vie prenait un sens. Il a écrit, a été publié et est sorti définitivement des griffes de la dépression.
Pascal a raconté son histoire à Sophie, celle-ci lui a narré son parcours. Pascal lui a fait prendre conscience que c'était pour se punir de son IVG qu'elle ne s'autorisait pas à chanter, que la dépression était le moyen de se l'interdire, mais que, pourtant, c'est en chantant qu'elle s'en sortirait. Cercle infernal : je ne peux chanter parce que je suis dépressive / Je suis dépressive parce que je ne peux chanter. Pour le briser, il fallait lever la punition. Elle a symbolisé son IVG en mettant une graine de tournesol dans un petit panier tapissé de coton et enveloppé de tissus, et a placé le tout sous une pierre dans son jardin ; elle a allumé une bougie et prié pour « l'âme du petit ». Alors, elle s'est trouvée en paix. Elle a cessé d'absorber des médicaments, pris des cours de chant, écrit de beaux textes et entamé une carrière féconde. Elle avait compris, elle aussi, ce qu'elle avait à faire, et que de le faire donnait un sens à son existence.

Sophie et Pascal sont un exemple de couple créatif et autonome. *Il existe d'autres cas* où l'inconscient du sujet découvre en l'autre des traits de caractère qui compensent ceux qui lui manquent : plus d'intuition, plus de clarté, plus d'audace, plus de patience, plus d'optimisme, ou un supplément de féminité ou de masculinité, par exemple. Ce choix par complémentarité est bien connu ; on le croit conscient alors qu'en réalité l'inconscient avait précédé la prise de conscience.

Parfois, ce sont carrément des structures névrotiques qui sont compensées. C'est ainsi que la dépressive choisira un partenaire rassurant, protecteur, qui la paternera ; le protecteur y trouvera son compte, car ce rôle le valorise et compense son manque névrotique de confiance en lui. Le dépressif trouvera de même une partenaire qui le maternera. La personne phobique choisira une personne contre-phobique, quelqu'un qui s'interposera devant la menace fantasmée. Il en sera de même pour l'hystérique, l'obsessionnel, le paranoïaque.

Ces choix par complémentarité peuvent déboucher sur des couples solides.

Il y a encore d'autres circonstances où l'inconscient du sujet subodore en l'autre la possibilité de satisfaire ses désirs inconscients. C'est, par exemple, le cas d'un voyeuriste qui s'ignore élisant une exhibitionniste qui s'ignore également, ou d'un sadique refoulé choisissant une masochiste non encore révélée.

Souvent, dans un premier temps, le choix semble en contradiction avec la satisfaction des désirs profonds, mais la suite des événements montrera que l'inconscient ne s'est pas trompé, qu'il a bien choisi ce qu'il lui fallait pour se satisfaire. Ce que confirme l'histoire de Chantal.

> Son père, alcoolique, la battait et battait sa mère. Son premier mari paraissait être à l'opposé de son père, mais, au bout de quelques mois, il s'est révélé buveur et brutal, – elle l'a quitté. Son second mari n'avait jamais bu et ne s'était jamais montré agressif, pourtant, il est devenu lui aussi alcoolique et violent ; elle a divorcé. Son troisième compagnon était un gentil garçon, mais, policier de son état, il se

complaisait à narrer des histoires de coups et de meurtres, signe d'un sadisme latent, puis il s'est mis à la battre en faisant l'amour, et elle a joui pour la première fois. Ainsi la violence du père de Chantal avait imprimé dans son inconscient des tendances masochistes. Ces tendances lui avaient fait choisir des partenaires virtuellement sadiques qui, à son contact, voyaient leur sadisme se révéler. Leurs complémentarités latentes n'avaient pas échappé à son inconscient.

L'avenir des couples complémentaires et des mariages de névroses n'est pas totalement sombre; ils peuvent être solides et fidèles: une dépendance réciproque les soude, et un certain équilibre s'installe entre eux et en eux. Toutefois, deux pièges les attendent, qui peuvent faire capoter leur union. D'une part, une sorte de surenchère: par exemple, la masochiste peut réclamer de plus en plus de souffrances, ou le sadique de plus en plus de jouissances; ces attitudes les amèneront à leurs limites et à des complications fatales. D'autre part, une évolution divergente: l'un des deux partenaires «guérit» et n'a plus besoin de l'autre. Dans les deux cas le couple entre en dysharmonie. Certains rompent, d'autres restent ensemble, mais vont «piocher» à l'extérieur des compléments à leur névrose. Cependant, s'ils évitent les deux pièges, les partenaires complémentaires peuvent, par interaction, évoluer de concert dans la bonne direction et réaliser un couple épanoui.

Enfin, il est des cas où l'inconscient du sujet pressent que l'autre peut l'aider à se défendre contre ses ennemis, extérieurs ou intérieurs. L'objet est alors utilisé comme moyen de défense et devient partie intégrante de l'organisation défensive du sujet. Sa sécurité étant mieux assurée, le moi du sujet est renforcé.

Les menaces les plus redoutées viennent de l'intérieur, ce sont les pulsions partielles refoulées qui, bien que contrôlées par les interdits, restent vivaces. Nous en verrons des exemples dans le chapitre VII de la deuxième partie, «Le retour du refoulé».

Le choix du sauveur

C'est un cas particulier du choix par complémentarité. Le sujet a perçu chez l'autre une tristesse, une angoisse, une difficulté à vivre, une incapacité à gérer ses affaires, un manque de réussite, voire une succession d'échecs, et le désespoir qui en résulte. Il veut le sauver, soulager ses peines, lui rendre la vie plus facile, l'aider à gérer ses problèmes et à réussir, tout simplement l'arracher au malheur et faire son bonheur.

Si nous croyons être de ces âmes bonnes et pures, ayons le courage lucide de nous demander si toutefois notre ego n'agirait pas en sous-main. Secourir une victime, c'est peut-être nous composer une bonne image à destination de nous-même – nous rehausser dans notre propre estime – ou à destination de l'autre – nous attirer son admiration et sa reconnaissance, et donc un retour d'amour. Demandons-nous aussi si notre désir de sauver l'autre n'est pas une manigance de notre possessivité, et si notre bonne intention ne procède pas d'une tendance sadique qui aurait perçu chez l'autre une pulsion de nature masochiste.

De toute façon, soyons circonspect quant au couple sauveur-sauvé. D'autant qu'il peut arriver qu'une fois sauvée l'ex-victime tire sa révérence à son sauveur.

Le choix du châtiment

Parfois, l'inconscient est particulièrement vicieux : quand nos désirs inconscients, passant outre l'avis de nos désirs conscients, nous poussent vers des êtres qui nous seront maléfiques. Tout se passe comme si un sentiment de culpabilité enfoui nous dictait de prendre, à titre de châtiment permanent, un partenaire négatif. Bien que nous ayons deviné ses travers, nous croyons que nous allons pouvoir les amender; du reste, les transformations liées à l'état amoureux sembleraient confirmer nos espoirs. Mais, après l'exaltation des débuts et une fois le mariage conclu, le naturel du partenaire revient au galop. Combien de femmes ont cru « sauver » un alcoolique en l'épousant. Neuf fois sur dix, elles ont mis la main dans un engrenage infernal. Il ne leur restera qu'à se séparer de l'homme ou à le « tromper », sauf à l'aimer héroïquement, ce qui se voit.

Le choix par projection

C'est le plus classique. Positive, la projection consiste à projeter l'idéal de son moi sur l'objet. Parce qu'il a quelque difficulté à réaliser cet idéal, le sujet choisit un partenaire pour le figurer. L'autre devient le substitut de cet idéal ; le sujet réalise son désir et obtient satisfaction de façon fantasmatique en s'identifiant à l'agissant. Cette identification narcissique fait partie des « guérisons par l'amour ». Bien sûr, le sujet doit trouver, chez son partenaire, une structure et des attitudes correspondantes. [32]

Négative, la projection consiste, pour le sujet, à projeter son moi négatif – ses propres défaillances – sur l'objet. Autrement dit, lorsqu'il supporte mal un aspect défaillant de sa personnalité, il cherche un objet pour le lui faire endosser. L'objet est choisi parce qu'il porte lui-même ce côté négatif – ou au moins une prédisposition à cela – et parce qu'il sait encore moins le contrôler, puisqu'il passe à l'acte plus souvent. Ce qui permet au sujet de le réprouver et de le punir.

Les bénéfices d'un tel choix sont souvent multiples. En prêtant nos propres défauts à l'alter ego, par ailleurs choisi pour ses défaillances semblables aux nôtres, nous masquons les nôtres, nous les nions, nous les éloignons, et nous nous débarrassons d'états désagréables (culpabilité, peurs, etc.) et de conflits internes qui encombrent notre conscience. Cette démarche entre dans nos mécanismes de défense. C'est une façon de demander à l'amour de nous guérir, mais ce n'est pas la meilleure, car elle charge l'autre de notre part d'ombre et, pire, nous octroie la possibilité de le désapprouver et de le sanctionner. Nous entrons alors dans un jeu de nature sadomasochiste.

Les parents de Patricia ne s'entendent pas. C'est la mère de Patricia qui porte la culotte ; mégère tyrannique, hostile et sadique, elle soumet et humilie son mari, personnage résigné et douloureux, et sa fille. Ce sont, dit-elle, des bons à rien, des incapables. Patricia s'efforce d'améliorer les relations du couple, se met entre les belligérants, va de l'un à l'autre ; elle essaie de consoler son malheureux père, à qui elle s'identifie. Mais toutes ses démarches sont vaines, et elle se culpabilise. À force, les humiliations, la culpabilisation et les frustrations développent chez Patricia une tendance masochiste latente. En fait, c'est une femme dépressive, culpabilisée, masochiste et manquant d'amour de soi.

Jean, lui, vient d'une famille fortement inhibée et répressive sur le plan moral, particulièrement vis-à-vis de la sexualité. Le jour où son père s'est aperçu que Jean s'était masturbé – des traces sur sa culotte –, il l'a attrapé devant tout un aréopage et lui a flanqué deux gifles retentissantes. Depuis, Jean a honte de son pénis. C'est devenu un homme bourré de complexes et d'insuffisances, et qui manque d'estime pour lui également.

Quand il rencontre Patricia, Jean prend conscience de la faiblesse de cette femme et de son statut de victime. Il lui est facile de se situer en protecteur, mais il sera un protecteur qui confirmera l'autre dans sa faiblesse : sous le prétexte d'excuser des ratés (« ce n'est pas de ta faute, tu n'es pas capable »), de lui éviter des corvées (« Laisse ça, tu ne sauras pas »), il la maintient en dépendance avec un certain talent que lui inspire une tendance sadique. Elle, elle est toute reconnaissance et tout dévouement envers un mari si prévenant, si tolérant, qui excuse toutes ses insuffisances.

Ainsi, les rôles sont bien répartis : il est l'homme sans problème et le protecteur, elle est une pauvre femme pleine de défaillances – les siennes et celles que Jean a projetées sur elle , un être à protéger. Coupable et masochiste en raison de son enfance, elle a facilement endossé son rôle.

Qu'en est-il de la sexualité dans un tel couple ? Lui, honteux, cassé, castré, la redoute ; c'est pourquoi, au début de leur mariage, il fait quelques approches, ni convaincues ni convaincantes. Elle, elle ignore la sexualité et la craint à la fois – mais pas plus que la majorité des femmes dans certains milieux. Il se réjouit de ce qu'elle n'est pas portée sur la chose. Ses réticences à ses simulacres d'approche le rassurent : décidément, elle ne sera pas exigeante. N'éveillant pas ses désirs, elle sera même tout à fait inoffensive. Mais il fait pire : il lui fait constater qu'elle ne se prête pas à ses tentatives de caresses, qu'elle ne les cherche pas non plus, qu'il faut admettre qu'elle est frigide. Quinze ans plus tard, le mariage n'est pas consommé. Eh bien oui, elle est frigide.

C'est alors que Patricia, après une tentative de suicide au plus fort d'une dépression, est amenée à faire une psychothérapie. Son esprit et son corps se réveillent. La voilà qui ressent du désir. Un jour, elle va voir un film porno : c'est un électrochoc. Le soir même, elle sollicite Jean. Panique de celui-ci ; il tente de différer, puis fait semblant d'entrer dans le jeu, et là, surprise : il n'a plus d'érection. « Tu vois, dit-il, c'est moi maintenant qui suis impuissant. Tout ça, ce n'est plus de notre âge. » Pourtant, il a quarante-six ans, il est vigoureux et présente chaque matin la fameuse érection triomphale.

Cette histoire montre comment un porteur de défaillances peut charger son conjoint de tous ses maux pour s'en soulager et se mettre en position supérieure.

Il existe une forme particulière de choix par projection, c'est le cas du couple « l'un est fort / l'autre non ». Le premier partenaire possède de grandes qualités – il est intelligent, actif, tonique, optimiste, généreux –, le second a de nombreux aspects déplaisants – il est moins clairvoyant, passif, pessimiste, avare. En réalité, le premier sait bien qu'au fond de lui ces mauvaises tendances existent aussi, et il se trouve soulagé quand il les voit caricaturées chez l'autre. Il se réjouit en constatant qu'il n'est pas aussi négatif que lui. La présence constante de son partenaire le rassure, par comparaison. Quant au second, il éprouve une grande satisfaction à projeter sur le premier son idéal-de-moi et à le voir se réaliser. Dans cette forme de choix, on trouve les « dévoué-et-égoïste », « solide-et-fragile », « sérieux-et-fantaisiste », « protecteur-et-protégé », « persécuteur-et-persécuté », etc. Ces cas de figure constituent une autre forme de guérison par l'amour.

Le choix : la suite

Le choix d'un partenaire ne se fait jamais en fonction d'un seul critère, fût-il inconscient. C'est tout un faisceau qui agit, si bien que la réunion de deux êtres relève de plusieurs des rubriques décrites.

Le choix de l'inconscient constituera, dans certains cas, une base solide pour fonder le couple. Dans d'autres cas, les fondations ne résisteront pas à l'épreuve du temps. Les couples basés sur une relation trop thérapeutique – « J'ai choisi quelqu'un pour me guérir ou quelqu'un à soigner » – et ceux unis par les ressemblances des pathologies portent en eux, dès l'origine, leurs futurs conflits, voire leur rupture. [32]

Le choix fait à partir de la personnalité et de la problématique de chaque individu ouvre l'ère de la réunion de ces deux personnes, mais aussi de leurs oppositions. En chacun, les processus intrapersonnels continueront d'évoluer, mais ils seront profondément influencés par les processus interpersonnels. De plus, le mini-groupe que constitue le couple aura sa dynamique propre, se comportera comme un système vivant qui produira des effets interactifs et rétroactifs chez les partenaires. L'équilibre de la dyade, toujours remis en cause, parfois menacé, nécessite un réajustement permanent entre les acteurs. Quand une crise se révèle difficile, il faudra prendre en considération la problématique personnelle et les interactions à l'intérieur de la dyade.

Du choix primitif découle l'amélioration ou l'aggravation de l'état psychique de chacun. Le meilleur peut advenir : deux dépressifs peuvent utiliser la vie conjugale pour lutter contre leurs pulsions de mort ; de grands psychotiques peuvent réaliser des couples au long terme ; un paranoïaque et une dépressive peuvent s'allier avec profit.

Chapitre II
LA FASCINATION DE L'ÉTAT AMOUREUX

L'état amoureux constitue l'un des états de conscience les plus fabuleux pour l'humain, avec la création artistique et la révélation mystique. S'il faut le vivre pleinement, il ne faut pas perdre de vue qu'il repose sur quelques artifices qui, lorsque l'exaltation première s'amenuisera sous l'effet du temps et des réalités, se révéleront de redoutables polluants. Le couple entrera alors dans une phase critique. S'il sait déceler les poisons et les évacuer, il ira vers un autre bonheur ; s'il en est incapable, les poisons le rongeront de l'intérieur jusqu'à ce que mort s'ensuive.

Un état fascinant

Tomber amoureux est un tel bouleversement que l'on a pu parler de folie divine, de don de Dieu, de phénomène sacré, de révélation cosmique, d'ascension vers l'absolu. Celui qui aime s'élève hors du monde, et entrevoit l'amour absolu et la beauté suprême. Celui qui est aimé reflète la perfection des dieux.

Il est vrai que l'état amoureux est un état de conscience d'une qualité, d'une acuité et d'une densité exceptionnelles. C'est une transformation qui nous fait voir l'autre prodigieux, le monde merveilleux, c'est une rénovation qui nous fait porter un regard nouveau sur nous-même, sur l'autre, sur le monde. C'est la découverte de notre profondeur, la perception de notre essence. C'est un regain de notre volonté de nous accomplir. Par-dessus tout, l'état amoureux nous donne l'élan nécessaire pour dépasser notre ego et nous ouvrir à l'autre et au monde.

Ouverture à l'autre, certes un autre unique, parfait, qui n'est en tout cas pas jugé et qui, même méchant et maltraitant, sera aimé, car nous lui trouvons toutes les excuses, et nous trouvons même ses défauts aimables. Un autre qui donne un sens à notre vie et au cosmos. Un autre dont on perçoit l'essence. Un autre que l'on veut heureux. Un autre que nous aimerons éternellement et avec qui nous serons uni à la vie, à la mort. Un autre qui est à la fois le centre du monde et la porte de l'univers.

Ouverture aux autres aussi, à la nature, au monde. Nous aimons les autres et le monde. Nous voudrions que tous les êtres soient heureux. Nous faisons preuve de générosité, de tolérance, nous avons perdu toute agressivité, nous pardonnons tout. Tout est beau. Cette ouverture fondamentale de notre être, c'est notre vie qui se relie à la vie. [1]

L'état amoureux décuple notre énergie et cette formidable énergie qui parcourt notre corps et notre conscience nous rend plus vibrant, plus vivant. Alors, nous trouvons la force de lutter contre notre pulsion de mort – notre tendance dépressive, notre tendance suicidaire. Ici, Éros l'emporte sur Thanatos.

Les sources de l'état amoureux

Si un tel état de grâce survient dans notre vie, c'est qu'il existe en nous une prédisposition, des attentes et des possibilités.

La prédisposition

C'est le besoin de transcendance qui habite tout être. En effet, aspirer à ce qu'il y a de plus haut, de plus large, est une propriété fondamentale de l'esprit humain. La survenue de l'état amoureux nous offre le moyen d'accéder à ces hautes sphères.

Les attentes

La plus vive des attentes a débuté dès notre expulsion du ventre maternel et notre atterrissage sur terre : c'est l'attente de l'autre fusionnant avec notre mère, nous vivions dans un véritable paradis, quand brusquement nous avons été séparé d'elle et nous nous sommes trouvé jeté dans un enfer de solitude, de froid, de faim, d'angoisse, de douleurs. Immature, nous étions complètement incapable de réagir. Alors s'est installé un état d'attente aigu, jusqu'au moment où une femme est venue – revenue, car nous la connaissions – nous sauver. Et chaque fois que les éléments de l'enfer nous menaçaient, nous attendions qu'elle revienne. Cette époque a créé deux sortes d'attentes :

• **La nostalgie de la vie fœtale**, et plus généralement de l'unité. Elle ne cessera de hanter nos jours. Sans doute cette nostalgie rejoint-elle la nostalgie d'autres états d'union remontant à des époques mythiques : l'âge d'or d'un Éden hypothétique ou le temps béni d'une androgynie supposée.

• **L'attente de soins.** En leur absence, nous nous sommes trouvé livré à une foule de sensations désagréables (le froid, la faim, les souillures, les douleurs, etc.), et à terme condamné à mourir. C'est alors qu'est né le besoin de sollicitude, de protection, d'affection, en un mot d'amour. Il ne nous quittera plus.

Ces deux attentes, toujours vives au fond de nous, sont comblées quand l'autre, l'élu, survient et nous offre la protection, l'affection et, suprême bonheur, l'union jusqu'à la fusion. De là vient l'exaltation de l'état amoureux.

Une autre attente va apparaître dans l'enfance. Cette phase de fragilité et d'impuissance nous a aussi légué une certaine vulnérabilité, une fragilité narcissique, une tendance dépressive. Il nous faut être confirmé et conforté dans notre propre valeur et dans notre existence même, sous peine de glisser dans le doute de soi, la dépression, l'angoisse, le vide existentiel, la psychose. La relation amoureuse nous offre cette confirmation et cette confortation. De là vient l'impression de plénitude de l'état amoureux.

Les possibilités

• **Ce qui rend possible l'état de grâce, c'est l'existence du phénomène plaisir.** L'émotion-plaisir est un fait psychologique fondamental, étayé sur un système biologique élaboré. Ce système a ses centres cérébraux, ses neurones, ses substances – neuromédiateurs et neurohormones –, parmi lesquelles les fameuses endomorphines. Ces molécules, non seulement nous procurent le plaisir, mais elles nous offrent leurs effets euphorisants, anxiolytiques, antistress et antidouleur. Or, la fonction du plaisir est justement de rendre notre existence vivable en s'opposant à tous ces désagréments qui nous assaillent : l'angoisse, le stress, les douleurs, entre autres. Plus fort encore : le plaisir est l'antidote de l'angoisse, existentielle de notre destin humain (notre origine, notre mort). Ainsi, le plaisir a véritablement une fonction métaphysique. C'est pourquoi le « principe de plaisir » est une loi basique de la psychologie qui fonde et justifie notre recherche hédonique.

• **Tous les processus psychiques qui interviennent dans le choix de l'être aimé** et qui nous unissent à lui ont pour heureux effets de nous sécuriser, de satisfaire nos aspirations, de donner des réponses à nos questions, d'accroître nos possibilités de nous réaliser. Effets qui participent à la naissance de l'état amoureux.

• **Un autre processus psychanalytique intervient dans le bonheur de l'énamouration :** la projection par le sujet de l'idéal-de-moi sur l'objet, suivie de sa ré-introjection en lui-même. Ainsi, l'intense investissement affectif du sujet sur l'objet lui est intégralement renvoyé. C'est cela qui apaise l'être dont la souffrance et les angoisses viennent de la différence entre son moi et l'idéal de son moi, situation qui crée l'insatisfaction de soi et entretient l'autodévalorisation. À partir du moment où l'on a projeté l'idéal-de-moi sur l'objet et que l'objet nous approuve, il y a synthèse entre le moi et l'idéal, tout est bien. [1]

En outre, le surmoi se fait plus tolérant et accepte mieux les pulsions prégénitales, ou pulsions partielles (les tendances voyeuristes, exhibitionnistes, fétichistes, sadiques, masochistes, etc.), parce qu'elles s'intègrent dans la relation amoureuse. Il s'ensuit un relâchement de la tension intrapsychique et une libération des énergies qui profite au moi, d'où le regain d'énergie.

• **Il se produit enfin une réconciliation entre le moi et le ça.** Les pulsions partielles, au lieu d'être refoulées ou déviées dans des comportements autopunitifs ou d'échec, trouvent une fin dans la relation érotique : elles sont utilisées consciemment et légitimement pour nourrir le plaisir, et leur dynamique participe à l'attachement des êtres, ce qui contribue aussi au regain d'énergie qui caractérise l'état amoureux.

Bénéfices et dangers de l'état amoureux

L'état amoureux, par l'addition de tous ses processus, apporte aux amants une énergie considérable qui déclenche une évolution profonde de chaque être et contribue à sa transformation. Ainsi, l'état amoureux pourrait avoir un effet maturant : il nous permet de rompre avec le passé (par exemple, de quitter notre famille), il nous lance vers l'avenir, il nous rend capable d'affronter en adulte les problèmes concrets, il accroît notre intelligence et notre créativité. En somme, il engendre un être nouveau.

Hélas, la puissance rédemptrice de l'état amoureux se révèle souvent réversible, et les transformations extraordinaires qu'elle génère sont éphémères. C'est que cet état amoureux recèle des artifices, comme cela a été évoqué en début de chapitre, qui sont : l'idéalisation, l'identification, la fusion. Leur envers va se révéler toxique et va s'attaquer aux acquis de l'état amoureux. C'est la crise. À nous de réagir pour que l'état de grâce ne soit pas seulement un pansement provisoire, un progrès transitoire.

Chapitre III
LA PREMIÈRE POLLUTION : L'IDÉALISATION

« Tu es la plus belle », « Je suis formidable », « L'amour, c'est merveilleux ». Ce que nous idéalisons, c'est à la fois notre partenaire, nous-même et l'amour.

Toute relation amoureuse commence par une surestimation de l'autre. Freud l'avait appelée « survalorisation », Stendhal « cristallisation » ; c'est cette capacité merveilleuse de découvrir dans l'être aimé des vertus qu'il ne possède pas. C'est le mensonge romantique.

L'idéalisation, ce n'est pas seulement voir dans l'autre des qualités qu'il n'a pas vraiment, c'est aussi ne pas voir les défaillances qu'il porte. Elle est le résultat de quatre astuces psychologiques, quatre tours de prestidigitation : la projection, le clivage, l'introjection et le jeu de rôle.

Les astuces psychologiques

Ce que nous projetons sur notre partenaire, c'est le meilleur de nous que nous n'avons pu réaliser, en d'autres termes, l'idéal-de-moi ; l'autre devient le support de cet idéal. Nous voyons l'autre à travers le prisme de nos attentes, de nos désirs, de nos besoins. Nous voyons en l'autre ce que nous voudrions voir. [1]

Ce que nous clivons, ce sont les parties « mauvaises » de l'autre – insatisfaisantes, insécurisantes, peu estimables –, nous nions ces aspects négatifs, nous faisons comme s'ils n'existaient pas. Ce déni de réalité a pour but de rendre l'autre totalement bon, afin de le faire coïncider avec l'image de notre rêve.

Ce que nous introjectons, c'est la projection de l'autre sur nous. Nous incorporons son rêve et nous nous efforçons d'y correspondre dans notre paraître et notre agir. Autrement dit, nous nous évertuons à répondre à ses attentes, ou plus exactement à l'idée que nous nous faisons de ses attentes.

Le jeu de rôle consiste à donner de nous la meilleure image possible. Le but est de plaire, ou en tout cas de ne pas déplaire, de ne pas décevoir. L'obligation de plaire et la peur de décevoir contraignent chaque partenaire à s'emprisonner dans une image et dans des rôles.

Les bénéfices de l'idéalisation

Ils sont nombreux.

• **L'idéalisation satisfait notre besoin profond de nous dépasser** et de nous relier à quelque chose de plus grand, de plus vaste que nous, un objet d'amour absolu : l'être aimé, la mère, la patrie, Dieu. Ce besoin de transcendance nous fait sacraliser, voire diviniser, l'autre.

• **L'idéalisation**, par le truchement de ses quatre processus, **nous permet d'obtenir de façon fantasmatique, voire hallucinatoire, des gratifications que la réalité ne nous apporterait pas.** Et d'échapper de la même façon aux frustrations et aux angoisses que toute relation amoureuse réserve fatalement. L'astuce du clivage, en particulier, est un bon moyen de nous protéger des souffrances et de nous sécuriser.

• **Enfin, l'idéalisation constitue une véritable autopromotion** : si une personne aussi « bien » qu'elle s'intéresse à nous, c'est que nous sommes vraiment « quelqu'un de bien » ! Narcisse sourit à son reflet, et Marguerite rit de plus belle en son miroir. Être aimé devient alors flatteur. Le prix à payer pour ces bénéfices sera lourd, car, à y regarder de plus près, les processus d'idéalisation transforment les partenaires en personnages factices : chacun voit l'autre non point tel qu'il est, mais tel qu'il voudrait qu'il soit, tel qu'il a rêvé qu'il soit. Ainsi, il le voit tel qu'il lui convient, quitte à scotomiser les traits qui ne lui conviennent pas. Ce qu'il aime, c'est donc une projection de ses fantasmes sur la personne, et non la personne elle-même.

Inversement, pour plaire à l'autre, chacun va se montrer sous l'aspect qu'il croit lui agréer ; il va donc modeler sa propre personnalité pour se conformer aux désirs et aux besoins de l'autre, renforçant les traits qui semblent le satisfaire, estompant ou masquant ceux qui risquent de lui déplaire. Comme il est difficile de connaître vraiment les désirs et les besoins profonds de l'autre, il lui prête ses propres attentes, ce qui achève de fausser le jeu.

La relation qui s'est établie entre ces fantômes et ces masques est donc artificielle. Quand tomberont les apparences et que sur la scène surgiront les êtres réels, l'intimité peut devenir le champ clos de leurs querelles et conflits, et risque d'en périr.

Justement, le temps passant, la vie commune dépoétisant la relation, l'exaltation des débuts s'estompe ; alors vient le moment où l'autre apparaît dans son entière vérité, c'est-à-dire avec ses mauvais côtés. Que vont faire les amoureux de cette vérité ? Certains la refuseront, d'autres l'accepteront.

Le refus de la vérité

Le rejet massif : la rupture

Certains, dès qu'ils aperçoivent les mauvais côtés de leur partenaire, le jugent totalement mauvais. Les partisans du tout-ou-rien se recrutent chez les sujets à composante paranoïde prédominante. Ils rompent et jettent le partenaire dans l'oubli, et, pour se défendre de l'angoisse du vide qui risque de les envahir à nouveau, ils se précipitent dans une autre relation.

Le déni de réalité : le maintien de l'idéalisation par le clivage

Certains accentuent le clivage, méconnaissant carrément le mauvais côté apparu, et prolongent l'idéalisation en l'état. Ils continuent à ne voir que le bon côté – le satisfaisant et le rassurant – et ignorent le mauvais – le frustrant et l'insécurisant. [1]

D'autres acceptent le mauvais côté, mais n'y accordent pas d'importance et se concentrent sur le bon, celui qui leur est favorable. Ils se maintiennent dans une idéalisation partielle. Du reste, si l'autre a ce mauvais côté, ce n'est pas sa faute, il est victime de son caractère, de sa dépression, de ses troubles nerveux, de sa mauvaise santé ; il faut le soigner (mais surtout pas par psychothérapie). La médicalisation est la façon habituelle de refuser la réalité. Son mauvais côté est aussi dû aux autres : à sa famille, à ses enfants, à ses origines, à son milieu, à la boisson ; ce qu'il faut, c'est l'isoler des influences négatives et le rééduquer. En impliquant des tiers, en situant la responsabilité à l'extérieur, on esquive la vérité : son mauvais côté, ce n'est pas lui. Et de croire que la relation peut continuer comme avant.

La prévention de la perte d'idéalisation

Certains organisent leurs relations amoureuses de façon à pouvoir maintenir l'idéalisation de l'autre et de l'amour : convaincus que plus les rencontres sont fréquentes et prolongées, plus ils risquent de découvrir le mauvais côté de l'autre et de voir la relation se dégrader, ils s'ingénient à limiter leur vie affective dans le temps et dans l'espace.

Soit ils écartent d'emblée toute possibilité de durée pour ne vivre que des aventures, des passades annulables à tout moment. Soit ils abrègent la relation, rompant dès que des difficultés surviennent. Soit ils refusent la vie commune, préférant le statut de maîtresse et d'amant, et espaçant, s'il le faut, les rencontres. Soit encore ils choisissent des personnes inaccessibles, ce qui réduit automatiquement la fréquence des échanges et élimine tout projet. Soit enfin ils optent pour la polygamie, évitant ainsi de mettre tous leurs œufs dans le même panier, ce qui les prémunit contre le vide insupportable qu'entraînerait la perte d'un être aimé unique. De plus, en additionnant les qualités de plusieurs maîtresses – s'il s'agit d'hommes–, ils se fabriquent un objet d'amour multiple qui satisfait leur idéal fantasmatique : l'une est plus mère, l'autre est plus putain, la troisième plus intellectuelle.

Thérèse est une déçue de l'amour. Plusieurs fois, elle s'est lancée dans de grandes amours, des passions grandioses. Mais les concubinages – et même un mariage – qui ont suivi ont rapidement ramené les grands sentiments au ras de la moquette. Quand ils se faisaient maris, ses amants se révélaient être des hommes bien ordinaires et qui se résignaient à l'être : finis le héros, le brio, les cadeaux, les surprises, l'adoration. Finis l'attente fiévreuse d'un coup de téléphone, le guet mi-heureux, mi-inquiet du grincement de la porte, les pas dans l'escalier. Qu'ils sont ennuyeux, ces héros fatigués.
Elle a fait de ses désillusions – des échecs en réalité – une théorie : le mariage est une institution bourgeoise dépassée, l'amour, du cinéma. Vive la liberté sexuelle, à bas la possessivité. Moyennant quoi, elle ne vit que des relations transitoires qu'elle rompt dès que l'homme s'attache.

Pourquoi cette peur de sortir de l'idéalisation ? Certains sujets sont incapables de faire le deuil de l'idéalisation. Faire ce travail, ce serait renoncer à l'image idéale de l'autre, accueillir ses imperfections, c'est-à-dire ses aspects insatisfaisants, insécurisants. Ce serait aussi accepter de ressentir à son égard des sentiments hostiles, voire de la haine – la décrue de l'état amoureux entraînant le retour de la pulsion hétéro-agressive –, sentiments qui cassent le gratifiant jeu de miroirs. Ce serait enfin perdre l'autopromotion que constitue l'idéalisation de l'autre et retrouver la mésestime de soi – la décrue de l'état amoureux entraînant également un retour de l'auto-agressivité.

Autrement dit, sortir de l'idéalisation, ce serait assister à l'effondrement des bénéfices narcissiques de l'idéalisation. Ne plus porter l'autre aux nues, ce serait moins s'aimer, puisque, en vertu de la projection de l'idéal-de-moi sur l'objet d'amour, aimer l'autre c'était aimer le meilleur de soi. Pire, critiquer l'autre, ce serait, pour les mêmes raisons, se critiquer soi-même, s'agresser, s'autodétruire. D'autant que ne plus idéaliser, c'est aussi s'exposer à l'insatisfaction, à l'insécurité.

Au total, sortir de l'idéalisation comporte trop de souffrances, des souffrances telles qu'elles risquent de nous entraîner dans une phase dépressive et même de mettre nos jours en danger. En effet, l'enjeu, c'est la mort de notre âme, voire la mort réelle. On voit bien pourquoi tant de gens redoutent de faire le deuil de l'idéalisation, car cela réclame une énergie considérable que beaucoup n'ont pas. Alors, ils fuient la désillusion, la démythification. Ils se préservent par le déni, des conduites préventives, des non-engagements.

Affronter la désillusion est particulièrement insupportable aux personnes de tempérament fragile, aux blessés de l'enfance – par carence affective, par vécu abandonnique –, aux immatures, aux anxieux, aux dépressifs, aux psychotiques. [28]

C'est dans ces catégories d'êtres que l'on trouve les « idéalistes » ces sujets qui idéalisent avec ferveur extrême l'être aimé, l'amour et le mariage, et prônent des concepts quasi mystiques et des idéaux absolus – fidélité, exclusivité, éternité. Qu'ils se demandent si leur idéalisme forcené n'aurait pas pour fonction de nier en eux une composante dépressive, et de cacher une incapacité à vivre en dehors de l'idéalisation.

Les idéaux apportent de grands bénéfices narcissiques, car ils protègent contre les tendances dépressives profondes. C'est une stratégie défensive.

Finalement, tous ces comportements d'acharnement dans l'idéalisation sont regrettables : l'idéalisation est un obstacle à l'approfondissement de la relation, à une réelle adaptation des partenaires et à la création de liens nouveaux. Car c'est par la déception que s'introduit la crise novatrice.

Serge multiplie les conquêtes amoureuses, mais toutes les femmes le déçoivent, dit-il. Sans doute a-t-il idéalisé, sinon divinisé, le genre féminin et voulu une compagne parfaite, complète, tout à la fois belle, économe, intelligente, créative, fidèle, etc., et déesse, épouse ; mère, sœur, amie, putain. Son idéalisme a des exigences inhumaines. Cependant, il s'entête à rechercher la femme selon ses vœux, incapable qu'il est de faire un constat définitif : la réalité ne peut parfaitement offrir ce qui est idéalisé. C'est pour lui quelque chose de désespérant, quelque chose qui mettrait même en jeu son attachement à la vie.
Un jour, il rencontre enfin la femme idéale, à son sens. En vérité, cette femme a ses faiblesses humaines, entre autres. Il lui arrive même de s'accorder quelques « infidélités » ; les amis de Serge le préviennent et en profitent pour lui dire qu'elle n'est pas la femme qu'il croit – les amis veulent toujours notre bien.
Ici, l'idéalisation de Serge l'emporte. Il refuse de voir les faits et de croire ses proches : Agnès est une femme merveilleuse sur tous les plans. En réalité, il ne peut perdre le bon objet gratifiant sans risque de déprimer, voire de se suicider. Agnès est « vitale », pour lui.
Serge doit d'abord travailler sur sa tendance dépressive et suicidaire. Ensuite, il pourra accepter les femmes qu'il rencontre telles qu'elles sont et établir avec elles des relations authentiques, généreuses, enrichissantes.

L'acceptation de la vérité

Certains acceptent de renoncer à l'idéalisation et de voir l'autre tel qu'il est, avec ses imperfections et ses défaillances ; ainsi, ils lui permettent d'exister dans sa réalité : d'avoir sa personnalité, ses positions, ses sentiments particuliers, ses pôles d'intérêt, bref, sa propre vie, même si tout cela n'est pas conforme à l'idéal du sujet, et spécialement à l'idéal de perfection. En retour, ils pourront s'autoriser à exister réellement : récupérer leur jugement, leur liberté d'agir et de sentir, notamment d'éprouver des « mauvais sentiment », y compris de l'agressivité, envers l'autre. Accueillir l'ambivalence des êtres – de l'autre, de soi – et faire la synthèse entre amour et haine, bon et mauvais côtés, gratification et frustration, c'est réaliser un immense progrès de conscience.

Bien entendu, le partenaire devra faire la même démarche, accepter la vérité. Les deux membres du couple acceptant l'évolution de l'autre et l'y encourageant même, ils sortiront des images et reprendront leur vraie personnalité. Ils passeront alors de l'idéalisation à la transformation : ils aimaient un être fictif, construit à partir de leurs mythes et de leurs besoins personnels, exagérant ses qualités et estompant ses défauts ; désormais, ils aimeront l'être tel qu'il est, y compris avec ses défauts – mais perfectible quand même. L'amour vrai suppose deux êtres vrais.

La déception et l'acceptation de la désidéalisation sont maturantes pour l'individu. Il lui faudra beaucoup de courage : courage d'être lui-même, de s'affirmer dans son authenticité, au risque de déplaire et même de n'être plus agréé, voire abandonné. Courage de tenir bon quand l'autre tente de le tirer en arrière pour revenir à ce qui, dans le passé, lui convenait. Courage d'accepter l'autre dans sa vérité et, mieux, de le pousser à s'affirmer. Courage de remettre en cause ses idéaux. Enfin, courage d'affronter le risque dépressif que pourraient provoquer tous les chamboulements. Mais cela lui permettra de mieux se connaître – ses propres besoins, ses propres limites –, d'être plus authentique, d'ouvrir son cœur, d'acquérir la compassion, la patience.

Pour le couple, la désidéalisation est également maturante. Entre deux êtres vrais, l'amour s'approfondit, les conjoints vont se retrouver à un autre niveau, celui des êtres vrais, et non plus celui des personnages, en un point où ils pourront se rechoisir : « Je t'aime, toi, sans te mettre dans mon rêve, sans faire de projections, je t'aime réel(le), humain(e). » Sur cette base, ils pourront restructurer leur relation, réorganiser leurs liens.

La déception, qui aurait pu être destructrice, se révèle recréatrice, refondatrice. La crise commence par la découverte de ce qui est impossible. Elle pourra s'achever dans l'exploration du possible. L'avenir du couple dépend de sa capacité à composer avec la réalité

Chapitre IV
LA DEUXIÈME POLLUTION : L'IDENTIFICATION

« Je suis toi, tu es moi, nous sommes pareils » disent les amoureux. Il est vrai que les ressemblances attirent. « Qui se ressemble s'assemble », affirme le dicton. Nous en avons vu l'explication dans le chapitre « Le choix » : la similitude rassure (« Je me retrouve dans l'autre »), et confirme (« J'existe bien, puisqu'il existe un identique »).

Selon une autre croyance, il est préférable, pour bien s'entendre – « s'accorder » –, d'avoir les mêmes goûts, les mêmes idées, la même sensibilité, les mêmes intérêts : c'est le mythe des âmes sœurs. En revanche, toute différence, toute divergence, est considérée comme un risque de désaccord, de conflit, et une menace pour l'union. C'est pourquoi chaque partenaire espère que l'autre va ressentir et agir de la même façon que lui.

C'est en fonction de ces préjugés que, dans l'état amoureux, nous nous efforçons de nous rendre réellement pareils à l'autre. Nous copions ses attitudes, ses pensées, son langage, nous faisons nôtres ses émotions, ses pensées, nous adoptons ses pôles d'intérêt, nous satisfaisons ses moindres demandes, nous les prévenons, même. Inversement, nous gommons ce qui nous différencie trop de l'autre, limitant nos expressions personnelles, renonçant à nos attentes et perdant de vue nos propres plaisirs. Nous copions surtout ce que nous aimons de nous en l'autre, c'est-à-dire nos projections sur lui – ici aussi, Narcisse tire les ficelles. De surcroît, à force de vivre ensemble, nous et notre partenaire, spontanément, finissons par nous ressembler. Le résultat est que l'autre devient le double de notre moi, notre jumeau, notre clone. [28]

Que devient l'intimité quand on la joue avec sa réplique ? Elle stagne, elle s'assèche, elle se meurt. L'intimité est faite de mouvements de l'un à l'autre, et réciproquement, mouvements déterminés par l'excitation sexuelle, les sentiments, le besoin de connaître et de se faire connaître, de se dire et d'entendre ; en d'autres termes, le désir au sens le plus large est le véritable moteur des échanges. Mais lorsque le vis-à-vis est devenu semblable à soi, on ne peut plus le désirer. Le désir suppose une différence : l'attrait naît d'une dissymétrie, la curiosité est issue de l'inconnu et de l'imaginé, les courants – en particulier les courants d'énergie – résultent d'une différence de niveaux. Inversement, l'identique et le trop connu tuent le désir. Peut-on avoir envie de l'autre quand il est si ressemblant ? Que peut-on découvrir chez l'autre quand il n'est que notre copie ? Faute de dénivelé, l'eau stagne vite et se fait mer morte.

La relation entre semblables est tellement étale et les partenaires sont si déshabités que l'un d'entre eux finit par aller chercher hors du couple gémellaire un être différent, qui ne soit pas son semblable et pour qui il serait autre. En un mot : un étranger.

Sortir de l'identification : accepter la différenciation

Il faut renoncer à la ressemblance et accepter – et même bénir – les dissemblances qui apparaissent. Nous l'avons vu, ce sont ces différences qui créent l'attraction, la curiosité, le désir ; ce sont elles qui nourrissent les conversations, les interrogations, les confidences, qui engendrent la richesse des échanges entre les partenaires. Alors, cultivons-les. Redevenons d'abord pleinement nous-même, puis reprenons notre évolution en fonction de nos propres aspirations et de nos dons personnels. Réapproprions-nous notre identité et développons-la. Soyons à nouveau un étranger pour l'autre. Le flux de l'amour circulera et s'amplifiera d'autant plus que les points de vue et les niveaux seront distincts. Pour redevenir nous-même, il nous faut nous recentrer sur nous – c'est une sorte d'égoïsme bien légitime : s'occuper de soi, se concentrer sur ses propres sensations, se préoccuper de son propre bien-être, avoir son espace à soi, du temps à soi, des activités personnelles, bref, développer l'intimité avec soi-même.

Permettons à l'autre de redevenir lui-même, abstenons-nous de le juger, efforçons-nous de le comprendre. Son monde intérieur est différent du nôtre, il n'en est pas plus déraisonnable ou moins valable ; à nous d'entrer dans ses arcanes.

Cette démarche de différenciation oblige à un travail profondément maturant :

- **Accepter que la vision que l'autre a du monde**, que ses opinions, que ses goûts (films et lectures en particulier), que son ressenti, que ses rythmes, etc., soient différents des nôtres.
- **Admettre que**, pour affirmer sa personnalité – ce qui est légitime et essentiel pour lui –, **l'autre a besoin d'autonomie**.
- **Se convaincre que deux êtres peuvent s'aimer profondément**

sans avoir les mêmes idées dans tous les domaines, sans ressentir forcément les mêmes émotions, sans éprouver toujours les mêmes besoins, sans percevoir de la même façon les événements, sans avoir les mêmes solutions aux problèmes.

• **Reconnaître que des divergences peuvent entraîner des conflits** et de l'agressivité, que la vie de couple est faite de cela aussi, qu'il ne faut pas rêver d'un accord constant et total, et que le duo est un ajustement continuel.

L'amour véritable, par le moyen d'une bonne communication, rend possible cet ajustement.

Bref, on peut ne pas être semblables, ni être d'accord, et s'aimer.

Chapitre V
LA TROISIÈME POLLUTION : LA FUSION

« Toi et moi, nous ne faisons qu'un. »

La fusion, c'est une communion entre deux partenaires qui englobe le génital, le somatique, l'affectif, le mental, le spirituel et le social, c'est-à-dire tous ces plans des êtres. Elle est la recréation d'une union dont on a conservé la nostalgie.

Les racines de la fusion

D'où nous vient ce goût de la fusion ? D'où nous vient ce besoin de nous approcher de l'autre, de s'accoler à sa peau, de l'étreindre, de le connaître, de le pénétrer, corps et âme ? Qu'est-ce qui nous pousse à rejoindre sa surface, puis à la traverser pour nous fondre en lui et avec lui réaliser un tout ? Qu'y a-t-il derrière ce besoin de fusion et d'unité ?

Les racines mythiques

Le mythe de l'androgyne

À l'origine, selon un mythe d'Aristophane rapporté par Platon dans *Le Banquet*, il n'y avait qu'un seul sexe, l'être étant à la fois homme et femme. Il portait les deux sexes – le féminin et le masculin–, comme il portait deux têtes, quatre bras et quatre jambes. Il était très heureux et très puissant. Jaloux, les dieux demandèrent à Zeus de le couper en deux. Ainsi naquirent deux êtres séparés : la femme et l'homme, pourvus chacun d'un seul sexe. Depuis lors, chaque moitié ne cesse de pleurer l'unité perdue et rêve de la retrouver. Le sentiment amoureux est une aspiration à réaliser ce rêve, l'intimité, et a fortiori l'acte sexuel, une tentative extrême de le concrétiser.

Un mythe, certes, et pourtant : pourquoi chercherions-nous si nous ne savions pas déjà ce que nous cherchons ?

Le récit de la Genèse

La façon dont Dieu, selon la Genèse, créa l'homme et la femme pourrait expliquer le besoin d'intimité – que l'on prenne cela pour la vérité ou comme une légende. Le Créateur façonna d'abord une unité, un être qu'il appela Adam. Puis il le dédoubla pour créer une dualité – Adam et Ève (verset 2-21). Pourquoi ne pas imaginer qu'en chacun de leurs descendants persiste une nostalgie de l'unité ? D'autant que le Créateur incite aussitôt les êtres à se joindre : « C'est pourquoi l'homme quittera son père et sa mère, et il devra s'attacher à sa femme et ils devront devenir une seule chair. » (verset 2-24). Du reste, il semble qu'en Éden Adam et Ève, s'ils étaient distincts, n'étaient pas séparés : « Or, tous deux étaient nus, l'homme et sa femme, mais ils n'en prenaient pas honte » (verset 2-25). Sans doute, à cet âge d'or, le bonheur n'était pas seulement de vivre dans un jardin extraordinaire, mais, bien que matériellement distincts, de vivre en étroite communion et de se sentir un tout ? Car, a contrario, le malheur qui s'abat sur eux, aussitôt mangé le fruit défendu, consiste à s'apercevoir qu'ils sont désormais séparés : « Alors leurs yeux à tous deux s'ouvrirent et ils commencèrent à se rendre compte qu'ils étaient nus. Ils cousirent des feuilles de figuier et se firent des pagnes. » (verset 3-7). Et à Dieu qui les appelait, Adam répondit ceci : « J'ai eu peur parce que j'étais nu et ainsi je me suis caché. » (verset 3-10).

C'est de voir leurs âmes désunies, leurs corps écartés, c'est d'être devenus des étrangers qu'ils ont honte. Comment ne pas penser que dès lors les habitera le sentiment d'une absolue séparation et les hantera la mémoire des temps d'union ? Alors ce goût de la fusion ne serait-il pas lié au souvenir inconscient de ces temps immémoriaux ? Et l'amour ne serait-il pas une tentative de jeter un pont sur la scission originelle ?

Les racines océaniques

Au début était la mer. Ensuite, il y eut la vie. Un jour, une infime fraction de mer s'entoura d'une membrane : ce fut la première cellule. Puis il y en eut deux, puis dix, puis cent mille. D'abord, elles restèrent collées, informe plancton au gré des courants, puis elles prirent la forme d'un poisson. Plus tard, le poisson donna naissance à un reptile. Plus tard encore, le reptile sortit des flots. Ce n'est que très récemment que le reptile enfanta un mammifère. Et aujourd'hui, nous voilà les deux pieds plantés sur la terre et la tête en l'air.

Cependant, tous les animaux terrestres conservent la nostalgie de la mer ; leurs enfants surtout, qui, pour naître, choisissent des milieux aqueux, voire marins : qui des œufs, qui le ventre d'une mère. Chez les mammifères, en particulier, la mémoire océanique est telle qu'ils recréent dans le ventre des femelles une petite mer – le liquide amniotique –, où les bébés sont heureux comme des poissons dans l'eau. Si heureux que, lorsqu'ils ont grandi, ils n'ont de cesse de retourner en cette matrice : on dit qu'ils « font l'amour ».

Dans les intervalles, ils aiment se nicher dans les creux de leurs semblables. L'humain n'échappe pas à cet atavisme : lui aussi adore ces remontées vers la matrice, lui aussi cherche à se lover dans les courbures de l'autre.

Alors la fusion répondrait-elle à un besoin d'immersion inscrit dans la mémoire cellulaire depuis les temps océaniques ? Ne serait-elle pas la résurgence d'un rêve thalassal ? Vision cosmogonique que permet la science et que rejoint le mythe !

Les racines préhistoriques

En ce temps-là, il y a quelque dix millions d'années, les singes (on peut l'imaginer en regardant les singes actuels) étaient pourvus d'une pulsion particulièrement puissante : la pulsion d'agrippement. Grâce à elle, les petits pouvaient se cramponner solidement au pelage de leur mère. Ce comportement était vital : d'une part, il leur donnait la possibilité, en grimpant, d'accéder aux mamelles de leur mère – car la mère ne les soulevait pas –, d'autre part, il leur permettait de rester solidaires de leur mère quand celle-ci se déplaçait d'arbre en arbre – car la mère ne pouvait les porter. Sans cette prise solide, les jeunes n'auraient pu se nourrir, ni suivre leur mère dans ses déplacements sans risquer de tomber entre les pattes des prédateurs qui les guettaient.

Un jour, un singe descendit des arbres pour n'y plus remonter. Plus tard, il perdit ses poils : ce fut le premier « humanoïde ». Qu'advint-il donc des enfants, qui, du coup, ne pouvaient plus s'accrocher ? La nature faisant bien les choses, l'humanoïde, dans le même temps, se redressa sur ses pattes arrière, ce qui libéra ses bras et ses mains ; il put alors soulever et porter ses enfants : la tendresse était née. L'homme aussi. Ce fut également en se redressant que la femme et l'homme furent amenés à faire l'amour par-devant, ce qui contribua à la naissance de l'amour et du couple. Mais cela est une autre histoire.

Ce qui importe ici, c'est de savoir que la pulsion fondamentale d'agrippement existe toujours chez l'humain. Chez le nouveau-né, elle détermine le « grasping reflex » : c'est le puissant agrippement des doigts ou des orteils du bébé sur un crayon que l'on glisse sous la paume de la main ou sous la plante des pieds, agrippement tel que l'on peut soulever l'enfant. Chez l'adulte, elle s'est métamorphosée en « pulsion d'attachement » : au niveau de la peau, c'est ce besoin irrésistible de contacts ; au niveau des orifices (buccaux, sexuels), c'est l'envie impérieuse d'être investi.

Ainsi, on peut penser que la fusion est la lointaine héritière de la pulsion d'agrippement.

Les racines maternelles

La vie intra-utérine : la première fusion terrestre

Dans le ventre de la mère, le fœtus puis l'embryon vivent le *nec plus ultra* de l'intimité. Bien au chaud, au cœur d'une douce obscurité, flottant en apesanteur dans le liquide amniotique, bercé par le ressac qu'y engendrent les mouvements respiratoires de maman, balancé par la paisible houle qu'y provoquent ses déplacements, caressé par de si moelleuses parois, à peine effleuré par des bruits feutrés – tic-tac régulier du cœur maternel, murmure de sa voix, sourds décibels d'un lointain dehors –, et en plus aimé de sa mère, l'enfant vit heureux comme au temps de l'océan, comme au temps de l'Éden.

Bébé connaît bien son bonheur, car, la science l'a prouvé, sa conscience s'affirme au fur et à mesure que son cerveau se développe ; le développement du psychisme humain évolue de zéro à l'infini. Le zéro se situe au stade de l'œuf, l'instant où ovule et spermatozoïde fusionnent. L'évolution suit la multiplication et la maturation des cellules nerveuses, tant au cours de la vie intra-utérine qu'au cours de la vie terrestre – la naissance n'étant qu'un changement de lieu et non l'origine du mental. L'infini, lui – en réalité le plein-emploi –, n'est jamais atteint, car une partie seulement du capital de neurones sera utilisée.

Ce sont les réactions de l'embryon qui attestent la réalité de sa vie psychique et permettent d'en évaluer le niveau. Exemple de réaction : si l'on pose la main avec tendresse sur le ventre de la mère, l'embryon va venir à sa rencontre, fait bien connu de ceux qui pratiquent l'haptonomie. Autre exemple : si l'on injecte une dilution sucrée dans le liquide amniotique, l'embryon se met à téter. Autre exemple encore : si l'on fait entendre une musique ou une histoire de façon répétée à l'embryon, le nouveau-né qu'il deviendra montrera, par ses manifestations, qu'il la reconnaît. En résumé, on voit bien que l'embryon est conscient de ce qu'il vit et en particulier du bonheur que lui offre cette étape intra-utérine. On peut donc supposer que le besoin de fusion plonge aussi ses racines dans cette période. [29]

Bientôt, ce temps de béatitude s'achèvera par l'expulsion sur terre du bébé. Mais l'être s'en souviendra comme d'un paradis perdu qu'il n'aura de cesse de retrouver.

Les racines néonatales : la seconde fusion terrestre

Un jour survient un véritable cataclysme : la mer se déchaîne, un ouragan secoue bébé, et le voilà précipité dans un étroit tunnel qui le triture : c'est douloureux, c'est oppressant, c'est angoissant et ça n'en finit plus. Cette phase d'expulsion à travers la filière maternelle, Otto Rank l'appelle « le traumatisme primaire » ; il en fait le noyau de notre inconscient. Enfin, bébé atterrit, et c'est un autre supplice qui commence. Ce monde est terrifiant : une lumière crue l'aveugle, un froid glacial le saisit, des bruits fantastiques l'assourdissent, une chape de plomb – la pesanteur – le terrasse, sur sa peau s'impriment des contacts durs, tandis que son corps est projeté dans de fulgurants déplacements, sans oublier l'angoisse liée au manque d'oxygène et cette douleur qui soudain déchire ses poumons quand l'air s'y engouffre. C'est bien « le massacre d'un innocent » qu'a dénoncé Frédéric Leboyer.

Mais ce n'est pas tout. Bientôt surgit en lui une sensation nouvelle, désagréable, quelque chose qui creuse, qui tire et aggrave son angoisse : la faim. Une faim qui est plus qu'une douleur : un signe que sa vie même est menacée, il le sent confusément. Et bébé ne peut rien faire, il est à la merci des autres. Aussi se met-il à crier.

Alors, il se sent soulevé et, en un instant, entre bras et sein, il retrouve le paradis perdu : la chaleur, l'apesanteur, le balancement, le bercement, le moelleux, la voix d'antan, le cœur battant. Il découvre une autre volupté : dans sa bouche coule le liquide chaud et onctueux qui éteint les tiraillements de son ventre et comble le vide de tout son corps. C'en est fini du froid, de la faim, de la solitude et des angoisses. Dès lors, par sa mère, la vie est redevenue paix, redevenue plaisir. L'enchaînement suivant se répétera des millions de fois : j'ai faim, j'ai soif, je suis seul, je suis triste, je suis anxieux, maman touche ma peau et emplit ma bouche, et me voilà rassasié, rassuré, heureux.

Les relations entre la mère et le bébé, en particulier au cours des deux premières années, constituent le prototype de l'intimité. À l'occasion de l'allaitement – et plus généralement de l'alimentation –, des soins d'hygiène et des jeux, la proximité des deux protagonistes est des plus étroites, leur interaction des plus fortes, et leur tendresse des plus ferventes. C'est ce qui fait de cette relation la plus intime, la plus dense et la plus intense des relations humaines. L'amour de la mère est absolu, son comportement un modèle de sollicitude, de tendresse et d'abnégation. Le geste maternel est admirable : voyez comme elle manipule bébé, le caresse, le chatouille, l'embrasse, le dévore de baisers, le berce, l'étreint, le lave, le sèche, le talque, le lange, le vêt, le nourrit de son propre sein ou contre son sein. Pour bébé, complètement abandonné, ce corps à corps merveilleux, c'est le bonheur absolu, la béatitude ; en d'autres termes, c'est ici aussi le paradis retrouvé.

Ce premier amour, cette première intimité resteront inscrits dans notre corps – dans chacune de ses cellules – et dans notre psychisme, toute notre vie. Nous en garderons une telle nostalgie que nous n'aurons de cesse de revivre une relation aussi fusionnelle et que nous tenterons, avec nos aimants, de réactualiser pareil bonheur.

La force de cette relation intime vient de ce qu'elle implique intensément tous les sens et que bébé, tout spécialement, y est plongé dans une véritable constellation de sensations. Sa peau reçoit, sur toute son immense et si sensible surface, de fabuleux contacts ; nous en savons les merveilleux bienfaits. Son ouïe reconnaît la voix qui lui parle : c'est celle qu'il entendait, assourdie, pendant ces mois de bonheur aquatique ; s'il n'en comprend pas les mots, il sent bien que le ton est doux. Son odorat est particulièrement gâté ; c'est dans un véritable bain d'odeurs qu'est plongé le petit dans les bras de sa mère : arôme du sein où le lait affleure, effluves du creux axillaire tout proche, parfum du souffle maternel qui effleure son visage, senteur des cheveux qui le taquinent, etc., ces odeurs s'associent à l'état de bonheur ressenti, et la mémoire enregistre cette association odeurs-bonheur. Sa vue lui offre d'autres félicités : les regards de sa mère et son sourire. Sa bouche lui apporte le summum du bonheur : le lait y coulant caresse agréablement ses muqueuses et met un terme à cette sensation si angoissante qu'est la faim.

Cependant, quel que soit l'émerveillement des sens, cette situation n'atteint sa dimension de bonheur parfait que parce que, au-delà de la sensualité, il existe une relation d'amour. La mère ne se contente pas de dispenser la nourriture et les soins, elle le fait avec infiniment de tendresse ; sur son visage, un sourire, un pétillement des yeux ; sur ses lèvres, des bisous légers, des baisers gourmands ; dans sa voix, une douceur et un entrain ; dans ses gestes, une rondeur, une précaution ; dans ses mains, une ferveur, des caresses et des jeux, etc.

Il est très important de noter que l'enfant vit cette relation sur un mode fusionnel, comme s'il était encore dans le ventre maternel. Le nouveau-né, au départ, n'a pas conscience des limites de son moi, il ne peut faire la distinction entre lui-même et le reste du monde. S'il bouge une jambe, il pense que le reste du monde bouge ; inversement, s'il voit sa mère bouger, il croit qu'il bouge. S'il a faim, il s'imagine que sa mère et le reste du monde ont faim. Bref, son moi et tout ce qui est à l'extérieur ne font qu'un, sont confondus. C'est la phase de fusion infantile.

En eux-mêmes, les soins de maman sont réellement merveilleux, mais ce qui en rehausse le prix, c'est qu'ils sont autant d'interruptions de l'état pénible où bébé se trouve : non seulement il a perdu la douceur permanente du paradis utérin, mais, en plus, il est en butte à toutes sortes de désagréments sur lesquels il n'a aucune prise.

Face au froid, à la solitude, à la faim, à la mort, il se sent impuissant. Non seulement son bien-être, mais sa vie même dépend entièrement de sa mère. Il est à sa merci. C'est que le petit d'homme est le seul de tous les mammifères à naître inachevé, il est en quelque sorte prématuré de deux ans ; il fallait qu'il sorte du corps maternel avant que le volume de son crâne – et donc de son cerveau – ne dépasse le diamètre de la filière maternelle. De plus, le petit humain est, encore une fois, le seul de tous les mammifères à être nu à la naissance. En raison de cette précarité, il faudra que la mère offre une somme incommensurable de disponibilité, de présence et de soins, bref, d'amour.

La fin de cette seconde fusion sera moins brutale que celle de la première. Elle se fera progressivement. Chaque jour se rompra un des milliers de brins qui relient l'enfant à sa mère. Certains jours, même, un événement plus grave brisera une poignée de fils.

C'est au niveau de son corps que bébé va prendre conscience de la séparation. En effet, il ne tarde pas à s'apercevoir que s'il veut bouger son bras, son bras se déplace devant ses yeux, mais seulement son bras, pas le plafond ; et que s'il a faim, sa mère ne survient pas à l'instant. Sa volonté n'a pas de prise sur tout et ses désirs ne sont pas toujours suivis d'effet. Il y a donc des choses sur lesquelles il peut agir et d'autres sur lesquelles il ne peut rien. Il y a donc lui et ce qui n'est pas lui. Son corps est limité, et son pouvoir restreint. La découverte de ses limites lui apprend son identité, lui donne le sens de son moi. Il comprend alors qu'il est une entité différente du reste du monde.

Toutefois, l'enfant s'accroche encore longtemps à cette tendance à confondre son moi et l'extérieur, à cette illusion de pouvoir commander à tout. Jusqu'à trois ans, il essaie encore d'agir comme un petit tyran qui veut que ses désirs soient des ordres, et il pique des colères s'il n'obtient pas ce qu'il veut. Mais il lui faut bien constater que ses colères ne changent pas la réalité : les gens et les choses résistent. Aussi, plus il avancera en âge, plus il constatera qu'il est bien une individualité séparée au pouvoir limité. C'est ainsi que s'installe aussi cette tristesse profonde de se savoir isolé et quasi impuissant.

Notons l'importance de la mère dans cette évolution. Selon son attitude, elle aidera l'enfant à se différencier ou au contraire le laissera patauger dans la fusion ; c'est le cas des mères possessives, qui ont intérêt à maintenir l'enfant en état de dépendance ; c'est aussi le cas de mères frustrées par un partenaire distant ou disparu (divorcées, veuves) et qui reportent leur besoin d'affection sur l'enfant.

Dans l'histoire de la séparation, une date est mémorable : celle du sevrage. Cette soif inassouvie du sein et du corps maternels se double de panique et d'angoisse. Là, bébé touche au manque absolu. Une telle plongée dans le vide ne peut que laisser des traces.

Un être va jouer un rôle fondamental dans la coupure d'avec l'état fusionnel : le père. C'est lui qui dit « non » avec autorité, voire cruauté. Lui qui prend la mère pour lui, l'emmenant au loin ou la mettant dans son lit, tandis que bébé reste seul, en butte à tant de désagréments (la faim, le froid, les cauchemars, les souillures, etc.). Lui qui est en cause chaque fois que maman abandonne bébé. Lui, c'est celui qui tranche, c'est la hache ; mais il n'est pas seul, tous s'y mettent : les anciens, les maîtres d'école, les chefs de tous acabits.

Ainsi, au premier manque, installé le jour de l'expulsion, quand fut perdue la première fusion, quand s'opéra la première séparation, s'ajoute un second manque qui s'approfondit au fur et à mesure que se délite la seconde fusion et que se confirme la seconde séparation. Maintenant, c'est un « Grand Manque » qui creuse l'être. Alors, dans ce vide s'installe un rêve, le « Grand Rêve ». Car si le petit homme paraît se résigner, au fond de lui il attend, il espère, bref, il rêve. Son premier amour est inscrit à vie dans chaque fibre de son corps, dans chaque cellule de son psychisme. Il aura beau grandir, se détacher de sa mère, il gardera la nostalgie d'un tel bonheur, et dans son inconscient la relation entre sa mère et lui restera le prototype de toute relation amoureuse. C'est pourquoi le taraudera toujours le besoin de retrouver un attachement aussi fusionnel où à nouveau il pourra faire éclater les limites d'un moi isolé, impuissant et morne, pour s'expanser dans l'autre et dans le monde, retrouver une forme d'omnipotence et renouer avec la béatitude. Combler son manque, voilà ce qui sans cesse le hantera. [29]

L'enfant a grandi. Adolescent ou adulte, il a l'âge d'aimer. Il tombe amoureux. Aussitôt remonte au galop son désir de faire éclater ses frontières, de se fondre avec le monde – l'être aimé en l'occurrence – et de retrouver une sorte d'omnipotence. Du reste, la passion est faite pour cela. La passion restaure donc la fusion infantile, pour le meilleur et pour le pire. Le pire, ce sont ces leurres de l'état amoureux (l'illusion, l'irréalisme, l'aliénation, la dépendance). Si le pire l'emporte, la passion prend l'allure d'une régression à un stade d'indifférenciation semblable à celle de l'enfant, la béatitude qu'elle procure peut se jouer longtemps de la réalité. Mais un jour la réalité finit par s'imposer, plus dure que la pierre – comme ce fut le cas pour l'enfant – et la passion s'y fracasse : c'est la crise. Si les aimants savent y voir l'occasion de sortir de leur ego infantile, c'est-à-dire de maturer et de grandir, ils pourront accéder à l'étape suivante : le véritable amour. Ils y découvriront alors une forme supérieure de fusion.

Les bénéfices de la fusion

La fusion participe à l'euphorie de l'état amoureux.

Les contacts physiques intenses et répétés, qui culminent dans la relation sexuelle, elle-même couronnée par l'orgasme, procurent un bien-être majeur. Et, surtout, ces contacts constituent la matérialisation d'un événement merveilleux : la fin de la séparation – de la solitude et des souffrances et angoisses qui l'accompagnaient. Enfin est totalement satisfaite l'attente nostalgique de l'être, et comblé le vide existentiel.

Par ailleurs, la fusion efface les limites du moi et ouvre à l'autre, aux autres et à l'univers. Ses frontières étant effacées, l'être peut s'expanser. Les amoureux le sentent bien, qui baignent dans le bonheur, ont l'impression de communier dans un sentiment océanique avec le reste du monde. Il n'y a ni sujet ni objet, mais un « grand tout » lui-même relié à tout ce qui est. Sacrée est cette union. Seules la poétique et la mystique offrent pareil état de conscience. Le pic du ravissement fusionnel est atteint quand l'orgasme survient.

Enfin, la fusion génère un potentiel d'énergie considérable, qui multiplie la force des êtres, potentiel accumulé qui sera bienvenu lorsque la crise surviendra, pour réorganiser la dyade.

Les effets maléfiques de la fusion

La fusion absolue, c'est-à-dire la fusion poussée à l'extrême et vécue à plein-temps, est le troisième poison de l'état amoureux, poison qui peut détruire le couple.

La fusion conduit au nivellement

Dans l'identification, il y avait encore deux êtres, il y avait encore altérité. Dans la fusion, il n'y a plus qu'un individu. Il n'y a plus que l'unité – 1+1 = 1. Chacun perdant ses particularités, la fusion engendre la confusion. Cela réduit encore plus radicalement toutes les différences, et donc toutes les possibilités de désir. Là aussi, la relation finira par se tarir. [28]

La fusion conduit à l'aliénation

Au départ, l'aliénation est le plus souvent contractuelle et heureuse. En vertu d'un accord tacite, chacun accepte, souhaite même, que l'autre ait un privilège sur lui, qu'il ait un droit de regard sur lui – savoir ce qu'il pense, ce qu'il fait –, voire un droit de propriété – « Je t'appartiens » disent les amoureux. La fidélité va de soi, elle n'est ni une résolution prise ni une obligation décrétée ; chacun a remis sa liberté à l'autre. Chacun s'est consacré à l'autre (et non « sacrifié », car il aime l'autre comme lui-même).

À la longue, l'aliénation peut se faire plus dure et plus nocive encore. Chacun finit par perdre sa personnalité, son intégrité, et même son existence propre. Chacun est absorbé par l'autre, s'oublie dans l'autre. Il ne sait même plus quels sont ses pensées, sentiments, désirs et besoins personnels. Il ne vit que pour l'autre, par l'autre, à travers l'autre.

Le pire, c'est lorsque l'un des partenaires prend le dessus et, possessif, tyrannique, ayant senti la composante masochiste de l'autre, exige sa soumission. On a dit : « 1 + 1 = 1 », mais lequel ? Dans l'aliénation, c'est bien un seul, l'oppresseur, qui est devenu le maître du couple.

La fusion mène à la dépendance

La dépendance est ce besoin impérieux d'être aimé sans défaillance et sans absence, faute de quoi l'individu est malade, dépérit, ne vit plus, n'existe plus. Le dépendant est plus dans le besoin d'être aimé que dans le don d'amour, et son besoin est insatiable ; c'est un panier sans fond qui exige sans cesse d'être rempli. Tout se passe comme s'il ne s'aimait pas assez ou pas du tout et qu'il demandait à l'autre de l'aimer à sa place. Ses revendications risquent d'épuiser et d'étouffer le partenaire.

La fusion mène à la possessivité

Le partenaire fournisseur d'amour doit nous appartenir, et à nous seul. À force de l'avoir mis à l'intérieur de nous, nous en avons fait notre propriété.

La fusion peut être une régression

La fusion absolue relève de la fusion infantile du premier âge ; c'est une forme de régression, un retour à une certaine immaturité affective. Redevenu égocentrique, l'amoureux manifeste un besoin d'amour excessif. Il demande, il exige même, des manifestations de tendresse incessantes, des soins quasi permanents. Par ailleurs, la disparition des limites fait réapparaître en lui le sentiment de toute-puissance infantile qui l'amènera à s'imaginer que l'autre est à son entière disposition, à en attendre trop et, s'il n'obtient pas ce qu'il veut, à pratiquer le chantage affectif.

Pour toutes ces raisons, la fusion absolue, que l'on pourrait croire le summum de l'intimité, peut en être le tombeau. Pour que vive l'intimité, il faut deux individualités distinctes, fortes et indépendantes, entre lesquelles coulent la sève du désir et le flux de la vie.

Un jour, un des deux partenaires prend conscience des inconvénients de la fusion. Il se sent étouffé, et un besoin de respirer librement le prend. Il se sent emprisonné, et un besoin de desserrer les liens monte en lui. Il ne se sent plus exister, et un besoin de sauvegarder son identité le saisit. Il en arrive à une saturation de fusion qui, sur le plan sexuel, se traduit par une absence de désir, voire un dégoût de la sexualité. Alors, il amorce un mouvement de défusion. Non point qu'il veuille se séparer de l'autre, il souhaite seulement s'en distancier. Malheureusement, ses réactions ne sont pas toujours judicieuses : il y a de simples bouderies, des refus sexuels ou des mises en échec, puis des décharges agressives, parfois des gestes violents, enfin, des comportements de fuite tels qu'une hyperactivité professionnelle, une fugue, une aventure extraconjugale et autres tentatives d'échapper à l'enfermement.

Le partenaire ne comprend pas ce qui se passe, il se sent lésé, il souffre. Et il s'accroche, car il sent ses tendances dépressives le menacer et veut s'en défendre. Mais ses attitudes aggravent les difficultés de la relation ; les conflits se multiplient.

Pourtant, sortir de la fusion absolue est capital pour la survie de chacun et celle du couple. Reste à trouver une façon harmonieuse de le faire.

Alice et Gaétan s'aimaient d'amour-passion. Ils vivaient des jours superlatifs. Ils étaient inséparables. Chacun voyait le monde avec les yeux de l'autre, ils partageaient tout ce qu'il était possible de partager, ils mangeaient côte à côte, cuisse contre cuisse, ils se tenaient par la main chaque fois que c'était possible. Bref, ils étaient fusionnels. Leur union était tellement étroite et tellement heureuse qu'on les enviait.

Chacun aimait avec la même force, mais d'une manière un peu différente. Elle, très anxieuse et pas encore affirmée dans un grand projet, vivait cet amour sur un mode dépendant : elle ne « vivait plus », elle était malade quand il n'était pas là. Lui, plus réalisé dans des projets, était plus indépendant, il vivait cet amour comme la chose la plus merveilleuse qui soit, mais il pouvait s'éloigner d'Alice sans souffrance : elle l'habitait, quoi qu'il fasse, jusque dans ses projets en cours.

Mais Alice réclamait toujours plus, plus d'attention, de présence ; à l'extrême, elle aurait voulu qu'il se consacre entièrement à elle. Gaétan lui donnait de plus en plus de temps, réduisant d'autant ses propres activités. Mais, autant les séquences fusionnelles le comblaient, autant cette exigence de fusion permanente l'étouffait. Il n'a pas tardé à être saturé de cette symbiose excessive. Un projet important s'est présenté, il s'y est lancé. Si, pour lui, aimer était le plus grand des buts, épanouir ses dons était un but non moins considérable.

Elle a ressenti sa décision comme un abandon. Elle a paniqué, redoublé ses demandes d'être plus souvent présent, et utilisé tous les moyens pour le faire revenir à l'éternelle fusion : la dépression, la menace d'en finir avec ses jours, la menace de prendre un amant. Elle a fait une tentative d'autodestruction, elle a réellement pris un amant. Il a vécu des jours terribles, mais s'est attaché vaillamment à son projet. Sans cesser de l'aimer.

Une thérapie a aidé Alice à passer de la fusion-dépendance à l'amour véritable.

Renoncer à la fusion absolue

D'abord, repasser du *nous* permanent au *je*. Le *nous*, comme nous l'avons vu, mène à l'aliénation, à la dépendance et à la possessivité. La fusion conduit à la confusion. Se restituer dans le *je*, c'est redevenir une entité distincte, pleine et autonome, et dès lors se donner les moyens d'épanouir sa personnalité. Répétons-le, plus chacun des partenaires sera distinct et épanoui, plus l'intérêt de l'autre se maintiendra et plus le désir circulera. Une telle relation sera vraie, riche et solide. La défusion ne doit pas être un drame, mais une autre naissance.

L'autonomie va remplacer la soumission et s'opposer à la possessivité. Pour la conquérir ou la reconquérir, voici ce qu'il faut faire : ne plus vivre que pour l'autre et par l'autre, mais vivre aussi pour soi et par soi. Ne plus dépendre de l'autre pour exister, être pleinement soi, être heureux, avoir des projets, se réaliser, et se donner les moyens de l'autonomie : du temps pour soi, un espace à soi – concrètement, une pièce pour soi seul –, une activité et des recherches personnelles. Bien sûr, il faudra que chacun respecte l'autonomie de l'autre. Faire des choses pour soi sans l'autre, ce n'est pas les faire contre l'autre.

Autonomie ne veut pas dire indépendance totale et simple coexistence. C'est une indépendance dans l'interdépendance. C'est « être solitaire et solidaire », écrit Paule Salomon. Les aimants autonomes sont toujours profondément reliés et continuent à partager beaucoup : ils ont des activités communes et des projets communs, ils réalisent des cocréations. Ils ont bien sûr des séquences d'intimité physique et psychique, qui du reste sont plus profondes et plus fécondes. Ils ont même des moments de fusion, mais la fusion n'est plus absolue – permanente et prégnante –, elle se vit par morceaux choisis où l'on entre librement, où l'on partage intensément et dont on sort sans nostalgie, léger et joyeux. Ici, on ne retient du fusionnel que le meilleur.

Il ne faut pas se cacher que l'exercice est délicat. Il faut à la fois se détacher et se rattacher autrement, s'autonomiser et en même temps se réajuster. Comment concilier deux mouvements apparemment contradictoires ? Les notions d'intimité personnelle et d'intimité commune vont le permettre. L'intimité personnelle, c'est la partie de l'existence où l'on vit pour soi, où l'on agit pour soi, c'est le temps que l'on se préserve, c'est l'espace que l'on se réserve. Concrètement, il faut délimiter des horaires à soi et s'approprier un lieu à soi. À côté de cette intimité personnelle, il y aura l'intimité commune, où l'on vivra et agira ensemble, où l'on partagera des temps communs, des lieux communs, des activités communes – familiales, sexuelles, créatrices, spirituelles, etc.

D'une façon générale, la dialectique fusion-autonomie fait partie de la problématique de l'être humain. Ambivalent, il oscille plus ou moins heureusement entre deux pôles opposés : d'une part, son besoin de fusion qui le pousse à s'unir à un autre (l'être aimé, les autres, Dieu) et dont nous avons vu les racines ; d'autre part, son besoin d'autonomie, qui procède de l'affirmation du moi et de sa défense. Le premier mouvement est antinarcissique, le second narcissique. Cependant, ces deux pôles et ces deux mouvements ne sont pas inconciliables. *Nous* et *je* doivent continuer d'exister. Ce qu'il faut, c'est apprendre à équilibrer l'un par rapport à l'autre, et à passer de l'un à l'autre avec légèreté. C'est le principal défi de la vie à deux.

Chapitre VI
LA DÉPENDANCE

L'amour confère une intensité de vie, une ardeur à vivre telle que nous avons l'impression d'exister plus. Ce miracle, nous le rapportons à notre partenaire. Alors, nous pouvons en devenir dépendant, d'autant qu'il nous sécurise et comble nos désirs.

> La dépendance, dit Valérie, j'ai connu. Les jours où Olivier ne venait pas, j'étais véritablement malade : j'avais l'estomac noué à ne pas pouvoir manger, mon cœur me serrait et cognait par à-coups, je tournais en rond, je n'arrivais pas à me mettre à un travail, je me sentais vide ; alors, j'embrassais ses photos. Pour me coucher, je mettais ses photos sous l'oreiller et j'enfilais ses tee-shirts. Cela m'apaisait, mais je dormais mal, je me sentais si seule. Bref, sans Olivier, je ne vivais pas. Dès qu'il arrivait, je ressuscitais, j'étais épanouie, j'étais légère, je l'étreignais à le broyer, puis je ne le quittais plus, je faisais tout avec lui. C'était le bonheur !

Nous sommes dépendants lorsque nos états d'âme, notre bonheur, nos émotions, nos activités dépendent exclusivement – ou presque – de l'autre. Être dépendant, c'est exister par procuration. La dépendance est une pollution, car elle fausse et gâche la relation.

En conditionnant notre vie à la présence de l'autre, nous faisons peser sur lui une pression considérable. Le dépendant est quémandeur, exigeant, revendicateur, intolérant, étouffant, emprisonnant, inquiet, soupçonneux, inquisiteur, querelleur. Son partenaire doit donner sans cesse le maximum sans se permettre une baisse de ferveur, être d'une disponibilité sans limite, rendre compte de ce qu'il a fait ou va faire, rassurer l'autre sans cesse. Il lui faut beaucoup d'amour, une patience infinie et une bonne santé physique pour tenir le coup.

Les bases biologiques de la dépendance

Tout amour comporte un certain degré de dépendance, mais il est des cas où c'est quasi maladif. Le dépendant maladif n'a qu'un seul but dans la vie : se faire aimer. Quand il a trouvé l'être aimé, il ne vit que par lui, à travers lui, comme si lui-même n'existait pas. Il attend ses décisions, les adopte. Il le suit dans ses déplacements. En son absence, il croit mourir. Il est possessif et ne supporte pas la liberté de l'autre. L'amour du dépendant n'a rien de gratuit. S'il fait beaucoup pour celui qu'il « aime », c'est dans l'intention de se l'attacher. On pourrait croire qu'il est fidèle, mais, si son partenaire s'éloigne trop longtemps, il se rabat sur la première personne qui s'intéresse à lui. L'autre, au fond, n'existe que comme objet comblant son vide. Du reste, lorsque son partenaire le quitte définitivement, après quelques jours de désespoir, il s'accroche bien vite à quelqu'un d'autre : c'est ça ou mourir. Peu importe le partenaire, pourvu qu'il ait l'ivresse. En vérité, l'autre est sa drogue.

Sous la dépendance transparaît bien sûr un immense besoin d'être aimé, creusé dans l'enfance par des demandes d'amour insatisfaites et perpétué sous forme de faim d'amour insatiable et d'insécurité profonde.

Mais il y a aussi un phénomène d'addiction où les neurohormones et notamment les morphines internes – endomorphines – jouent un rôle déterminant. En présence de son partenaire, le dépendant est heureux, joyeux, voire euphorique. À ce moment, son système limbique – système des émotions et du plaisir – sécrète généreusement des endomorphines, qui, passant dans le sang, vont imprégner et saturer le cerveau et le corps tout entier. Quand son partenaire s'absente, le dépendant devient de plus en plus triste et nerveux, jusqu'à être hyperirritable, angoissé, insomniaque, et à perdre tout intérêt pour quoi que ce soit ; son corps lui-même est envahi de malaises (maux de tête, inappétence, palpitations, etc.). L'ensemble de ces troubles correspond à un « état de manque » tel qu'on le voit chez le toxicomane privé de sa drogue. Son système limbique, privé de stimulations, a réduit, voire annulé sa sécrétion d'endomorphines, et les circuits neuronaux sevrés de leur drogue la réclament. Que revienne le partenaire, et aussitôt le dépendant retrouve son entrain ; en même temps, le taux d'endomorphines remonte et remplit son office.

Ainsi, la dépendance amoureuse a bien une assise biologique : « Si je ne peux vivre sans toi, c'est que tu m'apportes ma dose d'opiacés. J'ai besoin de toi, qui es devenu ma drogue. »

Sortir de la dépendance : devenir autonome

Pour se débarrasser de la dépendance, il faut d'abord en prendre conscience. Nous devons voir comment nous avons agi jusqu'ici, constater combien notre trajectoire amoureuse a été sous-tendue par cette impression de vide et ponctuée de liaisons qui ne nous satisfaisaient que provisoirement. Reconnaître que nos comportements relevaient plus d'une recherche d'assurances que de l'amour véritable et qu'ils ne nous ont pas apporté de bonheur durable, et conclure que, d'une façon générale, attendre le bonheur de quelqu'un déçoit toujours. Quand nous aurons fait cela, nous serons mûrs pour décider de combler le manque par nous-même, autrement dit de nous autonomiser. C'est la seule façon d'évoluer vers la félicité et le don d'amour.

La dépendance, c'était l'incapacité de trouver en nous des ressources et l'obligation d'aller les puiser chez l'autre ; l'autonomie, ce sera la capacité d'accéder à notre propre source. La dépendance, c'était l'impossibilité d'exister en nous et la nécessité de vivre à travers l'autre ; l'autonomie, ce sera la possibilité de fonctionner tout seul. Être dépendant, c'était aliéner notre vie à l'autre, l'autonomie consistera à nous la réapproprier. Être dépendant, c'était nous renier ; l'autonomie demandera de nous réconcilier avec nous-même.

J'ai découvert mon être profond et je n'attends plus d'être aimée pour sentir que j'ai de la valeur, dit Héloïse. Je respecte la beauté que j'ai en moi. Je sais maintenant que j'ai le droit d'être moi, de vivre aussi pour moi. Ce n'est pas parce que j'aime Olivier que le reste du monde n'existe plus et que je dois renoncer à faire de la musique, à lire des livres, à voir mes amis. Pour être juste, ce n'est pas Olivier qui me l'interdisait, c'est moi qui ne vivais que par lui. On peut dire que j'étais infidèle à moi-même.

In fine, l'autonomie est le summum de l'amour : deux personnes ne s'aiment vraiment que lorsqu'elles sont capables de vivre l'une sans l'autre, mais choisissent de vivre ensemble.

Sortir du besoin d'être aimé

Celui qui ne s'aime pas demande à l'autre de l'aimer à sa place ; c'est ainsi qu'il devient dépendant. Du reste, il pratique la confusion des genres : quand il dit « Je t'aime », il veut dire « Aime-moi, j'ai besoin de toi, j'ai besoin que tu m'aimes ». Sa déclaration est plus une demande. De toute façon, s'il aime, c'est pour recevoir de l'amour en retour.

Pour sortir de cette situation, il y a deux issues :

S'aimer et s'estimer soi-même

Si nous nous aimons vraiment, nous n'aurons plus besoin de demander à l'autre de nous aimer à notre place et de remplir notre panier percé. Et si nous nous estimons, il ne sera plus nécessaire de lui demander de nous rassurer et de rapiécer, par ses compliments, nos haillons.

Pour s'aimer et s'estimer, il faut développer l'intimité avec soi-même – nous l'avons vu au chapitre I de la première partie. Du reste, la condition d'une bonne intimité avec son partenaire est d'avoir une bonne intimité avec soi-même.

Accéder à l'amour véritable

Aimer véritablement, c'est essentiellement se situer dans l'amour-don, et pour cela dépasser les limites de son ego, s'élargir, s'élever. Aimer véritablement, c'est aider l'autre à s'épanouir. Et c'est respecter sa liberté. L'amour vrai ne connaît pas la possessivité.

Chapitre VII
LE RETOUR DU REFOULÉ

Dès notre enfance, certaines des pulsions qui agitent notre inconscient sont interdites d'accès à notre conscient ; a fortiori, leur passage à l'acte est prohibé. C'est le « surmoi », cette instance représentant les règles de la société, qui opère leur refoulement et les maintient dans les profondeurs de notre inconscient.

Refoulées, ces pulsions n'en sont pas moins présentes et vivaces ; il nous faut, plus ou moins consciemment, nous défendre sans cesse contre leur irruption dans notre conscience. Justement, le choix du partenaire peut relever de ce mécanisme de défense, nous pourrions utiliser ses qualités supposées pour renforcer le refoulement des pulsions interdites, pour nous en protéger. Ainsi, le refoulement joue un rôle décisif dans le choix du partenaire : est élu celui qui est le mieux à même de nous aider à nous opposer au retour du refoulé. [32]

Un jour, chez un des partenaires, le refoulé finit par se montrer sous son vrai jour. Le besoin de satisfaire les pulsions révélées devenant irrésistible, le partenaire s'adresse à son conjoint, qui, rappelons-le, avait été choisi pour sa rigueur face à ces pulsions. Celui-ci, surpris par ces demandes nouvelles, refuse. Le premier s'irrite du refus du second et lui reproche de ne pas lui offrir ce plaisir. Le second ne comprend pas qu'on lui fasse ces reproches alors qu'on l'avait apprécié pour sa fermeté. Le changement de l'un se heurtant au statisme de l'autre, la relation est profondément perturbée. Soit ils finiront par se réajuster, soit ils rompront. Autre cas de figure : le partenaire qu'habitent les nouvelles pulsions n'éprouve plus d'intérêt pour son conjoint, s'en détache, le quitte.

C'est l'Œdipe qui revient

L'attrait pour le parent de sexe opposé est violemment refoulé par l'interdit de l'inceste. Toutefois, bien que refoulé, cet attrait reste vivace et joue un rôle – inconscient – dans le choix du partenaire. Rôle positif : le partenaire est choisi pour sa ressemblance au parent chéri. Rôle négatif : le partenaire est élu parce qu'il est susceptible de protéger le sujet de ses désirs incestueux.

Dans ce dernier cas, le retour du refoulé – l'attrait pour le parent (son image) de sexe opposé – va compliquer les relations du couple. Un jour, l'un des partenaires s'aperçoit que l'autre, élu pour sa non-ressemblance à la mère ou au père, ne lui convient plus, mais que, en revanche, une personne ressemblant, elle, à une figure parentale l'attire irrésistiblement. Il s'ensuit des moments difficiles pour le couple.

Le père de Charlotte est un homme de rang social « supérieur », un homme brillant, rigoureux, travailleur. Il est plus que sévère : autoritaire, il règne sur son monde à la façon d'un pater familias. Charlotte l'admire, mais le craint. À l'adolescence, elle ne supporte plus l'ambiance familiale, elle y étouffe. Il n'est pas étonnant qu'elle s'éprenne d'un jeune artiste, Maxime – bohème, joyeux, amuseur, libre, sans contraintes et sans horaires. Il veut bien se marier, mais il ne veut pas d'enfants : ça lui prendrait sa Charlotte, ça l'obligerait à travailler vraiment et ça entraînerait nécessairement bien d'autres obligations. Au bout de quelques années, Charlotte se lasse de cette vie décousue et de cet homme qui lui paraît maintenant immature, efféminé, égoïste. Désormais, elle veut un homme mature, viril, responsable et qui souhaite avoir des enfants. En d'autres termes, elle veut un chef de famille, comme l'était son père. Va-t-elle quitter Maxime ?

Le retour de l'homosexualité

Le choix d'un partenaire hétérosexuel peut aussi être une façon de se défendre d'une tendance homosexuelle, de la nier, même. Le retour du refoulé – cette homosexualité latente – aura donc de graves conséquences pour le couple.

Si la tendance est forte et l'emporte sur l'attirance hétérosexuelle, le désir pour l'autre diminuera et les rapports sexuels se raréfieront, voire cesseront. Le couple entrera dans une zone de turbulences émaillée de conflits. L'un ou l'autre des partenaires, frustré, ira peut-être chercher de quoi se satisfaire à l'extérieur du couple. Le couple, désérotisé et conflictuel, va soit survivre dans un tendre attachement, soit sombrer.

Inversement, la révélation de l'homosexualité est susceptible de conforter le couple. À condition de n'être pas trop prégnante, elle pourra être utilisée pour tisser des liens supplémentaires entre les partenaires, la part affective de la relation l'emportant sur la part sexuelle. D'une part, la tendance homosexuelle peut être l'élément qui permettra d'établir une amitié entre les partenaires. Or, l'amitié est une composante de la vie conjugale. D'autre part, la tendance peut doubler les fils affectifs et érotiques qui relient les partenaires : tout être humain étant bipolaire – constitué d'un pôle féminin et d'un pôle masculin –, il est potentiellement bisexuel. Dans cette configuration, l'*anima* de la femme peut s'intéresser à l'*animus* de l'homme autant qu'à son *anima*; de son côté, l'*animus* de l'homme peut jouer avec l'*anima* de sa conjointe aussi bien qu'avec son *animus*. La relation devient une composition à quatre mains où l'homosexualité d'un partenaire peut trouver une satisfaction plus que symbolique, et où le couple trouve un enrichissement considérable.

Le retour des pulsions partielles

Les pulsions partielles – les pulsions masochistes, sadiques, voyeuristes, exhibitionnistes, fétichistes, etc. – sont les plus interdites et les plus culpabilisées, non seulement parce que contraires à la morale ambiante, mais aussi parce que vécues comme dangereuses pour le moi. C'est pourquoi le partenaire est souvent choisi pour se défendre des menaces des pulsions partielles et pour contribuer à leur répression. [32]

L'irruption de ces pulsions se fait à l'occasion de circonstances extérieures : lectures, films, rencontres, aventures extra-conjugales. Là aussi, les répercussions sur la relation de couple sont importantes. Le sujet va tenter d'obtenir la satisfaction de ses pulsions débusquées auprès de l'autre. Le plus souvent, ce dernier montre une totale incompréhension et, ne pouvant même pas entendre les nouvelles attentes, oppose une hébétude qui a valeur de refus. Le demandeur l'accuse alors de ne pas l'aimer assez pour le satisfaire et nourrit à son égard de vifs ressentiments.

Le couple entre dans une période conflictuelle. Les frustrations et les vexations ressenties se traduiront par des troubles psychosomatiques (maux de tête, crise vésiculaire, colite, etc.), à moins que l'insatisfait ne s'offre des compensations : masturbation, relation extraconjugale avec un tiers point pour point à l'opposé du conjoint. L'horizon de ce couple est sombre, et sa rupture se profile.

Toutefois, il y a des cas où le retour du refoulé débouche sur un renouvellement et un approfondissement du couple. Le conjoint de celui qu'assaillent les pulsions partielles, évoluant à son tour, lève ses inhibitions et accepte de partager les pulsions de l'autre, voire les siennes. L'accueil de la réalité pulsionnelle et la déculpabilisation envers elle permettent de l'intégrer dans la vie du couple. Il s'ensuit une multiplication de la créativité érotique et de l'énergie sexuelle, en un mot, une nouvelle érotisation de la relation.

L'introduction des pulsions partielles dans les jeux se traduit par de nouveaux fantasmes ou, plus concrètement, par des fantaisies soft (strip-tease, etc.). Les gratifications obtenues autorisent de nouvelles lunes de miel et inaugurent une réorganisation de la vie à deux.

Ce qui était ressenti au départ comme quelque chose de négatif se positivise. C'est ainsi que les couples durent.

Chapitre VIII
LES INSATISFACTIONS

Quelle qu'en soit la cause, les insatisfactions ruinent le couple. Les partenaires attendent de la vie à deux un minimum de satisfactions, même s'ils sont autonomes. Les insatisfactions, quand elles sont répétées, voire permanentes, entraînent une accumulation de déceptions et de frustrations.

Dans un premier temps, le conjoint frustré s'insurge, des conflits naissent. Si le frustré constate que ses remarques ne sont suivies d'aucun effet, il réitère ses demandes et, tandis que les conflits se multiplient, un ressentiment croissant s'installe en lui. Finalement, si l'insatisfaction persiste, il se résigne tout en se détachant du partenaire frustrant. Peut-être le quittera-t-il un jour. À moins qu'il ne reste dans ce couple et ne s'octroie quelques compensations extraconjugales.

Il existe aussi des frustrés qui ne disent mot, ne s'insurgent pas, ne réclament pas. Ainsi est leur tempérament. Mais les insatisfactions ravalées sont bien les pires polluants. Le non-dit empoisonne peu à peu la relation. [28]

Les insatisfactions des besoins sexuels

À force d'être insatisfaits dans l'acte sexuel, il est fatal que les partenaires n'aient plus envie de le pratiquer. Il est donc impératif de rechercher, pour les traiter, les causes d'insatisfaction. L'érotisme ne s'use que si l'on s'en sert mal.

Les insatisfactions peuvent relever de causes générales ou de raisons propres à chaque individu.

Causes générales

Chez la femme

On ne répétera jamais assez que la base des insatisfactions sexuelles chez la femme se situe dans les dissymétries qui existent entre son activité sexuelle et celle de l'homme. [30]

• Première dissymétrie : **la survenue de l'orgasme**

L'orgasme et l'éjaculation surviennent chez l'homme après une vingtaine de mouvements du pénis dans le vagin, c'est-à-dire une vingtaine de secondes. Ce comportement est imposé à l'homme par son programme génétique, dont les origines remontent à la préhistoire et, au-delà, à nos lointains ascendants, les primates supérieurs. C'est véritablement un comportement « réflexe » et, comme tel, il est quasi irrépressible ou en tout cas difficile à contrôler.

Chez la femme, l'acmé par coït survient après une excitation prolongée, de toute façon supérieure à vingt secondes et pouvant aller jusqu'à vingt minutes. La femme a en effet un programme génétique, hérité de la préhistoire également, différent de celui de l'homme. Il exige, pour que ses points érogènes (clitoris, point G, etc.) s'éveillent, un long contact avec la verge et un ajustement précis avec elle. De plus, pour jouir, la femme a besoin de laisser éclore ses émotions et ses fantasmes, ce qui ne peut se faire en quelques secondes. C'est dire que la brièveté de l'action de l'homme ne permet pas toujours à la femme d'épanouir son plaisir, a fortiori si l'homme est particulièrement rapide ou, pire, éjaculateur précoce.

Il est donc indispensable que l'homme s'efforce de prolonger le coït et, pour cela, apprenne à retenir son éjaculation ; c'est tout l'art de la « caresse intérieure ». De son côté, la femme veillera à raccourcir son délai de jouissance en acquérant une meilleure connaissance de son anatomie – par exploration intime – et une sensibilisation de ses points érogènes par un « auto- entraînement ». [25]

• Deuxième dissymétrie : **la répétition de l'orgasme**

Après sa brève prestation, l'homme passe par une phase réfractaire pendant laquelle son désir et son érection sont réduits, tandis qu'une certaine lassitude, voire une réelle mélancolie, le gagne ; souvent, même, il sombre dans le sommeil. Si, pour satisfaire sa partenaire, il renouvelle le coït, son éjaculation réflexe et intempestive le trahit à nouveau. La phase réfractaire qui suit cette seconde tentative accentue ses effets : l'érection est plus paresseuse encore, et la fatigue accrue. Si, n'écoutant que son amour, l'homme récidive, il finit par s'épuiser, tandis que son désir et son érection tendent vers zéro.

La femme, au contraire, est multi-orgasmique : elle peut obtenir coup sur coup plusieurs orgasmes et renouveler presque à la demande des octaves de plaisir sans pour cela accuser de fatigue. Une femme peut ainsi avoir cinq ou six rebonds successifs en quelques minutes et renouveler ces séquences. Elle le peut par autostimulation. Elle le peut au cours du coït, à condition que l'homme lui assure un continu amoureux prolongé.

Cet appétit érotique de la femme s'explique par la richesse et la complexité de son système érectile, ce réseau vasculaire qui emplit sa vulve et son clitoris, ce lacis sanguin qui enveloppe son vagin et irrigue le point G. Gorgé de sang sous l'appel du désir, devenu turgescent sous l'effet des caresses, le creux de la femme atteint, sous l'impulsion d'un pénis efficace, un niveau de tension tel qu'un seul orgasme ne peut le réduire. Pour apaiser les lancinements de cette chair surengorgée, de ces muqueuses à vif, il faut plusieurs jaillissements suivis de détentes.

Cette autre dissymétrie de la sexualité chez la femme et l'homme diminue les chances pour la femme d'être satisfaite : tandis que l'homme, rapidement assouvi, sort du jeu, la femme, solitaire, reste sur sa faim.

Il est indispensable, ici aussi, que l'homme prolonge le coït et diffère son éjaculation, et même y renonce, afin d'éviter la phase réfractaire. Alors, le sexe toujours vaillant, il pourra conduire sa partenaire vers l'illumination. Celle-ci pourra se renouveler pour peu que l'homme conserve sa turgescence. Pour arriver à cette maîtrise, il s'inspirera de l'art de la caresse intérieure. [29, 25]

• Troisième dissymétrie : **l'espace de l'amour**

L'activité érotique de l'homme se réduit le plus souvent aux organes génitaux, tandis que, chez la femme, elle concerne l'ensemble du corps. Dans le modèle masculin du plaisir, le centre de l'action est la verge, le sexe féminin n'étant que l'accessoire nécessaire, et le but est l'orgasme du mâle, l'orgasme de la femme n'étant visé qu'en tant que consécration de la virilité de l'exécutant. Ce que reproche ici la femme à l'homme, c'est d'aller droit au but et de lui imposer le scénario stéréotypé « érection-pénétration-éjaculation ». Ce comportement limite l'échange à la génitalité. La femme souhaite que le plaisir sorte du pré carré des muqueuses génitales et s'agrandisse en une multitude de caresses de toute la peau. L'homme y gagnera un bien-être plus vaste et plus prolongé.

• Quatrième dissymétrie : **la participation du psychisme**

La participation du psychisme – affectivité, fantasmes – au cours de l'activité sexuelle est réduite chez l'homme, alors que chez la femme l'émotion, le sentiment, le rêve occupent une part majeure dans l'épanouissement de l'éroticité. La femme désire que son partenaire prenne davantage en considération ses aspirations, sa sensibilité, son imaginaire. Elle souhaite que son compagnon lui parle, l'écoute, la comprenne, la choie, la fasse rêver, ensemence ses fantasmes. Que la relation sexuelle devienne une intime communication et un facteur d'épanouissement et d'équilibre pour chacun.

Il ne faudrait pas, toutefois, que la femme attende passivement que l'homme lui offre sur un plateau la clef de sa satisfaction. Si elle veut améliorer son bonheur érotique, qu'elle commence par apprendre sa propre sexualité. Des enquêtes récentes ont montré que la plupart des femmes ne pouvaient pas situer précisément les divers éléments de leur appareil génital, confondaient leurs orifices et leurs rôles, méconnaissaient leurs zones érogènes, en particulier le point G. Pour trop de femmes, leur sexe est une cavité inconnue, voire une ouverture honteuse. De plus, elles sont trop inhibées pour l'explorer. Pourtant, il n'est qu'une façon de connaître son intimité : c'est de la regarder par le truchement d'un miroir et de la découvrir à l'aide de ses doigts, y compris dans le vagin. Après avoir reconnu et inventorié, il faut maintenant qu'elle s'essaie à tirer de toutes ces cordes, par de subtiles caresses, quelques accords. Alors, connaissant bien son sexe et la façon d'en tirer des mélodies, elle pourra guider les doigts de l'élève musicien qu'est l'homme.

L'insatisfaction sexuelle, et en particulier l'absence d'orgasme, a pour la femme des conséquences graves, qui à leur tour affectent le couple. D'abord, le désir ne résiste pas longtemps à la pénible répétition excitation-frustration, autrement dit espoir-désespoir. Le corps se déconditionne, le mental se désintéresse. De la résignation à l'aversion, il n'y a qu'un pas…

En outre, des troubles nerveux – irritabilité, insomnie ou anxiété, voire état dépressif, troubles psychosomatiques, etc. – accompagnent très souvent les frustrations. L'implosion des énergies déchaînées mais non canalisées, le déficit en endomorphines qui, faute de plaisir, n'ont pu être sécrétées, l'absence d'affection dont témoignent les médiocres caresses sont autant de raisons de déséquilibrer le système nerveux.

Quant au couple, il est en grand danger. D'abord vexée d'avoir servi d'exutoire et ulcérée d'avoir été volée de son plaisir, ensuite révoltée et enfin résignée, la femme ne peut que nourrir moult rancœurs envers son conjoint. Lui-même réagit par d'autres rancunes. Ainsi naissent au sein du duo des conflits à l'infini.

Chez l'homme

On croit trop souvent que, dans la relation amoureuse, seule la femme reste sur sa faim et que l'homme, parce qu'il jouit vite et fort, est toujours content du simple coït. Il est vrai qu'il semble trop souvent ne s'intéresser qu'au coït et s'y précipite dans le seul but d'éjaculer. En réalité, l'homme peut être aussi sensuel que la femme. Sa peau est tout aussi sensible, et son sexe également pourvu de points érogènes ; il est donc capable d'apprécier les subtilités de toutes les caresses imaginables. On peut ainsi dire que l'homme est un insatisfait qui s'ignore, dans la mesure où il n'a pas encore pris conscience de ses frustrations.

L'homme insatisfait est avant tout victime de sa propre civilisation, de cette société qu'il a organisée dans le but de dominer la femme, y compris la femme intérieure que tout homme porte en lui, cette part féminine que les anciens Chinois avaient nommée *yin* et que Jung a appelée *anima.* Toute l'éducation des mâles a pour dessein d'hypertrophier leur « virilité » soit leur part masculine, leur *yang,* leur *animus.* Il leur est interdit d'être sensibles, sensuels, tendres. Être sensible, c'est être vulnérable ; être sensuel, c'est être mou ; être tendre, c'est être faible. Un homme digne de ce nom doit être froid, dur, non émotif, non caressant a fortiori. À cette pression de la mythologie de la virilité s'ajoutent les obligations des rôles qu'il s'est adjugés : qu'il soit guerrier, chasseur, cultivateur ou bâtisseur, il lui faut avoir un cœur de pierre et la peau cornée, surtout celle des mains. Alors, il n'est pas question de caresses et de raffinements érotiques : il ne peut ni les offrir ni les recevoir.

Heureusement, les choses changent : d'une part, les progrès techniques délivrent les hommes des impitoyables contraintes des travaux manuels ; d'autre part, l'évolution psychologique en cours les amène à libérer leur *anima.* Donc, plus rien ne s'oppose à ce que l'homme se mette à caresser et à demander des caresses. L'homme nouveau, tendre et raffiné sans pour autant renier sa masculinité, est en chemin. La femme doit se préparer à l'accueillir.

Qu'elle lui fasse plein de caresses, et pas seulement sur la verge, mais sur tout le corps. Pour le sexe, un peu plus de fioritures, de ciselures et de délicatesses, bref, d'imagination seront les bienvenues. Mais ce n'est pas tout : au plus secret de l'intimité, la femme doit entendre les rêves de son compagnon : qu'elle se prosterne devant ce désir tendu, devant cette vie érigée, qu'elle l'adore du souffle de sa bouche, des murmures de son cœur, des baisers de son âme.

Ô femme, soyez amour, soyez vous au-delà de toutes les rancunes, de toutes les guerres, de tous les discours. Car seul l'amour engendre l'amour. Alors, vous verrez l'homme jeter sa cuirasse et venir à vous, nu et joyeux, le cœur comme un océan de tendresse.

Causes individuelles

Insatisfaction relative : un conjoint très gourmand

Certains êtres ont des besoins sexuels importants, voire considérables. Ils réclament cinq, six ou dix rapports sexuels par jour, tous les jours. Ce sont simplement des gourmands, qui n'ont rien à voir avec les cas pathologiques que constituent le satyriasis et la nymphomanie. Leur conjoint, même s'il est friand de plaisir, ne peut pas toujours suivre. Aussi ces personnes ont-elles recours à d'autres partenaires.

Insatisfaction réelle : un conjoint insuffisant

Inversement, il y a des personnes dont les possibilités sexuelles sont entravées et qui ont, de ce fait, des difficultés à satisfaire un partenaire dont les demandes sont pourtant raisonnables. Ce peut être une question de tempérament : par nature, certains ne sont pas très portés sur le sexe. Ce peut être une incapacité érotique : manque de connaissance, manque de feeling (ne pas sentir ce que l'autre attend, ce qui est bon pour lui), manque de doigté, manque de créativité. Ce peut être aussi l'effet de l'usure du désir : la cohabitation quotidienne et le temps peuvent éroder l'ardeur sexuelle. Ce peut être encore les conséquences d'une maladie ; nombreuses sont les affections qui peuvent perturber la vie sexuelle.

• Les troubles proprement sexuels : impuissance, éjaculation précoce, anorgasmie, anaphrodisie (absence de désir).

• Les affections locales, gynécologiques ou urologiques.

• Les maladies générales, soit neurologiques (paralysie, etc.), soit cardiologiques (insuffisance cardiaque, etc.), soit toxiques (alcoolémie, tabagisme, drogues).

• Les maladies psychiques : la dépression, les névroses, etc.

• Les complications idiopathiques : certains médicaments (tranquillisants, antidépresseurs, anticholestérol, antihypertenseurs, etc.) peuvent diminuer le désir ou contrarier l'érection.

Dans tous les cas, le partenaire dont la sexualité est normale sera frustré. Cette frustration peut lui causer des troubles nerveux (anxiété, état dépressif, etc.) et des troubles psychosomatiques (ulcère d'estomac, colite, poussées de tension artérielle, etc.). Parmi ces partenaires frustrés, les uns vont renoncer à toute vie sexuelle et entrer dans une voie de sacrifice, mal vécue et pavée de moult troubles psychiques et somatiques. Les autres iront apaiser leur tension sexuelle inassouvie dans des relations extraconjugales. D'autres, enfin, partiront définitivement.

Pour se débarrasser de la pollution que constituent les insatisfactions sexuelles, il faut agir cas par cas. En ce qui concerne les maladies qui perturbent l'activité sexuelle, il est indispensable de les guérir ou de les amender. Les troubles sexuels feront l'objet d'une consultation spécialisée ; les troubles psychiques seront confiés à des psychothérapeutes qui privilégient le travail personnel sur les médicaments ; les maladies générales devront bénéficier des meilleurs soins. Finalement, les « impotences » sexuelles liées à la maladie devraient être rares. En ce qui concerne l'incapacité érotique, voir le chapitre XI et *Le Traité des caresses*[23]. Quant à l'usure du désir, les moyens de la prévenir ou d'y remédier sont nombreux (voir le chapitre X et *Le Traité du désir*[25]). Il faut aussi savoir que, même avec des moyens réduits – fonction sexuelle perturbée ou état général déficient –, il est presque toujours possible de soulager la tension sexuelle du partenaire : les multiples caresses que les mains et la bouche sont susceptibles d'offrir au corps et au sexe de l'autre peuvent le conduire à un état de volupté des plus appréciables, voire suprême. Au cas où toute activité sexuelle se révélerait insatisfaisante ou impossible, mais que la personne veuille toutefois demeurer fidèle à son conjoint, il ne serait pas juste qu'elle s'abandonne à une amère résignation et adopte une position de victime sacrifiée ; ce ne serait pas bon non plus, car elle s'offrirait alors aux énergies négatives. Elle doit se positionner à un niveau de conscience où elle est responsable de ce qu'elle décide et fait, où elle est créatrice de sa vie, où elle lui donne un sens : pour être dans le don d'amour, il faut y être avec bonheur. Alors, la tendresse des mains et des cœurs, la communion des âmes ne paraîtront plus un lot de consolation, mais bien le meilleur de la relation entre deux êtres.

Les insatisfactions des besoins affectifs

Insatisfaction réelle : un conjoint peu affectueux

Soit le cas d'une femme, Denise. Ses besoins sont « normaux », mais Paul, son conjoint, n'est vraiment pas généreux. Dès les débuts, il n'était pas enclin aux manifestations d'amour, aux mots doux, aux gestes tendres. Mais, plus le temps passe, plus il est bourru et sec. Est-ce son tempérament ? Certains êtres sont peu sentimentaux et peu expansifs par nature. Est-ce la conséquence d'une éducation sévère et répressive ? Certains parents, forgés par une stricte tradition religieuse, voire puritaine, dont on sait qu'elle se méfie des sentiments autant que des tentations, élèvent leurs enfants durement et ainsi les endurcissent. Ou est-ce enfin l'usure du temps qui a élimé la tendresse de Paul ? En tout cas, les voilà qui vivent dans l'indifférence, quasiment comme des étrangers. Denise ravale ses besoins de tendresse, jusqu'au jour où un passant qui avait de l'amour à donner lui ouvre les bras.

Insatisfaction relative : un conjoint trop exigeant

Soit le cas d'un homme, Luc. Ses besoins sont immenses, voire insatiables. Il est du genre « panier percé ». Il faut l'aimer avec ferveur et sans faille. Il faut aussi le rassurer en permanence. Michèle, sa partenaire, s'y emploie avec zèle pendant les années de grâce. Puis elle se lasse, non pas de donner beaucoup, mais de donner sans résultats durables. Quand survient la crise, et en particulier la fin de la fusion, l'homme se sent « abandonné », il tente bien de faire revenir sa partenaire à une forme de maternage, mais celle-ci, tout en continuant de l'aimer, veut vivre de façon plus autonome. Alors, l'homme se met à chercher un supplément de tendresse et de narcissisation à l'extérieur du couple. Sans doute est-ce en lui qu'il devrait chercher ce qu'il mendie à l'extérieur.

Soit le cas d'un autre homme, Hervé. Celui-ci, par ailleurs brillant professionnel, adore sa femme, Marie, qui l'aime beaucoup. Tant qu'ils n'ont pas eu d'enfants, elle s'est consacrée entièrement à lui. La crise survient avec la naissance de leurs enfants, des jumeaux. Marie est de moins en moins disponible bien que toujours aimante. Sevré de son gavage affectif, Hervé a recours à une maîtresse, ça ne lui suffit pas, il en prend une seconde, tout en gardant la première. Sa femme, mise au courant, s'en arrange tant bien que mal. Bien qu'entouré et rassuré de tous côtés, Hervé vit vaille que vaille, car la situation est compliquée, et il ne peut s'empêcher de se sentir coupable envers ces trois femmes, mais il avoue qu'il ne peut pas s'en passer. On perçoit en lui, en dépit de toute l'affection qu'il reçoit, un fond d'insécurité et de nostalgie. Il est difficile de guérir de son enfance : il avait trois ans quand sa mère l'a abandonné pour un amant ; il ne l'a plus revue. Son besoin d'être aimé a les dimensions d'un gouffre. C'est aussi à cause de ce vide et de son absence de confiance en lui qu'il s'est acharné pour réussir sa carrière, une façon de se prouver qu'il existe.

Le cas d'Hervé montre que ni les succès sentimentaux ni la réussite professionnelle n'apportent la plénitude. Ce qui importe, ce n'est pas de réussir, mais de s'accomplir, et pour cela il faut se connaître et s'aimer. Ce qui est essentiel également, ce n'est pas de se faire aimer, mais d'aimer vraiment, et pour cela il faut sortir de l'infantilisme affectif.

Les insatisfactions des besoins de communication

Fondamentalement, l'humain est un être de communication. Il a besoin de se dire – exprimer ses émotions, formuler ses souhaits, donner son avis – et d'être écouté, entendu, compris. Il lui faut aussi connaître les sentiments, les désirs et les opinions de l'autre. Il se sent donc frustré par ceux qui ne parlent pas, les taciturnes et autres introvertis – qui le sont par tempérament ou par éducation répressive –, et par ceux qui n'écoutent pas – parce qu'ils parlent trop, s'écoutent trop ou ne sont pas assez ouverts.

Quand un partenaire en a assez de ne pouvoir se dire, assez de n'être pas entendu, assez du mutisme ou de l'indifférence de l'autre, il est tenté de se relier à un tiers plus apte à communiquer.

Sachons toutefois qu'il ne suffit pas de parler pour ouvrir un dialogue ni d'écouter pour entendre. Pour communiquer réellement et de façon féconde, il est nécessaire de connaître quelques règles du jeu. Nous y reviendrons dans la troisième partie.

Les insatisfactions des besoins énergétiques

Toute relation entre les êtres constitue un échange d'énergie. Pour qu'un couple perdure, uni et vivant, il faut que les partenaires se communiquent, de façon équilibrée, de bonnes quantités d'énergie. Si l'un a l'impression de ne pas recesvoir assez et de rester sur sa faim, il risque de s'adresser à une personne extérieure.

L'insatisfaction réelle : un conjoint à faibles ressources

Il existe des êtres dont les réserves d'énergie sont constitutionnellement faibles. Ils se révéleront incapables d'apporter la moindre force à leur partenaire. Celui-ci pourra, en certaines circonstances, se sentir en manque et être amené à faire appel à des sources hors du couple.

L'insatisfaction relative : un conjoint « énergivore »

Certaines personnes ont des besoins énergétiques particulièrement importants. À l'origine, trois causes possibles : des réserves faibles par nature, des réserves normales annulées par les énergies négatives qu'elles laissent entrer, des dépenses excessives (surmenage nerveux, lutte épuisante contre des névroses, etc.). Toujours à court, elles demandent à leur partenaire de les recharger. Mais, à ce jeu, celui-ci finit par s'épuiser à son tour ; par amour, il fait face avec héroïsme jusqu'à ses extrêmes limites. Quand le demandeur, véritable parasite énergétique, s'aperçoit qu'il ne peut plus avoir recours à l'autre, il va puiser ailleurs.

Ceux qui sont en mal d'énergie devront, afin de ménager leur partenaire, apprendre non seulement à mieux gérer leur énergie, quitte à changer de mode de vie, mais aussi à diversifier leurs sources. En dehors de leur partenaire, ils disposent de trois sources d'énergie. D'abord, leur propre source, qu'ils doivent apprendre à recharger en « circuit fermé » de façon autonome, par la création, la méditation, la prière. Ensuite, les ressources d'êtres extérieurs particulièrement enrichissants et dont il n'est pas nécessaire de faire des amants, mais avec qui se noue une profonde amitié. Enfin, la nature, qui est une réserve puissante et inépuisable d'énergie et un fabuleux moyen de se régénérer.

Les insatisfactions des besoins d'évolution spirituelle

L'être humain a aussi besoin d'évoluer, de grandir, de s'accomplir, de s'élever. Grandir, c'est accéder à la maturité et à la sagesse en dépassant son ego et en se débarrassant des névroses constituées dans l'enfance. S'accomplir, c'est développer ses aptitudes, voire ses talents, afin de réaliser pleinement ce pour quoi on est fait. S'élever, c'est se donner une transcendance – laïque ou religieuse – qui confère un but « supérieur » et un sens « sacré » à son existence. On ne sait pas assez que le besoin d'évoluer est constitutif de l'homme.

L'être en évolution est en transformation incessante, à la fois sur les plans psychique, affectif, artistique et spirituel. Il se remet sans cesse en cause, il est toujours en quête. Il s'intéresse à maints sujets. Il lit beaucoup, participe à des conférences, fréquente les expositions, explore les sites. Il crée sans relâche et se perfectionne sans se lasser. Il a besoin d'un partenaire qui ait du répondant. Si, par malheur, c'est une personne accrochée à son passé, à ses habitudes, à ses opinions, à sa routine, si elle est rigide de nature ou névrotiquement bloquée, elle décevra celui qui évolue. D'autant que ces passifs non seulement ne précèdent pas, mais ne peuvent pas suivre non plus. Souvent, même, ils freinent. Les plus faibles utilisent leur arme préférée : l'apitoiement manipulateur. Ceux qui ont un ego mieux trempé, faute d'être évolutifs, se font dominateurs et tentent d'arrêter la marche de leur conjoint. Si, lasse d'accumuler les déceptions et les entraves, la personne en évolution rencontre quelqu'un ayant un élan similaire, il se peut qu'elle s'en approche d'assez près.

Chapitre IX
L'USURE DE L'AMOUR

« Le mariage tue le prince charmant », dit l'adage populaire. Il est vrai que la cohabitation permanente, les habitudes, voire la routine, érodent le désir et l'amour : toujours la même personne, les mêmes gestes, les mêmes mots, le même corps.

La vie commune au quotidien a pour effet d'amoindrir les sentiments, de démythifier l'autre et de dépoétiser la relation. L'ordinaire succède à l'extraordinaire, la routine à l'imprévisible, la monotonie à la vie tonique. L'amour s'étiole, la relation s'envase, le bonheur se meurt. Surtout quand les partenaires ne font pas d'efforts pour entretenir l'amour et nourrir la relation. Alors, l'infidélité survient comme une révolte contre la monotonie, une insurrection contre la mort.

> Nicole s'ennuyait dans un couple qui ronronnait dans ses habitudes. Pourtant, elle sentait bien que la vie était autre chose que ce train-train. Elle sentait au fond d'elle-même les remous d'une puissante énergie vitale qui ne demandait qu'à jaillir. Elle avait vainement tenté de réveiller son conjoint. Aussi n'hésite-t-elle pas lorsque le destin lui offre une aventure. « J'avais envie de me sentir à nouveau vivante, belle, intéressante et désirée. J'avais besoin de sentir de l'enthousiasme. »

Il faut être vigilant, dans un couple. La vie procède par cycles. Un être qui s'assoupit peut un beau jour sentir ses forces vives se ranimer ou prendre conscience qu'il est temps de développer telle capacité jusqu'alors négligée. Si le partenaire n'y prend garde et ne sait accompagner ce besoin de renouveau, gare au couple…

Il faut prendre garde, car l'usure est un poison mortel qui transforme un couple plein de vibrations, de frissons, de curiosité et d'élans en couple léthargique. Il faut veiller à ne pas laisser ce poison s'infiltrer dans la relation. Le but n'est pas tant de la faire durer que d'entretenir sa vitalité. Cependant, si elle vit, elle durera. [23]

La déflation des sentiments

L'exaltation sentimentale des débuts de l'amour s'apaise. Toutefois, chez certains, les sentiments, sans être aussi passionnés, restent vifs toute la vie, et l'on entend des partenaires de trente ou cinquante ans dire avec ferveur et bonheur : « Oui, j'aime toujours mon mari. », « Bien sûr que j'aime toujours ma femme. » Inversement, chez d'autres, l'intensité des sentiments baisse jusqu'à atteindre un niveau insuffisant pour entretenir un lien satisfaisant entre les partenaires ; or, s'il n'est pas doublé d'un lien affectif, le désir perd de sa qualité et à la longue se réduit à un besoin physiologique.

Il ne faut jamais croire que le sentiment, quand il s'effondre ou paraît s'éteindre, est perdu irrémédiablement ; il est dans sa nature de fluctuer. On a vu souvent des êtres séparés pendant des années se retrouver et brûler à nouveau ensemble. Les conseils que je vous donnerai à propos du désir et de la relation permettront également de réchauffer les sentiments, car tout est interdépendant : par exemple, de régénérer le désir peut revivifier l'affection.

Je voudrais surtout dire que le sentiment ne résume pas l'amour, et dénoncer le « tout sentiment » qui sévit en Occident, ainsi que les aspects infantiles de ce sentimentalisme. Nous n'avons pas réellement de culture de couple, et notre conception de l'amour a pour références des passions malheureuses : celles de Tristan et Iseult, de la princesse de Clèves, de Madame Bovary, etc. Autant d'histoires sentimentales vouées à la souffrance et à l'échec. Les états d'âme qui agitent ces êtres – cette enflure de l'ego, ces projections, ces illusions, ces confusions puériles, cette subjectivité, cette pusillanimité– ne sont pas de l'amour, ils sont d'ailleurs le contraire de l'amour véritable (voir cinquième partie, chapitre II).

Même lorsque le sentiment s'épure et accède à davantage de générosité et de hauteur, il ne peut suffire à entretenir la vitalité d'un couple : quelque chose de plus important doit relier les deux partenaires : la relation qu'ils établissent entre eux : « Si j'ai plaisir, si je trouve un intérêt à vivre avec cet autre, c'est qu'il m'écoute et m'entend, qu'il a des choses à me dire, qu'il m'aide à me connaître et à me faire progresser sur mon chemin de conscience. » (Voir troisième partie, chapitre I.)

L'affadissement de la relation

Même *a minima,* la relation existe toujours. Le malheur, c'est qu'avec le temps, faute de l'entretenir, on la laisse péricliter. On connaît, dit-on, « à fond » son partenaire, son passé, ses pensées, ses sentiments, ses goûts, ses réactions, son caractère. Or, sans inconnu, sans imprévisible, il n'y a plus d'attente, plus de séduction. Les partenaires, après avoir raté leur couple, deviennent un « ménage » qui s'ennuie au quotidien.

Heureusement, il est possible de sauvegarder et de développer la relation : pour y arriver, il faut travailler dans trois directions.

Renouvelons la relation

C'est une erreur de croire que connaissons par cœur notre conjoint, l'être humain est tellement complexe et ses facettes, comme ses pelures, sont si nombreuses – surtout s'il s'efforce d'évoluer et de se régénérer. Intéressons-nous davantage à lui, écoutons-le mieux, regardons toutes ses facettes, épluchons toutes ses pelures. Ne restons pas à sa surface.

Nous-même, cherchons toujours à nous transformer, à nous enrichir et à nous perfectionner sur tous les plans – intellectuel, artistique, spirituel. Plus nous évoluerons, plus nous serons multiples ; plus nous serons inépuisables, plus nous serons attractifs et désirables, et plus la relation sera vivante.

Préservons notre part de mystère

Ce qui ne se laisse pas saisir est éternel. Ne soyons pas complètement transparents. Ne soyons pas quelqu'un que l'on peut connaître par cœur, que l'on peut cerner facilement, quelqu'un de totalement lisible et prévisible. Soyons plutôt quelqu'un d'insaisissable, d'abondant, de surprenant. Pour cela, renouvelons-nous comme il a été dit ci-dessus : évoluons, progressons, enrichissons-nous, multiplions-nous, devenons kaléidoscope. Sachons que, pour nous renouveler, il ne suffit pas de puiser à l'extérieur des éléments nouveaux et de les faire nôtres ; il est encore plus régénérant d'aller puiser en nous-même et de nous connaître toujours mieux. Plus nous nous connaîtrons et nous découvrirons, plus nous aurons à dire sur l'humain, plus nous susciterons l'intérêt des autres, plus nous aurons d'intérêt pour eux.

Préserver sa part de mystère, c'est aussi préserver son intimité personnelle. Pour cela :

- **Évitons le « tout fusionnel »**. La fusion permanente aboutit à la lassitude et à la mort du désir.
- **Soyons autonomes et respectons l'autonomie de notre partenaire.** S'il est vrai que, pour nous sécuriser, nous faisons tout pour nous attacher l'autre, paradoxalement, quand il est prisonnier, nous ne le désirons plus.
- **Entretenons notre jardin privé.** Il ne s'agit pas de mener une « double vie » mais de continuer à exister et évoluer en tant que personne à part entière : poursuivre les recherches nous concernant, épanouir nos propres talents, nous accomplir. Concrètement, rendons les choses possibles en réservant du temps pour nous, un espace à nous. Bien entendu, à côté de notre intimité personnelle, nous partageons avec notre conjoint une intimité commune nourrie de projets communs et de cocréations.
- **Ne disons pas tout.** Ne pas tout dire, ce n'est pas faire des cachotteries, c'est se limiter à des éléments constructifs pour le couple, c'est respecter l'autonomie de l'autre et sa propre autonomie. Même si nous aimons énormément notre partenaire, ne le lui disons pas trop ni trop souvent, ne multiplions pas les aveux et les serments. Ce gavage pourrait l'étouffer ou réduire son intérêt pour nous. Un zeste d'insécurité, voilà ce qui maintient l'amour en éveil.

Ne noyons pas notre relation amoureuse dans le bain de la famille

L'arrivée des enfants fait que nous nous trouvons positionné « en famille ». Les demandes des enfants et les travaux domestiques risquent d'anéantir notre intimité de couple, comme notre intimité personnelle. D'autant que, subrepticement, notre mentalité a changé ; nous sommes dans la peau d'une mère ou d'un père – comme l'étaient nos parents, dont l'image colle à nous. Maintenant, c'est sérieux, et il est malséant de se livrer à des jeux puérils, voire polissons, et de faire des câlins en « aparté ». Faire l'amour, passe, la nature est impérieuse et ça ne prend pas tellement le temps, mais les divertissements de l'intimité, les tendres caresses et les douces confidences, c'est moins important et ça demande plus de temps. Et un jour, sans nous en apercevoir, nous nous adressons à notre conjoint en l'appelant « papa » ou « maman ». Dès lors, comment désirer « papa » et comment faire l'amour à « maman » ?

Si nous voulons continuer de nous situer en couple, commençons par nous interdire d'appeler notre conjoint « papa » ou « maman » ; utilisons plutôt son prénom ou un autre doux nom. Quand nous nous adressons à nos enfants, au lieu de leur dire : « Demande à papa » et « Va chercher maman », précisons : « Demande à ton papa » et « Va chercher ta maman ». Veillons à nous accorder des moments de légitime et nécessaire intimité.

L'usure du désir

Les partages sexuels ne sont qu'un des aspects des relations qui unissent une femme et un homme, mais ces relations sont puissantes et porteuses d'agréments : elles font le charme de la vie à deux. C'est pourquoi il faut entretenir le désir avec ferveur et conviction.

Commençons par éliminer deux fausses croyances : l'une qui édicte que l'usure du désir est inéluctable, l'autre qui prétend que l'érotisme ne s'apprend pas.

L'usure n'est pas inéluctable

Le désir ne s'altère que si on le laisse s'enliser dans la routine. Or, il est possible d'éviter la routine.

Avant tout, nous devons nous demander si nous souhaitons réellement avoir une vie sexuelle riche. Pour répondre à cette question, il faut que nous nous rappelions ce qu'apporte une activité sexuelle réussie. En voici, résumés, les principaux avantages :

• **C'est bon pour le moral** et c'est un facteur d'équilibre psychique. Cela apaise l'anxiété, réduit la tension nerveuse, crée un état de bonne humeur, voire d'euphorie. Cela stimule les facultés intellectuelles supérieures – en particulier la créativité –, ouvre la sensualité, épanouit le moi, donne confiance en soi et renforce l'énergie psychique.

• **C'est bon pour la santé** : cela détend les contractures musculaires, lève les spasmes des viscères, stimule les systèmes neuro-hormonal, respiratoire et circulatoire, et entraîne le cœur. Cela procure un bien-être général.

• **C'est bon pour le couple**. Ce qui fait du bien à chacun prédispose à bien s'entendre avec l'autre. Mais, surtout, le bonheur sexuel constitue un facteur essentiel de l'harmonie du couple et un véritable ciment entre les êtres. Ces heureux effets s'expliquent d'une part par le bain d'endomorphines qu'offre le plaisir amoureux, d'autre part par la parfaite communication que constitue la communion sexuelle : cet échange de tendresse et d'émotions, ce partage de volupté, ce témoignage d'amour, cette étroite proximité comblent les besoins affectifs fondamentaux – aimer et être aimé – et s'opposent à la profonde peur de la solitude.

Convaincu qu'une vie sexuelle épanouie apporte beaucoup, que nous avons tout à y gagner, il nous faut maintenant croire que la vie sexuelle avec une même personne peut être, si nous le voulons, toujours palpitante, toujours gratifiante, et que les deux partenaires peuvent rester longtemps de vrais amants. Mais, au fond de nous, n'était-ce pas notre plus cher espoir ?

C'est donc à nous de décider le principe d'une lutte anti-routine, puis de nous y mettre, c'est-à-dire de passer à l'action. C'est le défi le plus excitant de notre vie, relevons-le. Bien sûr, les tabous et nos peurs inspireront de multiples résistances et s'acharneront à nous souffler des alibis. Notre détermination les balaiera.

L'érotisme, ça s'apprend

Savoir ce qui se passe dans notre corps, cette fabuleuse effervescence qui saisit notre être tout entier et fait éclore notre sexe, nous fera aimer notre désir. Désir de vie et de beauté.

Savoir comment le plaisir naît, s'élance, éclate, en nous et chez notre partenaire, amplifie notre volupté et par conséquent notre désir, car, nous l'avons vu, le désir se nourrit du souvenir des plaisirs : si notre mémoire a enregistré le merveilleux de l'extase, l'envie de recommencer grandit ; si elle a retenu l'amertume des frustrations, l'envie périclite. En cultivant le plaisir, nous entretenons le désir. Nous devons créer, en nous et en l'autre, l'impatience de nouvelles voluptés.

Ne croyons pas, parce que la sexualité est quelque chose de naturel, qu'il n'y a rien à apprendre et qu'il suffit d'écouter son instinct. Sans doute existe-t-il des êtres au désir brûlant et au feeling particulièrement heureux qui trouvent spontanément le chemin de la sensualité de l'autre. Sauront-ils pour autant entretenir la flambée ? Quant aux autres, la majorité, ils n'atteignent pas, dans l'échange érotique, l'optimum du bonheur auquel ils pourraient prétendre. La preuve en est qu'avec leur partenaire seulement 44 % des femmes obtiennent l'orgasme par stimulation clitoridienne, et 30 % par coït, alors qu'en solitaire, par masturbation, 95 % y arrivent. C'est donc bien que l'homme ignore cruellement la sensualité de sa compagne, et que la femme elle-même ne se prépare guère à sa rencontre. Le prouve aussi la procession des femmes qui consultent les médecins pour des troubles psychosomatiques liés, le plus souvent, à une vie sexuelle décevante. Combien de fois ai-je pensé, lors de mes consultations, que, si les maris et les amants s'occupaient mieux des femmes, celles-ci ne devraient pas avoir recours à la médecine.

Il est donc essentiel de bien connaître, d'abord, sa propre sexualité, ses organes, ses zones érogènes et leur fonctionnement. Commençons par les repérer du regard, directement ou dans un miroir, puis explorons-les du doigt. Cela est particulièrement important pour la femme, dont le sexe n'est pas apparent. Comment pouvons-nous nous assurer un plaisir optimal sans nous connaître ? Et comment pouvons-nous apprendre à notre partenaire ce qui nous donne le plus de plaisir, ce que nous souhaitons qu'il fasse et la façon dont il doit s'y prendre, si nous ne le savons pas nous-même ? Si nous laissons à l'autre la charge de deviner ce que nous-même ignorons, ne nous étonnons pas d'être frustré.

Il est nécessaire également de bien connaître le corps de l'autre, ses organes, ses points voluptueux, le meilleur moyen d'en tirer la quintessence du bien-être. Cela est particulièrement important pour les hommes. On entend trop de femmes regretter que la plupart d'entre eux n'aient aucune idée de ce qu'elles souhaitent et attendent, de ce qu'elles aiment et pratiquent sur elles-mêmes. Ils s'entêtent à vouloir leur donner du plaisir selon leurs propres conceptions.

Quels que soient nos talents érotiques, prenons garde toutefois à cette pollution liée à la cohabitation : la banalisation des corps. Ce corps convoité parce qu'interdit, inconnu, ce corps si affolant parce qu'affriolant, ce corps si enivrant parce que nouveau, ce corps est là maintenant, consommable à souhait de jour comme de nuit, depuis trop longtemps et pour toujours. Ce corps est là, trop connu, négligé souvent, moins désirable, moins désiré.

Il faut absolument prévenir cette banalisation.

Ne négligeons pas notre aspect extérieur

Quelques définitions du dictionnaire *(Le Robert* en 12 volumes) amènent à réfléchir :

• « Négliger quelqu'un : traiter quelqu'un sans la considération et les égards auxquels il aurait droit. »
• « Négliger une chose : ne pas lui accorder l'importance qu'elle mériterait. »
• « Se négliger : ne pas avoir soin de sa personne, de sa toilette, être mis sans goût, sans la moindre élégance. »
• « Beauté négligée : femme qui ne se soucie pas de mettre sa beauté en valeur par l'ajustement, la parure. »

Ne négligeons pas nos vêtements, nos cheveux, notre peau. Ne nous « laissons pas aller ».

Rappelons-nous que c'est la façon de se présenter, de se parer, bref, l'élégance, qu'elle soit simple ou élaborée, qui, en soulignant la personnalité et l'attrait, attire le regard et branche l'instinct. Or, le vêtement n'est pas fait que pour se vêtir. Son rôle est aussi de mettre l'accent sur les signaux sexuels : arrondir la gorge, marquer la taille, mouler les hanches. Les talons hauts ont pour but d'allonger les jambes et de cambrer les reins, pour faire ressortir les fesses. Quant au maquillage et à la coiffure, il est évident qu'ils visent à renforcer les signes sexuels que constituent la bouche, les yeux, les ongles et les cheveux. Inversement, le laisser-aller efface tout ce qui en surface accroche le regard, réduisant du même coup le sex-appeal. La perte de « désirabilité » fait fuir le désir.

Il y a négligé et négligé : certains peuvent faire monter le désir. Une femme surprenant son mari occupé à tronçonner des bûches dans le plus élimé des jeans peut avoir soudainement envie de le renverser dans la sciure. Il est probable que dans toute femme sommeille une Lady Chatterley. Si un homme découvre sa femme en train d'épousseter la salle à manger dans une vieille robe moulante, si moulante que l'on perçoit sa nudité, il peut brusquement éprouver le désir de la prendre sur-le-champ. Tous les hommes recèlent au fond d'eux-mêmes un penchant pour les amours ancillaires… quand ce ne sont pas de vieux fantasmes de droit de cuissage.

Mais, bien entendu, ces négligés excitent parce que, justement, ils sont exceptionnels. N'en faisons pas un uniforme quotidien, au risque d'assassiner le désir! Ne tombons pas non plus dans l'autre extrême, qui consiste à être tiré à quatre épingles du lever au coucher. Il n'y a rien de moins excitant que ces femmes ou ces hommes en permanence intouchables pour cause de plis à ne pas froisser, de maquillage à ne pas brouiller, de coiffure à ne pas embrouiller. «Attention à mon rimmel», «Tu chiffonnes ma cravate». Quand c'est trop fréquent, cela tue la spontanéité. Entre le laisser-aller et le sophistiqué, il y a place pour une tenue simple mais agréable à voir, et qui laisse le désir sourire.

Ne galvaudons pas notre nudité

Notre corps – et spécialement celui de la femme – est une anthologie de précieux signaux sexuels; il faut en user précieusement. Si la vue d'une femme nue déclenche le désir masculin, c'est que la nature, en dessinant sur le corps féminin un maximum de signaux, a réalisé du grand art. Les seins, par exemple, sont un chef-d'œuvre d'attirance: quoi de plus subtilement élaboré en vue de retenir l'attention que ces trois cercles concentriques de diamètre dégressif, de coloration progressive et de relief varié (le sein, l'aréole, le mamelon) ? En outre, ils sont plaqués sur le haut du corps, en avant-scène. Quoi de plus spectaculaire? Par ailleurs, la permanence d'un sein plein et rond étant biologiquement inutile (les femelles des autres mammifères n'ont de mamelles qu'au cours de la lactation; en dehors de cette période, elles n'ont que de simples tétines), le sein féminin est donc bel et bien un objet de séduction. Du reste, il se trahit quand, lors des ébats amoureux, il gonfle d'un quart, fait saillir son aréole et enfle son mamelon. Il faut donc cacher ce sein en dehors des amours, car le montrer à tout-va banalise ses signes et réduit son pouvoir érogène. Décidément, la nature adore les cercles et les cibles. Regardons le dessin que trace le contour de l'abdomen et, à la suite, le galbe des hanches, puis la courbe des cuisses: c'est un cercle. Au centre, pointée par le triangle de la toison pubienne, la vulve, invisible. Il fallait bien que l'indique un véritable panneau de signalisation.

Ces signaux ne doivent être offerts aux regards de l'autre que consciemment, électivement. Cela est, dans le principe, valable pour la femme comme pour l'homme. Ne les exposons pas sans attention, sans intention, sans restriction. Ne les montrons pas pour des gestes banals à l'occasion de soins ou de besoins. Ne nous comportons pas comme si nous étions au gymnase ou au hammam. Ne démythifions pas les mystères de nos attraits. Réservons notre nudité à l'offrande consciente. Ici, la pudeur est mère du désir.

Il faut absolument sauvegarder le pouvoir érogène de notre nudité. Évitons de nous comporter comme si l'autre était absent. Pas de déshabillage, d'habillage, d'allées et venues en tenue de peau sous le regard terne d'un conjoint blasé. Pas de toilette complète, non plus que de lavage intime, pas même de shampooing sous ses yeux devenus neutres. Pour tous ces actes, on se tourne, on se cache, on s'isole. Ne livrons pas le nu à l'habitude et à l'indifférence qui en résulte. Réservons-le à la fête des corps. C'est ainsi que, lorsqu'elle s'effeuillera, la femme verra le regard de son compagnon s'allumer et un sourire éclairer son visage. Que la nudité soit toujours le couronnement d'un lent et troublant strip-tease, inspiré par le désir et sans cesse renouvelé. À moins qu'elle ne soit le but impératif d'une envie soudaine, si brûlante que les vêtements doivent s'arracher sans délai.

Quand on a su protéger sa nudité de l'habitude, quand on a su la garder toujours précieuse, se dénuder à bon escient et par surprise est d'une somptueuse sensualité. Cela peut être simplement la nuisette ou le pyjama que l'on fait glisser avec une innocence feinte ou une espièglerie jouée juste au seuil du lit, avant de s'y lover. Cela peut être, à l'extrême, un véritable spectacle : lent et suave strip-tease improvisé au pied du lit, fabuleux défilé de mannequin avec essayage de robes ou de voilages, danses impromptues la peau habillée seulement de longs colliers de strass ou de coquillages en cœur. En fond sonore : un crooner, une valse ou des percussions dont les mouvements inspirent les pas et les gestes de la dame. Ou du monsieur, car les hommes devraient également se mettre à ces jeux merveilleux.

Sachons user du lit à deux places

Le lit à deux places est la meilleure et la pire des choses. Le pire, c'est la cohabitation nocturne vécue comme une situation inévitable, voire une contrainte où il faut subir les émissions viscérales tant sonores qu'olfactives, les mouvements incontrôlés – ruades et cris des rêves et des cauchemars, sauts de carpe des nerfs qui se détendent, agitations incessantes des jambes impatientes, etc. –, les lectures tardives et les soirées télé prolongées. En outre, n'y a-t-il pas dans la cohabitation du lit le risque de mithridatisation, autrement dit de désensibilisation du toucher. À force d'être au contact du corps de l'autre – contact par ailleurs fort agréable en des moments choisis –, ne risquons-nous pas d'y être moins sensibles ou de le sentir sans ravissement ? Une sensation, quand elle devient habituelle, ou, pire, quand elle s'impose les jours où nous ne le souhaitons pas, ne risque-t-elle pas de perdre son pouvoir sensuel et ses vertus énergétiques ? En résumé, de s'affadir et de s'épuiser ?

Le meilleur peut l'emporter si nous faisons un bon usage du « biplace ». Malgré les inconvénients cités plus haut, il peut être l'allié du désir. Dans la nuit qui enveloppe les amants de sa large caresse, le lit est un bain-marie de tendresse. Quel bonheur que de nous endormir dans les bras de l'autre et de nous y réveiller. Quel bonheur que de sentir au cours de la nuit, au gré des réveils, une main qui presse la nôtre, un sein qui se niche dans notre paume, une fesse qui s'imprime sur notre sexe. Et que dire du bonheur des pieds qui se rencontrent, se frôlent, se caressent et se blottissent l'un contre l'autre. Et de la félicité des bouches à portée de baisers, et des baisers que la torpeur teinte d'une si douce volupté.

Dans l'apesanteur du demi-sommeil, les peaux attendries de chaleur, attentives de langueur, se disent, s'écoutent, se lient, s'allient, plus complices que jamais. Par la vertu de ce contact, les êtres s'apaisent et se réconfortent. Si dans cet océan de bien-être survient, comme une lame de fond, un désir plus précis, les corps, sans mot dire, se laissent porter, se recouvrent un temps, jusqu'à l'instant où, dans le noir, s'étoile l'éblouissant orgasme. Puis ils se glissent à nouveau dans une commune béatitude, plus profonde encore, plus large aussi, jusqu'à ce que le sommeil les reprenne. Alors, tout en dormant, ils continuent de se transfuser du bien-être et du réconfort.

Le lit du sommeil est donc l'espace de l'intimité la plus dense, la plus proche, la plus prolongée. Nous y passons huit heures sur vingt-quatre, c'est-à-dire le tiers de notre vie à deux. C'est donc le lieu où, par les sensations tactiles et kinesthésiques, par les odeurs diverses, par les murmures, par la bouche, bref, par tous les sens, les corps s'arriment, les couples s'attachent. Sans oublier que c'est aussi le lieu béni où le plus souvent se célèbre l'union des sexes.

Ceux dont le concubin est par trop remuant, de même que ceux qui de temps à autre aiment à prendre le large, remplaceront le lit d'un mètre quarante de large par un lit d'un mètre soixante, fait de deux matelas accolés.

Seuls devraient se résoudre aux lits jumeaux les grands agités, les incurables des jambes impatientes, les insomniaques forcenés ou les phobiques du toucher. Dans ce cas, il convient de prévoir l'un des deux lits plus large, qui permettra les ébats érotiques et de nouvelles tentatives de cohabitation nocturne. Il ne faut pas rester sur des conclusions passées : « Il m'est impossible de dormir avec lui (elle) » mais refaire régulièrement des essais. À dormir séparés, les corps risquent de devenir en quelque sorte étrangers, et, coupés de la circulation de tendresse et de sensations qui s'établit entre eux au cours de la nuit, ils pourraient, d'une certaine façon, se dévitaliser. En essayant à nouveau, on redécouvre l'irrésistible jouissance d'un alanguissement partagé, d'un contact illimité, d'un désir dilué à l'infini. Cependant, comme la relation dans un couple doit rester fluide, il est bon de s'autoriser toutes variations dans l'usage du lit, par exemple se permettre des nuits de « chambre à part » pour lire ou se recueillir dans sa propre intimité.

« L'amour vient en dormant », écrit magnifiquement Jacqueline Keller, qui poursuit : « L'amour respire du côté du sommeil, [...] la différence est capitale entre *coucher avec* et *dormir avec* : on peut coucher avec beaucoup ou n'importe qui ; on a envie de dormir avec un seul. » Plus loin : « Aimer c'est déclarer à l'autre « j'ai envie de dormir avec vous » [...] Dormir auprès de l'être aimé, c'est goûter l'éternel en lui ; et c'est rejoindre l'éternel de l'amour. » [18]

Le mariage, allié du désir

Si les mariés sont prévenus des pièges que le mariage tend au désir et résolus à les éviter, alors l'usure n'est pas inéluctable, et ils ne sont pas condamnés à l'ennui. Le mariage pourrait même être ce qu'on a trouvé de mieux pour épanouir la sexualité.

Le mariage apporte une sécurité affective et une complicité tout à fait propices au perfectionnement de l'art d'aimer. La confiance installée et la durée de la relation permettent de connaître les besoins affectifs et les préférences de l'autre, de chercher ce qui est érogène en lui ; c'est, en particulier, la durée de l'union qui apporte une chance supplémentaire de trouver le point G et de l'éveiller. Certes, on ne retrouve pas toujours dans les rapprochements ultérieurs le pic d'exaltation des premières fois, mais ce que l'on obtient est d'une autre qualité et s'inscrit dans une sensualité tellement élargie ! Le mariage peut fort bien être le contexte idéal pour bénéficier de rapports sexuels plus agréables, à condition d'y mettre de la créativité. Il en est de même pour la créativité psychique : la durée de la relation peut conduire à un approfondissement des échanges. Alors, loin d'être la fin de l'amour, le mariage pourrait être le meilleur moyen de l'épanouir.

Chapitre X
LA MONOTONIE SEXUELLE

Si le désir sexuel s'émousse au fil des ans jusqu'à s'user, c'est que le plaisir qui en est le fruit n'est plus à la hauteur des aspirations. Or, ce qui affadit le plaisir, c'est la monotonie des relations sexuelles. Depuis des années, le même jour (le samedi), à la même heure (au coucher), à la même place (le lit) se répète la même séquence immuablement faite du même début, du même déroulement, de la même fin, dans la même position, avec les mêmes mots ou le même silence. Cette séquence, c'est le coït, rien que le coït et dans ce qu'il a de plus ordinaire, à l'exclusion de toute autre pratique érotique.

Varier les plaisirs

Varier: voilà bien le maître mot de la campagne anti-usure. L'imagination sera donc notre meilleure arme contre la routine. Fuyons le prévu, le connu, le normal, la règle, les habitudes, la régularité. Recherchons l'imprévu, l'inconnu, le nouveau, la fantaisie, le caprice, la liberté, la spontanéité. Inventons, surprenons, étonnons. Tout ce qui nous passe par la tête, faisons-le.

N'enfermons pas l'amour dans des horaires: toute heure est bonne pour aimer. N'enfermons pas le bonheur dans la chambre: tout endroit est propice quand le désir se lève. N'enfermons pas la volupté dans l'enclos du sexe: toute caresse est bénie sur l'infinie surface de la peau. N'enfermons pas le sexe dans le ghetto du coït: laissons la vulve ou la verge se promener là où ils en ont envie.

Quoi que nous fassions, faisons-le légèrement. Car si l'activité érotique est bien une façon de communiquer et une forme de transcendance, elle est aussi une activité ludique, un espace privilégié prédisposant à la gaieté et à la spontanéité.

Hélas, nous ne nous laissons pas aller à nos élans naturels. Notre statut nous bloque: père, nous nous disons que nous devons être « respectables » en toutes circonstances; P.-D.G., nous sommes persuadés que nous devons garder notre sérieux, quoi qu'il arrive; professeurs, nous avons peur de paraître idiots dans les « enfantillages » amoureux. Notre éducation familiale et religieuse nous bloque aussi: jouer avec son corps, ce n'est pas très catholique; cela procure du plaisir et du bien-être, or, chercher à se faire du bien, c'est tellement égoïste et donc contraire à l'esprit de mortification et de sacrifice prôné. Le plaisir, cela sent par trop le soufre.

Laissons donc notre statut au seuil de notre chambre, à l'entrée de la prairie ou à l'orée du bois. Soyons naturels, jouons; tous les êtres vivants nous en montrent l'exemple: voyons les martinets, les écureuils, les dauphins. Même les fleurs jouent avec le vent et les bourdons. Et écoutons l'enfant qui est au fond de nous et que nous tenons au secret. Laissons-le remonter à la lumière et vivre, espiègle et rieur. Alors, nous retrouverons la spontanéité, la gaieté et la créativité, en un mot le sens du jeu. Soyons bien persuadé que notre part d'enfance est ce que nous avons de plus naturel, de plus authentique.

Quant à Dieu, nous lui rendons grâce en jouant. C'est Lui qui nous a offert ce corps prolifique, débordant de sensations, source de béatitude, agile, habile, primesautier, en un mot, vivant. Et ne croyons pas que l'exercice de la sensualité prédispose à l'égoïsme. Au contraire ; la jouissance, pour peu que nous l'abordions avec un esprit de partage, est un acte admirable de générosité. C'est un don réciproque où chacun s'autorise à jouir le mieux possible par la grâce de l'autre et où il s'efforce d'offrir une plénitude de bonheur à l'autre. Du reste, l'un et l'autre se réjouissent autant des voluptés reçues que des voluptés offertes. L'échange d'amour est la synthèse du plus bel égoïsme et du plus parfait des altruismes.

Un préalable : développer sa sensualtié

La sensualité, c'est la capacité qu'a notre corps de percevoir, grâce aux organes des sens (le toucher, la vue, l'ouïe, l'odorat, le goût), un nombre incalculable de sensations. Dans la relation amoureuse, nous nous contentons trop souvent des seules sensations procurées par les organes sexuels. En revanche, nous usons assez peu, en tout cas pas assez, des sensations que par milliards pourrait nous offrir l'ensemble du corps.

Pourtant, nous y gagnerions tellement : nos possibilités de plaisir, et donc de bien-être, seraient élargies et même multipliées à l'infini, et le risque d'atteindre nos limites et de tomber dans la routine serait éloigné d'autant. La sensualité est vraiment le meilleur moyen de nous protéger de la lassitude et de prévenir l'usure. C'est aussi une excellente façon de vivre notre amour et de témoigner notre tendresse. Alors, décidons de sortir des frontières de la sexualité conventionnelle et étendons l'échange érotique à tout le corps et à tous les sens.

La femme, par nature et par fonction, a une éroticité étendue et plurielle. Sa jouissance concerne spontanément tous ses sens. Faire l'amour, pour elle, c'est donner la totalité de son corps et en faire un festival où toutes les fibres sensibles peuvent vibrer. Elle peut même se réjouir jusqu'à l'extase de n'importe lequel de ses sens : les baisers l'enivrent jusqu'à en jouir, les caresses l'affolent jusqu'à l'orgasme.

L'homme, en revanche, a tendance à polariser sa sensualité sur sa verge. Cette difficulté de l'homme à érotiser l'ensemble de son corps est à mettre sur le compte du mythe de la virilité dont il est victime, et qui lui interdit d'être sensuel, raffiné, ému, troublé. Un homme tendre et sensuel risque de passer pour un mou ou, pire, pour un efféminé. Donc, pour se conformer à l'image du vrai mâle, il croit bon d'escamoter les caresses et autres délicatesses pour tout bêtement copuler. Il est temps que les hommes apprennent que la virilité est importante pour lutter contre un incendie ou gagner un match de rugby, mais que, dans le lit, c'est leur *anima* qu'ils doivent épanouir. Qu'ils se décident enfin à exploiter cette mine d'or qu'est leur sensualité : ils verront que leur bonheur non seulement s'élargira, mais qu'il deviendra quasi inépuisable.

La vie moderne nous harcèle de sensations excessives et artificielles (décibels assourdissants, éblouissements incessants, mauvaises odeurs, mets insipides), agresse nos précieux sens à longueur de journée, les déformant, les émoussant. Il nous faut réapprendre à déguster des sollicitations plus douces, plus naturelles.

Pour développer notre sensualité, rééduquer notre sensibilité, nous ne pouvons compter que sur nous-même. Être sensuel, c'est avant tout une disposition d'esprit. Pour y accéder, j'ai proposé une méthode que j'ai appelée « le sensualisme » (voir cinquième partie, chapitre IV). En voici les principes [24] :

- **Retrouver la virginité de ses sens** : décidons, par un acte délibéré, de recevoir les sollicitations comme si elles étaient nouvelles et comme si nous étions nouveau. Retrouvons le regard d'un enfant au réveil, d'un convalescent à sa première sortie. Écarquillons les yeux, ouvrons nos oreilles, humons avidement, goûtons, dégustons, touchons, palpons avec une ferveur nouvelle.

- **Vivre ici et maintenant** : décidons, pendant un laps de temps, de ne pas nous laisser envahir par le passé et de ne pas nous projeter dans le futur, mais d'être tout entier au présent.
- **Vivre en pleine conscience** : décidons de faire un acte conscient ; suspendons l'automatisme de notre geste, débarrassons notre conscience de toute pensée parasite et soyons entièrement à ce que nous faisons : bien voir ce que nous regardons, bien écouter ce que nous entendons, bien sentir ce que nous touchons, être pleinement présent dans le geste que nous accomplissons.
- **Savoir s'abandonner** : abdiquons notre domination sur notre corps, laissons-le vibrer au rythme des sensations et manifester sa joie.
- **Prendre le temps** : la rapidité est incompatible avec la sensation.
- **Sélectionner une sensation à la fois** : la plénitude d'une sensation ne se révèle que lorsqu'elle est choisie, isolée de toute autre.

Ouvrir les portes du bonheur : les cinq sens

Tous nos sens participent à la fête du désir. Cependant, les plus généreux en ces moments sont notre odorat, notre bouche et notre peau.

L'odorat

Notre odorat est plus puissant et plus efficace que nous voulons bien le croire. Mais, au-delà de ses capacités physiologiques, ce qui fait l'importance de l'odorat c'est son retentissement affectif : les odeurs entrent de plain-pied dans l'univers émotionnel. Il n'y a pas d'odeurs neutres, toutes se révèlent d'emblée, avant même que nous les ayons identifiées, agréables ou désagréables, et nous rendent aussitôt heureux ou malheureux.

Le rhinencéphale, cerveau de l'olfaction, fait partie du système limbique, qui est le siège des émotions et du plaisir. De plus, le rhinencéphale est mitoyen de l'hypothalamus, centre des pulsions fondamentales (instinct sexuel, instinct agressif, soif, etc.). C'est pourquoi toute odeur met immédiatement en branle des désirs correspondants.

Une autre explication à l'impact affectif des odeurs est l'association qui, dans la petite enfance, s'est établie des milliers de fois entre les perceptions olfactives et les émotions heureuses ou malheureuses du moment. Ce conditionnement est gravé à vie dans notre cerveau. Prenons les moments heureux : nous savons quel bonheur le contact du corps maternel procure à l'enfant ; c'est la fin de la solitude, de l'angoisse, de la faim et de bien d'autres impressions désagréables ; mieux, c'est apport de câlins, de chaleur, de nourriture et d'autres sensations agréables. Or, tandis que bébé flotte dans ce bien-être, il baigne aussi dans une mosaïque d'odeurs : celles de la peau de sa mère, de ses seins, de son creux axillaire, de sa bouche, de ses cheveux et de son sexe aussi. Et cela durera longtemps, car le petit vivra dans l'intimité de sa mère jusqu'à l'âge de sept ou neuf ans, c'est-à-dire dans ses bras ou accroché à ses jambes, les narines à hauteur du pubis. Comment peut-il oublier tout cela ? Alors, ne nous étonnons pas si, à vingt ans ou à quatre-vingts ans, les odeurs du corps de l'autre, l'odeur de son sexe entre autres, nous bouleversent tant et nous insufflent des bouffées de bonheur. C'est comme si les portes du paradis soudain s'entrouvraient, paradis perdu de l'enfance, dans l'amour retrouvé, sans limites cette fois et que nous espérons sans fin, à la mesure de nos fantasmes, à l'échelle de nos aspirations.

Les odeurs proviennent principalement de la peau et de ses replis, ainsi que des muqueuses génitales. Ces molécules odoriférantes s'appellent des phéromones. Des travaux récents ont confirmé l'existence et le rôle sexuel des phéromones chez l'humain. En outre, le plaisir que procurent les bonnes odeurs détend les nerfs et apaise l'anxiété. Les arômes du sexe ont donc des vertus médicinales, outre celles d'accroître le désir. Aussi, servons-nous et régalons-nous sans réserve des délicieuses et capiteuses odeurs naturelles de l'être aimé. « L'interaction de ces odeurs constitue l'essence de l'amour [...] Renifler est essentiel à toute vie amoureuse » écrit Ruth Winter. Faites de véritables inhalations conscientes, prolongées, redoublées des fragrances et autres arômes que vous offre l'être aimé, elles vous procureront plaisir, détente, voire euphorie, et une vie sexuelle tellement plus riche, car les odeurs décuplent le désir ainsi que l'imagination. [52]

La bouche

La bouche, c'est le baiser et la bonne chère. Rien n'est plus proche de la pulsion sexuelle que la pulsion orale, et rien n'est plus semblable aux muqueuses sexuelles que la muqueuse buccale.

En ce qui concerne le baiser, je regrette que les mariés ne s'embrassent plus assez. Que les hommes, en particulier, désertent trop la bouche de leur femme. Quel dommage! C'est une façon tellement forte et intime de dire son amour et de procurer du plaisir. Car il faut être très intime pour échanger sa salive pendant plusieurs minutes avec une autre personne. Je pense aussi qu'il y a une foule de baisers à inventer. Comme toujours, il faut y mettre pas mal d'imagination et un certain sérieux. Cela a beau être un jeu et un plaisir, il faut quand même s'y appliquer.

Le toucher

La peau est l'espace le plus vaste et le plus subtil pour inventer toutes sortes de stimulations et éveiller des bonheurs à l'infini. Si *Le Traité des caresses* était un solfège, le musicien, voire le compositeur, c'est l'homme. Les mélodies à inventer sont innombrables. On ne dira jamais assez l'importance des préludes qui préparent la partenaire, des postludes qui la remercient et des caresses gratuites – caresses sans rapport sexuel – qui la glorifient.

Les préludes, cette phase indispensable à la préparation érotique des corps – par les caresses, les baisers, etc. –, pourraient aussi être l'occasion de rapprocher les cœurs par le truchement de la tendresse, des compliments, des confidences et de la complicité. Du reste, sous l'angle du plaisir, cette préparation psychique est aussi importante que la préparation sexuelle. La tendresse est le meilleur des aphrodisiaques. Encore faut-il que tout cela se fasse de façon authentique et spontanée, et non par tactique.

Le postlude est encore plus propice à l'intimité, car toutes les conditions sont ici réunies pour qu'elle soit réussie: la complicité étroite inhérente à l'acte, l'état de conscience élargie où nous laisse le plaisir, la disparition des limites individuelles, la gratitude réciproque pour l'extrême bonheur partagé, le bien-être et même l'euphorie dans lesquels nous plongent les endomorphines, la flambée d'amour qui s'ensuit, tout cela incite à de véritables échanges d'âme à âme.

C'est au cours de ces deux phases que la femme attend de l'homme qu'il sache l'aimer. Des préludes, elle espère certes les bonnes et longues caresses qui feront éclore son sexe et la mettront sur la voie de l'extase, elle espère surtout les mots et les gestes qui lui prouveront qu'il l'aime, qu'il l'apprécie, qu'il l'a choisie, les mots et les gestes qui la feront s'aimer, qui la sécuriseront et lui permettront de s'abandonner. Elle veut être une reine, non un objet sexuel. L'homme qui aura su la chérir et l'honorer sera récompensé au centuple, car la tendresse est le meilleur des aphrodisiaques : ensemble, ils iront vers de très hautes cimes.

En ce qui concerne le postlude, la tendresse est encore plus fondamentale. Rien n'est pire pour une femme que de voir l'homme assouvi se détacher d'elle et se retirer dans son coin pour s'endormir ou, pire, fumer une cigarette. Elle a alors l'impression d'avoir servi d'exutoire. Elle rêve, au contraire, que les caresses et les baisers de l'homme continuent de fleurir son corps, de le louer, de le remercier, que les mots, de même, disent son estime, sa reconnaissance, son admiration. Plus que belle, mieux que reine, la femme est alors divine : ne vous a-t-elle pas fait croire, monsieur, que vous étiez Dieu ? Adorez cette femme, prosternez-vous devant son corps, embrassez religieusement son sexe, là, au plus ardent entre ses nymphes, puis là, sur le buisson de Vénus. Embrassez son ventre en son dôme, embrassez les colonnes de ses cuisses. Baisez telles des reliques sacrées la pointe de ses seins, l'ourlet de sa bouche, le centre de son front. Sa chair est une coulée de lave, sa peau un champ d'arômes.

Alors commence la plus intense des intimités. Glissez-vous le long de son corps, sentez vos peaux brûler, joyeuses, vos souffles s'accorder en s'apaisant. Vos lèvres ointes de vos fragrances réciproques se joignent. Et la chair se fait verbe : vous ne quittez sa bouche que pour murmurer à son oreille ce qui monte du plus profond de vous, et elle vous confie ce qui surgit du tréfonds de son être. Vous voilà bien au cœur de l'intimité.

Il est aussi des séquences d'intimité où la sexualité, sinon la sensualité, peut être absente; c'est le cas de la «caresse gratuite». C'est la caresse donnée et reçue dans le seul but de se faire réciproquement du bien, de s'apaiser, de se chérir sans envisager de rapports sexuels. À vrai dire, il s'agit de satisfaire ce fameux besoin de contacts. À ce sujet, il semble que la femme discerne mieux ce qui est besoin tactile et ce qui est besoin génital. Une femme peut se déshabiller uniquement pour sentir contre sa peau nue une autre peau nue ou pour bénéficier d'une étreinte. Hélas, l'homme trop souvent interprète cette attitude comme une invite sexuelle; cette confusion oblige les femmes qui veulent combler leurs besoins de peau à passer par l'acte sexuel, les jours où elles n'en ont pas envie.

De fait, tout se passe comme si l'homme en lui-même faisait l'amalgame entre le plaisir de toucher et le désir sexuel. À preuve, dans les stages de massages californiens, on remarque que les hommes entrent en érection dès qu'on les touche. À preuve encore ces patientes qui m'ont confié que, dès qu'elles s'approchaient de leur mari pour le caresser tendrement comme elles le feraient pour un de leurs enfants, celui-ci croyait qu'elles avaient envie de faire l'amour. Cela s'explique par l'antique interdiction culturelle faite aux hommes d'être tendres. Seule la bandaison était autorisée, voire glorifiée. En outre, la pulsion masculine, si elle n'est pas plus prégnante que celle des femmes – révélées –, est sans doute plus concentrée, ponctuelle, externe.

Amener l'homme à la caresse gratuite, c'est agrandir les possibilités d'intimité – sa durée, sa profondeur, sa fréquence. En effet, quand l'objectif du rapprochement est à chaque fois le rapport sexuel, le désir conditionné à ce but est toujours pressant et exige un rapide soulagement: la tension, quand elle n'est jamais contrôlée, réclame une décharge immédiate. Cette habitude, en créant des automatismes, risque d'abréger et de raréfier les occasions d'intimité physique. Il est donc souhaitable que les partenaires conviennent que tous rapprochements comme tous contacts n'ont pas à déboucher forcément sur un coït. À côté de l'autoroute de la pénétration, il existe cent chemins buissonniers qui, à travers peau, peuvent dispenser beaucoup de bonheurs. L'homme y vient de plus en plus, car il découvre combien le toucher est bienfaisant et généreux ; et il se donne désormais le droit de s'y adonner lui aussi. Encourageons-le, car ce qui est bon pour la peau est bon pour l'intimité.

Il est bon, car si les buts recherchés sont le bien-être et l'intime rapprochement, la caresse permet, ô combien, de les obtenir. Il est bon aussi, car, en laissant de côté – de temps en temps – la pénétration, les amants s'obligent à explorer d'autres domaines sensuels, entre autres le royaume chatoyant et illimité de la peau. Bon, enfin, car, déchargés de l'obligation d'érection et d'orgasme, les amants peuvent donner libre cours à leur créativité et réinventer les gestes, les mots, les regards, recréant ainsi une autre façon de faire l'amour.

Les femmes aiment les caresses ; elles les recherchent en tant que telles et non forcément comme préliminaires à l'acte sexuel. Elles adorent caresser et être caressées ; le toucher est aussi important pour elles que la pénétration, et elles conçoivent parfaitement que l'on puisse s'adonner aux jeux de la peau sans songer au sexe. Est-ce parce qu'elles restent en majorité plus romantiques, sentimentales, tendres ? Sans doute. Est-ce aussi parce que leur sensualité est plus diffuse ? C'est évident.

Les hommes, eux, ont quelques difficultés à limiter les échanges sensuels aux seules caresses de la peau, autrement dit à pratiquer la caresse gratuite. Ils ont toujours envie d'aller « jusqu'au bout », c'est-à-dire de faire l'amour ; sinon, il leur « manque » quelque chose. Toute caresse, pour eux, ne devrait être que préliminaire avant de passer aux « choses sérieuses ».

Pourtant, la peau de l'homme est, à notre époque où les travaux manuels sont allégés, aussi sensible que celle de la femme. Reste à l'homme à se libérer de ses préjugés et à délivrer son *anima*. Ce n'est qu'alors qu'il pourra s'adonner sans réserve au bonheur des caresses.

Faire chanter les sexes

Quand les organes sexuels entreront dans la danse, ce sera le moment de redoubler de créativité pour inventer des caresses à l'infini : caresses que la peau pourra prodiguer aux amants, caresses qu'eux-mêmes pourront offrir à toute la peau, sans oublier celles qu'ils pourront échanger entre eux (le gland à la vulve, et réciproquement). Et quand vient le moment de l'union des sexes, c'est encore comme une caresse qu'elle pourra se faire : la caresse intérieure. C'est une longue, une très longue communion où alternent des phases de mouvements rapides et des phases de lentes ondulations, voire d'immobilité, sorte de promenade sexe dans sexe, où l'on se regarde, où l'on devise, où l'on se caresse. Les amants peuvent se promener ainsi des demi-heures et même des heures. Intimité fabuleuse que celle-là. Encore faut-il que l'homme ait acquis la maîtrise de son éjaculation, ce qui s'apprend. J'ai exposé l'art de la caresse intérieure dans d'autres ouvrages. [23]

Innombrables sont également les variations à inventer quant aux modalités de l'union : son approche (à la romantique, à la hussarde, etc.), son abord (les positions), son accompagnement (caresses simultanées d'autres parties du corps et d'autres zones érogènes), la durée, etc.

Enfin, de très belles compositions peuvent se jouer sur le thème de l'orgasme en dehors du coït, par stimulation des zones hyperdouées que sont le clitoris et le point G chez la femme, le gland et la base de la verge chez l'homme. Encore faut-il bien connaître ces cordes-là et les façons de les faire vibrer. Le point G, encore inconnu et mystérieux pour beaucoup de partenaires, réclame des doigts de virtuose ; mais chacun peut le devenir.

L'imagination sauvera le couple

Non content de varier vos façons de faire l'amour, il vous faudra aussi, pour briser la routine, sortir des habitudes : par exemple, changer d'horaire ou de cadre. Ne faites pas l'amour toujours aux mêmes jours ou aux mêmes heures. Faites-le quand vous en avez envie, ou si vous différez le moment, choisissez des heures « extra ». Tous les amants le disent : l'après-midi, c'est bon, très bon. En fin d'après-midi, au retour du travail, c'est bon aussi, quand on est heureux de se retrouver sur la lancée d'un désir qui est monté au long de la journée. Pour profiter de ces heures exquises, arrangez-vous pour trouver de temps en temps le moyen de quitter votre travail pour aller retrouver votre partenaire. Un après-midi d'amour vaut bien tous les rendez-vous d'affaires du monde. Du reste, le monde se porterait mieux si les gens se comportaient en amoureux. Ne venez pas les mains vides : apportez des fleurs, une eau de toilette, une blague, un sourire. Si votre partenaire ne se trouve pas dans les mêmes dispositions, n'en faites pas un drame : bavardez, préparez un thé, donnez-lui un coup de main, allez ensemble au cinéma ou à la campagne. D'ailleurs, c'est peut-être au cinéma ou à la campagne que ça marchera. [25]

Ayant changé vos habitudes dans le temps, changez-les maintenant dans l'espace. Au lieu de faire l'amour en long, faites-le aussi en travers ou à l'envers. En travers, c'est bien quand, sur un coup de sang, vous la prenez à la hussarde. À l'envers, on constate qu'il suffit de mettre sa tête au pied du lit pour voir les choses autrement.

Mais il faut savoir sortir du lit. La carpette ou le fauteuil, témoins muets de vos ébats, aimeraient bien y participer de plus près. Ne les décevez pas, faites-y des pauses. Il faut aussi savoir sortir de la chambre. Dans la salle de bains, la douche et la baignoire ne vous ont pas reçus ensemble depuis si longtemps. C'était à vos débuts. Souvenez-vous comme c'était fabuleux quand, dans le bain, vous savonniez son corps adoré ou quand vous faisiez l'amour sous la douche. Maintenant, si vous lui proposiez tout de go de faire comme dans le temps, il (elle) vous répondrait que dans le lit juste à côté, c'est quand même plus confortable. Alors, la prochaine fois que votre partenaire sera dans la baignoire ou sous la douche, annoncez-vous, approchez-vous un flacon de savon ou de shampooing à la main et offrez de le (la) laver. Insistez un peu avec cet air qui le (la) fait chavirer. C'est un jeu ; cela m'étonnerait qu'il (elle) n'accepte pas et que ça n'aille pas plus loin. N'oubliez pas de décrocher le téléphone. La prochaine fois, vous inverserez les rôles.

La cuisine est aussi un merveilleux endroit. Imaginez qu'elle se tient devant la plaque chauffante, dans cette robe aussi orange que courte et que vous aimez tant. Ses fesses vous semblent plus rebondies que jamais, ses seins plus rengorgés encore. L'envie vous prend de plaquer votre corps contre le sien, de coller votre sexe déjà ému sur ses fesses, de l'enlacer par-derrière, une main englobant un sein à pleine paume, l'autre saisissant le mont-de-Vénus à pleins doigts, et de mordre sa nuque, et d'aller chercher sa bouche. Faites-le, vous verrez bien ce qui se passera ! Il y a fort à parier que, la fièvre montante décuplant votre dextérité, vous vous retrouviez le sexe soudain nu sur ses fesses subitement dénudées. Tandis que, tournant la tête pour offrir ses lèvres à votre bouche avide, elle entonne mezzo voce cet arioso de désir qui vous porte le cœur à la cime des cerisiers en fleur. Le reste ne regarde que vous. La scène peut se jouer à l'inverse, vous devant le four, elle derrière vous…

La salle à manger est un lieu où le bonheur ne se réduit pas à la prise des repas. Sur sa table accueillante, vous pouvez également déposer votre partenaire que, sous une irrésistible impulsion, vous avez prise à bras-le-corps, en dépit de ses protestations. Entendez comme ses protestations vont decrescendo pour faire place à d'heureux gémissements. C'est que, vous tenant dressé à une extrémité de la table et ayant tiré ses fesses au bord du plateau tandis que ses jambes relevées se posent sur vos épaules, vos sexes alors face à face se sont unis en un clin d'œil. Vous n'avez jamais fait si bonne chère ?

Tant mieux, prenez donc le temps de savourer ces imprévisibles plaisirs de la table.

Faire l'amour dans le salon, sur le canapé ou le tapis d'Iran, c'est plus banal, chacun l'a fait quand les parents étaient partis. En couple, cela peut être étonnant si vous allumez un feu de bois. Les flammes changent tout : le tapis se fait plus chaud, plus moelleux sous le dos nu de votre partenaire, les reflets qui dansent sur son corps y soulèvent des reliefs en mouvance, mystères en partance, tandis que votre peau jaspée de chaleur, léchée d'infinies flammèches, s'abandonne au temps suspendu. Tous deux, vous baignez dans la plus langoureuse des voluptés où se confondent les enlacements du feu et vos étreintes.[25]

Mais il faut savoir sortir de la maison aussi. La nature vous tend sa bienveillante immensité. Choisissez, pour vos ébats, un coin parfumé de pré, le talus soyeux d'un champ ou le chatoiement d'un sous-bois. Le plus beau des ciels de lit est encore celui où brille un soleil joyeux ou bien celui où sourient des étoiles. Célébrer l'amour en messes campagnardes, n'est-ce pas ce que vous vous faisiez au temps de vos débuts ? Que craignez-vous maintenant ? De froisser votre tailleur, de chiffonner votre complet ? Ou bien redoutez-vous les piqûres des orties ou les morsures des moustiques ? Ah ! c'est votre dignité que vous appréhendez d'offenser ! Vous n'avez plus l'âge… Et puis, vous êtes parent ou même grand-parent… Croyez-vous vraiment qu'il y a un âge au-delà duquel il faut cesser de vivre ? Ne sentez-vous pas remuer au fond de l'adulte que vous êtes un enfant de joie, un enfant de lumière ? Laissez-le rire, laissez-le vous illuminer. Et profitez de ce regain de désir qu'inspire la nature. Car la nature tout entière est désir : désir sont les pollens qui flottent, les semences qui volent, désir sont les bourgeons qui fusent, les boutons qui éclatent, désir sont les herbes folles et les corolles qui s'offrent, désir sont les buissons-ardents et les arbres dressés, désir sont les loriots qui arpègent et se chamaillent dans les branches, désir sont les libellules qui caressent la mare de leur vol indigo.

Moins poétique, mais plus coquine, une dernière suggestion : de temps à autre, allez faire l'amour dans un hôtel ! Pourquoi ? Parce que cela dépayse. Le décor change : les murs, les rideaux, les tentures sont d'une autre couleur, le lit et le mobilier d'un autre style. Vous êtes ailleurs, vous vous sentez autre : plus présent, plus existant, plus vous-même. Et vous sentez l'autre différemment : plus intensément, plus authentiquement. Vous avez pris un peu de recul, vous êtes débarrassé d'un contexte chargé de soucis et encombré d'habitudes où vous ne voyez plus l'autre que confusément : ici, il n'y a plus que l'être aimé, et vous le désirez. Il est surprenant de constater combien un décor nouveau rénove la relation. Aussi, n'hésitez pas à changer d'hôtel. Une fois, ce sera une chaîne moderne, une autre fois une auberge de campagne.

L'hôtel, c'est l'image des voyages et de l'amour, aussi. Il y a eu votre voyage de noces et, avant, les séjours clandestins que vous avez faits dans ces chambres où vous abritiez vos premiers émois, vous cachiez vos fiévreuses rencontres. Tant d'autres ont fait comme vous que les hôtels sont en quelque sorte des temples de l'amour. Vous voici à nouveau un peu gênés, comme des amoureux secrets. Du reste, cette sortie, c'est vraiment votre secret à vous deux. La tête de vos amis s'ils savaient ! Et l'air du réceptionniste, qui vous a vraiment pris pour un faux couple. Le seul fait d'y penser vous rend plus facétieux encore, et c'est en riant que vous vous jetez sur le lit. Loin des occupations domestiques, loin des oreilles des enfants, vous allez vous amuser comme des fous.

Vous pouvez programmer cette sortie à l'avance, vous faire une fête de ce joyeux projet. Vous pouvez aussi l'improviser sous le coup du désir : par un appel téléphonique surprise, vous donnez rendez-vous à votre conjoint dans un hôtel. Le premier arrivé a apporté des fleurs et attend nu sous les draps ; le second ne tarde guère, un gâteau à la main. Tous les scénarios sont possibles ; le principe est de casser la routine. C'est l'occasion ou jamais de réaliser vos fantasmes. Pour un coût à peine plus élevé qu'une séance de cinéma ou un repas au restaurant, vous allez renforcer ce qui n'a pas de prix :

le bonheur de votre couple. Bien entendu, tout aura été négocié au préalable avec votre partenaire, chacun s'étant engagé à jouer le jeu. Car c'est un jeu. Chacun le sait et personne n'est dupe, l'enjeu est trop important, mais en même temps chacun y croit, comme les enfants quand ils jouent.

Ayez la certitude que le meilleur de vous est bien cette part qui veut réussir l'amour et sauver sa sensualité de l'enlisement, que le plus profond de vous, ce sont vos fantasmes, où vous puisez la faculté d'inventer, d'étonner, de surprendre, bref, de mettre de la fantaisie dans la vie. [25]

Tout est jeu

S'opposer à la routine, c'est entrer dans le jeu.

Jeu de la transgression. Au fond, varier, faire l'amour dans la salle à manger, aller à l'hôtel, etc., c'est violer la bienséance et les convenances, sinon la loi : cela excite les partenaires, cela les rapproche en les faisant complices. Alors, enlacez-vous et embrassez-vous en public, chuchotez-vous des mots lascifs au creux de l'oreille lors des réunions, caressez-vous des mains ou des pieds sous la table dans les dîners. Pieds de nez à la société, ces gestes entretiennent le désir.

Jeu de séduction. Avant le mariage, vous aviez droit à quelque bouquet quand il voulait vous amener au lit. Ce temps est bien fini ! Aussi, lasse des habitudes acquises, un jour vous annoncez : « Pouce ! Je ne marche plus. Si tu veux coucher avec moi, tu n'as qu'à me séduire. Moi, si j'ai envie de toi, je te vamperai ! » Accord est passé : celui qui veut faire l'amour doit séduire l'autre. C'est alors que vous verrez le désirant retrouver l'excitation de la conquête, tandis que le désiré recouvrera le bonheur de se laisser séduire et d'observer, amusé, les efforts et les stratagèmes du conquérant. Le désiré pourrait en rajouter en laissant planer l'incertitude, en refusant ce qui paraissait gagné, en se sauvant après avoir provoqué. Jeu du chat et de la souris. Vraie aventure aussi. Bien sûr, ce sera chacun son tour. Mais, à tous les coups, le désir gagne.

Dire ses désirs

En matière d'érotisme, il ne faut pas craindre de demander clairement ce que l'on aime ou aimerait : telle caresse, tel mouvement, telle position. Au cours de l'échange, n'hésitez pas à donner précisément à votre partenaire les indications qui l'aideront à réaliser vos souhaits. Parce qu'il vous aime, parce que cela l'excite, il a très envie de connaître vos désirs secrets et de les transformer en plaisir extrême. Alors, osez lui préciser l'endroit et le geste. Montrez-lui comment vous faites, vous, pour vous stimuler ; guidez sa main ou sa verge, sa bouche ou ses reins ; cernez le lieu : « plus haut, plus bas, plus à droite, plus à gauche » ; indiquez la mesure : « plus lent, plus vite » ; dirigez l'amplitude : « plus doux, plus fort ». Ces indications sont très précieuses, particulièrement pour les hommes, qui manquent souvent d'informations sur la sexualité féminine – spécialement en ce qui concerne le clitoris et le point G. [25]

Il faut savoir aussi que les goûts d'une personne changent. À une époque, elle peut aimer ceci et détester cela. Ultérieurement, elle pourra aimer cela et refuser ceci. Et il ne sert à rien d'arguer : « Pourtant, avant, tu aimais cela et tu n'aimais pas ceci... » Prêtez toujours attention à ce qui est plaisant ou déplaisant pour l'autre. Et réjouissez-vous que la vie soit un perpétuel renouvellement. En matière de cuisine, de danse, d'art, que sais-je, vos goûts évoluent aussi. Sachez enfin que les goûts diffèrent d'une personne à une autre. Ce que vous avez appris avec Sandrine ou Thibault ne servira peut-être pas avec Sophie ou Jacques.

Pourquoi si peu de gens expriment-ils leurs désirs ? Beaucoup ressentent de la honte en ayant de telles envies : ils se croient pervers, vils jouisseurs ou égoïstes ; et ils ont peur d'être jugés comme tels par leur partenaire. (Toutes vos envies sont naturelles, et leur réalisation est licite, hormis les actes de sadomasochisme caractérisés.) D'autres pensent : « Je n'ai rien à dire, il n'a qu'à deviner : s'il m'aimait vraiment, il saurait ce dont j'ai besoin. » On entend aussi : « Nous sommes tellement semblables, il devrait savoir ce qui me plaît, car ce qui lui plaît me plaît aussi. » S'il est vrai que l'amour permet de « sentir » l'autre, il ne permet pas toujours de connaître l'infinie richesse de ses aspirations ; les êtres humains sont d'une telle complexité ! Donc, comme l'affirme l'adage : « Si ça va bien sans le dire, ça ira mieux en le disant. » D'autres enfin prétendent que, en parlant, on rompt le charme : c'est mettre des mots là où il ne devrait y avoir que des sensations, et de la technique là où fleurit la poésie. Il est certain que si les partenaires se sentent comblés sans avoir à parler, c'est bien ! Mais s'ils ne sont pas satisfaits, adieu la poésie et les sensations, bonjour les frustrations ; dans ce cas, il vaut mieux parler que de rester avec ses rancœurs.

Il faut donc parler, mais parler bien. Il y a tout d'abord la façon : exprimez vos souhaits, mais ne revendiquez pas, n'accusez pas. Dites : « J'aimerais bien que tu me fasses cela », et non : « Tu ne me fais jamais cela ». Ensuite, il y a l'instant et le lieu : ce n'est pas forcément pendant l'amour et dans le lit. Pour peu que l'un ou l'autre soit frustré ou particulièrement susceptible, la demande risquerait d'ouvrir une polémique. Si vous sentez que le risque existe, remettez les négociations à un peu plus tard et attendez un moment propice. Placez votre demande sous le signe de la tendresse et du jeu.

N'oublions pas les sentiments

L'amour dit physique est aussi un partage d'émotions et un témoignage d'affection. Un acte érotique gratifiant ne peut donc être envisagé sans un minimum de communication. C'est d'ailleurs tout le jour que l'échange est nécessaire, et pas seulement à l'orée des draps ; les mots du jour préparent les chants de la nuit. Et la caresse vespérale ne devrait être que le point d'orgue de la relation diurne.

« Après des années de mariage, écrit Masters, le sexe n'est plus qu'un post-scriptum ajouté à la fin de la journée. N'ayant guère l'occasion de passer du temps ensemble et pas grand-chose à se dire, lorsqu'ils se retrouvent au lit, ils espèrent déclencher la passion comme s'ils appuyaient sur un bouton électrique. On ne s'étonnera donc guère que le sexe, qui était un des plus puissants facteurs d'union peu après le mariage, prenne l'aspect d'une corvée… Au lieu de les unir, le sexe les sépare. [...] Tant de couples mariés se plaignent de lassitude sexuelle. Comme les ouvriers qui travaillent à la chaîne, la répétition constante des mêmes gestes engendre l'ennui. Dans ces ménages, on obéit en quelque sorte à un mode d'emploi au lieu d'exprimer des sentiments. »

Chapitre XI
L'INCAPACITÉ À GÉRER LES CRISES

La première crise est celle qui suit l'effondrement des processus qui étayaient l'état amoureux, mais tout le cours de la relation sera émaillé de crises plus ou moins graves.

LA PREMIÈRE CRISE

Idéalisation, identification, fusion : c'est fini ! Ainsi s'achève l'état de grâce. Ainsi pourrait commencer le véritable amour.

Le temps grignotant les beaux sentiments de l'état de grâce et la vie quotidienne multipliant les épreuves de vérité, la vraie personnalité de chacun réapparaît et se réaffirme : nous redevenons nous-même et nous voyons l'autre tel qu'il est. Nous constatons alors qu'il n'est pas ce que nous croyions, il est même tout autre. En tout cas, il n'est pas comme nous, il est très différent. Il s'ensuit une cascade de désillusions, de déceptions et d'oppositions qui risquent à la longue de ruiner la relation.

Que les partenaires le veuillent ou non, l'évolution les conduira à remettre en cause leur positionnement. De l'idéalisation, ils devront passer à la lucidité, de l'identification à la différenciation, et de la fusion à l'autonomie. Cela ne se fera pas sans douleurs et remises en cause. L'ancienne intimité tremblera sur ses bases. Ce sera aux intéressés d'en inventer une autre.

À ce stade critique, la résurgence des véritables caractères va révéler les divergences de goûts, de pensées, d'habitudes, et entraîner des oppositions, des conflits, des ressentiments. Or, rien n'est pire pour la relation que l'hostilité, particulièrement l'hostilité rentrée qui mijote en rancœurs. Celle-là clôt les bouches, rétracte les bras et ferme les cœurs : pas d'intimité possible avant que l'abcès n'ait été incisé ! En revanche, l'hostilité éclatée – la dispute – est encore, jusqu'à un certain degré, une forme de communication : elle peut éclairer la relation et rapprocher les êtres, d'autant que la tension qui l'anime demande bientôt à s'apaiser, ce qui conduit à la réconciliation ; sans doute était-ce pour elle que l'affrontement fut provoqué.

Attention : peurs !

À ce stade, toutes sortes de peurs vont surgir :

• **Peur-désorientation** devant cet être inconnu qui se découvre et qu'on n'avait pas prévu : qui est-il vraiment ? Pourrai-je le comprendre ? Pourra-t-il me comprendre ? Sommes-nous compatibles ? Pouvons-nous encore nous aimer ? Autant de questions qui montrent que les points de repère sont volatilisés, les êtres déstabilisés, et que la relation est brouillée.

• **Peur-angoisse** devant l'avenir désormais imprévisible. Cette personne qui devient une autre, en redevenant elle-même, prend ses distances, s'autonomise. Jusqu'où s'éloignera-t-elle ? Et si elle m'abandonnait ? Ici, la peur confine à la panique. La perte de visibilité ou, pire, la disparition des projets communs, autres points de repère, contribuent également à la déstabilisation.

• **Peur-souffrance :** lancinements des manques affectifs et des frustrations sexuelles, plaie des phrases blessantes, voire assassines, reçues au cours des confrontations, et surtout lacération de l'ego qui se fustige : « Si l'autre s'écarte, c'est que je ne suis pas à la hauteur. » S'installent alors le doute sur sa propre valeur, ses valeurs, et la mésestime de soi.

Gérer la crise

Nous avons vu, dans les chapitres précédents, comment sortir de l'idéalisation, de l'identification et de la fusion.

En ce qui concerne les peurs et les douleurs, il faut se rappeler que si elles prennent une telle ampleur, c'est qu'elles réveillent des blessures d'enfance, celles ressenties quand nos parents, notre mère en particulier, ne répondaient pas à nos besoins d'amour et/ou de valorisation, quand ils refusaient le câlin attendu, le compliment souhaité, ou, plus grave, quand ils nous détestaient ou nous accusaient, ou, pire encore, quand ils nous quittaient : pour une heure, soit ! mais pour un jour, mais pour toujours… En l'occurrence, notre partenaire – en réalité, la situation – en jouant à son insu un faux remake, rouvre une plaie jamais cicatrisée. La fusion absolue nous avait offert les délices de la fusion enfantine ; la défusion nous replonge dans les affres de l'arrachement à la mère.

Lourd héritage pour l'homme que d'avoir appris l'amour absolu dans les bras d'une femme, sa mère ! Que faire de cette mémoire ? Que faire de cette femme en lui ? Que faire de cet enfant en lui ? Faut-il tuer la femme-mère en lui comme le font les « marines » ? Faut-il plutôt tuer l'enfant comme le faisaient les tribus primitives au cours de rites initiatiques ?

Lourd héritage aussi pour la femme que d'avoir été la mère ! Face à l'homme, comment distinguer, dans celui qui réclame, celui qui est l'enfant et celui qui est l'adulte ? Et comment discerner en elle-même celle qui materne l'enfant et celle qui chérit l'adulte ? Sans oublier qu'elle-même est enfant et adulte… Alors, la tendresse, l'humaine tendresse, si elle n'a pas d'âge, a, selon les temps, de subtiles nuances.

Les échanges entre les partenaires devront respecter les principes d'une bonne communication pour que la relation progresse (voir la troisième partie).

Entrer dans le véritable amour

La crise est l'occasion, la chance même, d'accéder à l'amour véritable. C'est du reste en lui donnant ce sens qu'elle sera moins douloureuse. L'énergie de cette transformation sera puisée dans les réserves colossales de l'état amoureux. Le feu nécessaire à cette alchimie se trouvera au cœur de ce cratère. Autrement dit, le capital d'amour constitué à cette période, même s'il a été mal utilisé, est fabuleux et servira à construire une autre forme de relation. À quoi reconnaît-on le véritable amour ?

• **L'amour véritable est inconditionnel** : on aime sans réserve et sans condition.

• **Il est oblatif** : c'est un don, non un besoin, pas même le besoin d'être aimé. C'est aimer l'autre pour ce qu'il est, non pour ce qu'il apporte. C'est aimer sans attendre de retour. C'est aimer même si l'autre ne nous aime pas. C'est le contraire de l'amour conditionnel, ou pseudo-amour, où l'on aime en fonction de nos besoins, plaisirs et préoccupations, et où l'on n'aime plus quand l'autre ne correspond plus à nos exigences.

• **Il est gratuit** : il n'attend pas, il ne possède pas. Aimer véritablement, c'est passer de la passion à la dévotion.

• **Il est non dépendant** : on aime sans être possédé par le besoin de la présence de l'autre, sans vouloir être pris en charge par lui, et, inversement, sans vouloir le rendre dépendant, sans se l'attacher.

• **Il est non-manipulation** : on aime sans vouloir amener l'autre à se ranger à nos vues ou à satisfaire nos désirs égoïstes. On se méfiera des missions que l'on s'octroie d'avoir à faire le bonheur de l'autre, d'avoir à l'aider à se réaliser. Sous les bonnes intentions, le désir d'appropriation peut se cacher.

• **Il est tolérant** : il accepte l'autre dans sa totalité, ce qu'il est et ce qu'il fait.

L'amour véritable relève de l'ouverture du cœur, il provient de ce qu'il y a en nous de plus grand et de plus profond. Cette densité, cette immensité, se rencontre dans l'amour mère-enfant et dans l'état amoureux, mais, ici, elles sont débarrassées des revendications de l'ego. Alors, l'être qui est aimé ainsi se sent reconnu, a le sentiment d'exister.

LES CRISES SUIVANTES

Dans sa durée, une relation amoureuse connaît de multiples crises. Alternent les périodes paisibles et les périodes conflictuelles. Il faut constamment réorganiser les liens, faire un travail de deuil répété de certains désirs, de certaines illusions, dépasser sans relâche son ego. Il faut en particulier se méfier des innombrables petites crises mal gérées qui accumulent les micro-tensions jusqu'à atteindre le seuil critique où explose un conflit plus grave.

Les causes

Les causes des crises sont nombreuses.

Le cadre quotidien

La vie au quotidien fournit le terrain où fourmillent mille et une raisons de se heurter. Tout d'abord, elle permet une appréciation plus juste de l'autre. Ensuite, elle révèle les différences de caractère, de modes de vie, de projets. Et, surtout, les contraintes matérielles et les difficultés de la vie pratique (la maison, les enfants, etc.) entraînent fatigue et tension, routine et ennui. Elles dépoétisent la relation, révèlent les divergences et ouvrent des conflits.

> Régis est un artiste, il n'a pas d'horaires ; il vit à la campagne, simplement, comme un paysan. Delphine, cadre supérieur, a une existence très organisée ; elle habite en ville et adore sortir. Au début, quand leur vie commune se réduisait aux week-ends, Delphine a été séduite par la vie d'artiste et de campagnard de Régis. Aussi a-t-elle décidé de s'installer chez lui. Mais, à la longue, sa vie urbaine et mondaine lui a manqué, et elle a perdu tout intérêt pour cet artiste paysan. L'existence au quotidien lui a fait renier ce qui l'avait séduite. La réalité a révélé l'incompatibilité des projets de vie.

Dans le concret de tous les jours, le possible se réduit et l'impossible apparaît. Gérer les crises, c'est savoir faire la part de l'espace du possible et de l'espace de l'impossible.

Les déceptions

Une personne se révèle incapable de satisfaire ce que l'autre attendait d'elle. Sans doute celui-ci a-t-il fait des projections et fabriqué une image qui ne correspond pas à la réalité : ou bien, c'est la découverte d'une défaillance qui lui est insupportable ; peut-être existait-elle au départ, mais il l'avait « clivée ».

Les changements

Les êtres évoluant, les situations se modifiant, des difficultés relationnelles apparaissent.

• **La dévaluation du partenaire**. Une personne choisit un partenaire en fonction de certaines de ses qualités, qui lui conviennent, mais au fil du temps ces qualités se réduisent ou disparaissent C'est sa capacité de protection qui diminue par baisse de son énergie mentale. C'est sa valeur sociale – la sécurité matérielle et le prestige qui y sont attachés – qui régresse suite à la perte d'une situation. C'est sa puissance sexuelle qui s'amenuise, spontanément ou en raison d'une maladie, du vieillissement.

Richard est un étudiant brillant. Claire, qui n'a pu faire d'études pour des raisons familiales, occupe un petit emploi dans une administration. Qu'importe, elle a un charme irrésistible. Richard n'y résiste pas. Claire trouve en lui un moyen de se promouvoir et d'apaiser son insécurité, venue d'une enfance douloureuse. Ils s'aiment, ils se marient. Richard décroche aussitôt une situation à première vue pleine d'avenir. C'est alors un homme cultivé, sûr de lui et promis à une belle carrière. Claire s'apprête à partager cette vie prestigieuse. Pour en être plus digne, elle décide de prendre des cours. Par ailleurs, elle se cultive avec ferveur. Richard l'y encourage.

C'est alors que la firme où travaille Richard dépose son bilan. D'aucuns disent que c'était prévisible. Richard ne serait-il pas aussi sûr qu'il y paraît ? Quelques semaines plus tard, il trouve un autre emploi, mais, après la période probatoire, il n'est pas retenu. Richard serait-il moins brillant qu'on le croyait ? Cette fois, il réagit mal, doute de lui, déprime et ne se presse pas pour chercher une autre situation.

Claire accélère ses études, se révèle douée, réussit ses examens, trouve un emploi de cadre. Une carrière intéressante s'ouvre à elle. La promotion de Claire, hélas, contribue à l'autodévalorisation de Richard.

Les rôles sont inversés. Le couple ne s'en sortira que si Richard accepte de travailler sur sa fragilité intérieure, que masquait sa réussite dans ses études, mais qui a été mise en lumière par la dureté du monde des affaires.

• **Le retour au passé.** Une personne très attachée à sa famille et à son terroir a suivi l'être aimé loin de ses attaches. Un jour, l'atavisme parlant, elle ressent le besoin impérieux de retourner au pays, près de sa famille, et de vivre à leur façon. Un new-deal sera à faire dans le couple.

• **Une évolution différente.** Un partenaire se met à évoluer de façon différente, sur le plan tant psychique, qu'affectif et spirituel. Et il emprunte un chemin divergent.

Laury, dont la vocation de peintre se réveille et est couronnée de succès, passe désormais le plus clair de son temps dans son atelier ou dans des expositions. Jacques, qui a épousé une « femme au foyer », une « mère de famille », est désorienté.
Joëlle entreprend une psychothérapie : elle, la soumise, voilà qu'elle s'affirme, relève la tête, s'autonomise. Serge ne la reconnaît plus et panique.

• **Les cycles de vie.** Tout se passe comme si la vie était une succession de mutations.

David vient d'avoir cinquante ans. Jusqu'ici, sa vie a été « famille et travail ». Des joies, mais aussi des contraintes, des répétitions, des frustrations. Grises ou dorées, ces vies-là sont des prisons. Alors, un besoin irrésistible d'ouvrir les grilles, d'élargir son horizon, de partir, il ne sait où, le prend. Embarquera-t-il sur un voilier pour taquiner les quarantièmes rugissants ? Non, il se lance dans une aventure amoureuse qui l'emportera corps et âme. Le démon de midi, dit-on.
Martine fête ses quarante-cinq ans. En elle gronde la révolte. Voilà vingt ans qu'elle s'est « sacrifiée » à son mari et à ses enfants, vingt ans qu'elle s'est « consacrée » à des tâches « monotones » (les repas, le nettoyage, les courses, etc.). Un désir de vie nouvelle, de rattraper le « temps perdu » la prend. Elle se sent jeune encore, pleine de vitalité. Il lui reste trente ou quarante ans pour réaliser ses aspirations. Des stages de développement personnel l'aident à se connaître et à s'émanciper. Elle trouve un travail qui l'épanouit. Jean devra composer avec cette femme nouvelle. S'il ne sait pas gérer la situation, elle pourrait bien le quitter.

• **L'usure de l'amour, des sentiments, du désir.** Ici, je voudrais simplement dire aux hommes que les femmes se résolvent moins facilement qu'eux à la monotonie. Elles veulent un compagnon fervent, plein d'attention et de tendresse, d'initiatives et de courage. Elles aiment le dialogue, elles aiment l'intimité. Pour le reste, voir les chapitres X et XI.

Faire face, être à la hauteur

Tout changement effraie le partenaire. Il se sent menacé, mis en danger. Il craint que l'autre ne réponde plus à tous ses désirs, ne soit plus soumis, mais au contraire plus autonome, plus ouvert vers l'extérieur, et qu'il lui échappe. Il a peur de perdre l'amour.

Il redoute également d'être lui-même remis en cause, d'avoir à prendre conscience de tout ce qui est en lui (ses peurs, ses faiblesses, ses douleurs), d'avoir à faire le deuil de certaines illusions, d'assumer des frustrations. Il appréhende enfin que la relation ne soit elle-même remise en question et qu'il faille la réorganiser, changer ses habitudes, perdre des certitudes.

C'est pourquoi le partenaire s'acharne à ramener l'autre à la phase antérieure, aux positions d'avant. S'il n'y arrive pas, sa peur va lui inspirer des réactions passionnelles, violentes.

Qu'importe, le mutant doit suivre sa voie, quels que soient les menaces ou les chantages dont il est l'objet. Quant au résistant, il faut qu'il comprenne qu'aimer, c'est encourager l'évolution de l'autre, qu'il risque plus de le perdre en s'opposant à sa mutation qu'en l'accompagnant. Qu'il profite donc de la crise pour évoluer lui-même.

Pour l'un comme pour l'autre, bien gérer la crise, c'est, ici aussi :

- **faire un travail personnel afin de renforcer l'estime de soi** dont le manque est à la base de toutes les souffrances,
- **prendre conscience de l'origine de ses douleurs et de ses peurs** – peurs « mère de tous les maux » : la jalousie, la possessivité, etc. – afin de sortir de leurs manipulations,
- **apprendre à communiquer** (voir la quatrième partie),
- **entrer dans le véritable amour.**

Les crises peuvent être l'occasion de se retrouver aussi bien que de s'éloigner. C'est aux partenaires de les accueillir à cœur ouvert. De façon générale, une vie à deux étant une mise à l'épreuve permanente est un défi permanent d'avoir à surmonter les crises. C'est un va-et-vient entre retrouvailles et éloignement.

TROISIÈME PARTIE
LES POLLUTIONS LIÉES À LA MAUVAISE GESTION DU COUPLE

Chapitre I
LES ERREURS DE COMMUNICATION

« Xanthus [...] lui commanda [à Ésope] d'acheter ce qu'il y aurait de meilleur [...] Il n'acheta que des langues [...] l'entrée, le second plat, l'entremets, tout ne fut que langues. Et qu'y a-t-il de meilleur que la langue ? reprit Ésope : c'est le lien de la vie civile, la clef des sciences, l'organe de la vérité et de la raison [...] Eh bien, dit Xanthus, achète-moi demain ce qui est de pire [...] Le lendemain, Ésope ne fit servir que le même mets, disant que la langue est la pire chose qui soit au monde : c'est la mère de tous débats [...], la source des divisions et des guerres. » Ainsi, La Fontaine, dans sa *Vie d'Ésope*, narre la fameuse fable de l'antique fabuliste. Esclave affranchi, Ésope, bien que bègue, avait la langue bien pendue, trop bien même, puisqu'il indisposa les prêtres de Delphes, qui le mirent à mort.

Dans le couple, plus qu'en toute autre relation, la langue est bien la meilleure et la pire des choses. Les mots peuvent polluer la relation amoureuse jusqu'à la détruire : ceux qui dévalorisent, reprochent, accusent, culpabilisent. Mais les mots qui ne sont pas dits – le non-dit – la pourrissent plus perfidement, de l'intérieur.

La relation : un canal

La relation est ce qui relie deux êtres, c'est comme un canal, un conduit, un pont de l'un à l'autre. Y circulent à l'évidence les paroles et autres manifestations sonores adressées aux oreilles du partenaire. Y circulent aussi les différents signaux envoyés à ses autres sens : les mimiques et les gestes destinés à sa vision, les contacts de toutes sortes adressés à son toucher et, bien involontaires et cependant efficaces, les effluves adressés à son odorat. Ce à quoi il faudrait ajouter cet impalpable qui concerne notre sixième sens, sorte de vibration d'inconscient à inconscient. Ainsi, au verbe s'associent le langage non verbal et le langage infra-verbal. Nous ne nous occuperons que du verbe.

Communication n'est pas synonyme de relation, elle en est la substance, ce que l'on met en commun. La communication dont il s'agit ici n'est pas celle que désigne l'expression « l'ère de la communication ». Cette communication-là, portée par des techniques électroniques – la radio, le téléphone, la télévision, le Minitel, Internet, etc. –, est abstraite en ce sens qu'elle se fait hors de la présence directe de l'interlocuteur, ou, pire, « virtuelle » quand l'autre est une image sans existence réelle. De plus, elle est impersonnelle, car son contenu relève plus de l'information que d'un échange inter-humain. Enfin, la fascination des images, en retenant les gens devant les écrans, les éloigne de leurs proches ; collés sur les écrans comme des insectes sur une vitre illuminée, les utilisateurs fanatiques négligent ceux qui sont les plus importants de leur vie. Pour la relation de couple, la passion des écrans a des répercussions graves, ne serait-ce qu'en raison du temps soustrait. Pour l'individu, les conséquences sont aussi fâcheuses : la fuite dans l'imaginaire l'empêche de se confronter avec un être réel dans une relation directe, et lui interdit de se rencontrer lui-même, de se connaître, de progresser.

La communication dans le couple est un échange direct entre deux personnes ; échange d'émotions, de souhaits, de demandes, de projets ; échange vivant entre deux consciences qui s'impliquent ; échange qui, au-delà des propos de surface, touche à l'essentiel de chacun. D'autant que, parallèlement, les inconscients entrent en dialogue.

La relation : l'axe du couple

Bien plus que les grands sentiments, la relation est l'axe de vie du couple. Une bonne relation est le secret des couples heureux et durables.

Faire un mariage d'amour, qu'y a-t-il de plus beau, mais qu'y a-t-il aussi de plus fragile ? Car, hélas, les sentiments s'usent… Alors, quand ils auront atteint un niveau plus modeste, qu'est-ce qui va maintenir ensemble les deux partenaires ? Le plus souvent, ce seront les contraintes extérieures : les croyances, les enfants, les intérêts (les biens, l'argent, etc.) et aussi, même de nos jours, la peur des jugements ou les menaces du conjoint. Ce qui n'assure pas la qualité du couple. En vérité, ce qui va permettre de demeurer ensemble de façon vivante, féconde et agréable, c'est la relation : ce ne sont pas les sentiments qui maintiennent deux êtres ensemble dans la durée, mais la qualité de la communication. Inversement, c'est la qualité de la relation qui nourrit le sentiment et entretient l'amour. [41]

La relation, c'est pouvoir se dire et être entendu, et compris, c'est pouvoir se dire sans être jugé, rabaissé, rejeté, c'est aussi l'assurance d'être conseillé et aidé quand c'est nécessaire. C'est en outre échanger de la richesse. Cette relation, c'est comme une troisième personne : il y a toi, il y a moi et il y a la relation : 1 + 1 = 3. C'est un processus vivant ; il faut y être attentif, le soigner, le chérir. C'est aussi un processus exigeant ; il faut qu'à chaque extrémité chacun se responsabilise : « Je suis responsable de ce que j'envoie à l'autre et qui exprime mes émotions, mes choix, etc., et responsable de ce que je reçois de l'autre, c'est-à-dire des effets que cela produit en moi. » C'est enfin un processus qui permet de passer de la fusion de l'état amoureux à l'alliance que constitue la phase adulte du couple. Une relation saine tisse un lien solide entre les partenaires et permet de ne pas se perdre dans la traversée des évolutions différentes et des avatars sentimentaux. [43]

On croit qu'établir une relation et communiquer va de soi, que c'est naturel, qu'il n'y a rien à apprendre, qu'il suffit d'un peu de bonne volonté. Si tel était le cas, il n'y aurait pas tant de couples en difficulté, de couples conflictuels, de couples en coma dépassé ou de couples qui éclatent. Je suis plus que jamais persuadé qu'il faut connaître un minimum de règles d'« hygiène relationnelle » faute de quoi le conduit qui va de l'un à l'autre s'entartre, s'encombre de multiples polluants. [44]

L'écologie de la communication a un but préventif – protéger le canal qui relie les partenaires des pollutions menaçantes –, et un but curatif : nettoyer ce conduit des polluants déjà déposés. Grâce à elle, le canal restera ouvert et libre, et les partenaires approcheront du bonheur.

La relation avec soi-même

La condition sine qua non d'une bonne relation avec l'autre, c'est une bonne relation avec soi-même. Si nous ne nous aimons pas, si nous n'avons pas d'estime pour nous, confiance en nous, toute émission ou réception de paroles reflétera ces manques : c'est à travers le besoin d'être aimé ou la peur de ne pas l'être que nous nous exprimerons et que nous entendrons. Nos propos seront inspirés par la quête d'amour (demandes indirectes ou, à l'inverse, exigences, plaintes, reproches), et notre écoute sera déformée par notre dévalorisation (malentendu en notre défaveur, interprétation paranoïde de ce qui est dit).

Pour accéder à une véritable communication, nous devons travailler à nous réconcilier avec nous-même et panser nous-même nos blessures d'enfance. La dépollution de la relation avec l'autre doit être précédée de la dépollution de notre moi. Précédée et accompagnée, car c'est en permanence qu'il faut faire ce travail de conscientisation qui consiste à savoir qui parle et qui entend : est-ce notre enfant intérieur blessé, c'est-à-dire notre part infantile et égotique, ou notre part mature, responsable ?

Nous verrons comment y arriver en étudiant les six principaux polluants de la communication amoureuse.

Chapitre II
LE MAL-DIT

Ce qu'il ne faut pas dire

Dire n'importe quoi

Être authentique, ce n'est pas se déverser sans retenue à chaque instant, dire tout et n'importe quoi. Le flot de la conscience charrie pêle-mêle toutes sortes de matériaux – émotions, pensées, rêves, etc. Ils défilent, imprévisibles, irrépressibles, inévitables, contradictoires même. Les uns sont « honorables », d'autres « honteux », les uns sont inspirés par l'amour, d'autres par la haine. C'est ainsi que tendresse et irritation, douceur et animosité, gratitude et ressentiment, peur et confiance, attirance et répulsion, courage et lâcheté roulent dans notre cerveau. Allons-nous livrer à la seconde un instantané de ce chaos et risquer de perturber ou de blesser l'autre sous prétexte qu'il faut tout dire ? Allons-nous exprimer cette soudaine poussée d'agressivité pour notre partenaire ? Ou lui avouer cette pulsion de désir pour une éphémère passante ? Si nul n'est maître du flux qui cascade en son mental, un esprit sain et solide saura le filtrer et ne dire que ce qui est cohérent avec ce qu'il construit avec l'autre, avec leurs projets communs.

Tenir des propos pessimistes

Ne jetons pas sans cesse nos soucis chez l'autre, il n'est pas une poubelle. Certes, nous avons le droit de lui confier nos ennuis, nos chagrins et nos souffrances, et il est légitime que nous en attendions une écoute et du réconfort. Mais il n'est pas bon pour l'intimité que nous rabâchions nos lamentations et nos doléances, surtout si nous ne faisons que cela, sans nourrir par ailleurs la relation d'éléments positifs et sans porter nous-même attention aux éventuelles plaintes de notre partenaire. Il est normal que celui-ci finisse par ne plus pouvoir supporter nos déversements d'énergies négatives, car ils détruisent son énergie et provoquent en lui anxiété, angoisses, fatigues. Évitons aussi les propos pessimistes sur le sort du monde ou les ragots sur le dos des gens.

Discourir

Ne parlons pas de façon abstraite, ne nous perdons pas dans des généralités – des toujours et des jamais – et des cérébralités. Parlons de nous (et non sur nous), impliquons-nous. Ne tenons pas non plus de propos confus ou alambiqués ; la relation n'a rien à y gagner.

Ce qu'il est bon de dire

C'est tout ce qui contribue à nourrir la relation et à enrichir le partenaire. Dans les débuts de l'amour, nous avons beaucoup à dire : il y a notre passé à raconter, nos émotions à transmettre et nos goûts, nos réactions, nos rêves, nos projets. Et nous devons séduire l'autre par nos mots.

Ensuite, petit à petit, les conversations se réduisent. Si les deux partenaires n'y prenaient garde, ils ne se diraient plus rien, ils n'auraient plus rien à se dire ; ils deviendraient comme les vieux couples que l'on voit s'ennuyer au restaurant.

Les sources extérieures

Pour trouver des choses à se dire, il faut continuer à s'enrichir soi-même et se renouveler, de manière à demeurer pour l'autre une source. Il faut multiplier les explorations et les moissons : la lecture, mine inépuisable de richesses, les manifestations artistiques, les activités sociales, la création personnelle, les voyages, sans oublier la fréquentation des amis. Tout cela se fera dans le cadre de l'intimité personnelle, cet espace de vie autonome – savoir rester indépendant est le secret de toute vie à deux. Par ailleurs, un nombre important de sujets de conversation se trouveront dans le secteur de l'intimité commune, cet espace de partage où des activités se pratiqueront ensemble – sorties, voyages, etc. Les projets communs et les réalisations en commun – les cocréations –, dans le domaine social, artistique, écologique, etc., sont spécialement générateurs d'échanges.

Les sources intérieures

Les sources intarissables d'échange sont dans la conscience de chacun, à nous de les explorer et de les partager. Cherchons toujours à nous connaître mieux, car nous sommes d'une complexité et d'une profondeur telles que notre propre exploration est sans limites. Notre passé composé – celui dont parle la psychogénéalogie –, notre passé simple – dont parle la psychanalyse, notre enfance en particulier –, nos multiples facettes, nos contradictions, nos émotions, nos réactions et tout ce que contient l'immensité de notre inconscient font de nous des êtres passionnants. Confions à notre conjoint nos découvertes.

Lui-même est un être multiple. Qu'il s'explore aussi et nous raconte. Et nous, écoutons-le et explorons-le également. C'est une erreur de croire que l'on connaît l'autre par cœur. De parler de soi, de parler de l'autre (et non sur l'autre) peut nourrir sans fin et passionnément les conversations.

Soyons donc des archéologues de nos passés et des chercheurs de nos présents, et partageons ce que nous découvrons.

Les propos positifs

Il faut résolument tenir des propos porteurs d'énergie positive. Nous trouvons dans notre vie autant de raisons de nous réjouir que de nous plaindre, d'espérer que de désespérer. Mais ce qui est sûr, c'est que de parler de malheur attire le malheur et que d'appréhender l'échec entraîne l'échec, tandis que l'optimisme provoque la réalisation et l'enthousiasme, la réussite.

Nous pouvons choisir d'être dans le défaitisme et induire alors ce qui est mauvais pour nous, ou d'être dans la confiance et enclencher ainsi ce qui est bon pour nous. Opter pour le positif n'est pas une question de volonté forcenée, c'est l'adoption délibérée d'une attitude vivante.

Nous pouvons aussi choisir de positiver l'échec : au lieu de le subir et de nous présenter en victime, nous avons la possibilité d'y chercher un sens et d'y voir l'occasion d'apprendre quelque chose. Il faudrait savoir dire merci à nos échecs comme à nos ennemis, eux seuls nous apprennent.

Enfin, en matière d'énergie positive, n'oublions pas les compliments, ces petites choses qui ne coûtent rien mais qui font merveille. « Quand c'est bien, il faut le dire, et le dire en premier » recommandait ma grand-mère. Sage et fécond conseil. Dans l'éducation des enfants, comme dans le couple, la reconnaissance de l'autre est un facteur de progrès. Et la gratitude qui s'ensuit renforce l'intimité. La belle définition de l'amour est sans doute : « Aimer, c'est amener l'autre à s'aimer. »

Chapitre III
LE TROP-DIT

Trop dire, c'est dire plus que beaucoup, ce trop là est d'ordre quantitatif. C'est aussi dire au-delà de ce qui est juste pour la relation. Ce trop est plutôt qualitatif.

L'excès de parole

Trop parler, bavarder, se saouler et saouler l'autre de mots n'est pas communiquer. Faisons des pauses et apprenons les vertus du silence. Demandons-nous pourquoi nous parlons tant: voulons-nous étourdir notre peur de l'intimité? Voulons-nous dresser un mur verbal pour nous protéger de ce que l'autre pourrait nous dire? Avons-nous peur du silence? Un silence où l'autre entendrait ce que nous voulons cacher? Un silence où nous entendrions ce qui émane de l'autre?

Des paroles pas toujours judicieuses

Des aveux suspects

Il ne faut jamais raconter à la légère ses relations amoureuses passées ou actuelles avec d'autres partenaires.

Nous pouvons, bien sûr, parler de notre passé sentimental, mais ne nous complaisons pas dans les turpitudes subies ou infligées, ne détaillons pas non plus nos prouesses sexuelles, ni les fabuleux voyages d'antan. Et surtout, ne radotons pas. Quant à nos relations extraconjugales présentes, tournons sept fois notre langue dans notre bouche avant d'en parler. Nous croyons faire des confidences au nom de la vérité et par honnêteté ; en réalité, nos motivations ne sont pas toujours aussi claires : nos aveux ont souvent pour but de nous soulager de nos secrets et constituent alors un moyen de nous déculpabiliser. Et tant pis si le partenaire en souffre. Du reste, certaines confessions ont justement pour objectif de faire souffrir l'autre afin de le mettre à l'épreuve ou de s'en venger.

Dans tous les cas, les informations confiées resteront collées à la mémoire de l'autre, et ses souffrances s'effaceront difficilement ; elles continueront de peser gravement sur la relation. Même si le partenaire pardonne et passe l'éponge, les ruminements de son inconscient, les ressentiments enfouis, les appréhensions tues, les suspicions insidieuses risquent de déboucher sur de désagréables surprises. Tout événement délicat peut réactiver les anciennes souffrances et faire surgir un conflit. Vraiment, toutes les vérités ne sont pas bonnes à dire. Le silence n'est pas forcément une cachotterie, pas plus que l'aveu n'est un signe d'honnêteté.

Cela peut choquer les idéalistes, pour qui les partenaires doivent tout se dire. Mais eux-mêmes sauraient-ils tout entendre et tout pardonner ? Bien téméraires ceux qui pensent recevoir des confessions sans en souffrir et sans que la relation en soit affectée. Car rares sont les êtres parvenus à un niveau d'amour et de conscience tel qu'ils peuvent respecter toutes les libertés de l'autre sans douleur. Rares sont ceux qui se sont hissés à l'amour universel et qui savent véritablement *pardonner* ; il s'agit bien là de pardonner et non d'affecter de tourner la page.

Des révélations discutables

Il arrive que nous sachions, à son insu, que notre partenaire nous est infidèle. Faut-il le lui dire ou se taire ?

> Une femme découvre que son mari a une maîtresse. Après mûre réflexion, elle décide de faire comme si elle ne savait rien. Après tout, son mari se comporte envers elle comme il l'a toujours fait : il semble amoureux, il est tendre, prévenant, disponible, il lui fait l'amour. Elle-même se montre aussi attentionnée, aimante, caressante. Ils semblent heureux ensemble. Beaucoup plus tard, elle apprendra que son mari a rompu avec son amante. Et leur vie commune continuera comme si de rien n'était.

Ce conte s'intitule *La Sagesse du silence.* J'ai oublié qui en est l'auteur. Si l'épouse avait révélé à son mari, de façon acerbe, qu'elle connaissait sa liaison et si elle lui avait livré une guerre incessante, le couple aurait probablement été détruit et le mari serait parti rejoindre sa maîtresse.

Pour se conduire comme cette épouse, il faut être dans le véritable amour, qui comprend aussi le respect, ou, mieux, l'amour de la liberté de l'autre. Il faut également avoir une force d'âme, une grande confiance en soi, pour se dire que ce que fait l'autre lui appartient et ne nous enlève rien.

Des confidences dommageables

On pense généralement qu'échanger ses fantasmes sexuels et les réaliser constitue le summum de l'intimité. C'est sans doute une erreur, il vaut mieux les conserver précieusement pour soi.

Les fantasmes sont faits pour relancer le désir et l'excitation érotique, et par conséquent pour amplifier le plaisir. Ils poussent dans notre jardin secret. Il est préférable de les réserver à notre usage interne et de ne pas les dévoiler. En effet, ce sont des productions de notre imaginaire, et quand ces images sont mises en mots, elles crèvent comme des ballons de baudruche et deviennent d'une platitude et d'une banalité affligeante ; leur efficacité est proportionnelle à leur clandestinité. Par ailleurs, quand ces images sont révélées, la tentation est forte de les concrétiser, or le risque est encore plus grand de voir se dégonfler leur pouvoir, et même de tarir leur production. Comme si passer à l'acte limitait l'imaginaire : rêver est plus puissant qu'agir, la symbolique est plus efficiente que la réalisation. Enfin, il y a un autre danger à concrétiser ses fantasmes *in extenso*, c'est d'entrer dans une double escalade.

• D'une part, **l'escalade du besoin** : à la longue, il n'est plus possible de se passer de fantasmes, il faut y recourir systématiquement ; ils sont même devenus un but en soi. Alors, paradoxalement, ce que l'on a fait en réalité fait quitter la réalité ; le partenaire n'est plus que le support des fantasmes, a fortiori si on lui fait jouer le rôle d'une autre personne. Ici, on peut se poser la question : amour, es-tu là ? Et se demander où en est la relation amoureuse avec cet autre dont il faut toujours subtiliser la présence pour jouir.

• D'autre part, **l'escalade du « degré »** : il faut, pour obtenir l'excitation, des fantasmes de plus en plus forts. On commence par des fantasmes doux, mais qui, nous l'avons vu, mis en mots et en actes, perdent de leur efficacité et finalement déçoivent. Alors, peu à peu, on pousse l'audace jusqu'à atteindre un jour des fantasmes « hard » ceux qui mettent en scène la violence, les larmes, le sang, voire la mort – virtuelle, quoique… La ligne blanche est désormais franchie, on passe du plaisir à la souffrance et à l'angoisse. L'escalade du toujours plus, où les séquences appellent des séquences plus fortes, aboutit à la perte de l'équilibre psychique.

On peut du reste s'interroger sur les motivations de ceux qui ont impérativement besoin de fantasmes, qui veulent absolument communiquer les leurs et connaître ceux de leur partenaire. Sans doute faut-il y voir un signe de faiblesse de la personnalité.

Ces réserves faites, il faut reconnaître aux fantasmes leur rôle dans l'intimité. En exaltant le désir chez chaque partenaire, en amplifiant l'attirance réciproque, ils contribuent à instaurer une ambiance intime. Aussi ne faut-il pas les dénier, mais il ne faut pas non plus les vivre en strict égoïsme, en séparation absolue ou, pire, en trahison, comme une sorte de masturbation à deux où l'autre ne serait qu'un support.

Le juste positionnement est:

- Que chacun reconnaisse qu'il a – ou n'a pas – des fantasmes.
- Que chacun reconnaisse que les fantasmes de son partenaire lui profitent indirectement en excitant le désir et le sexe du fantasmant.
- Que tous deux, par un choix délibéré, conviennent de ne pas livrer leur imaginaire afin d'en préserver l'efficience. Tous les auteurs confirment qu'il est préférable de se contenter de jouir en soi du pouvoir aphrodisiaque des images. Cela suffit à créer une complicité et à élargir l'intimité. Ainsi, même vécus en secret, les fantasmes créent un lien. Si toutefois l'un des partenaires trouve qu'il lui serait bénéfique de dire son imagerie ou de connaître celle de l'autre, il peut choisir une voie médiane: l'échange de scénarios en dehors de l'acte sexuel.

Chapitre IV
LE *TU* QUI TUE

Quel polluant que le *tu*. Cet agent toxique transforme la relation en pseudo-communication, il faut absolument s'en débarrasser. [42]

Tu est une imposture : dire *tu*, c'est parler sur l'autre, à la place de l'autre, non à l'autre – « Tu es ceci », « Tu devrais faire cela », « J'étais sûr que tu… », « Tu ne m'écoutes jamais ». Savons-nous réellement qui est l'autre ? Ce qu'il désire ? Ce qu'il doit faire ?

Tu est trop souvent de l'ordre du jugement et, en cas de confrontation, il se fait même reproche ou accusation. Il dévalorise, il peut détruire. Il entraîne une réaction de défense, une riposte, et transforme la conversation en une stérile partie de ping-pong. « Tu ne penses qu'à toi. » « Tu me rends malheureuse. »

Tu est, plus souvent encore, le moyen de faire des projections, c'est-à-dire de jeter sur l'autre la partie de nous que nous réprouvons pour nous en débarrasser. C'est prendre l'autre pour un exutoire, c'est pourquoi il faudrait appeler ces projections des « déjections » – « Tu es faux », « Tu es parano ». Peut-être le « défaut » reproché existe-t-il réellement chez le partenaire, mais, si nous l'avons si bien repéré, c'est qu'il existe en nous et que nous ne l'aimons pas du tout – ce que nous n'aimons pas chez l'autre, c'est ce que nous n'aimons pas en nous. Le jeter à la tête de l'autre en le condamnant nous donne l'impression de nous en défaire. [43]

Tu est une façon de fuir nos responsabilités et de nous poser en victime, en culpabilisant notre partenaire. « C'est de ta faute », « Tu m'as mis dans de beaux draps ». Or, nous sommes responsables de notre vie, de ce qui nous arrive. C'est le résultat de nos décisions ou de nos non-décisions. [43]

Plus généralement, le *tu* est mis au service d'attitudes qui visent à manipuler l'interlocuteur. Ces attitudes sont les mêmes que celles utilisées par les adultes (parents, éducateurs, etc.) vis-à-vis de l'enfant; c'est pourquoi les partenaires habitués à ce type de relation continuent à les utiliser dans leur couple. L'ancien dressage a tellement déformé leur façon de communiquer qu'ils ne peuvent parler autrement et adoptent le même langage.

• L'injonction consiste à parler sur l'autre pour le définir, l'étiqueter et lui dicter les conduites et sentiments qui devraient être les siens, pour la bonne raison qu'ils nous conviennent. En disant *tu dois, tu devrais, tu aurais dû, il faut, il te faudrait, tu n'es jamais, tu es toujours, j'aimerais que tu* ou, plus subtilement, *si tu étais*, nous imposons à l'autre ce qu'il doit penser, sentir et faire. Pire, nous détruisons ce qu'il pense, sent et fait vraiment. À force, il intériorise les pressions et se dit à lui-même: je dois, je devrais, j'aurais dû.

• La dévalorisation – ou disqualification – revêt plusieurs formes: l'affreux manque de confiance, la perfide mise en doute, la blessante dérision, l'implacable jugement («Tu es…», «Ce que tu dis est…»), l'humiliante comparaison négative («Ta sœur n'aurait pas fait cela»), le rappel d'échec («Si tu… tu n'aurais pas raté»).

• La culpabilisation rend l'autre responsable de ce qui nous arrive de négatif et tout spécialement nos échecs et nos souffrances. Avant que les faits ne se produisent, c'est le procès d'intention («Ça ne m'étonnerait pas que tu…») ; après, c'est la suspicion («Ne serait-ce pas toi qui aurais…»), la plainte («Qu'est-ce que tu me fais faire?») ou, un degré de plus, le reproche («Si tu savais comme tu me rends malheureuse») et, à l'extrême, l'accusation («Tu as menti»).

• Le chantage («Si tu m'aimais vraiment…»).

• La menace («Un jour tu ne me trouveras plus», «Si tu continues, tu auras ma mort sur la conscience»).

Le but de cette manipulation est avant tout d'assurer notre influence, voire notre domination sur l'autre: le faire céder, l'empêcher d'évoluer, de changer, lui interdire de s'affirmer, le maintenir en dépendance. Et, subséquemment, nous éviter de nous remettre nous-même en cause.

Le résultat est, le plus souvent, conforme aux attentes du dominant : l'autre se maintient dans la non-estime de lui-même et dans la peur de perdre l'amour, donc il se soumet. Toutefois, il arrive que le partenaire se rebelle – parfois après des années de patience – et que les hostilités commencent : sourde guerre ou conflit ouvert caractérisé par des agressions verbales, parfois physiques.

Mais, quel que soit le résultat, la communication est perdante : les êtres qui, par leur enfance, étaient des « handicapés » de la communication, demeurent des « infirmes » d'une pseudo-communication.

Alors, que faire ? Réapprendre à communiquer. Première règle : abandonnons le *tu*. Parlons « à l'autre » et non plus « sur l'autre », et ne le laissons plus utiliser le *tu* à notre égard – ne laissons plus parler « sur nous ».

Seconde règle : utilisons-le *je,* parlons uniquement de ce que nous sentons ou pensons, nous.

Chapitre V
LE MAUVAIS *JE*

C'est un mauvais *je* que celui qui impose, oblige, exige, écrase et se vante ; le *je* d'un moi dominateur, infatué, méprisant, égoïste, borné ; le *je* d'un moi infantile, possessif, égocentrique.

Le *je* qui doit remplacer le *tu* n'est pas ce *je* narcissique, c'est un *je* de positionnement et le *je* de la responsabilité – « Je prends l'entière responsabilité de ce que je dis. J'exprime mes émotions, mon ressenti, mes déceptions, mes craintes, mes souffrances. Je fais part de mes souhaits et de mes besoins. Je donne mon avis, car je suis le seul être que je connaisse – ou devrais connaître – et dont je puisse parler. Et il est bon que j'informe l'autre de ce qui est en moi. » Cet emploi du *je* est la seconde règle d'hygiène relationnelle. Ces règles permettent d'établir un vrai dialogue, qui fait avancer les choses, alors que les discussions et les chamailleries habituelles sont vaines.

Jacques Salomé a proposé de symboliser la relation par une écharpe tendue entre les deux partenaires. Chacun est responsable de l'extrémité qu'il tient, et seulement de son extrémité. [42]

• À mon bout, je parle à l'autre de moi, de mon ressenti, de ma position. Et je ne parle pas de l'autre, pour le définir par exemple. Et je n'accepte pas que l'autre parle sur moi, je l'invite à parler de lui.

• À mon bout, je suis responsable de ce que je ressens : les émotions, les souffrances, en particulier, qu'éveillent en moi le comportement ou les mots de l'autre me concernent. Ce sont mes blessures et mes peurs qui donnent à ce que je reçois de l'autre une telle intensité de douleurs et d'angoisse, une telle résonance. Oui, je suis responsable des effets du dire de l'autre en moi. À moi de m'interroger sur les causes de ce ressenti, à voir ce qui est touché en moi, à analyser mes inquiétudes et mes plaies. J'ai à gérer ce qui se passe en moi. Je refuse d'être une victime de l'autre, non plus que du destin. Je veux être créateur de ma vie.

• À mon bout, je ne suis pas responsable et moins encore coupable de ce que l'autre ressent – de ses émotions, de ses souffrances – à propos de ce que je dis ou fais. Les émotions, les réactions de l'autre ne sont pas créées par ce que je dis ou ne dis pas, fais ou ne fais pas. Ce qu'il éprouve – plaisir, frustration, déception, abandon rejet – est lié à ce qui est touché en lui, blessé en lui. L'autre est responsable de son ressenti. Moi, je suis seulement partie prenante, moyennant quoi je prends conscience de l'impact sur l'autre, je le vérifie (« J'ai l'impression que je viens de dire quelque chose qui te chiffonne »), et j'en tiens compte.

• À mon bout, j'ai à entendre ce que l'autre tente de me dire. Nous y reviendrons.

Il importe d'insister sur trois points :

• **Nous devons nous positionner clairement et en cohérence avec notre vrai moi, au risque d'un désaccord.** Ce que nous ne disons pas ou cachons, pour éviter un conflit, asphyxie la relation ; inversement, ce que nous disons justement chasse la pollution de l'environnement du couple.

• **Nous devons sans cesse nous rappeler que les sentiments appartiennent à ceux qui les éprouvent.** Quand je suis dans une émotion, je ne suis pas ici et maintenant, mais dans un passé à préciser. Il nous faut nous en souvenir pour ne pas charger l'autre de la souffrance qui nous submerge et pour ne pas nous emparer d'une douleur qui appartient à l'autre.

• **Nous rappeler aussi que ce que nous combattons avec le plus de violence chez autrui est ce que nous n'acceptons pas en nous.**

Chapitre VI
LE NON-DIT – LA LOI DU SILENCE

Il y a des couples chez lesquels la parole ne circule pas facilement ; là, le silence est de plomb et non d'or. Qu'est-ce qui retient les partenaires de parler ? Chez certains, c'est la peur qui met un bœuf sur la langue ; chez d'autres, c'est leur tempérament taciturne qui les rend silencieux. Si l'on en croit le reproche le plus souvent entendu dans la bouche des femmes – « Il ne me parle pas » –, l'homme aurait davantage tendance au mutisme.

La peur de dire

La peur d'exprimer ses émotions

Il y a des émotions que nous taisons parce qu'elles sont « honteuses » : celles qui trahiraient notre sensibilité, nos craintes, notre tristesse, en un mot, notre vulnérabilité, Les exprimer, c'est risquer de passer pour un « sensible » un craintif, un « faible ». Ce qui aurait de graves conséquences : ainsi dévalué, nous ne pourrions que décevoir notre partenaire, qui alors nous aimerait moins ou, pire, nous rejetterait. Autrement dit, nous craignons, en ouvrant notre cœur, de prêter le flanc, puis d'être jugé et livré aux reproches et aux humiliations, et finalement abandonné.

L'homme – en particulier – s'est trop longtemps contraint à ravaler ses émotions et à se blinder au nom d'une pseudo-virilité d'apparence pour n'avoir pas encore quelque réserve. Fort heureusement, il a acquis récemment le droit d'être sensible et même de pleurer. « J'aime, disait Louise de Vilmorin, les hommes qui pleurent et qui aiment les gâteaux. »

Il y a aussi des émotions « mauvaises » qu'il n'est pas poli de révéler, voire de ressentir : l'agressivité et ses traductions, la colère et le ressentiment sont de celles-là. De toute façon, en raison de la croyance : « Quand on aime, on ne peut avoir de l'agressivité envers l'aimé », il est interdit d'éprouver ce genre d'émotion.

Enfin, nous pouvons redouter, en laissant aller notre émotivité, d'en être submergé, perdant ainsi le contrôle de la situation. Si nous nous abandonnons, jusqu'où les affects vont-ils nous entraîner ? Pourrons-nous vraiment nous rattraper ?

La peur de donner son avis

Beaucoup d'entre nous ont peur de formuler franchement leur avis et d'affirmer précisément leurs désirs Ils craignent qu'un constat de désaccord n'entraîne de graves conséquences. Une première conséquence serait d'admettre qu'il y a un risque de conflit, risque qu'ils ne veulent pas courir. La seconde conséquence serait d'avoir à s'interroger sur l'état de l'amour dans le couple : en fonction d'une autre croyance – « Quand on s'aime, on est toujours d'accord » –, ils pourraient, en cas de désaccord, se poser l'angoissante question de savoir s'ils sont moins aimés. Enfin, la troisième conséquence, et non la moindre, serait l'affirmation en retour, par le conjoint, de ses positions et oppositions. Or, il est des vérités – des critiques, des insatisfactions, des clarifications – qu'il n'est pas agréable d'entendre et qui les obligeraient à se remettre en cause et à réorganiser le *modus vivendi* du couple.

Alors, « non merci », plutôt se taire et ne pas entendre, bref faire l'autruche. Et se soumettre, ou faire semblant, et s'adapter. Tactique d'autant plus facile que le partenaire la pratique aussi : lui aussi a peur de dire ses émotions et ses attentes, et redoute tout autant d'entendre celles de l'autre, c'est trop dérangeant. Et chacun de se réfugier dans le silence.

Mais le non-dit bloque la communication, fausse la relation et détruit le couple. Apparemment, tout va bien, mais ce couple au repos est un couple-tombeau. À l'intérieur, le non-dit accumulé aboutit à un lent pourrissement. Les émotions refoulées, les problèmes, niés mais toujours reconduits et donc amplifiés, se transforment en rancœur, poison délétère qui délite le désir et les sentiments. Souvent également, ce qui est refoulé et nié s'entasse et se comprime en une énergie négative qui ne cherche qu'à s'échapper. De temps à autre, elle fuse par petites poussées – réflexions désagréables, petits actes de revanche ou de punition. Mais, un jour, ces petites soupapes ne suffisant plus à détendre la pression, elle explose violemment n'importe quand, n'importe où, de façon inappropriée et apparemment incompréhensible.

Les racines de la peur

En vérité, les peurs de dire ses émotions et de prendre des positions remontent à l'enfance. L'enfant qui exprime ses émotions ou ses désirs risque de contrarier ses parents et s'expose alors à de redoutables conséquences : recevoir une punition, être dévalorisé, voire humilié, et, horreur, perdre leur amour. Ce sont ces mêmes peurs, exactement, que reconduisent et réactualisent les partenaires. Leur peur d'exprimer des émotions qui pourraient les disqualifier a ses racines dans les disqualifications infantiles. Leur peur d'affirmer leur position vient de la peur qu'avait l'enfant de contrarier ses parents. Leur peur de perdre l'amour est semblable à la peur qu'éprouvait le petit d'être abandonné par ses parents. Remarquons bien que la peur de la rupture faufile toutes les relations de couple C'est elle qui dramatise les conflits.

C'est aussi dans le passé que s'enracinent les croyances : « Quand on s'aime, on est toujours d'accord » et « Pour être aimé, il faut toujours faire plaisir, jamais s'opposer ».

Une fois de plus, nous voyons que les problèmes de couples ne peuvent être solutionnés sans un travail sur soi : sur ses blessures, ses peurs, ses croyances. Travail qui a pour but de s'aimer assez soi-même pour se permettre d'être authentique et de se laisser voir tel que l'on est : beau, certes, mais laid aussi, fort, mais vulnérable, héroïque, mais lâche. Un être de paradoxes et de contrastes qui au fond de lui-même ne sait jamais si le meilleur l'emportera sur le pire.

Soyons vrais quand même, car de toute façon l'intimité révélera un jour la vérité. Et surtout, c'est de l'authenticité que vient la qualité de l'intimité. Soyons tolérant pour l'autre, afin qu'il ose être lui-même et ne fuie pas l'intimité. Tolérance et humilité, voilà les deux qualités qui font une bonne communication.

Les taciturnes et compagnie

Il y a ceux qui se disent peu : les taciturnes, les peu expansifs, les peu démonstratifs. Ils ne confient guère leurs sentiments, et pas davantage leurs pensées, et ne manifestent presque pas leurs émotions. En se retenant de révéler ce qui se passe dans leur vie intérieure, ils appauvrissent les échanges. En refusant de s'épancher sur ce que produit en eux l'intervention de l'autre – ses caresses, ses confidences –, ils font pire : ils risquent de tarir les échanges, car l'autre a besoin de savoir si ce qu'il donne est bon et juste, et si ce qu'il dit est compris et sera suivi d'effets. Il n'y a pas d'intimité profonde et durable sans dialogue des bouches et des corps.

Pour améliorer les échanges, il faudrait que le taciturne essaie de se transformer. Lui demander de faire un effort pour s'extérioriser et se dire ne suffit pas ; il est préférable qu'il sache que son attitude n'est pas vraiment la sienne, mais celle de l'enfant réprimé qu'il a été, l'enfant qui n'avait pas le droit de dévoiler ses pensées ni d'exprimer ses émotions, qu'il sache aussi qu'il n'a plus rien à faire d'une censure qui lui a été imposée et dont il a fait une autocensure ; qu'il sache enfin que, pour libérer ses émotions, il peut passer par un travail thérapeutique ou pratiquer des formes ludiques d'expression, tels le théâtre ou le chant. En tout cas, que son partenaire doit respecter son tempérament – de toute façon, nul ne pourra le changer vraiment –, mais qu'il ne se retienne pas de lui parler, car les « taiseux » sont généralement de bons « écouteux ».

Il y a aussi le silence de la rancune. Se taire est souvent un moyen de punir l'autre, de manifester son ressentiment à la suite d'un mot ou d'un fait qui a blessé, dévalorisé, frustré. Mais en se taisant, on se punit aussi. Alors, plutôt écarter le poids que l'on a sur le cœur et s'exprimer sans agresser, sans accuser, sans dramatiser sa peine. Les partenaires pourraient prendre la résolution de se donner rendez-vous chaque fois qu'un sentiment négatif persiste chez l'un des d'entre eux.

D'autres voies pour le dire

Ce qui n'est pas dit par la bouche pourrait bien s'exprimer par d'autres voies. La plus classique est de faire parler son corps ; il y a cent manières de le faire, mais la plus courante est la manifestation de maladies psychosomatiques, où les maux remplacent les mots. Le but est d'attirer la sollicitude de l'autre, de le retenir à proximité, ou de le punir et de le culpabiliser.

> Yves, avec qui Jocelyne refuse de faire l'amour autant de fois qu'il le voudrait, s'est mis à tousser la nuit, histoire d'empoisonner son amie, de l'empêcher de dormir tandis qu'en lui le désir réclame, insatisfait.

La fatigue aussi est parlante, c'est une sorte de grève de la relation qui traduit le ras-le-bol de la situation.

Les actes manqués en disent long également : oublier de faire la course demandée, brûler la chemise préférée, etc., tout cela est explicite.

Il y a enfin une façon de protester bien cruelle, mais pas toujours efficace : c'est l'absence de désir. Le désir, en effet, peut être utilisé comme moyen de communiquer. En l'exaltant, ou, au contraire, en le refrénant, en le différant, voire en l'abolissant, on lui fait dire ce que l'on veut : on teste ou l'on proteste, on clame ou l'on réclame, on accuse ou l'on récuse. C'est toujours l'amour que l'on crie ou le manque d'amour que l'on décrit. Il est facile de dévaloriser l'autre en s'en prenant à sa sexualité, car le sexe est bien l'épicentre de l'ego. Désir et non-désir peuvent être de redoutables façons de s'exprimer quand le dialogue n'existe pas.

Chapitre VII
LE MAL-ENTENDU

Le plus important, dans le dialogue, c'est de savoir écouter et entendre. Trop souvent, quand nous paraissons écouter, nous sommes en réalité en train de préparer une réponse – il faudrait dire « réplique ». Pire, nous ne laissons pas notre interlocuteur finir ses phrases. Comme nous avons mal enregistré ce qui a été dit, notre réponse sera inappropriée. C'est un dialogue de sourds. Écoutons donc *vraiment,* et entendons.

Dans « entendre », il faut distinguer trois plans, que nous envisagerons successivement.

Les trois plans

Entendre ce qui est dit : le contenu

Entendons le fait narré, l'émotion exprimée, la demande posée, le projet exposé, la critique faite, etc. Entendons seulement ce qui est dit, sans interpréter, sans déformer et sans faire de projections. Et entendons tout ce qui est dit. N'en retenons pas seulement une phrase ou un mot. Le plus souvent, nous déformons ou nous tamisons dans un sens qui nous est défavorable, ne percevant que ce qui est susceptible de nous faire mal. Car, nous le savons bien, il n'est pas possible que l'on dise du bien de nous, ni que l'on nous donne des mots d'amour; nous sommes indignes d'être estimé ou aimé. Du reste, nous ne nous aimons pas nous-même. Il faut dire que notre critique intérieur fait tout pour cela. Le critique intérieur, c'est ce monstre abject et quasi increvable que les parents et les éducateurs ont enfoncé dans notre subconscient, et qui nous répète depuis: « Tu es bête, tu es moche, tu vas rater, tu n'as pas de chance, tu as tort, c'est ta faute, tu mens, ça ne m'étonne pas de toi ». En un mot: « On ne peut t'aimer. »

Pour nous assurer d'avoir bien entendu, nous devons vérifier que ce que nous avons reçu a bien été dit et que les mots perçus ont le même sens pour chacun: soit en faisant répéter à notre interlocuteur l'intégralité de ce qu'il a dit, soit en lui demandant des précisions sur ce que nous n'avons pas compris (souvent ce que nous redoutons), soit encore en pratiquant nous-même la confirmation: reformuler ce qui vient d'être dit.

Cela est particulièrement important lorsque nous croyons entendre des paroles qui nous sont défavorables. Demandons-nous avec calme – ou demandons à notre vis-à-vis, tout de suite ou ultérieurement – si le mot (ou la phrase) a bien été dit comme nous l'avons entendu. Nous verrons le plus souvent que ce n'était pas le cas. Si toutefois ça l'était, replaçons ce mot dans le contexte de la confrontation ou de la journée. Faisons preuve de générosité, de tolérance. Mais, pour être tolérant, il faut d'abord se tolérer, autrement dit s'aimer. Replaçons aussi le mot dans le contexte général de la relation: à part cela, tout prouve par ailleurs que l'autre tient à nous.

Apprenons aussi à recevoir et à accueillir des mots et des phrases désagréables. Sommes-nous aussi innocent et parfait que nous voulons le paraître? Accepter sa part d'ombre est une façon d'accéder à un lucide amour de soi.

Pour pouvoir écouter, il faut à certains moments faire un exercice volontaire : décider de donner du temps et toute son attention à l'autre, et ensuite se mettre en état de réceptivité optimale. « Pour être à toi, en toi, être toi, j'abandonne provisoirement mon moi, je fais taire mon passé – mes souvenirs, mes préjugés, mes références –, je fais taire mon présent – mes émotions, mes besoins, mes préoccupations –, je fais taire mon futur – mes appréhensions, mes prévisions –, alors je peux t'accueillir en toute fraîcheur, comme si tu étais une nouvelle personne, comme si j'étais quelqu'un de nouveau. »

Enfin, pour entendre juste, il faut se méfier de la lecture de pensée. Prétendre lire dans la pensée de l'autre et savoir parfaitement ce qu'il sent et pense est dangereux pour la relation. Prenons garde aux affirmations péremptoires : « Je sais ce que tu penses. Je sais pertinemment que tu penses le contraire. Je sais ce que tu vas me répondre. Ce n'est pas toi qui parles. Tu mens. Ne me raconte pas d'histoire. Je sais bien que tu n'es pas vraiment en colère. Tu ne vas pas me dire que tu es triste », etc.

Parfois, notre intuition est exacte, surtout lorsque nous avons une bonne connaissance de l'autre. Mais ayons quand même la sagesse de considérer que c'est une hypothèse. Le plus souvent, elle est erronée : c'est une projection sur l'autre de ce que nous pensons, ressentons, craignons, ou une interprétation due à notre méconnaissance de l'autre. Projection et interprétation visent en réalité à imposer au conjoint ce qu'il doit être ; elles traduisent nos désirs de prendre le pouvoir et pourraient bien ressortir du terrorisme relationnel.

Entendre celui qui dit

Ce qui importe, ce n'est pas seulement ce qui est dit, mais la personne qui parle, pas uniquement le fait ou le problème énoncé, mais la personne qui l'énonce : quel est son ressenti, son vécu, ses inquiétudes ? Il faut pour cela nous décentrer de nous-même, aller à la rencontre de l'autre, percevoir sa différence. Là, nous sommes au-delà de l'enregistrement, nous sommes dans le partage. Il sera bon de confirmer ici aussi : « Oui, j'entends au-delà des faits, je comprends comment tu vois les choses et ce que tu ressens. » Cette attitude n'est pas contradictoire avec la règle qui veut que chacun soit responsable de son bout d'écharpe et des émotions qu'il ressent.

Permettre à l'autre d'entendre ce qu'il dit

Écouter l'autre a aussi pour but de le laisser s'entendre, c'est-à-dire entendre lui-même ce qu'il dit. D'une certaine façon, en nous parlant, il se parle aussi à lui-même à haute voix, il se donne l'occasion et le droit de *se* dire clairement, d'exprimer ce qu'il pense et sent, l'occasion et le droit de se situer, de cerner ses désirs, de formuler ses interrogations, d'accéder à sa vérité.

En verbalisant, il se fait du bien : il analyse et précise ce qui était confus en lui, et il décharge ses tensions. Laissons-lui ce profit qui est aussi à l'avantage de la communication, et donc du couple.

Oser la confrontation

Si l'écoute réciproque n'a pas débouché sur un réajustement ou un accord, plutôt que de rester dans une hostilité larvée, un état de crise prolongée, osons consciemment une explication clarificatrice. Sortons du conflit fermé et allons vers un conflit ouvert, où chacun pourra se repositionner et trouver des solutions. Cette confrontation délibérée, choisie, n'a rien à voir avec l'affrontement où chacun s'oppose et ne cherche qu'à avoir le dessus, à battre l'autre, quitte à le disqualifier, à le diminuer. Elle relance les énergies bloquées qui menaçaient d'imploser ou d'exploser dans le circuit relationnel. La confrontation se déroulera ainsi :

• Confirmation de la position de l'autre par une demande (« Veux-tu me préciser ? ») ou par une répétition par nous-même (« J'ai entendu que… »). Bien entendu, il faut dépasser le risque que sa position nous soit désagréable, et souligner ce qu'elle a de positif.

• Affirmation de notre point de vue. En dépassant cette fois le risque d'irriter ou de décevoir l'autre.

• Apposition entre les deux points de vue.

• Constat et affirmation des différences.

• Essai d'ajustement et de synthèse.

• Conclusion : s'il y a un accord, tout est pour le mieux. S'il n'y a pas d'accord, il faut laisser les choses mûrir. De toute façon, le dialogue, en clarifiant la situation et en faisant circuler les énergies, aura été utile. [43]

Il arrive qu'en dépit de nos efforts, notre interlocuteur n'entende pas : c'est qu'en réalité, il ne veut pas entendre – il n'est pire sourd que celui qui ne veut pas entendre ; ce refus de comprendre est une astuce de la raison pour protéger ce qui risque d'être touché douloureusement. Hélas, c'est une sauvegarde illusoire autant que provisoire.

Gérer ce que nous avons entendu

Nous avons écouté et entendu. Reste à gérer ce que nous avons reçu et ce que cela a provoqué en nous : le retentissement émotionnel, l'impact des messages négatifs et nos envies de réagir.

Gérer le retentissement émotionnel

Le retentissement en nous, sur le plan émotionnel, de ce que l'autre a dit est à traiter, ne serait-ce que parce qu'il brouille notre conscience et gêne la compréhension de la situation. Nous devons nous efforcer de distinguer ce qui a été dit et la résonance émotionnelle en nous. Cette émotion, il faut l'accepter, la nommer et en chercher l'origine en nous, autrement dit déceler le point sensible qui a été touché. Ce sera une blessure d'enfance, une frustration, une incompréhension, un événement malheureux, une situation inachevée, bref, une séquence d'un passé douloureux qui n'a pas été mise en mots et, de ce fait, n'a pas pu être « classée » et cherche sans cesse à revenir à la conscience. Il nous faut déterminer ce qui est atteint en nous, réveillé en nous lorsque nous sommes blessé, frustré, déçu, incompris ?

« Lorsque tu sors sans me dire à quelle heure tu reviendras et que tu rentres tard, une angoisse monte en moi au fur· et à mesure que le temps passe. Cela me renvoie à ces soirs de mon enfance, où la petite fille que j'étais attendait le retour de son père et craignait qu'il ne nous ait abandonnés. » Dans le couple, chacun doit s'efforcer de voir clair en lui, car chacun est venu avec son histoire, ses attentes, ses intolérances.

Si nous ne faisons pas de travail sur l'émotionnel, nous rentrerons dans le réactionnel : soumission à contrecœur, fuite la rage au ventre ou révolte sur-le-champ. L'agressivité se traduira en mots, en attitudes, en gestes plus ou moins violents envers l'autre, ou bien elle se retournera contre nous par les somatisations.

On ne dira jamais assez que la violence est le fruit empoisonné de la peur. Peur actuelle qui prolonge les peurs d'antan. Et se retrouvent les privations, les injustices, les humiliations ou agressions, le rejet, toutes violences subies et vécues dans le désespoir parce que nous étions impuissant. La violence rendue à l'instant est une façon de dire ce qui n'a pas été dit, l'indicible.

Pour sortir du cycle infernal, il faut mettre des mots sur ce qui est ressenti, car la violence est un ennemi redoutable de la communication et peut aboutir à l'assassinat de la relation.

Gérer les messages négatifs reçus dans l'écoute

Ils sont très toxiques ; s'en laisser pénétrer peut entraîner un désamour de soi et une baisse de la vivance (vitalité associée à la joie de vivre). D'autant que nos vieilles cicatrices tendent la joue aux agresseurs. Il ne faut pas accepter ces pollutions, le plus souvent enrobées de *tu* et qui ont pour noms : l'injonction, la dévalorisation, la culpabilisation, le chantage, la plainte, la critique, l'accusation, la lecture de pensée. Et si nous les avons réceptionnées, il faut nous en débarrasser. Les moyens antipollution – préventifs et curatifs – sont[43] :

• **Le refus** : « Je ne prends pas ce que tu me dis, je le laisse en toi, ce n'est pas bon pour moi. »

• **La restitution** (à opérer dans les meilleurs délais, bien qu'il n'y ait pas forclusion) : « Je ne veux pas garder en moi ce message négatif – ce jugement, cette pensée, etc. Je te la rends ; il est mauvais pour moi. » Cette restitution verbale peut être accompagnée d'une symbolisation. « Tu m'as traitée de mégère, alors je te remets cet objet symbolique qui représente ce que tu as mis sur moi et qui ne m'appartient pas.» Et une bouteille de vinaigre est posée devant l'interlocuteur.

• **L'évacuation symbolique**: on choisit un objet qui symbolise une poubelle – un cache-pot, par exemple – et l'on y jette un billet où l'on a inscrit ce qui nous pollue. On peut le faire régulièrement pour se dépolluer au fur et à mesure, ou bien pratiquer de temps en temps un grand nettoyage. Les pollutions sont les suspicions, les humiliations, les exigences, les menaces, les accusations, etc. Elles sont portées par des phrases décochées et dont le souvenir nous empoisonne longtemps. Comme nous infestent les déchets qu'elles ont laissés en nous en remuant notre manque de confiance en nous, nos peurs, nos angoisses, nos amertumes, etc.

N'acceptons plus d'être l'éponge des humeurs noires de l'autre, non plus que le dépotoir de ce qui ne va pas chez lui. Et si nous n'avons pu nous défendre de ces pestilences, décidons de les évacuer. Elles ne nous appartiennent pas et ne sont pas bonnes pour nous.

Chapitre VIII
LES CONFLITS MAL GÉRÉS – LA DISPUTE

Quand est passé l'état de grâce où l'accord semble parfait – mais, nous l'avons vu, il comporte beaucoup d'illusions –, les conflits apparaissent. Comment pourrait-il en être autrement entre deux êtres différents ayant chacun sa préhistoire (ce qui se transmet entre générations), son histoire personnelle, son histoire secrète (l'inconscient), son caractère, ses projets ? Les conflits font partie de la vie de tout couple. Selon la façon dont ils seront gérés, ils pourront renforcer la dyade et faire grandir les partenaires ou, au contraire, détruire et la relation et les personnes.

Un conflit mal résolu ne pourra que se répéter à de multiples reprises et laisser des traces de plus en plus profondes : insatisfaction, incompréhension, déconsidération, rancune, etc. Certains partenaires perpétuent à l'infini une relation conflictuelle et se complaisent dans des affrontements vains. D'autres, de guerre lasse, se réfugient dans une pseudo-soumission et un silence amer. D'autres enfin, désespérant et rebelles, choisissent la rupture.

Les formes du conflit

Est hostile celui qui éprouve envers l'autre des sentiments négatifs, contraires à l'amour, sans toutefois qu'il s'agisse de haine ! D'alliés, les partenaires deviennent étrangers, voire ennemis (hostile vient du latin *hostis,* qui signifia étranger, puis ennemi).

Selon les tempéraments et les situations, l'hostilité s'exprimera de différentes façons.

La dispute

Elle peut éclater sous le coup de l'offense ou être contenue et surgir ultérieurement à propos d'un incident, souvent mineur. Elle est la réplique à ce qui a été dit ou fait et qui est insupportable ; il s'agit de faire connaître son point de vue, de rétablir la justice, d'exorciser sa souffrance ou encore de blesser l'autre à son tour. Elle peut également être une sorte d'exhortation ou de supplique à s'expliquer, à vider l'abcès et à instaurer une vraie communication. Deux issues sont possibles : soit la dispute aboutit à la réconciliation suivie d'un contrat de meilleure relation, soit elle aggrave les hostilités par les mots durs, voire les violences qu'elle déchaîne ; les nouvelles blessures exacerbent l'animosité.

L'hostilité larvée

Nous n'avons pas pu, ou su, ou voulu répliquer. Nous avons avalé la vipère, mais elle nous habite : ressentiments, rancœurs, rancunes sont ses noms. À la moindre occasion, elle pointe la tête et crache son venin : vexations, remarques désobligeantes, attitudes offensantes, etc. Tout cela avec l'air de ne pas y toucher, ou au contraire de façon cinglante. Et de préférence devant témoin. Les blessures se multiplient, les ressentiments s'amplifient.

L'hostilité-tombeau

Nous accusons le coup. Pas un mot, pas un geste. Nous enfouissons le traumatisme au fond de nous et le recouvrons d'une lourde pierre. Et, par-dessus : silence de marbre, raideur pétrifiante. Adieu la relation.

Gérer le conflit, et spécialement la dispute

Avant tout, il convient de se rappeler que les conflits dans un couple sont normaux, et que l'on peut s'aimer et se disputer. Alors, ne dramatisons pas.

Quelques règles simples, extrapolées des règles de communication précédemment proposées, changeront radicalement l'évolution des confrontations.

1. **Écoutons vraiment et entendons ce que l'autre dit**, son vécu, son avis, ses propositions.

2. **Ne parlons pas sur l'autre**. N'employons pas le *tu,* qui juge, reproche, accuse.

3. **Parlons de nous**. Utilisons le *je,* qui exprime notre ressenti, notre opinion, nos souhaits. Et nous responsabilise.

4. **Ne faisons pas de projections**. Ce que nous combattons chez l'autre, c'est en vérité notre ombre, que nous avons projetée sur

lui. Ce dont nous accusons l'autre est cette part de nous que nous n'aimons pas et dont nous voulons le charger. Nous prétendons représenter le « bien », car le « mal » en nous nous est insupportable, nous nous le cachons et le dissimulons aux autres, mais nous n'hésitons pas à le faire porter par notre partenaire. De nous, il ne faut voir que la belle image.

5. **Sachons recevoir les propos négatifs**. Supposons que notre partenaire nous accuse de mentir. Au lieu de nous insurger, acquiesçons : « OK, je suis menteur », mais acquiesçons sérieusement, posément. Accueillons ce qui pourrait être une accusation pénible, ternissant notre image – celle que nous avons de nous et que nous voulons donner –, comme une occasion de nous interroger sur cette part d'ombre qui est nôtre et que nous avons toujours déniée, et, plus généralement, comme une opportunité de nous remettre en cause et de mieux nous connaître. Répondons alors : « Oui, je suis peut-être menteur. Je vais y réfléchir. » Réellement, nous intégrons l'hypothèse et nous y travaillons. Ensuite, nous passons à un autre sujet ou nous nous esquivons calmement. Cette prise de position aura un premier effet immédiat : celui de désamorcer instantanément le conflit. Le fait d'oser intégrer nos identités négatives nous apportera bien d'autres bénéfices :

• Ça nous libérera : nous ne serons plus obligés de lutter pour maintenir notre belle image d'être parfait, qui nous emprisonnait et nous épuisait. De toute façon, il y a longtemps que nos imperfections étaient connues.

• Ça nous rendra invulnérable. Les reproches qui pourront nous être faits ne nous toucheront plus guère, alors qu'avant nous les ressentions comme une blessante révélation, par un interlocuteur qui n'était pas dupe, de ce que nous refusions de voir ; d'ailleurs, bientôt, notre propre remise en cause nous ayant permis de nous améliorer, ces reproches ne seront plus justifiés.

• Enfin, ça nous offre la chance, justement, de nous occuper sérieusement de nos imperfections et donc de progresser.

Accepter sa part d'ombre constitue un important progrès de conscience.

6. **Cherchons les causes profondes de la dispute**. Sachons que ce qui engendre les conflits et les rend si douloureux, c'est une infâme combinaison d'émotions négatives, les unes issues du présent, les autres remontées du passé : les frustrations accumulées en cette période de crise, les blessures de l'ego (les critiques de l'autre nous font douter de notre valeur) et les blessures de l'enfance (le comportement de l'être l'aimé nous rappelle celui de nos parents, quand ils ne nous aimaient pas de la façon absolue dont nous rêvions ou quand ils nous dévalorisaient).

En d'autres termes, les vraies racines de l'affrontement sont l'une de nos blessures infantiles qui se ravive parce que notre inconscient, se basant sur quelques ressemblances, rapproche la situation que nous vivons à des malheurs survenus dans notre prime jeunesse. Si la souffrance s'accompagne de réactions agressives, voire de violences, c'est que s'y ajoutent des peurs, les mêmes que celles de l'enfance : peur de perdre l'amour, de l'abandon, d'être seul. Il se produit un amalgame entre les peurs anciennes mémorisées et les peurs actuelles, qui culmine en panique et entraîne les réactions disproportionnées. Quand surgit la violence dans un couple, tentons d'entendre les peurs réveillées en nous et chez l'autre… La violence est, répétons-le, le déguisement de la peur. En réalité, notre inconscient se fourvoie : la situation n'a rien à voir avec celle du passé, et nous sommes devenus un adulte mûr, responsable et autonome. Alors, de grâce, ne nous laissons pas manipuler par des peurs périmées qui déforment notre perception du réel et nous soufflent des actions inadéquates et injustes. [42]

7. **Renvoyons les scènes de ménage au passé**. Comme nous l'avons vu, toute scène de ménage est le nouveau scénario d'une colère datant de la petite enfance. La femme dit à son mari ce qu'elle n'a jamais pu exprimer devant son père ; le mari reproche à son épouse ce qu'il n'a jamais osé critiquer chez sa mère. Ce qui revient aussi à remettre en scène le père face à la mère. « Ainsi dans

une scène de ménage, celui qui se fait engueuler [...] n'est guère concerné, puisque la colère qu'il subit est en fait destinée au parent du même sexe que lui. » De savoir que, dans une dispute, les protagonistes ne s'adressent pas vraiment à l'autre permet de déminer la situation et de comprendre bien des choses. [34]

8. **Ne chargeons pas injustement notre partenaire**. Notre conjoint n'est pas responsable à 100 % de nos souffrances. Si son attitude nous affecte tant, c'est qu'elle trouve en nous plus qu'un écho, une amplification, en raison de notre blessure d'enfance ; à la limite, l'ampleur de nos souffrances ne concerne que nous. Dans notre scénario intérieur, l'autre n'est qu'un figurant, l'acteur principal étant notre enfant blessé. Quand nous nous sentirons responsables de ce que nous ressentons, nous pourrons contrôler plus facilement notre souffrance et travailler notre blessure. En outre, nous éviterons de charger notre partenaire, ce qui désamorcera les échanges et détendra la relation. Inversement, si nous nous complaisons dans le rôle de victime qui accuse son partenaire de ce qu'elle ressent, la situation sera bloquée et les chances d'évolution heureuse seront réduites.

9. **Renonçons aux épreuves de force**. Abandonnons l'idée qu'une confrontation est forcément une épreuve de force où chacun tente de s'emparer du pouvoir et de soumettre l'autre, en le faisant renoncer à sa propre position et adopter son point de vue. Il n'est pas obligatoire qu'il y ait un vainqueur et un vaincu.

10. S**ortons de la logique binaire qui veut que l'un ait raison et l'autre tort**.

11. **Évitons le réactionnel**. Évitons absolument les phrases assassines qui atteignent l'ego, elles transforment notre partenaire en ennemi irrémédiable, et la relation en champ clos. Contrôlons nos gestes. Notre désarroi est si grand qu'il nous amènerait non seulement à prononcer des mots cruels, mais aussi à accomplir des actes malheureux ou à prendre des décisions hâtives. Mais les voies de fait, quand elles sont minables, nous abaissent à nos yeux ou aux yeux de l'autre ; quant aux plus tragiques, elles compromettent

la relation. Pour pouvoir mieux contrôler nos réactions, rappelons-nous sans cesse que nos émotions sont dues autant à ce qui est en nous qu'au comportement de l'autre. Ce qui est en nous, c'est notre blessure infantile.

L'évolution favorable d'un conflit ne passe pas tant par la découverte d'une solution au problème ponctuel que par l'attention que nous porterons sur sa source profonde : ce qui est au fond de nous et au fond de l'autre, les parties blessées, frustrées, non reconnues, etc. Nous y arriverons par un travail de conscientisation qui consiste :

1) à repérer ce qui nous pollue intérieurement ;
2) à faire un travail d'épuration ;
3) à faire un travail de dépassement de l'ego.

Autrement dit, il faut associer au travail d'éboueur un travail d'alchimiste. Il ne suffit pas de se débarrasser des pollutions, il faut en faire de l'or : transformer ses souffrances en compassion pour l'autre, transmuter ses peurs en lucidité, transmuer la mésestime de soi en réconciliation avec soi, convertir ses rancunes en pardon, etc. Tout cela revient à ouvrir son cœur.

On voit que les conflits sont l'occasion d'évoluer : dépasser ses limites et progresser dans l'amour.

Chapitre IX
LE TEMPS MAL RÉPARTI

Le temps que l'on donne à son partenaire peut-être un sujet d'insatisfactions, de polémiques et de ressentiments, qu'il soit de l'ordre de la restriction ou, inversement, de la submersion. Si l'un accorde trop peu de temps à l'autre, ce dernier entrera dans l'enchaînement frustration-récrimination. Mais si un partenaire envahit le temps de l'autre, celui-ci entrera dans l'enchaînement, guère meilleur, étouffement-agacement-ressentiment. Dans un cas comme dans l'autre, la relation s'empêtrera dans ces pollutions bien ordinaires que sont les manques, les non-aboutis, les irritations refoulées, les bouderies, les rancœurs.

Il est donc vital pour un couple de savoir répartir temps professionnel, temps personnel et temps commun.

Le temps professionnel

Grâce aux lois qui réduisent le temps de travail – ce que permet l'accroissement de la prospérité collective –, les journées ne sont plus englouties dans l'exercice professionnel. Que l'on songe aux seize heures quotidiennes qu'exigeait l'ère industrielle à ses débuts. Les forçats d'alors n'avaient quasiment plus rien à consacrer à leur vie propre, à leur couple, à leur famille.

En dépit de ces lois, il reste encore des catégories de personnes qui passent trop de temps au travail : les artisans, les chefs d'entreprise et les cadres, entre autres, pris sous la pression des contraintes économiques, des responsabilités de gestion et de production, pris aussi par la passion du jeu que constituent le management, la création, etc. Ces hyperactivités apportent le confort financier et matériel, et parfois la réussite sociale, mais au détriment du développement personnel et de l'évolution conjugale. Longtemps, la personne concernée et son partenaire – rassurés, honorés, excités par l'argent et le prestige – se croient heureux ; mais lorsque le couple entre en crise, voire se brise, ils regrettent de n'y avoir pas consacré plus d'attention et plus de temps.

Bien des managers et des hommes – ou des femmes – publics, enivrés d'argent, de pouvoir et d'honneurs, sont persuadés que la conduite des affaires ou des mandats politiques est plus importante que la relation avec leur conjoint, jusqu'au jour où ils prennent conscience que cela s'est fait au prix de la qualité de cette relation et que, finalement, ils ont négligé l'essentiel : la réussite de leur couple. Et combien de partenaires de cadres dits supérieurs, comblés de satisfactions matérielles (machines domestiques dernier cri, vacances à Bora-Bora, etc.), se contentent d'échanges superficiels ; jusqu'au moment où le bilan s'impose : la vraie vie, ce n'est pas cela. S'épanouir dans un couple vivant, c'est autrement passionnant.

En réalité, ceux qui passent tant de temps hors de leur couple devraient se demander si, sous le prétexte d'être contraints, ils ne fuient pas la vie à deux. Car la vie à deux renvoie inévitablement à ce qu'il y a de plus profond en soi, à ce qu'il y a de pire et de meilleur, et elle oblige à tellement d'efforts pour se dépasser et réajuster sans cesse la relation, que cela peut faire peur. À moins d'en faire un chemin initiatique.

Le temps personnel

C'est celui que l'on accorde à son épanouissement dans des activités diverses : jardinage, pratique d'un sport, exercice d'un art, recherches culturelles, développement personnel, démarche spirituelle. Il n'y a pas de hiérarchie de valeurs dans ces occupations. Le jardinier, passionné par ses rangées de laitues et autres légumes, est aussi admirable que l'érudit en quête de livres rares ou le sculpteur au corps à corps avec la pierre.

Toutefois, me semble-t-il, le plus important et le plus courageux est de faire un travail sur soi : chercher les pollutions qui se sont entassées dans l'inconscient, les reconnaître, les nommer, les neutraliser et, sommet du travail, les extirper. Afin de vivre avec moins d'angoisse, moins de peur, moins de souffrance, moins de désespérance. Autrement dit, vivre plus sereinement, plus pleinement, plus aimant.

Pour le couple, le temps que chacun s'accorde à lui-même est extrêmement bénéfique. Un partenaire enrichi pourra enrichir l'autre et nourrir leurs échanges, un partenaire accompli aidera l'autre à s'accomplir, un partenaire débarrassé de ses entraves incitera l'autre à se libérer. Au total, la relation pourra s'établir sur des énergies positives.

Bien entendu, s'accorder un temps personnel suppose que chacun, dans le couple, accepte que l'autre soit différent de lui et autonome.

Le temps commun

C'est le temps où l'on partage les réjouissances et les tâches, les joies et les peines, et la vie pratique à deux. C'est le temps de l'intimité et le temps de la cocréation.

L'intimité

Elle est l'occasion des plus grands bonheurs et du meilleur bien-être. Hélas, certains en ont peur, car elle comporte aussi des dangers. (Nous reviendrons sur cette peur de l'intimité dans la quatrième partie, chapitres IV et VII.)

Au cœur de l'intimité physique sont les échanges sexuels. Or, on entend beaucoup de gens dire qu'ils n'ont pas de temps à y consacrer, qu'ils sont trop occupés. Ne serait-ce pas une façon d'excuser leur négligence pour la vie intime ?

Il est vrai que les journées de beaucoup de nos contemporains sont bien remplies il faut se réveiller vers 6 h 30, se préparer, préparer les enfants, les emmener chez la nourrice ou à l'école, effectuer un trajet aussi long que fastidieux jusqu'à son lieu de travail, assurer huit heures de labeur, refaire le trajet dans l'autre sens, aller chercher les enfants chez la nourrice ou à l'école rentrer vers 19 heures, préparer le repas du soir, s'adonner à quelques travaux domestiques. Il est 22 ou 23 heures quand on se met au lit, épuisé. Et puis « on n'a pas la tête à ça », surtout si des soucis liés au travail ou à la santé des enfants occupent l'esprit. Alors, on renonce à se toucher, à se câliner.

C'est dommage, car faire l'amour ou simplement se caresser serait justement la meilleure façon d'apaiser sa tension nerveuse ou de recharger son énergie – par exemple, caresses de la tête et du dos alternant avec effleurements doux, pétrissages et griffures ont des effets proprement miraculeux.

Pour y être réceptif, il suffirait que vous décidiez de vous détendre quelques minutes afin de dégager votre esprit de ce qui l'encombre. Vous pourriez vous y aider en respirant sur quatre temps : inspiration profonde, pause en inspiration, expiration profonde, pause en expiration. Faites cela sept ou huit fois. Celui des deux qui est le moins tendu peut alors prendre l'initiative des caresses apaisantes. L'autre, qui est plus à cran, décidera intelligemment de se laisser faire : au bout de quelques secondes, il sera étonné de sentir ses nerfs se détendre et un bien-être l'envahir. Cela vaut vraiment la peine de faire, au départ, un petit acte volontariste, la manne de bienfaits obtenus est étonnante.

S'il est vrai que vos journées sont bien pleines, il est essentiel toutefois que vous réussissiez à y tailler du temps pour l'amour. Il suffirait de supprimer, un soir, la télé, une sortie ou une réception. Quelques heures d'échanges intimes sont plus importantes qu'un film, un dîner ou un match. Ce qui est en jeu, c'est quand même votre entente avec votre partenaire dans ce qu'elle a de plus intime, de plus profond. Et votre bien-être réciproque. Aucune réjouissance extérieure ne vaut l'harmonie de votre couple.

Si vous maintenez que vous n'avez pas le temps, si vraiment vous préférez les sorties à l'amour, c'est assurément qu'il y a anguille sous roche. Problème de couple ou problème personnel. Ce n'est pas en le fuyant et en prétextant un manque de temps que vous allez le résoudre. Soit votre couple pourrira sournoisement, soit un conflit grave éclatera. En ce qui concerne les difficultés – rancœurs, oppositions, manque de communication, désintérêt, infidélité, etc. –, vous pourrez trouver dans ces pages quelques propositions pour les améliorer. Sinon, il faut que vous consultiez un thérapeute. En ce qui concerne vos problèmes personnels, tels une anxiété ou un état dépressif liés aux aléas de l'existence, par exemple, il faut que vous vous en occupiez sérieusement, avec l'aide d'un psychothérapeute.

Au nombre des problèmes personnels, il y a le cas des personnes obèses ou tout au moins en surcharge de poids ; honteuses de leur corps, elles trouvent toutes les excuses – dont, justement, le manque de temps – pour éviter les rapports sexuels. Un médecin pourrait les réconcilier avec leur physique. Elles pourraient aussi trouver de l'aide dans l'étude que j'ai écrite sur le sujet. [26]

À vrai dire, le moyen le plus sûr d'avoir du temps à consacrer à l'amour, c'est de le programmer, surtout quand on est très occupé. Sur votre agenda, barrez donc à l'avance, chaque semaine, une soirée ou deux, ou un après-midi, voire une journée. Barrez de même un week-end par mois. Ces soirs-là ou ces jours-là, pas de sortie, pas de réception, pas de travail non plus. Dans les cases blanches ménagées, vous ferez ce qui vous semblera bon de faire à deux, dans le domaine de l'intimité, par exemple parler tout simplement en dégustant quelques mets succulents ou en sablant le champagne, mais aussi se caresser et se caresser seulement pour le plaisir de la peau. Faites tout ce que vous voudrez qui exalte vos corps et vos cœurs réunis.

Vous pouvez improviser, inventer au fur et à mesure. Vous pouvez aussi réaliser un scénario que l'un de vous aura imaginé, et satisfaire ainsi ses besoins et ses fantasmes. Vous pouvez enfin opter pour un menu tout prêt : ouvrir un livre d'érotisme, par exemple *Le Traité des caresses,* et, en suivant les itinéraires pas à pas, aller de découverte en découverte. Il sera convenu entre vous que chacun s'engage à réaliser les propositions de celui qui prend l'initiative ; si votre partenaire ressent quelques réticences, qu'il sache que c'est le premier pas qui coûte et que l'appétit vient en mangeant.

Et les enfants, que faire des enfants ? Si vous êtes à la maison, tournez la clef de votre chambre, accrochez une petite pancarte « Ne pas déranger » et montez le son de votre chaîne hi-fi. De toute façon, apprenez à vos enfants que la chambre des parents est un domaine réservé. Autre solution : éloignez les enfants en les plaçant chez des parents ou des amis, en les envoyant au cinéma ou au cirque, en compagnie d'amis ou de parents, s'ils sont petits. Autre solution encore : éloignez-vous des enfants ; allez à l'hôtel, partez dans votre maison de campagne après avoir confié les petits à des proches. Pourquoi ne pas organiser, entre couples, des gardes d'amour, gardes d'après-midi, de soirée, de week-end, pendant lesquelles les amis prendront en charge les enfants des amoureux, et cela à tour de rôle ?

Le temps de cocréation

Les cocréations sont une des meilleures façons de renforcer les liens entre les partenaires ; par ailleurs, elles apportent beaucoup de bonheur.

C'est par des projets et des réalisations communs que le couple assure sa permanence et sa vivance. Ils sont de tous ordres, ici aussi : domestiques, sportifs, sociaux, artistiques, spirituels, etc.

Jeannette et Benjamin ont décidé de cocréer un « jardin extraordinaire ». Ils y consacrent la majeure partie de leur temps libre. Ensemble, ils ont dessiné les plans ; ensemble, ils bêchent, ratissent, plantent, arrosent, taillent. Les arbustes s'étoffent, les plantes s'étendent, chaque jour, des fleurs nouvelles apparaissent. Quand leur jardin sera accompli, ils l'ouvriront au public pour en faire partager les odeurs, les couleurs et les formes. C'est leur rêve commun.
Audrey et Laurent ont traversé bien des crises douloureuses, mais, grâce à un travail personnel (thérapies individuelles, stages de groupes), ils ont trouvé l'harmonie qui rend légère la vie à deux. Mais ils voient autour d'eux – dans leur famille, chez les amis, sur leur lieu de travail – beaucoup de couples en crise et qui s'en sortent mal : les uns vivent en mésentente permanente, les autres se séparent dans la haine et la rancune. Audrey et Laurent, parce qu'ils ont envie d'apporter aux couples en difficulté le fruit de leurs recherches et pour réaliser une cocréation, décident de fonder une association. Son but : accompagner les couples en crise par le moyen de stages. Leur travail est utile. En plus, il donne à leur couple une nouvelle vitalité.

Le problème des rythmes

Chaque partenaire a un rythme de vie qui lui est particulier. En réalité, il faudrait utiliser le pluriel, car les rythmes qui animent les individus sont nombreux, et nombreuses sont leurs horloges internes.

Il y a les biorythmes, ces grandes oscillations qui s'étalent sur des cycles de 23 à 33 jours et qui affectent tous nos paramètres : notre pensée, notre sensibilité, notre humeur, notre vigilance, notre tension nerveuse, nos désirs, le fonctionnement de nos organes (notre cœur, notre tension artérielle, nos intestins, etc.).

Il y a aussi le rythme nycthéméral, qui alterne veille et sommeil et influe également sur notre psychisme et le fonctionnement de nos organes. Ce rythme varie aussi d'un individu à l'autre.

Et puis il y a les rythmes quotidiens propres à chacun, sortes de synthèses entre divers cycles biologiques et nos habitudes. Sont concernés le sommeil (heure du coucher, heure du lever, durée, profondeur, cycles), le besoin de sieste (certains l'ont, d'autres pas), les repas (heure d'apparition de la faim, vitesse d'absorption des aliments ; certains sont tachyphages, d'autres bradyphages), etc. Sans oublier la cadence d'activité (les uns sont lents, les autres rapides).

Il existe donc forcément des différences entre les rythmes de chaque membre du couple et il est impossible d'être synchrones sur tout, sauf à se forcer en permanence pour s'adapter, c'est-à-dire se presser ou se retenir à chaque instant. Ce forcing entraîne des tensions et des stress, des irritations et des insatisfactions, des découragements et des rancunes, autant de perturbations qui peuvent déboucher sur des somatisations ou des états dépressifs. Il provoque aussi des querelles, qui à leur tour engendrent un chapelet de pollutions.

Cependant, une vie de couple où chacun vivrait comme s'il était seul est impensable. Il faut donc convenir d'un canevas minimal d'emploi ·du temps, portant entre autres sur les horaires des repas et ceux du sommeil. Souvent, la discipline que l'on s'impose finit par transformer les nouvelles habitudes en seconde nature.

Pour le reste, il faut négocier cas par cas avec beaucoup d'amour et de respect. Pour certaines activités, on peut s'efforcer de s'adapter, l'un ou l'autre, ou les deux, faisant l'effort. Pour d'autres, il faut renoncer à tout synchronisme : que chacun fasse selon son rythme et que l'autre le respecte.

Respecter les rythmes de chacun, c'est aussi passer du *nous* permanent de la fusion au *je* de l'autonomie, en alternant les séquences de fusion et les plages d'individualité, ce qui est gage, nous l'avons vu, d'enrichissement mutuel et de bonne santé du couple.

Chapitre X
LE TERRITOIRE EMPIÉTÉ

Beaucoup d'insatisfactions et d'irritations viennent de ce que chacun des partenaires ne possède pas un espace à lui, un territoire privé où il puisse s'occuper de lui. En effet, il existe en tout être, outre le besoin d'intimité avec l'autre, un besoin d'intimité avec soi ; c'est pourquoi il est nécessaire que, en plus de l'espace commun de l'intimité commune, chacun puisse disposer d'un endroit réservé à l'intimité personnelle. En l'absence de ce lieu privilégié, il sera contraint de développer son intimité personnelle dans l'espace collectif, au risque d'être envahi par les autres occupants et de ne pouvoir vraiment vivre pour lui quelque temps. Et il s'ensuivra des conflits répétés.

D'une façon générale, l'espace où nous nous inscrivons comprend plusieurs strates : au centre est notre territoire psychique, notre esprit, qui doit rester inviolable, où l'autre ne devrait pas pénétrer sans notre accord. Puis il y a notre territoire corporel, également inviolable, où l'autre n'a accès que si nous le lui offrons. Autour de notre corps et jusqu'à quarante centimètres de notre peau est notre « bulle », un espace privé et interdit, un territoire de sécurité dont le franchissement est vécu comme une menace sur la vie et déclenche dans notre cerveau instinctif des mécanismes de défense : émotion de crainte, vigilance extrême, sommations prêtes à fuser, enclenchement des attitudes de protection et de riposte préprogrammées ;

bref, nous sommes sur nos gardes. Nul ne peut franchir la bulle, hormis nos intimes (amant, parents, enfants, amis) et les soignants (médecin, kinésithérapeute, infirmière, coiffeur, esthéticienne...). C'est donc l'espace de l'intimité. Au-delà, c'est la distance personnelle (de 40 centimètres à 120 centimètres), puis la distance professionnelle (120 centimètres à 360 centimètres) et enfin la distance publique (au-delà de 360 centimètres). [16]

À ces espaces gigognes, il faut ajouter le « chez nous », où habitent les amoureux et qui est le territoire commun dans l'habitation, et le « chez soi », où chacun peut rentrer en lui et qui est le territoire personnel ménagé dans l'habitation.

Le besoin d'un espace à soi est si important que, spontanément, les partenaires – même les plus proches – se réservent des mini-portions de territoire privé : des « objets personnels » (*ma* brosse à dents, *mon* eau de toilette, *mes* livres, *mes* disques, *mes* cigarettes, *mon* courrier). Un degré de plus, et c'est : *mon* tiroir, *mon* placard. Enfin, certains s'octroient des pans entiers d'espace, véritables domaines privés : *ma* cuisine, *mon* garage, *mon* atelier.

Il faut respecter cette notion de territoire, qui, du reste, semble biologique. Il faut même faire plus : l'institutionnaliser. Que chacun, chaque fois que c'est possible, ait sa pièce réservée. Il pourra y réfléchir, s'y relaxer, y méditer, y prier, y écrire son journal, y faire ses recherches personnelles, écouter sa musique, créer (écrire, peindre, composer, etc.), et de temps à autre y dormir, afin de prévenir l'usure du contact nocturne permanent.

Faute de pièce, il est indispensable que chacun s'attribue un mini-espace personnel – placard, voire tiroir – et le décrète inviolable.

Cette répartition de l'espace est la condition de l'épanouissement de chacun et d'une meilleure entente entre les deux partenaires. Et elle constitue l'un des moyens concrets qui assurent à chacun son autonomie.

QUATRIÈME PARTIE
LES SEPT PÉCHÉS CAPITAUX

Chapitre I
LA COLÈRE

Le spectacle d'une personne en colère est impressionnant et parfois même effrayant. Les mots lancés, voire hurlés, peuvent blesser ou, à l'extrême, tuer. Les gestes peuvent aller jusqu'à des violences plus ou moins graves envers l'interlocuteur. Dans le couple, la colère laisse de profondes cicatrices : il y a des paroles et des actes qu'il sera difficile d'oublier. Leurs traces chez le partenaire – ressentiment, peur rentrée, fermeture, envie de revanche – pollueront le conduit entre les êtres et, si les colères se renouvellent, l'amèneront peut-être à rompre. Quelquefois, les violences verbales ou gestuelles sont si irréversibles et si impardonnables que la relation est assassinée sur-le-champ. Le couple aussi.

De toute façon, même si elle n'atteint pas certains niveaux de gravité, la colère est l'ennemie de la relation. Chez le coléreux, l'émotion, en brouillant son esprit et en formant un écran entre lui et l'autre, l'empêche d'entendre son partenaire. Chez ce dernier, la peur de se dire désormais installée – dire ses désirs, ses attentes, ses insatisfactions, ses déceptions, ses oppositions – le rend muet. Et nous savons à quel point le non-dit est toxique pour la relation. Il y a même des cas où la « victime » d'un colérique, profondément traumatisée, pratique une politique d'évitement des conflits qui va jusqu'à nier ses propres positions, sa propre personnalité.

Une émotion normale

Cela étant, la colère en soi n'est pas une émotion honteuse; c'est une réaction humaine et universelle. Sur le plan biologique, l'agressivité, dont la colère n'est qu'une traduction, fait partie, avec la pulsion orale et la pulsion sexuelle, des attitudes fondamentales des êtres vivants. Ces trois pulsions ont leur siège dans l'hypothalamus, notre cerveau archaïque. La pulsion agressive, en des temps primitifs, avait pour fonction la défense de l'individu et la capture de sa nourriture, assurant ainsi sa survie même. Toute l'humanisation qui a suivi, au cours des millénaires a consisté à la canaliser et à la tempérer. Chez nous, qui sommes « civilisés », elle ne devrait plus avoir comme rôle que l'affirmation de notre personnalité, autrement dit notre existence psychique.

Par ailleurs, la colère n'est pas non plus une émotion entièrement négative. Bien que l'on dise que « la colère est mauvaise conseillère », elle a des aspects positifs. Les énergies qu'elle libère peuvent avoir d'heureux effets: elles donnent le courage de dire les choses que l'on retenait (effet désinhibiteur), elles brisent les barricades derrière lesquelles chacun se retranchait, forçant ainsi le contact, elles font naître de façon soudaine une certaine clairvoyance – d'où l'autre adage selon lequel « la colère est perspicace » –, enfin, elles donnent l'impulsion à une nouvelle démarche de ré-accordement.

Il faut accepter que l'agressivité s'exprime aussi et admettre que les dialogues des amoureux ne se résument pas à des roucoulements. Du reste, pourquoi la tendresse serait-elle la seule émotion valable dans le couple? Ce serait limiter le registre des sentiments. L'agressivité et son fruit, la querelle, sont aussi légitimes et, mieux, peuvent être un des canaux de la relation; après tout, c'est une forme de communication où passent des choses fortes. D'ailleurs, un coléreux peut être tendre aussi.

« *On ne peut nier, en effet,* écrit Michelet, à propos d'un personnage historique, *que, malgré un caractère coléreux, il n'ait eu ce qu'on appelle la bonté et qui est plutôt la tendresse.* »

Or donc, nous avons le droit d'être en colère et de laisser monter cette émotion. Ce qui compte, c'est ce nous allons en faire : la diriger contre l'attitude de l'autre (ses paroles, son action) est légitime, la déposer sur la personne de l'autre n'est pas juste. Autrement dit, nous avons le droit de nous en prendre à l'acte, mais non à la personne. Gérer sa colère, c'est faire ce distinguo et ensuite nous interroger sur les raisons de notre colère et le pourquoi du comportement de l'autre. Afin de ramener les choses à de plus justes proportions.

Comprendre les raisons de la colère

Ce qui importe, c'est de comprendre pourquoi la colère est survenue. À première vue, nous pouvons déjà constater qu'elle est la conséquence d'une mauvaise communication qui a fait basculer l'échange du relationnel au réactionnel. À un niveau plus profond, cette émotion a surgi parce que les mots ou l'acte du partenaire ont atteint, en nous, de façon aiguë, une zone extrêmement sensible : une blessure remontant à un passé plus ou moins lointain, vraisemblablement occasionnée par des paroles ou des actes analogues à ceux du partenaire actuel – frustration, disqualification, accusation, injustice, incompréhension, opposition, etc. À peine touchée, cette plaie déclenche une gerbe de peurs, d'angoisses et de ressentiments. Bien entendu, notre critique intérieur, en appuyant un peu plus le fer dans la plaie, aggrave les émotions. La colère est un cri de douleur ou un cri d'épouvante, et il ne faut jamais l'oublier.

Le malheur, c'est qu'elle est parfois difficile à contrôler. Il y a même des personnes qui n'ont pas de « rappel » et qui, une fois leur colère lâchée, ne savent pas la rattraper et la laissent monter crescendo jusqu'à ce qu'un drame survienne – c'est une question de quantité d'adrénaline. Le malheur, c'est également que « l'adversaire », se sentant agressé, réplique. On assiste alors à une partie de ping-pong, voire de catch. La colère née d'une mauvaise communication va de mal en pis ; les protagonistes ne s'entendent plus et entrent dans l'affrontement.

Il y a une autre origine à la colère : c'est la persistance de l'illusion de toute-puissance qu'a l'enfant au stade fusionnel. En ce temps-là, le tout-petit ne distinguait pas le monde extérieur de lui-même, il n'était pas « séparé », il n'avait pas de limites, aussi pensait-il pouvoir commander au tout qu'il croyait être. Il est vrai qu'il avait des raisons de prendre ses désirs pour des réalités : dès qu'il avait faim, pour peu qu'il se manifeste, du lait arrivait à sa bouche. Ce n'est que peu à peu qu'il prendra conscience qu'il constitue une entité différente du monde extérieur et qu'il est quasi impuissant à agir sur ce dernier. Toutefois, l'enfant s'accrochera encore longtemps à cette tendance à confondre son moi et l'extérieur, à cette illusion de pouvoir tout régir. Jusqu'à trois ans, il essaiera encore d'agir comme un petit tyran qui veut que ses désirs soient des ordres, et piquera des colères quand il n'obtiendra pas ce qu'il veut. Mais, un jour, il acceptera que ses colères ne changent pas la réalité, que les gens et les choses lui résistent.

Gérer la colère

Nous devons apprendre à gérer notre colère, ce qui revient à faire le chemin inverse de celui qui avait conduit à l'émotion et à repasser du réactionnel au relationnel.

• D'abord, nous permettre de ressentir la colère:

« J'accueille le bouillonnement qui monte en moi. »

• Puis préciser: « Ce n'est pas contre l'autre que je suis en colère, mais contre ce qu'il a dit ou fait. »

• Puis nous interroger sur le motif profond de cette colère: « Que signifie cette émotion? Qu'y a-t-il derrière elle? De la peur? De quoi ai-je peur? D'être frustré, d'être jugé, de passer pour un faible, un incapable, d'être disqualifié et, au-delà, de perdre l'amour de moi? Et, pire, l'amour de l'autre? »

• Ensuite, accepter d'avoir cette zone vulnérable et décider de l'explorer: quitter la zone de sécurité, franchir la porte blindée qui mène au plus profond de nous, exposer notre plaie, y descendre quelle que soit la souffrance. Tout simplement ouvrir notre cœur. En brisant nos protections (nos portes blindées, nos armures), nous trouvons un état de conscience plus large. Car c'étaient nos protections qui nous limitaient et nous rigidifiaient. Nous voilà maintenant plus souple, plus ouvert, plus authentique, plus aimant, plus vivant. Un autre mode d'être et un autre mode de relation s'instaurent.

• Enfin, exprimer nos émotions d'une façon qui n'agresse pas l'autre, c'est-à-dire sans l'accuser, sans le blesser, sans le violenter. C'est là qu'il faut faire montre de créativité. Nous pouvons décharger notre agressivité en frappant à poings nus ou avec une raquette sur un coussin, tout en criant, voire en hurlant. Nous pouvons aussi la dériver dans des jeux de combat symboliques: feindre une lutte en la mimant par gestes, se livrer à un vrai corps à corps, mais sans violence et sans douleur, batailler avec des coussins, des chaussettes roulées, des balles de ping-pong. Tous jeux et fantaisies qu'il est possible de pratiquer nus, histoire que le désir se mêle de la partie. Enfin, nous pouvons métamorphoser notre colère en humour : nous houspiller nous-même, titiller gentiment l'autre.

Envisageons maintenant le cas où c'est notre partenaire qui est en colère : il nous faut également apprendre à gérer la situation et à trouver la bonne attitude, celle susceptible de réintroduire le relationnel.

- Ne pas marcher dans la colère de l'autre, ne pas l'y suivre.
- Ne pas accepter en soi le réactionnel, la contre-agressivité.
- Comprendre la raison qui a déclenché de tels sentiments négatifs (de l'irritation à l'insurrection) chez l'autre.
- Chercher, sous la colère de l'autre, s'il n'y a pas un sentiment positif envers nous.

Christine et Marc se sont donné rendez-vous à 20 heures. De tempérament anxieux, Marc arrive à 19 h 45. Retenue à son bureau, Christine n'arrivera qu'à 20 h 17. Dès 20 h 02, Marc (qui espérait même que Christine soit en avance) ressent déjà un soupçon de contrariété, une vague inquiétude. À 20 h 05, un début d'irritation le gagne. À 20 h 10, il se met à maugréer contre « les femmes toujours en retard », tandis qu'un noir bouillonnement monte en lui. À 20 h 15, il est sur le point de fulminer et projette de partir pour punir la retardataire. Quand, à 20 h 16, il la voit venir, une immense joie fuse dans sa poitrine tandis que sa gorge se desserre.

Cependant, il a encore trop de bile noire – en réalité d'adrénaline – pour changer d'humeur. « Voilà plus d'un quart d'heure que je t'attends. Pour être à l'heure, j'ai supprimé un rendez-vous, moi. Mais toi, tu ne te presses pas », etc. Son visage est dur ; il ne l'embrasse pas et continue de morigéner en marchant. À la demande de Christine, ils s'assoient sur un banc.

Christine n'entre pas dans la colère de Marc et reste en recul par rapport à cette émotion, non par rapport à l'homme. Elle ne se laisse pas non plus aller à une contre-offensive. En revanche, elle cherche à comprendre ce qui a engendré le sentiment négatif qui a envahi son ami : c'est la peur qu'elle ne vienne pas au rendez-vous. On ne guérit pas de son enfance, se dit Christine, qui commence à connaître Marc. Elle cherche aussi ce qu'il y a de positif sous la colère. En ce qui la concerne, elle trouve : « Ça prouve au moins qu'il tient à moi. » Pour découvrir le positif chez Marc, elle lui demande, après qu'il s'est détendu : « Qu'est-ce que ça t'a fait quand tu m'as aperçue ? » Il est surpris et reste pensif quelques instants, puis dit avec un sourire : « Un immense soulagement, un immense bonheur. » Elle l'embrasse, il a les larmes aux yeux.

Ainsi gérée, la colère ne laisse pas de traces – de ressentiments, de fermeture, d'amertume, etc. Au contraire, voilà les amants plus ouverts, plus vrais, plus confiants, plus complices. La force d'un couple c'est de pouvoir accueillir toutes les différences, d'affronter tous les différends.

Sexualité et colère

La colère est mauvaise pour les échanges sexuels. Le ressentiment qui s'ensuit chez le partenaire est contraire au désir ; la peur éprouvée s'oppose à l'abandon, l'hostilité à la complexité. Les propos et les gestes disqualifiant, voire humiliants, infligés n'incitent pas à faire le cadeau de sa personne, de son corps, d'autant que l'agression a pu atteindre l'estime de soi. Pourtant, la sexualité n'est pas exempte d'agressivité. *Ad gresso* veut dire pénétrer. Dans le désir, dans le coït, dans le plaisir, que de fantasmes de soumission et de possession – imposés ou appelés –, que de violences, voire de douleurs – infligées ou souhaitées. Kinsey avait noté qu'entre l'état d'excitation amoureuse et l'état de colère, il y avait quatorze points communs. Et Tordjman a montré que le comportement sexuel et le comportement agressif utilisaient les mêmes circuits neurohormonaux. Au fond, c'est la même énergie qui, mobilisée, circule. Seul diffère l'aboutissement. Quelle merveilleuse démonstration de cela que ces colères qui débouchent sur l'union des corps : ainsi, à l'acmé d'une colère, un homme s'arrête soudain de vociférer pour enlacer fiévreusement, embrasser furieusement et prendre sauvagement sa partenaire ; elle-même se laisse emporter par la même frénésie. En effet, la colère est une émotion excitante et, en tant que telle, virtuellement aphrodisiaque. La réconciliation sur l'oreiller relève du même processus, en différé.

Faire l'amour-colère

Il est une façon d'extérioriser son agressivité sans nuire à l'amour, c'est de faire « l'amour-colère ». Sans attendre le miracle d'un désir qui tombe d'un ciel d'orage, ni la classique réconciliation sur l'oreiller, il faut faire l'amour comme on fait la colère – bien sûr, la chose aura été négociée en dehors de toute altercation. L'homme, qui utilise souvent, inconsciemment ou non, le rapport sexuel comme un moyen de s'affirmer, de réaffirmer sa domination ou d'extérioriser son agressivité, connaît. Il sait que se mettre au-dessus de la femme, c'est prendre le dessus, lui écarter les jambes, c'est la posséder, la pénétrer, c'est la violenter. La femme doit apprendre à être l'agresseur aussi : qu'elle se mette au-dessus de l'homme, qu'elle l'agrippe pour l'immobiliser, qu'elle saisisse le pénis et le pousse en elle, au lieu de le recevoir passivement, qu'elle prenne la direction des mouvements, bougeant le bassin à la mesure de sa colère. C'est ainsi qu'elle pourra ouvrir les cuisses sans se renier. Bien entendu, cela se fera de façon ludique, afin qu'il n'y ait ni vainqueur ni vaincu. Et que le seul gagnant soit l'amour.

En résumé

Que celui qui est en colère renonce à la vieille croyance : « On ne peut être en colère et aimer », qui l'amène à nier sa colère ou, au contraire, à s'entêter à la justifier, y compris en accusant l'autre. On peut parfaitement être en colère et aimer. « Je suis en colère et je t'aime toujours ! »

Que celui qui est en colère focalise son courroux : « Je suis en colère, non contre toi, mais contre les paroles et le comportement que tu as eus. »

Que celui qui est la cible de la colère, au lieu de se sentir blessé, pratique le discernement : ce n'est pas la totalité de l'autre qui se comporte ainsi, c'est un des personnages négatifs qu'il contient, « le monstre » – le sans-cœur, le dur, le brutal, le dominant, le macho, l'égoïste, le blessé, le peureux, le fourbe, le rancunier, le vengeur, etc. « Je ne vais pas me laisser atteindre par cette partie destructrice de toi. Je lui dis non ! »

Chapitre II
LA JALOUSIE

La jalousie est un puissant et redoutable ennemi de l'amour, car elle est destruction.

• Destruction de nous-même : elle ronge notre mental, qu'elle obsède, elle mine notre corps, qu'elle rend malade, elle effrite notre sommeil, elle nous précipite dans la boulimie, l'alcool, le tabac, la drogue. Enfin, destruction suprême, elle peut nous mener au suicide.

• Destruction de l'autre (l'infidèle, la personne rivale) : elle nous pousse dans des conduites agressives. Cela commence par des actes mesquins (crever les pneus du véhicule de l'un ou de l'autre), s'aggrave avec des gestes dramatiques (défigurer le visage par lame ou vitriol), culmine avec le crime passionnel. Ainsi, on détruit l'être que l'on prétendait aimer !

• Destruction du couple : les suspicions, les tentatives de contrôle, les mensonges obligés, les souffrances réciproques, les peurs, les ressentiments, l'ambiance d'hostilité déforment, embrouillent et détruisent la relation.

Il est donc important, et même vital, d'aborder de façon plus ouverte le problème de la jalousie. [28]

Qu'est-ce que la jalousie ?

La jalousie est un sentiment normal auquel personne n'échappe, pas même les partisans du couple ouvert ou des communautés, non plus que les êtres qui ont atteint une certaine hauteur de conscience ; ces derniers savent simplement se positionner autrement et gérer leurs émotions.

C'est un sentiment douloureux, la souffrance peut être extrême. En fait, la jalousie est le verso de la passion amoureuse : sur une face est inscrit « adoration-ivresse », sur l'autre « détestation-tourments » – ceci étant plus proche de l'étymologie : passion = souffrance. C'est un exemple majeur de l'ambivalence des sentiments humains.

Parfois, la souffrance se double de fascination pour la personne rivale. Attitude qui rappelle celle de l'enfant à qui son œdipe inspirait une curiosité pour ce qui se passait dans la chambre des parents.

D'autres fois, la souffrance se teinte d'un plaisir masochiste. Être exclu, être humilié réactualise une situation analogue de l'enfance, au cours de laquelle s'était imprimé un programme d'autodestruction : « Je n'ai droit à rien, je ne peux qu'être victime. »

Jalousie normale et jalousie maladive

À dose « normale », la jalousie peut être un sentiment positif qui stimule. À dose excessive, elle devient désir de possession et de contrôle ; attitude à la fois infantile et terrifiante. Infantile, car elle parle le langage de la toute-puissance de l'enfant autour de qui tout doit tourner. Terrifiante, parce qu'à l'âge adulte la force est décuplée. La jalousie maladive est le fait de tempéraments anxieux, voire de névroses abandonniques. La jalousie pathologique relève, elle, de psychoses caractérisées (paranoïa, hystérie, etc.) ; elle recèle un maximum de risques de suicide et de meurtre.

Freud a décrit une « jalousie délirante » qui atteindrait de préférence la femme : elle n'a pas pour objet le conjoint infidèle, mais sa maîtresse. « La maîtresse de mon mari, pense-t-elle, aime mon mari plus qu'elle ne m'aime. » Bien entendu, c'est une homosexualité latente qui la fait délirer ainsi.

Les origines de la jalousie

Ce sentiment est universel, puissant, terrible. Il nous oblige, si nous voulons réduire sa virulence, à nous interroger sur ses origines les plus profondes.

Manifestement, la jalousie ressort de la possessivité. La personne avec qui nous vivons – « notre » partenaire – est notre propriété exclusive. À l'extrême, elle n'a pas le droit d'avoir des occupations ou des relations affectives et a fortiori sexuelles avec d'autres personnes. Si elle exerce des activités en dehors de nous ou entretient des rapports avec des tiers, nous sommes inquiet. Si les relations s'approfondissent, nous ressentons un sentiment désagréable appelé jalousie. Tout se passe comme s'il existait, au fond de nous, un besoin de posséder, une tendance fondamentale à l'appropriation. Plusieurs faits semblent établir ce besoin.

Un fait biologique

Analogue à la notion étymologique de « territoire ». Le couple constituerait un espace privé étroitement structuré par les relations tissées par deux êtres qui se sont choisis. C'est une sorte de sanctuaire inviolable.

Un fait préhistorique et historique

La prise du pouvoir par l'homme à l'aube de l'ère patriarcale, tant dans la société que dans le couple. À l'époque précédente, dite matriarcale, celle où prédominaient les valeurs féminines, la femme était considérée comme source exclusive de vie; c'est pour cela que l'homme la disait magicienne, voire divine. La sexualité était libre et les accouplements – dans le sens d'association entre deux êtres – existaient, plus ou moins éphémères. Mais sans doute ne devait-il pas y avoir de couple structuré dans la durée.

Le couple amoureux est né de plusieurs événements : l'émergence de l'amour consécutive à l'acquisition de la station verticale, verticalité permettant de réaliser l'union sexuelle par le versant antérieur; le développement du cerveau, autorisant une vie psychique et en particulier affective plus évoluée; l'imitation de la tendre relation mère-enfant, préfigurant ce que serait l'amour. [30]

Le couple organisé a suivi la prise de pouvoir par l'homme, prise de pouvoir issue de l'enchaînement d'événements majeurs : la découverte par l'homme de son rôle dans la procréation, qui a enlevé à la femme sa couronne de génitrice exclusive et son autorité absolue sur l'enfant; l'augmentation de la population, qui a obligé la population à vivre non plus en clans, où les dons magiques de la femme lui conféraient le pouvoir, mais dans des cités où la force physique des mâles et leur connaissance des armes (liée à la chasse) les destinaient à faire régner l'ordre; le passage de la chasse à l'agriculture, mode de vie qui implique la possession de terre (la propriété) et qui entraîne des guerres où excellent les hommes grâce, ici aussi, à leur force et à leur science des armes. [30]

Ayant pris le pouvoir, l'homme a ensuite été obsédé par la peur que la femme ne le lui dispute. Toutes les institutions civiles qu'il a créées, toutes les religions qu'il a inventées ont eu pour but de contrôler la femme afin de lui interdire de reprendre sa couronne, et aussi de l'empêcher de troubler l'ordre masculin. L'institutionnalisation du couple par le mariage a été le moyen le plus radical de soumettre et de contrôler la femme, d'autant qu'elle comprenait l'obligation de fidélité.

Cette obligation, sacralisée et encadrée de menaces allant jusqu'à la peine de mort ici-bas et jusqu'à l'enfer dans l'au-delà, n'était pas tant inspirée par une jalousie ordinaire (le « mariage d'amour » n'existait pas) que par des desseins pratiques : donner à l'homme une certaine sécurité quant à la conduite de sa conjointe ; prévenir les désordres que la femme, par sa séduction et sa sexualité, aurait pu causer dans la société patriarcale (rivalités entre mâles, etc.) ; assurer à l'homme que les enfants issus de sa conjointe étaient bien ses enfants et qu'ils pouvaient légitimement leur donner son nom et ses titres ; protéger le patrimoine de l'homme en réservant sa transmission aux seuls descendants certifiés.

Un fait existentiel

L'être humain est tout à la fois habité d'un grand manque et obsédé par un grand rêve. Ce couple de forces le meut entièrement de sa vie terrestre à sa mort et lui commande ses moindres gestes.

Tout vient de sa mémoire, où est inscrit – ineffacé, ineffaçable – le souvenir de temps merveilleux. Époque océanique où, poussières d'étoiles rassemblées, il était la vie indistincte entre les eaux. Âge d'or où, indissociable de l'autre sexe, homme et femme à la fois, il vivait en plénitude. Éden où, séparé de corps et non d'âme, il vivait l'union et n'avait point honte de sa nudité. Temps utérin, retour à la mer, à ses soyeuses caresses, sa chaleur, son ressac, sa portance, son silence – hormis cette voix lointaine et ce tam-tam incessant. Enfin, l'enfance, autre mer de peau, de baisers, de sourires, de chuchotements. Ô béatitude !

Et à nouveau la séparation, cette fois abyssale, irrémédiable, croit-on. Jusqu'au jour où l'Autre arrive et nous offre le même bain de bonheur. Alors, comblé le vide, pansée la plaie, retrouvé le paradis, comme le sens de la vie.

Eu égard à cela, la jalousie n'est pas un sentiment petit, mesquin. C'est une peur surgie de la mémoire, aux dimensions des temps immémoriaux, profonde comme le vide intersidéral. C'est le prologue d'un nouveau désespoir : être séparé encore, n'avoir plus de sens. La jalousie survient quand la menace d'une autre séparation plane au-dessus de notre tête et rapproche ses cercles.

L'infidélité, quand on croyait s'aimer tant, est vécue comme une trahison de l'idéal partagé, le sacrilège du « grand amour ». Plus, c'est une mise en cause de cet idéal : et si le grand amour né du grand rêve n'était qu'une illusion, parce que le grand rêve n'était qu'une rêverie ? À force de marcher dans le désert du grand manque, on avait cru voir se profiler une caravane, une oasis… C'était un mirage. Alors, la réalité serait bien la séparation, irrémédiable, la solitude, radicale, la nudité, imparable, sauf à la parer temporairement de la nudité de la mère, de la nudité de l'être aimé ? La fracture du grand rêve perpétrée, le grand manque s'ouvre à nouveau sous nos pas et notre vie s'effondre en cette vallée de mort. La souffrance, ici, n'a plus rien de narcissique, elle est d'ordre métaphysique.

Doublant la perte du rêve, la perte de soi s'installe. La douleur qui s'y attache est également d'ordre narcissique. La personne que l'on aime est, de tous les êtres vivants, celle qui a le plus d'importance. Et peu importe ici que ce soit un phénomène de survalorisation ; on l'a élue ainsi, et de ce fait elle relève de l'absolu, du divin. Elle-même, en nous élisant à son tour, s'est confirmée dans cette position extraordinaire : nous aimer la rend infiniment bénie, donc divine. Inversement, en nous aimant, elle nous promet également à la divinité : le choix de la divine nous rend divin. Enfin, quelqu'un a perçu ce que nous avions d'aimable, de beau, d'essentiel au-delà de nos imperfections ! Enfin, quelqu'un a perçu au fond de nous une valeur unique, non interchangeable ! Parce qu'il est exclusif, son amour nous le confirme puissamment. Alors notre valeur est irremplaçable, alors nous pouvons nous aimer vraiment et poser ainsi les fondements de notre être.

En nous «trompant», en trahissant cette exclusivité, en nous retirant toute primauté, l'infidèle nous enlève notre statut d'unique, d'irremplaçable. Alors se délite le noyau de notre conscience, s'anéantit notre élan vers le divin.

La première jalousie

Déjà, à l'époque de l'enfance heureuse, nous avions connu les premières morsures de la jalousie, peut-être même étaient-elles, à l'échelle de l'enfant, plus que des morsures: de petites morts. Elles naissaient des besoins et des désirs insatisfaits, frustrations d'autant plus cuisantes que les faveurs étaient offertes à d'autres. La première jalousie surgit quand le petit voit sa mère s'éloigner de lui pour retrouver son père et, pire, le rejoindre dans la chambre parentale. Il ressent cela comme un abandon, une trahison même, et c'est avec douleur qu'il prend pleinement conscience qu'un autre que lui existe. La souffrance est intense, la blessure profonde. La deuxième jalousie survient au sevrage, quand maman lui retire son sein. La blessure s'aggrave encore. La troisième s'installe quand arrive la petite sœur ou le petit frère; désormais, c'est avec deux «autres» qu'il lui faudra partager. La blessure s'étend. Au total, ces séries de blessures multipliées à l'infini laisseront une plaie profonde. Cette plaie coïncide avec le grand manque, dont elle est la béance dix mille fois rouverte. Toute notre vie nous allons chercher l'être susceptible à la fois de panser la plaie et de combler le vide. Un jour, nous le trouvons et le bonheur s'ensuit, mais… Un autre jour, un étranger surgit et menace de nous prendre l'être par qui la plaie est pansée, le vide comblé. Et la blessure s'ouvre à nouveau.

Jaloux et pas jaloux

Bien qu'ils aient pratiqué la polygamie et l'adultère pendant des millénaires, les hommes, en général, sont plus jaloux que les femmes ; ils supportent très mal l'infidélité. Ils sont narcissiquement détruits et paniquent, car ils revivent alors leur histoire personnelle et la grande histoire des mâles. Leur histoire personnelle, c'est la douloureuse rivalité qui les opposait au père : ils assimilent l'amant qui prend leur conjointe au père tout-puissant qui s'octroyait la mère ; la même rage impuissante, la même envie de meurtre grondent au fond d'eux. Cette jalousie-là est celle du petit garçon. La grande histoire des mâles, c'est la résurgence de la sempiternelle mâle-peur : la peur d'être incapable de satisfaire la femme, d'être impuissant à la contrôler, de s'assujettir à une passion pour elle, de subir ses pouvoirs, de perdre le pouvoir, d'être dominé et mené par elle.

Pourtant, il y a des hommes non jaloux ; qui sont-ils ?

Il y a ceux qui aiment véritablement et dont le niveau de conscience a dépassé la possessivité. Il y a ceux qui n'aiment plus et sont donc indifférents. Il y a aussi ceux qui fantasment de se joindre au duo d'amoureux ; peut-être même ont-ils poussé leur femme dans les bras de l'homme. Ici, sous l'indulgence, voire la complicité, on peut subodorer une homosexualité latente.

Pour Freud, il y a une autre catégorie de non-jaloux : celle des faux « pas jaloux ». Ils prétendent qu'ils ne sont pas jaloux ; en réalité, ils le sont, mais ils ont refoulé leur sentiment. Toutefois, celui-ci, dans l'inconscient, reste très efficace. Dès qu'ils sentent une virtualité d'infidélité, ils rompent sans délai et sans appel. Robert, par exemple, clame qu'il n'est pas jaloux, mais, dès qu'une femme essaie de provoquer en lui un soupçon de jalousie, il s'en désintéresse aussitôt, il cesse soudain de l'aimer, il la déteste, même. Il a transformé sa jalousie en haine froide. Pas question de souffrir.

Jalousie et sentiment amoureux

La jalousie peut être un multiplicateur d'amour. La présence d'une personne rivale réveille les sentiments et relance le désir – c'est, nous le savons, une des lois de la psychologie amoureuse. Alors, nous faisons tout pour écarter le concurrent. Ce comportement est plus spécialement masculin. Du reste, certains hommes ne peuvent aimer que s'il y a menace de rivalité, et pourtant, paradoxalement, ils n'ont de cesse d'éliminer le rival. Ambiguïté de l'amour humain où se mêle une autre ambiguïté : celle concernant la sécurité. Les amants rêvant de sécurité – « amour-toujours », amour exclusif –, mais finissent par s'y ennuyer jusqu'à vouloir en sortir. Mais il suffit que pointe l'insécurité pour que reflambent leurs rêves d'éternité et d'exclusivité. Nombreux sont ceux qui jouent de la jalousie et de l'insécurité pour stimuler la ferveur de l'autre.

On peut s'interroger sur la qualité de cet amour qui a besoin, pour brûler, de concurrence et d'insécurité : la jalousie n'est pas une preuve d'amour, et il n'est pas besoin d'aimer pour être jaloux. On voit des mal-aimants être intolérants. L'amour véritable n'a pas besoin de stimulant : il EST.

Comment se débarrasser de la jalousie

Une fois de plus, c'est en progressant dans son chemin de conscience que l'on se débarrassera de cette pollution, ou que l'on en réduira les effets.

Accepter le sentiment de jalousie

Comme toujours, nier ce que nous éprouvons, c'est nous couper de nos émotions, donc de nous-même, et c'est nous priver de la possibilité d'en modifier les effets et le cours. En revanche, l'accepter, c'est retrouver notre authenticité et nous donner les moyens de nous transformer.

Être conscient des raisons profondes de notre jalousie

Et relier l'intensité toute particulière de nos souffrances à ces raisons. Il nous faut chercher les racines de cette jalousie et de ces douleurs dans les scénarios d'enfance, et changer alors les disquettes correspondantes.

Sortir de l'infantilisme

Nous ne sommes plus cet enfant impuissant et dépendant qui craint d'être abandonné et paniqué. Adulte, mature, autonome, nous pouvons faire la part de l'enfant qui pleure en nous et nous en occuper ; nous pouvons aussi donner un sens à l'événement qui nous rend jaloux, en faire, par exemple, l'occasion de remettre en cause certaines de nos attitudes et de nos croyances. Ce qui nous fera grandir encore. Ce sera également la meilleure façon d'accroître l'amour de la personne aimée ou de la regagner.

Fortifier notre estime de nous

« Je ne suis pas assez bien pour le retenir », « L'autre est forcément mieux », « Il a trouvé mieux », etc. Ces propos dévalorisants, une voix les a chuchotés au fond de nous. Il est évident que la jalousie dénote un manque de confiance en soi et d'amour de soi. Toutefois, il ne faut pas confondre l'amour de soi et l'amour-propre. L'amour-propre n'est pas l'amour de soi ; c'est une forme d'orgueil qui elle-même est une prothèse d'amour de soi. L'amour de soi rend humble et confiant.

Si nous croyions davantage en nous, nous ne craindrions pas tant d'avoir un rival, ni de n'être plus rien au cas où l'autre nous quitterait. Croire en soi, c'est aussi être bien avec soi, autonome. Donc être capable de vivre seul et alors de choisir quelqu'un non de façon éperdue – « Sans toi, je ne suis rien, je n'existe pas » –, mais comme un supplément d'âme – « Sans toi, je suis bien ; avec toi, je suis plus ».

À ce sujet, remarquons que nous attendons trop de l'amour et que nous exigeons trop de l'autre : nous lui demandons des missions impossibles qui ne concernent pas toujours l'amour : restaurer les dégâts du passé – panser les blessures d'enfance, combler les manques anciens, réparer la non-reconnaissance –, escamoter les difficultés du présent, prévenir l'angoisse du futur, autrement dit, combler le grand manque et réaliser le grand rêve.

Même le plus grand amour, s'il peut atténuer les souffrances de notre condition humaine, ne pourra jamais les supprimer. Nous sommes toujours fondamentalement seuls face à la vie, et spécialement face aux problèmes existentiels. Nous ne pourrons assurer gaillardement notre existence qu'en lui donnant un sens et un but : savoir pour quoi nous sommes faits, faire le maximum pour le réaliser et donner de l'amour à partir de l'amour de nous-même.

Accéder à l'amour véritable

Quittons le besoin d'être aimé, accédons à l'amour-don, à l'amour sans condition. Qu'importe que notre partenaire fréquente un tiers, qu'importe ce qu'est sa vie en dehors du temps commun : nous l'aimons. Point ! L'amour véritable n'a rien à voir avec la possessivité. Aimer, c'est plus que respecter la liberté de l'autre : c'est chérir cette liberté. Du reste, nous avons tout à y gagner. Le respect de la liberté de l'autre renforce la fidélité ; le refus de cette liberté contribue à l'infidélité. Celui qui brime un conjoint qui a des envies d'« escapades » engendre et enferme un monstre dans ce conjoint, un monstre qui brouillera la relation et de toute façon finira par ressortir. Quand l'infidélité s'accomplira, elle sera un adultère mal vécu tissé de mensonges et miné de culpabilité. La relation se dégradera encore plus. En revanche, si la personne qui a des envies d'« escapades » le reconnaît clairement et s'en ouvre à l'autre, et si ce dernier lui en laisse le libre choix, les relations vont changer du tout au tout, devenir plus authentiques, s'approfondir.

« Ainsi, tu me permets de me dire, tu me permets de partager mes émotions, mes envies secrètes, mes rêveries, tu me fais confiance, tu me permets d'être. Tu es donc aussi mon meilleur ami. » Le fait de s'ouvrir l'un à l'autre approfondit la relation ; la liberté de dire et de faire la renforce.

Bien souvent, se sentir libre suffit au partenaire que tente une échappée. Pouvoir librement rêver, savoir qu'il peut s'évader lui rend inutile la concrétisation, ce qui lui importe, c'est d'en détenir la possibilité. Toutefois, s'il donne suite un jour à ses envies, il reviendra librement à son conjoint. Et celui-ci l'accueillera généreusement. L'amour véritable, c'est d'ouvrir son cœur sans condition. Encore faut-il justement que ce conjoint n'agisse pas par tactique, mais par amour, ou plus précisément par amour de la liberté de son aimé.

Post-scriptum

Examinons quelques trucs anti-jalousie :

- **Arrêtons notre cinéma**. La jalousie déforme notre jugement et notre appréhension de la réalité. Si l'on dit que les « cocus » sont les derniers à se rendre compte de leur infortune, il est vrai, à l'inverse, que les jaloux sont exagérément soupçonneux, voire paranoïaques, et étonnamment imaginatifs. Ils prennent leurs peurs pour des réalités, ils interprètent tout en leur défaveur. La plupart du temps, ils sont dans l'erreur, mais sans doute que, un peu masochistes en plus, ils aiment se faire souffrir.
- **Ne mettons pas de sel sur notre plaie** ; en d'autres termes, ne nous torturons pas nous-même : interdisons-nous absolument de chercher des indices en fouillant les poches, les portefeuilles, les sacs, les sacoches, les tiroirs, les armoires, etc. Ce n'est pas faire l'autruche, c'est se respecter, c'est se protéger d'inutiles souffrances – ce qui est ignoré ne fait pas souffrir –, c'est s'empêcher de tomber dans des réactions catastrophiques qui envenimeraient la situation. Beaucoup d'infidélités qui n'étaient que des aventures sans lendemain ont tourné au drame après la lecture de lettres subtilisées.
- **Voyons notre adversaire** : la réalité casse les fantasmes, ramène l'imagination à de justes proportions, stoppe l'obsession. La personne rivale est alors démythifiée : c'est moins grave que nous ne le pensions.
- **Arrêtons de nous poser des questions qui entretiennent la douleur** : « Comment l'appelle-t-il ? », « Quels mots lui dit-elle ? », « Quel aspect de lui, que je ne connais pas, lui révèle-t-il ? », etc.

Ne pas céder à la jalousie c'est le commencement de la sagesse, en tout cas la fin du malheur.

Chapitre III
LES CAPRICES DU DÉSIR

Les déphasages du désir

D'un individu à l'autre, le désir, son intensité, la fréquence de ses poussées, varie. Les uns, dotés de besoins sexuels importants, ont très souvent envie de faire l'amour ; certains le font même plusieurs fois par jour. D'autres, qui ont des besoins moins impérieux, se trouvent bien de faire l'amour quelques fois par semaine ; il y en a même qui se contenteraient d'un rapport par trimestre. Lorsque les besoins sont vraiment excessifs, ils relèvent de la pathologie. Chez l'homme, c'est le satyriasis, chez la femme, la nymphomanie. Bref, les modalités du désir sont propres à chacun. Le besoin sexuel est lié à la puissance de la libido dont la nature a pourvu chaque être au départ. La force de ce besoin est donc constitutionnelle. Cependant, rien n'est fatal. Au cours de la vie, cette force peut évoluer. Ceux dont la libido sommeillait peuvent la voir se réveiller, et ceux chez qui elle tonitruait peuvent la voir se calmer. Cette énergie ayant sa vie propre, elle peut varier spontanément. Elle peut aussi être influencée par l'histoire de l'individu, son affectivité, ses idéaux. Autrement dit, la personne garde une certaine latitude pour gérer sa libido : l'assumer, la transformer, la transcender.

Pour un même individu, au fil des semaines, d'un jour à l'autre, voire d'une heure à l'autre, le désir fluctue, passant par des hauts et des bas en fonction de diverses influences. La fatigue, la maladie, les états psychiques négatifs (préoccupations, dépression) réduisent le désir. Le repos, un voyage, un parfum nouveau le stimulent. Les saisons aussi jouent un rôle : contrairement à ce que l'on croit, ce n'est pas au printemps que la libido reverdit, mais à l'automne. [25]

Au cours du cycle menstruel, les taux d'hormones chez la femme varient, et influent sur le désir. Dans la première partie du cycle, le taux des œstrogènes monte jusqu'à atteindre un pic au quatorzième jour, c'est-à-dire à l'ovulation. Ces hormones provoquent la maturation de l'ovule et rendent la glaire du col utérin plus adhésive : toutes les conditions sont réunies pour qu'un spermatozoïde remontant la cavité utérine se trouve pris au piège de l'ovule. Justement le désir de la femme s'amplifie au dixième jour pour culminer au quatorzième. Ce ne sont pas les œstrogènes qui déclenchent cette poussée d'amour, mais les androgènes, dont le taux s'est mis à croître. L'ovulation passée la sécrétion de l'autre hormone féminine, la progestérone, commence à s'élever. C'est elle qui prépare la muqueuse utérine à recevoir l'ovule fécondé. Parallèlement, le désir décroît : le spermatozoïde ayant accompli sa tâche, l'organisme femelle n'a plus à convoiter le mâle. Maintenant, la priorité est l'embryon à venir.

Un regain de désir, toutefois, peut survenir deux ou trois jours avant les règles, et même pendant les règles ; à ce moment-là beaucoup de femmes sont anxieuses (sans doute la nostalgie d'une grossesse perdue hante-t-elle leur inconscient), et leur envie de rapports sexuels traduit leur besoin de consolation et d'apaisement. Le plaisir, par les endomorphines qu'il fait sécréter, et les câlins, par la tendresse qu'ils procurent, constitue bien les meilleurs antidotes de l'anxiété. Notons, en outre, que le sang menstruel contient une substance odoriférante particulièrement aphrodisiaque.

On sait que l'augmentation des œstrogènes au quatorzième jour provoque une hypersensibilité de la muqueuse olfactive, qui devient dix mille fois plus aiguë et, de ce fait, capte au maximum les excitantes odeurs masculines. De plus, cette augmentation détermine une recrudescence de la sécrétion des phéromones féminines, ces molécules odoriférantes qui excitent le désir du mâle.

Indépendamment des circonstances extérieures ou des modifications internes décelables, le désir varie selon un rythme propre. Sans savoir pourquoi, vous voilà cet après-midi les yeux coquins et le sexe en verve. Mais, le lendemain, vous n'avez même pas un regard pour le top modèle qui chaloupe sur le trottoir ; et quand votre femme, le soir, vous serre un peu trop, vous bâillez ostensiblement pour esquiver l'invite. Ces variations de vos pulsions sont sans doute à relier aux biorythmes, ces horloges internes qui imposent à nos fonctions des ondulations cycliques.

On sait aussi qu'il y a des gens qui sont « du soir », d'autres « du matin » (plutôt les hommes, à cause des réveils « triomphaux »), d'autres enfin « de l'après-midi » (les femmes aiment beaucoup).

Tout cela serait sans importance si l'amour ne se faisait à deux. Mais pour que le désir de chacun soit satisfait et pour que l'harmonie règne dans le couple, il faudrait que, chronologiquement, l'envie de l'un corresponde à l'envie de l'autre. Cette heureuse coïncidence est quasi permanente dans les premiers temps de la rencontre : les corps exaltés sont en besoin perpétuel l'un de l'autre. Si d'aventure la demande de l'un est plus grande, la force de son désir suffit à allumer l'ardeur du second. À moins que par amour, sans même le désirer, celui-ci ne s'offre sans hésiter au premier. Par la suite, les choses pourront changer, et les corps s'apaiser quand les amants s'installeront dans la cohabitation. Alors, les fluctuations du désir risquent de décaler plus souvent les envies. Mais ce ne serait trop dire que d'affirmer que le synchronisme parfait relève d'une miraculeuse coïncidence.

La non-superposition des désirs ne pose de problème grave qu'aux couples en conflit, qu'il soit latent ou ouvert. Alors, la sexualité sera utilisée comme moyen de chantage ou de vengeance. Elle sera aussi prétexte à querelle. Lié aux fluctuations du désir et à leur décalage, le problème du premier pas se posera. La connaissance des fluctuations psychiques et biologiques du désir devrait permettre de dédramatiser la situation.

En tout cas, ce qui, dans l'espèce à laquelle nous appartenons, est un cadeau du ciel, c'est la permanence du désir. Alors que les animaux ont leurs « époques », leurs « chaleurs », leurs ruts, et cela guère plus de deux ou trois fois par an, nous humains, nous désirons tout le temps, ou presque.

Soyons-en conscients et profitons-en !

Le premier pas

Qui va faire le premier pas vers l'autre ? Dans certains couples, la question peut être épineuse, et la démarche risquée. Le plus souvent, c'est l'homme qui s'avance. A-t-il toujours plus de désir ? Alors, c'est qu'il a mal éveillé sa compagne ou que celle-ci s'est mal « entraînée ». Ou bien a-t-il plus d'audace pour le manifester ? Alors, il serait temps que sa partenaire se décide à exister. Ou, enfin, est-ce la société patriarcale qui en est convenue ainsi ? Il est vrai que, depuis des temps immémoriaux, il est reconnu que c'est le rôle, sinon la prérogative, de l'homme d'ouvrir les ébats. Sans doute, quand on veut la contrôler, vaut-il mieux que la sexualité féminine soit passive. [25]

Supposons que la femme accepte. Si c'est par désir ou par amour, ou les deux à la fois, tout ira bien ou en tout cas, aussi bien que possible. Si c'est par peur d'éviter un conflit, cela risque de se passer moins bien.

Supposons maintenant que la femme refuse. Notons d'abord qu'il est rare que ce soit par un « non » frontal, justifié par une absence de désir. Le plus souvent, ce sera un évitement : sous prétexte de migraines, de crise de foie, de travail urgent, de soucis, de fatigue, elle tente d'échapper à la demande, à moins que, en déclenchant à bon escient une dispute, elle n'éteigne le désir du partenaire. Qu'importe, de toute façon l'homme est rarement dupe. Alors il imagine qu'il n'est plus aimé, et même qu'il est trompé, à moins qu'il ne se persuade qu'il est décidément un piètre officiant. Dans tous les cas, il se sent dévalorisé, voire humilié. Il s'ensuit une querelle plus ou moins grave, des rancœurs et des rancunes qui gâteront la vie du couple.

Quand l'homme fait toujours le premier pas, que ce soit par désir ou par prérogative, il entre à son insu dans un jeu où il risque d'être piégé. En s'avançant ainsi, il remet *ipso facto* à la femme le pouvoir d'autoriser ou non de le satisfaire. Redoutable droit de veto qui permettra à certaines de le manipuler par le rationnement. Monnaie d'échange, moyen de chantage, arme de vengeance, le sexe permet à ces femmes d'arriver à leurs fins. Comme souvent est pris qui croyait prendre, la femme elle-même paiera cher son pouvoir régalien, c'est-à-dire du prix de sa propre satisfaction. En effet, par peur de perdre les rênes en faisant elle-même les premiers pas, elle va refouler son propre désir et s'interdire toute demande ; elle refusera même de s'abandonner au plaisir. Que peut faire l'homme face à ce pouvoir ? Très longtemps, il lui a opposé l'imparable obligation du devoir conjugal. Mais l'argument porte de moins en moins, et de plus en plus rares sont les femmes qui font l'amour par corvée.

Imaginons maintenant le cas où c'est la femme qui fait le premier pas. Comment l'homme va-t-il réagir ? Si cette attitude est habituelle, il y a de grandes chances qu'il s'en réjouisse. Mais si cette démarche est nouvelle, il est probable qu'il réagira mal. Pourtant, ce changement est bien légitime : toute femme prenant conscience qu'on lui impose toujours le même scénario est fondée à se dire : pourquoi devrais-je taire mes désirs et attendre que l'autre ait envie de moi ? Qu'importe. L'homme qu'inspire la mâle-peur en tirera de sombres déductions :

• La femme qui « demande », pense-t-il, est une femme peu convenable, indigne d'être une épouse. Il est persuadé que seules les libertines et les prostituées font des avances. Aussi se met-il à craindre pour sa propre réputation. Ici encore, la dialectique madone-putain joue à plein.

• La femme qui demande est une femme « chaude », et, en tant que telle, doublement dangereuse : d'une part, pour la sécurité du ménage (ses exigences pouvant la porter vers d'autres hommes), d'autre part, pour l'homme qui lui fait face, car il devra la satisfaire au risque de s'épuiser, au risque d'échouer. Cette perspective l'angoisse : s'il n'était pas à la hauteur, qu'adviendrait-il ? Alors, il la repousse en lui faisant entendre que son besoin est indigne. Blessée dans son ego, elle remballe son désir tandis que l'envahissent la culpabilité et l'amertume. Jamais plus elle ne manifestera son désir, c'est juré, c'est trop humiliant. Et quand à son tour il la sollicitera, c'est elle qui le rejettera. Ce qui ne tarde guère à arriver. Cette fois, c'est à lui d'être blessé et de se sentir dévalorisé ; voilà qu'il ne décolère pas et rumine sa rancœur. Il y aura bien encore quelques tentatives d'un côté ou de l'autre – de son côté à lui plus sûrement –, mais autant de refus, chacun se bloquant sur ses blessures. Le conflit s'aggravera : le couple est entré dans la lutte pour le pouvoir sexuel.

Il y a également le cas où la femme fait le premier pas et où l'homme accepte mal, car, cette fois, il prend la démarche pour un geste de pitié. Cette femme sous-estime sûrement sa libido à lui pour en arriver à le solliciter ainsi. En réalité, si cet homme se vexe, c'est qu'il n'est pas sûr de lui, pas plus au lit que dans la vie. De fait, au bureau, il va de déception en déception.

Inversement, la femme dont le partenaire ne fait jamais le premier pas peut en prendre ombrage ; s'il ne manifeste pas plus d'intérêt pour elle, c'est qu'elle a perdu de son charme. Dans ce cas comme dans les autres, c'est l'ego qui est blessé. Or, ces blessures entraînent fatalement rancune et guerre.

Autre problème : si c'est toujours le même qui fait les avances – que ce soit la femme ou l'homme et qu'il le fasse pour entretenir la vie sexuelle ou par pur désir –, il arrivera un jour où il prendra nettement conscience de cette situation et réalisera que ce n'est pas juste, équilibré. Et de protester que l'autre pourrait aussi exprimer ses désirs et prendre des initiatives.

Harmoniser les désirs

Bien sûr, il n'existe pas de médicament pour obtenir une coïncidence physiologique des besoins, mais il est souvent possible de réveiller et de faire monter le désir de l'autre. Il faut y mettre beaucoup de tendresse, d'attention – sans oublier l'humour. Bref, il faut séduire. N'est-ce pas ce que vous feriez au temps de la conquête, si vous aviez envie de votre partenaire, mais qu'il ne ressente pas au même moment le même désir ? N'est-ce pas ce que vous feriez si vous aviez envie d'une autre femme ? Dans les deux cas, vous tenteriez de séduire avec ferveur ou avec esprit, et si cela échouait, vous remettriez cela à une prochaine fois, sans lui en vouloir. Qu'il en soit ainsi.

Si le décalage de désir persiste, alors il faut négocier, mais pas à chaud. Laissez passer un peu de temps. D'abord interrogez-vous, analysez la situation en toute impartialité. Puis parlez-en à votre partenaire : dites ce que vous ressentez, exprimez vos souhaits. Et écoutez-le, efforcez-vous de le comprendre, acceptez qu'il soit différent de vous. Ce qui importe, ce n'est pas tant de réduire les divergences que de mieux se comprendre. Et puis, vous le savez, la libido fluctue en chacun, soyez donc souple. Comme on l'a vu, il y a ceux « du matin », ceux de « l'après-midi » et ceux « du soir ». Alors, négociez gentiment : l'un accordera des matins à l'autre, l'autre des après-midi au premier, par exemple. Ainsi se purgent les rancunes, ainsi se rapprochent les êtres, ainsi renaît le désir.

En tout cas, évitez toute approche négative, qui torpillerait l'échange, les récriminations incessantes, les accusations culpabilisantes, les sous-entendus blessants qui mettent en cause la virilité ou la féminité de l'autre et le dévalorisent. Évitez aussi toute approche dramatique : ne ruminez pas que vous ne valez rien, ne vous croyez pas rejeté, n'imaginez pas que c'est le commencement de la fin parce que votre partenaire n'a pas envie de faire l'amour. Il est de son droit le plus strict d'avoir ses soucis ou de ressentir de la fatigue. Soyez plus fort au fond de vous, plus sûr de votre sexualité. Aimez-vous mieux.

Pour régler le problème des premiers pas, il faut inventer une charte du désir dont les premiers articles seront, par exemple :

- Dans les relations sexuelles, les deux partenaires sont égaux en droit ;
- Chacun a le droit de demander ce qu'il désire et de faire les premiers pas ;
- Chacun a le droit de refuser ;
- Que celui qui a le plus envie s'efforce de comprendre les raisons de celui qui décline ;
- Que celui qui a le moins envie essaie d'être réceptif.

On peut aussi convenir que l'on fera les premiers pas chacun son tour. Prévoir quand même un joker et un gage en cas de désistement.

Enfin, dans le cas où l'un des deux partenaires n'est vraiment pas disponible pour le coït – maladie, suites de couches, règles, difficultés psychologiques, etc. – et l'autre particulièrement désirant, le premier offrira à l'autre de belles caresses afin de réduire sa tension nerveuse. Il pourra même détendre sa tension sexuelle, si elle est insoutenable, en caressant son sexe jusqu'à l'orgasme ou en participant à ses auto-caresses. Ainsi sera sauvegardée l'harmonie du couple.

Chapitre IV
L'INAPTITUDE À L'INTIMITÉ

Il faut distinguer l'intimité physique, qui est le rapprochement des corps, et l'intimité psychique, qui est l'échange des consciences. De nombreux obstacles peuvent entraîner une inaptitude à des mouvements de l'un vers l'autre.

LES OBSTACLES À L'INTIMITÉ PHYSIQUE

Les odeurs désagréables

Malgré les soins d'hygiène, le corps conserve des odeurs. Selon les individus, elles varient en force et en qualité, chacun possédant une fragrance particulière dite « sui generis ». Ces odeurs font partie du pouvoir d'attraction. Toutefois, il arrive que des gens émettent des effluves qui ne conviennent pas à leur partenaire. On peut alors se demander comment ils ont pu se rapprocher? Sans doute au départ un déodorant ou un parfum masquait-il la réalité, ou bien un autre élément attractif l'emportait-il sur ce désagrément. Il se peut aussi que l'odeur soit apparue après la rencontre, acquise à la suite d'un changement d'alimentation, d'une modification des fonctions d'élimination, d'une maladie ou de la prise de médicaments. [29]

Parfois, l'odeur gêne «l'émetteur» lui-même, et il a quelques scrupules à s'approcher de l'autre.

Pour se débarrasser de ces émanations désagréables, voici quelques conseils qui visent à soigner la cause:

- **Changer d'alimentation.** Éviter les aliments trop forts en goût et en arômes: certains végétaux (ail, oignon, échalotes, poireaux, asperges, etc.) et certaines viandes, notamment les abats.
- **Changer de médicaments.** Les vitamines du groupe B, par exemple, donnent à la peau une odeur de souris. Consulter son médecin.
- **Boire beaucoup d'eau** pour diluer la sueur.
- **Renforcer les soins d'hygiène**:

- se doucher fréquemment, en particulier après les activités physiques augmentant la transpiration, et insister plus spécialement sur les pieds et le périnée;
- utiliser un déodorant, une eau de toilette ou un parfum choisis en fonction des goûts du partenaire.
- changer fréquemment de linge.

La mauvaise haleine

S'il y a des bouches qui exhalent le miel ou le pin, d'autres émettent des odeurs désagréables, voire extrêmement désagréables. Souvent, ceux qui empestent ne le savent pas, et personne n'ose le leur dire. Une affection dentaire, une mauvaise digestion, ou encore une affection nasale peuvent être en cause; certains aliments, certaines maladies et certains médicaments peuvent également provoquer une fétidité de l'haleine. Sans oublier le tabac!

Voici quelques conseils pour éviter la mauvaise haleine:

Soigner sa dentition.

Se brosser les dents après chaque repas. Consulter son dentiste.

Soigner sa digestion.

Les troubles gastriques créent des remontées acides dans la gorge; l'insuffisance hépatique entraîne de l'amertume dans la bouche et des fermentations dans l'intestin; l'insuffisance pancréatique provoque des putréfactions et des fermentations qui ballonnent l'intestin et brouillent l'haleine. Pour prévenir ces troubles, mâcher lentement, réduire considérablement la consommation de graisses et de viandes, prendre des stimulants hépatiques et des extraits de pancréas. Consulter son médecin.

Soigner l'obstruction nasale.

Les polypes et les déviations de la cloison nasale empêchent l'air de passer par le nez, ce qui oblige à respirer par la bouche; celle-ci, en se desséchant, produit une odeur. Pour vérifier quelle est la narine la plus obstruée, il suffit de souffler avec le nez sur un petit miroir: là où il n'y a pas de buée, la narine est bouchée. Reste donc à consulter un médecin ORL.

Éliminer les aliments dont l'odeur ou le goût sont prononcés.

Changer de médicaments.

Les tranquillisants, par exemple, dessèchent la bouche et donc affectent l'haleine. On peut les remplacer par des remèdes de phytothérapie ou d'homéopathie, ou y associer un médicament qui augmente la salivation. Consulter son médecin.

Une « laideur » ou quelque chose ressenti comme tel par la personne elle-même ou par le partenaire

Ce peut être une « laideur » congénitale : dissymétrie des traits, malformation, etc. Ce peut être aussi une « laideur » acquise : des séquelles de traumatisme ou d'opération – une cicatrice, une amputation –, des maladies diverses, en particulier des affections de la peau. Si le « défaut » préexistait à la rencontre, le partenaire a effectué son choix en toute connaissance de cause, et rien ne devrait gêner l'intimité. En revanche, si ce « défaut » est apparu ultérieurement, il peut poser problème. Une maladie dermatologique, un visage défiguré, une amputation, une obésité, des altérations liées à l'âge peuvent rebuter le partenaire. L'ablation d'un sein et l'obésité posent des problèmes particuliers sur lesquels nous reviendrons.

Remarquons que c'est souvent le porteur du défaut le plus gêné – il fait des complexes –, alors que le partenaire a accepté le fait. Cette gêne, n'est pas forcément proportionnelle à la disgrâce. Il arrive qu'une disgrâce insignifiante perturbe profondément le sujet, car il la majore et se voit plus mal qu'il n'est : il fait de la dysmorphophobie.

Les femmes qui ont un problème avec leur « ligne » peuvent en être très affectées. Il y a tout d'abord les rondes et les obèses. Elles ne sont pas heureuses dans l'intimité. Certaines ne supportent plus que leur mari les regarde, aussi se déshabillent-elles hors de sa présence et font-elles l'amour dans le noir ; d'autres vont jusqu'à refuser carrément toute relation intime. Il y a ensuite les porteuses de cellulite, chez lesquelles on trouve le plus de dysmorphophobiques : leur corps est parfait, mais elles ne peuvent tolérer les deux millimètres de cellulite sur leurs cuisses ; elles ne voient plus que ça, leur mari a beau les rassurer, elles se croient laides.

À vrai dire, ces femmes sont victimes d'un véritable terrorisme de la minceur auquel aucune ne peut échapper : il s'exerce par l'image (les magazines, les affiches, les écrans n'exposent que le prototype filiforme), il s'impose par la mode vestimentaire (les boutiques n'offrent que les tailles correspondant à ce prototype). Or, les normes de référence sont si basses que la majorité des femmes ne peuvent les atteindre. Le malheur est que les hommes ont également adopté le modèle et évaluent leur compagne à l'aune de ces chiffres. Aussi, rares sont les femmes vraiment satisfaites de leurs formes et qui s'offrent à l'intimité sans réserve. [26]

Comment, dès lors, réconcilier les femmes rondes et, d'une façon générale, tous les êtres porteurs d'une « imperfection » avec l'intimité ? Et comment réconcilier les partenaires de ces êtres avec ces « imperfections » ? Voici quelques propositions.

Si votre disgrâce vous gêne, apprenez à vous aimer comme vous êtes. Nous avons vu dans le chapitre I de la première partie Comment apprendre à s'aimer. Pour vous aimer, il n'y a pas d'autre solution que de vous assumer en vous appuyant sur vos autres atouts. Pour vous donner confiance en vous, pensez à ce que vous aimez en vous, à ce qui est réussi, et jouez-en. Jouez de vos attraits. Vos yeux, vous le savez, sont irrésistibles ; alors, ne pensez qu'à eux et faites en sorte que votre partenaire s'y abîme et en oublie sa revue de détail. Surtout, n'allez pas à l'intimité en pensant à votre imperfection, sinon, l'autre les ressentira. Allez à l'intimité avec une bonne opinion de vous, avec toute votre personnalité et la conviction que vous valez beaucoup. Pensez à votre art d'aimer : vous savez caresser, jouir, faire jouir, or tellement de personnes qui ne sont pas des modèles de beauté s'attachent follement des partenaires grâce à leurs talents érotiques. Pensez surtout à vos qualités affectives et intellectuelles. Votre tendresse, votre gaieté, votre générosité, votre créativité, votre culture, c'est cela qui compte dans l'intimité. C'est son cœur, et son esprit que l'on y apporte.

Si une disgrâce ou une cicatrice de votre partenaire vous rebute, efforcez-vous de prendre un peu de hauteur et d'accéder à un niveau de conscience plus élevé et plus large, celui de l'amour véritable. Aimer, c'est s'engager dans un chemin commun où chacun cherche à s'accomplir tout en participant à l'accomplissement de l'autre. Nous y reviendrons.

De toute façon, que vous soyez celui qui est atteint d'une imperfection ou celui qu'elle éloigne, il est souhaitable que vous vous dégagiez de la pression de· cette société qui prône l'apparence et l'avoir. L'homme (au sens générique) actuel privilégie l'*avoir* par rapport à l'*être*. Il veut *avoir* la « forme », *avoir* la « ligne », *avoir* le « look », il veut avoir des biens et des objets, il veut avoir une belle situation et avoir du succès, il veut avoir une jolie femme ou un bel homme, il veut par-dessus tout avoir beaucoup d'argent, car c'est ce qui lui permettra d'avoir tout le reste. Mais s'il veut posséder tout cela, ce n'est pas tant pour en jouir que pour « avoir l'air » de celui qui est capable de les acquérir, bref pour paraître. Or *avoir* et *paraître* sont inauthentiques ; c'est exister en fonction des autres, comme un reflet du regard des autres, c'est exister par procuration. Un jour, il nous faut bien prendre conscience que la possession de biens et le succès social n'apportent pas le bonheur, que la recherche de la « réussite » est un signe d'insuffisance du moi, la volonté de puissance la compensation du vide intérieur, et que c'est dans l'*être* que l'on trouve le bonheur authentique, dans l'accomplissement de soi (voir cinquième partie, chapitre I).

Il y a une situation particulière dans le registre des « imperfections » : c'est l'ablation d'un sein, ou mammectomie. Elle constitue, pour l'intimité du couple, une véritable épreuve. La femme opérée craint que l'amputation d'une partie aussi symbolique de son corps ne réduise sa féminité, et donc sa séduction. Aussi redoute-t-elle le premier regard de l'homme. Si cet homme continue à la regarder avec les yeux du désir, elle s'en sortira bien. Si l'homme manifeste quelque réserve, voire un certain dégoût, elle risque de déprimer. Je conseille donc à la femme qui vient d'être opérée de ne pas attendre l'appréciation de l'homme pour s'accepter : elle doit s'accepter d'abord elle-même, authentiquement. C'est un travail solitaire d'élévation de conscience qui réclame courage et intelligence, mais qui en vaut la peine. Ce n'est que lorsqu'elle sera à nouveau bien dans sa peau et sûre d'elle-même qu'elle pourra vaincre les réticences extérieures. Quant à l'homme qui grimace – parce que trop accroché à la symbolique ou parce qu'il introjecte la menace du cancer –, qu'il saisisse l'occasion de grandir son amour en dépassant son ego. Cette femme est bien celle qu'il a tant aimée et désirée, avec qui il a vécu tant de choses; ses yeux sont toujours aussi beaux, son sourire est toujours aussi chaud, ses mains sont toujours aussi douces. Qu'il laisse cicatriser la plaie et, pour le moment, qu'il prenne plaisir à promener ses mains sur l'immense surface de la peau. S'il éprouve un irrésistible besoin d'englober des rondeurs, qu'il empaume le plein d'une fesse ou l'arrondi d'une épaule. Après-demain, il pourra prendre l'autre sein. Et que le désir flamboie.[26]

Une sensualité réduite

Les êtres naissent rarement avec une sensualité réduite; le plus souvent, c'est le résultat d'une éducation répressive: soit les parents étaient naturellement peu sensuels et ont par conséquent dénié la sensualité de leur enfant, soit ils étaient eux-mêmes victimes de la culture ambiante et ont relayé la répression qu'ils ont subie. Car la responsable est bien notre civilisation judéo-chrétienne, qui a fait du plaisir un péché et des sens la porte de l'enfer. Bien entendu, ce sont les plaisirs qui naissent de la rencontre de la femme et de l'homme qui sont le plus chargés d'opprobre. Si déjà, le rapprochement des corps est entouré de honte, il ne faut pas s'étonner que celui des sexes soit quasi condamné. De surcroît, cette civilisation, non contente de stigmatiser les plaisirs, exalte la souffrance et exhorte au sacrifice. Le résultat de cette éducation, c'est un être rétracté, anesthésié, froid. À force de les faire taire, il ne sent plus son corps, il n'entend plus les messages de ses sens.

Est-il possible de développer sa sensualité? Oui, il faut pour cela approfondir sa capacité à percevoir les messages de ses sens et à en profiter. Ce que je prône sous le nom de «sensualisme» n'est pas à proprement parler une méthode pour devenir plus sensuel, mais une disposition d'esprit qui, en nous rendant plus réceptif aux sensations, les amplifie. Pour y parvenir, mettons-nous en condition:

Retrouvons la fraîcheur de nos sensations et la virginité de notre sensorialité

Soyons comme l'enfant au réveil, le convalescent à sa première sortie, ou l'amoureux fraîchement épris. Que tout nous semble neuf. Pour cela, décidons de façon délibérée et pleinement consciente de recevoir les sollicitations de nos sens comme si elles étaient nouvelles, comme si nous étions nouveaux : écarquillons nos yeux, ouvrons nos oreilles, humons avidement, goûtons en savourant, touchons avec ferveur.

Concentrons-nous sur le présent

Quand notre conscience est braquée sur l'instant présent, la sensation est maximale. Inversement, si nous laissons divaguer notre attention vers le passé ou vers le futur, nous perdons le contact avec la sensation. Décidons, ici aussi, par un acte pleinement volontariste, de débarrasser notre conscience de toute pensée parasite et d'être tout entier à ce que nous faisons : bien voir ce que nous regardons, bien entendre ce que nous écoutons, bien sentir ce que nous touchons, etc.

Abandonnons-nous

L'abandon est la condition primordiale du bien-être. Pour jouir, il faut que le surmoi et le moi abdiquent leur domination sur le corps. Alors, laissons-nous vibrer au rythme des sollicitations, laissons-nous envahir par les sensations.

Prenons notre temps

La rapidité est incompatible avec la sensualité. La sensation n'apparaît dans toute sa splendeur que si le flot de la conscience est revenu. C'est alors que nous la ressentons bien, que nous en profitons pleinement. Prenons donc le temps de vivre – c'est-à-dire de sentir, de jouir –, offrons-nous des plages de sensualité, d'intimité, quitte à réorganiser notre vie, à revoir nos objectifs et nos priorités.

Branchons-nous sur une seule sensation à la fois

Pour obtenir l'optimum de plaisir d'une sensation, il faut la sélectionner, la retenir à l'exclusion de toute autre. Associer plusieurs sensations peut diminuer la force de chacune. Soyons puristes, savourons nos sensations pures et uniques. Quand nous écoutons, soyons à notre écoute, quand nous caressons, soyons à notre caresse.

Ces exercices ne suffiront pas à épanouir notre sensualité si par ailleurs nous ne la libérons pas des tabous profonds qui l'entravent. Pour y arriver, prenons conscience que la Nature, ou le Créateur, a pourvu notre corps de cinq sens qui non seulement nous renseignent sur l'état du monde extérieur, mais en plus nous procurent du plaisir. Et ce plaisir est une fonction largement inscrite dans notre organisme, puisqu'elle est composée de capteurs, de circuits nerveux et de centres cérébraux. Si la Nature, ou le Créateur, a élaboré un système aussi complexe, c'est bien pour que nous en jouissions ; tout le reste est de la littérature apocryphe.

Les obstacles à l'intimité psychique

Voyons maintenant ce qui, sur le plan psychique, s'oppose à l'établissement d'une bonne intimité. Les obstacles peuvent se situer en chacun des partenaires ou concerner plus précisément leur mode de communication.

Les obstacles en chacun

Une sensibilité réduite

Le manque de sensibilité peut être congénital : on naît pourvu d'un tempérament peu vibrant et peu tendre. Il peut aussi être acquis : au fil des ans, sous la pression de l'éducation, notre caractère s'est endurci. Soit nos parents étaient spécialement durs de nature, soit, ils ont été forgés dans la stricte tradition de la culture judéo-chrétienne. Cette culture se méfie des sentiments : en attachant les êtres, en les amollissant, les sentiments perturbent les âmes et les détournent de leur devoir et de Dieu. Il faut donc les maîtriser. Mais en nous coupant du cœur, de ce qui nous rend humain et nous relie aux autres, cette éducation fabrique des êtres peu chaleureux et peu tendres, voire froids.

Cette attitude répressive, qui culmine dans le puritanisme, est en contradiction avec les messages originaux de la religion chrétienne qu'elle entend servir. En réalité, elle reflète la position des hommes, religieux ou laïcs, au temps du patriarcat : ce qu'ils veulent, c'est se défaire de leur part féminine – la sensibilité, la sensualité, etc. –, car cette part les fragilise face à la femme qu'ils veulent dominer, parce qu'elle leur fait peur et menace leur pouvoir. Le machisme, fruit d'une peur identique, est la même démarche sur le plan profane et dans un registre plus vulgaire.

Heureusement, le patriarcat est en passe de disparaître. La femme et l'homme évoluent très vite. Ils sont devenus égaux et sont en train d'inventer une nouvelle alliance. Le nouvel homme n'aura plus à dominer la femme, il pourra laisser éclore sa part féminine – son *anima*. Il y gagnera doublement : sa vie sera plus riche et plus douce, la nouvelle société plus juste et plus tendre.

Des difficultés sexuelles

La sexualité n'est qu'un moment de l'intimité – une porte d'entrée, un interlude, un sommet. Toutefois, ce moment étant fondamental, les problèmes sexuels risquent de perturber l'intimité. C'est une raison de plus pour les soigner.

Pour l'analyse et le traitement des troubles sexuels, voir *Le Traité des caresses* et *Le Traité du désir*. Je rappelle seulement que les difficultés sexuelles relèvent plus souvent du contexte psychologique (frustration affective, déficit de communication, usure du désir, etc.) que d'un manque de « technique » érotique.

De toute façon, quelles que soient les difficultés sexuelles, il ne faut jamais renoncer à l'intimité : elle ne peut que favoriser l'avènement d'une sexualité réussie. En attendant, elle compensera les frustrations d'une sexualité encore incomplète : en l'absence du plaisir des organes sexuels, le bien-être de l'intimité physique – les étreintes, les baisers, les caresses, etc. – et l'agrément des échanges affectifs offrent un vrai bonheur.

Des peurs

Des peurs de toutes sortes s'opposent souvent à l'établissement d'une véritable intimité. L'intimité, ce n'est pas seulement se blottir dans les bras de quelqu'un et échanger quelques propos sentimentaux, c'est aussi s'abandonner à l'autre, lui ouvrir les portes de sa vie intérieure, le laisser entrer. [29]

• La peur de s'abandonner

S'abandonner physiquement, c'est relâcher les tensions de son corps, détendre ses muscles. C'est aussi s'abandonner aux bras de l'autre. Mais n'est-ce pas indigne d'un adulte bien élevé et doué de raison, d'un chef, d'un intellectuel ? Entre « laisser-aller » et « se laisser aller », entre se détendre et s'avachir, le surmoi ne fait pas de distinction. N'est-ce pas également dangereux ? Entre « laisser-aller » et « laisser faire », il n'y a qu'un pas : l'abandon, en réduisant la vigilance, rend vulnérable.

S'abandonner psychiquement, c'est accepter ses sensations, ses émotions, ses désirs, et les exprimer. C'est donc aussi faire des confidences qui en entraînent d'autres. Ce qui est également indigne d'un adulte, car l'émotion est faiblesse. N'est-ce pas aussi dangereux ? Révéler sa sensibilité est dangereux, confier ses secrets est dangereux, tomber amoureux est dangereux, c'est même ce qu'il y a de plus dangereux, car alors on s'attache et on devient dépendant, on n'est plus maître de son destin, ni de son temps. Et, danger suprême, on s'expose à être abandonné. De l'abandon au don, du don à l'abandon, le cercle mortel est bouclé : plus on se sera donné, plus dur sera le rejet.

À vrai dire, l'abandon, physique aussi bien que psychique, en nous faisant baisser la garde et enlever la cuirasse, fait de nous des enfants et nous livre à l'autre, nous expose à tous les périls.

Une telle peur atteint de préférence les sujets au moi fragile et immature ; ils manquent de confiance en eux et s'accrochent aux repères artificiels qu'ils se sont fabriqués. Pour réduire cette peur ou, mieux, l'éradiquer, il faut qu'ils se construisent un moi fort et une solide confiance en eux. Alors, au moment de s'abandonner, ils n'écouteront plus leur surmoi tyrannique quand il leur dira que c'est « indigne » de se relâcher, car ils sauront qu'un adulte non seulement a le droit de poser son sac, mais qu'il est bon pour lui de le faire. Ils ne l'écouteront pas plus quand il leur dira qu'être sensible est une faiblesse, car ils sauront que l'être fort et riche est celui qui accepte sa sensibilité sans craindre de s'y dissoudre. Ils n'écouteront pas non plus l'enfant peureux en eux qui leur souffle que c'est dangereux de se donner, que c'est risquer de s'attacher puis d'être abandonné, car ils savent qu'en leur centre est un noyau inaliénable et inaltérable, et qu'ils peuvent se donner en sachant se reprendre.

• La peur d'être découvert

L'intimité, c'est laisser l'autre accéder à la partie la plus profonde de soi-même – sa vie intérieure – et se montrer tel que l'on est. En exprimant ses émotions et ses pensées, on révèle ses forces et ses faiblesses, ses beautés et ses laideurs, ses aspirations et ses peurs. C'est donc prendre le risque d'être jugé et incompris, méprisé, rejeté, et ainsi s'exposer à revivre les pires moments de son enfance et voir se rouvrir les blessures d'alors.

Le risque de l'intimité, c'est de se dévoiler soi-même dans l'euphorie de la situation ou d'être percé par l'autre à la faveur de la proximité. Dans les deux cas, le partenaire accédera au domaine secret de l'autre et connaîtra sa part d'ombre : ses doutes, ses insuffisances, ses manques, ses peurs, ses hontes, ses fantasmes, bref, toutes ces choses inavouables qu'il voudrait cacher. Alors, il saura combien cet autre est fragile sous la cuirasse, combien il est laid sous le masque, combien il est néant au-dedans. Peur de voir révélé le néant de la relation.

Ici aussi, pour dépasser cette peur, il faut renforcer son moi. Un être bien construit ne craindra pas d'être découvert, car il a appris à se connaître et a accepté sa part d'ombre, ce qui lui donne une force considérable, ne serait-ce qu'en réduisant sa vulnérabilité aux attaques. Nous l'avons vu au chapitre I de la première partie.

Si vous êtes le partenaire de quelqu'un qui craint l'intimité, rassurez-le, dites-lui que vous l'acceptez tel qu'il est, que vous le comprenez, que vous ne le jugez pas, qu'il peut se faire confiance et vous faire confiance. Et alors, jetez-vous à l'eau.

• La peur d'étouffer

Trop de promiscuité peut provoquer l'impression d'être étouffé. Ce vécu est à relier à des événements de l'enfance – une mère couveuse et étouffante, par exemple - ; il peut aussi être le fait de certains caractères qui ont besoin d'air, d'espace vital.

• La peur de la fusion

Fusionner, c'est recevoir l'autre dans son territoire et risquer d'être envahi et dévoré de l'intérieur. Inversement, c'est entrer dans la peau de l'autre et risquer de n'en point revenir, d'y être incarcéré, enchaîné ou, pire, d'y disparaître – dissout, absorbé, détruit. De toute façon, l'autre apparaît comme un prédateur : aimant, il exige la symbiose ; hostile, il rêve d'assassinat. La peur tourne à l'angoisse, voire à la panique.

L'être bien construit n'aura plus peur des moments de fusion. Il saura ouvrir sa porte à l'autre, le recevoir sans se sentir envahi. Inversement, il saura quitter sa peau pour se glisser dans celle de l'autre sans redouter de s'y perdre. Le moi fort sait ouvrir et clore, entrer et sortir. C'est son autonomie qui lui permet cette souplesse.

• La peur des contacts

L'intimité, c'est le contact au maximum, le contact à pleine peau, à pleines mains et à bras-le-corps. Ceux dont le corps a été traumatisé, battu, violenté, violé, ne peuvent supporter cela, car ils ont l'épiderme à vif, méfiant. Ceux qui n'ont jamais été touchés avec amour n'en ont plus besoin, car ils ont caparaçonné leur peau.

Que faire pour réconcilier les êtres avec leur peau ? Je propose de leur dire : « Changez de disque. » Le disque que vous utilisez, c'est celui que vous aviez composé et enregistré dans votre enfance, quand vous viviez dans le microcosme (papa, maman, vos frères et sœurs, et vous). Il était destiné à atténuer vos souffrances ou ne pas trop sentir vos manques d'alors. Maintenant, vous êtes adulte et vous vivez dans le macrocosme (des proches différents, un espace différent et plus vaste). Il n'y a donc aucune raison que vous vous comportiez comme autrefois. La donne est changée, alors, changez aussi. Pour y parvenir, fortifiez votre moi, par exemple en entreprenant un travail de développement personnel.

Au partenaire de celui qui ne caresse pas je conseillerai : «Ne le prenez pas à rebrousse-poil avec des reproches et des accusations du style. "Tu ne me caresses jamais. Tu n'es pas caressant. Tu es égoïste.

Tu n'es pas celui dont j'avais rêvé. Tu me rends malheureuse, etc." » Ces *tu* accusateurs n'auraient pour résultat que de mettre l'autre en position d'accusé, d'incapable, d'insatisfaisant, voire de cruel, donc de le braquer et de le faire se recroqueviller plus encore. Il est préférable de le convaincre subtilement, mais concrètement, que le toucher est important. Profitez, par exemple du fait qu'il ait mal dans le cou, dans le dos ou à la tête pour masser ces zones. Ou bien faites-lui son shampooing quand il est dans la baignoire. Saisissez toutes les occasions de lui faire prendre conscience que le toucher a du bon, tant pour la santé que pour le bien-être. Accompagnez vos gestes de quelques arguments, puisés dans ce livre, selon lesquels tous les êtres vivants – les enfants aussi bien que les hommes ou les animaux – ont besoin de caresses pour être bien, et qu'elles sont excellentes comme antistress, comme défatigant ou comme antidouleurs. Faites-en un convaincu avant d'en faire un officiant. Alors, un jour, vous prétexterez un mal de cou ou un mal de dos, et vous lui mettrez le tube de baume dans les mains en lui demandant de vous masser. Surtout, n'oubliez pas de le féliciter en faisant des « hum » d'aise et de soulagement.

Au partenaire de celui qui ne se laisse pas caresser, je suggérerai : « Faites-vous plus subtil, plus rare. » Caressez-le à dose homéopathique, quitte à augmenter progressivement la dose. Soyez attentif à ses réactions pour savoir alléger vos mains, arrêter à temps. Entre votre immense besoin de toucher et son appréhension à l'être, il y a un moyen terme, un accord possible. Pour, l'apprivoiser, choisissez vos moments, passez par le biais d'un massage à l'occasion d'un mal de tête, d'un mal de pied… Et tentez de retrouver l'élément qui, depuis son enfance, a créé ce blocage, voire ce blindage de sa peau. Faites-lui raconter son passé, aidez le à se libérer.

Toutes ces peurs sont liées à notre enfance ; l'attitude des autres, en particulier de nos parents, et certains événements ont laissé des traces – des blessures, des mauvais « plis » – dans notre inconscient, et ces traces déterminent nos émotions et nos comportements ultérieurs. C'est d'autant plus vrai – et regrettable – que la relation parents-enfant, et plus spécialement mère-enfant, est le prototype de l'intimité. Si la relation a été mauvaise, il a pu se créer une inaptitude, ou en tout cas une difficulté à l'intimité.

Si la mère était perturbée (dépressive, abandonnique), elle a pu déterminer un manque de confiance et une incapacité à s'abandonner. Si elle était trop fusionnelle, elle a pu engendrer une peur de se dissoudre dans l'autre ou amplifier un complexe d'Œdipe qui compliquera les relations du garçon avec les femmes. Un père trop fusionnel causera les mêmes complications chez sa fille vis-à-vis des hommes.

Une mère dominante ou un père trop sévère engendreront un surmoi tyrannique qui interdira à l'avenir toute émotion spontanée, toute attitude tendre, ainsi que toute possibilité de détente. *A fortiori* si ces parents trop autoritaires ont exercé des viols de la sphère privée : faire irruption dans la chambre de l'enfant ou de l'adolescent, fouiller ses affaires et lire ses lettres. Rien n'est pire pour l'intimité future que ces traumatismes. Ils sont en tout cas aussi graves que les violences physiques.

Quelles que soient ces peurs, nous avons vu que, pour s'en débarrasser, il fallait fortifier sa personnalité (voir le chapitre I de la première partie).

De diverses attitudes qui gênent l'intimité

Trop demander, être exigeant et insatiable, en un mot être « panier percé ». Le risque est de lasser et d'épuiser et le partenaire, et la relation. Demandez-vous plutôt les raisons de ces besoins excessifs et travaillez sur vous. Construisez votre personnalité, devenez autonome.

Trop se plaindre, trop pleurer jusqu'à devenir fontaine intarissable. Les risques sont les mêmes que ci-dessus. Et le travail à faire est le même.

Trop coller à l'autre, avoir en permanence envie de le toucher, d'être contre lui. Si l'autre aime cela, c'est parfait. Si ça l'agace ou, pire, si ça l'indispose et qu'il vous rejette, espacez vos caresses et câlins, laissez-lui des plages d'isolement. À chacun son tempérament. Interrogez-vous sur l'origine de votre comportement, de votre besoin de symbiose, renforcez votre autonomie. Essayez aussi de comprendre le pourquoi du comportement de l'autre.

Trop parler, bavarder. Ça saoule le partenaire. Ça dresse un mur verbal entre les intimes.

Trop remuer, être trop nerveux. Vous avez le droit de « ne rien faire ». Apprenez à vous détendre. Initiez-vous à la relaxation. Demandez-vous pourquoi vous avez des difficultés à vous poser. Est-ce une question de tempérament ? La peur d'être rattrapé par vos problèmes, vos angoisses ? Votre activité frénétique ne serait-elle pas une façon de fuir votre monde intérieur ?

Être ennuyeux, ne rien dire, ne rien faire, n'avoir rien à faire sentir ou ressentir. Ce n'est pas drôle pour l'autre. Pourtant, vos mains sont des mines de caresses et votre peau est une planète de sensations. Alors peut-être êtes-vous bloqué ? Libérez-vous, débarrassez-vous de la carapace de l'enfant réprimé, du complet trois pièces du P.-D.G., de l'uniforme du chef ; débarrassez-vous de ces protections ; débarrassez-vous de la honte et de la raison. Laissez parler votre cœur, il a tant à dire ; laissez vivre votre imaginaire, il a tant à inventer ; laissez monter vos souvenirs, ils ont tant à vous apprendre. Nourrissez-vous sans cesse aux sources généreuses que sont les livres, les spectacles, les expositions, les voyages, et offrez toutes les richesses à votre partenaire.

Être négatif, juger, dévaloriser, accuser, être jaloux, être méchant, être rancunier. Tout cela est incompatible avec l'intimité, contraire à la confiance qu'elle suppose. Pour vous purger de ces sentiments négatifs, apprenez à vous aimer.

En ce qui concerne l'obstacle important que constitue l'usure du couple (du désir, des sentiments), il est si important que deux chapitres (9 et 10, deuxième partie) lui sont consacrés.

Des cas particuliers

Certaines structures mentales peuvent plus particulièrement gêner l'intimité. Heureusement, elles pourront être amendées. Ces structures concernent les femmes autant que les hommes.

Le « moi » fragile

Il fuit l'intimité ou, s'il s'y prête, ne peut s'y abandonner, perdant ainsi les bénéfices qu'il pourrait y trouver. En effet, pour protéger son noyau mou des atteintes extérieures, il s'est entouré d'une carapace. Mais s'il peut ainsi mieux résister aux viols, aux invasions et à l'engloutissement émotionnel par des tiers et éviter d'être submergé par ses propres émotions, il n'en reste pas moins vrai que cette carapace fait obstacle aux échanges intimes.

L'affamé

Il est avide d'intimité et d'amour, jusqu'à être insatiable. Est-ce une question de tempérament ? Est-ce un besoin archaïque, c'est-à-dire remontant à une enfance où, par manque d'amour, l'évolution affective a été bloquée au stade oral ? Cette personnalité « orale » ou « abandonnique » recherche une relation fusionnelle, symbiotique ; son besoin excessif rend l'individu exigeant et inquisiteur (« Est-ce que tu m'aimes ? », « À qui penses-tu ? », « Que ressens-tu ? »). Il vit l'amour sur le mode de la dépendance et de la possessivité, il vit pour l'autre et à travers l'autre, jusqu'à oublier sa propre existence. Une telle attitude inquiète le partenaire qui, craignant d'être envahi ou absorbé, aura tendance à esquiver les situations d'intimité, voire à fuir le personnage.

Il s'agira, pour cet affamé, de travailler de façon à retrouver une autonomie, c'est-à-dire à vivre par lui, et par lui d'abord. Il pourra alors respecter et même apprécier l'autonomie de son partenaire. Il aura compris que faire des choses l'un sans l'autre, ce n'est pas les faire l'un contre l'autre. Ainsi, au moment de l'intimité, il acceptera que l'autre soit différent et qu'il ait besoin d'espace et de silence ;

son mutisme et sa réserve ne l'empêchent pas d'aimer, à sa façon. Dès lors, au lieu de se plaindre de l'attitude de son partenaire, il osera se demander si ce n'est pas lui qui a un besoin excessif de proximité et de réassurance.

Le cérébral

Chez lui, la tête prédomine sur le cœur et les sens. Rationnel, il considère que l'intimité est un jeu inutile, superflu. Et il s'en défend.

L'obsessionnel

Il a un besoin maladif – permanent et impératif – d'ordre. Il s'entoure d'habitudes bien établies, observant un véritable rituel dans les actions. Il tranche et classe de façon manichéenne. Autant de comportements qui le sécurisent.

Tout cela est contraire à la relation amoureuse intime, faite de spontanéité, d'imprévu, de fluidité, de nuances et de demi-teintes.

Le phobique

Il a peur des courants d'air, donc d'être nu ; peur des microbes, donc des baisers sur la bouche et *a fortiori* sur le sexe ; peur d'étouffer, donc des enlacements et des étreintes, etc. Pour apprécier l'intimité, le phobique devra élucider ses phobies grâce à une thérapie.

Le don Juan

En collectionnant les conquêtes féminines, le don Juan veut se prouver qu'il peut séduire. Certains avancent même qu'il veut affirmer une virilité incertaine et contrer une tendance à l'homosexualité. Quoi qu'il en soit, l'intimité qu'il propose entre dans sa tactique de manipulation de la femme, mais ne constitue nullement un échange authentique, et moins encore un don ; l'autre reste un objet. À noter que les femmes peuvent également avoir une attitude de don Juan.

L'hystérique

Bien que l'on trouve de plus en plus d'hommes hystériques, il s'agit ici de l'hystérie féminine. L'hystérique promet beaucoup, mais ne tient guère. C'est une séductrice, voire une allumeuse, mais son corps se défile à un moment ou un autre : il n'entre pas vraiment dans les tendres échanges, il renâcle à se laisser emporter par l'orgasme. Elle n'aime pas non plus chérir le corps de l'autre et le caresser. C'est dire qu'elle n'est pas prédisposée à l'intimité.

À la base de cette structure et spécialement de ses difficiles relations à l'homme, on trouve des fantasmes de père-amant élaborés depuis l'enfance. Un travail sur elle pourrait l'en libérer et lui ouvrir le ciel de l'intimité.

Chapitre V
L'INCONSTANCE

Le terme quelque peu désuet s'intègre bien dans les sept péchés capitaux. « L'inconstance en amour, dit le Robert, est une tendance à l'infidélité. »

L'inconstance entraîne toujours des perturbations dans la relation, et même de graves conflits. Ses causes sont nombreuses ; parmi celles-ci, le manque de communication n'est pas la moindre.

Les causes de l'infidélité

L'impermanence

Notre vie psychique est un flux continu : le temps s'écoule, et coulent et passent nos pensées, nos sentiments, nos goûts. Rien n'est stable. Déjà, dans le cours d'une même histoire d'amour, les sentiments fluctuent ; c'est une alternance de débordements et de basses eaux, une succession de flux et de reflux, selon que le cœur s'accélère ou se ralentit. Et, périodiquement, l'un aime plus que l'autre. Jusqu'au jour où l'un n'aime plus du tout, le plus passionné peut-être. [28]

En examinant l'évolution d'une vie, on s'aperçoit mieux encore à quel point les choses changent. Rien en nous ni au-dehors de nous n'est immuable. La personne que nous sommes à soixante ans n'est pas pareille à celle que nous étions à cinquante, à trente ou à vingt ans. Cette « impermanence » de toute chose est un des thèmes de réflexion de la philosophie bouddhiste.

Il s'ensuit que ce qui nous avait rapproché et lié à notre partenaire – les sentiments, la sensibilité, les goûts, les intérêts – a changé. Parfois, il semble qu'il n'y ait plus de raisons d'être ensemble. Certains mettent un terme à la relation ; d'autres la poursuivent, mais font appel à des êtres extérieurs pour satisfaire leur nouvelle personnalité. L'impermanence est donc cause d'infidélité.

Nombre de penseurs ont fait de l'impermanence un dogme, réduisant ainsi la vie à une fatalité. Cela arrange beaucoup de personnes, qui trouvent là une excuse pour se laisser mener vers des expériences sans avoir à le décider, vers des directions sans avoir à en faire le choix. L'impermanence est trop souvent l'alibi philosophique d'un reniement de sa volonté, d'un renoncement à ses responsabilités. En réalité, si le fleuve de la vie porte et emporte notre barque, nous avons toutefois la possibilité de la contrôler et ainsi d'éviter que le courant ne nous éloigne de l'axe de notre vie et ne nous écarte de notre partenaire. Dans chaque vie, il y a une possibilité de permanence ; elle s'organise autour du « Deviens ce que tu es », lequel implique « Fais ce pour quoi tu es fait ». C'est en gardant le cap sur ce projet que nous donnons un sens et une cohésion à notre vie.

Réussir notre vie de couple peut être le but – et le moyen – de notre évolution. Alors il faut veiller à ce que notre barque ne perde pas le contact avec celle de notre partenaire. Pour évoluer soi-même sans perdre de vue l'évolution de l'autre, il faut entretenir une communication véritable, cultiver une grande ouverture de cœur, accepter et même se réjouir des différences qui apparaissent (ce sont des sources d'enrichissement réciproque) et ménager des temps d'évolution commune (recherches en commun, projets de cocréation). Les partenaires ne se perdent que si l'un évolue et pas l'autre, ou si l'un évolue sans tenir compte de l'autre. Une vie, même faite de courants et de cascades, peut être une unité ; un couple, même assailli de tourbillons, peut être une œuvre continue.

L'agitation sexuelle

L'humain conserve au fond de lui un désir orienté tous azimuts et une « tendance exploratoire » qui le pousse à se rapprocher de ses semblables, à les toucher et à vouloir les connaître. Cette faim de l'autre est extrêmement puissante. Parfois, elle se manifeste de façon irrésistible. C'est ainsi que l'on voit des hommes ou des femmes reconnus fidèles et « vertueux » y succomber au mépris de leur réputation ; ou des hommes et des femmes chargés de lourdes responsabilités familiales y céder en dépit de conséquences graves. Même le risque de mort n'y change rien : beaucoup de gens s'y laissent aller sans précaution au risque de contracter le sida ; beaucoup de femmes s'y laissent emporter au risque d'être exécutées.

Ces écarts, ces coups de folie ne s'expliquent pas par la seule pulsion sexuelle. Ils correspondent aussi à un besoin de vie intense, de merveilleux, d'évasion, de transcendance et de transgression aussi. S'il ne s'agissait que de « besoin d'organe », l'humain n'entourerait pas sa recherche de partenaire de tant d'émotions, de sentiments, de rêves, de décorum, de mise en scène, bref de tout le cortège de son cœur et de son imaginaire.

> Je ne peux, dit Laurence, me passer de rencontres, de surprises, de découvertes. C'est ma façon de reprendre des forces, de la jeunesse, de relancer mon imagination. Pourquoi être condamnée à ne désirer qu'une seule personne ? Pourtant, je tiens à mon mari. Lui et mes enfants sont le centre du monde.

C'est peut-être une maladie, dit Alexandre, j'aime ma femme, mais je ne peux m'empêcher d'aller voir ailleurs. Ça m'élargit à d'autres horizons. Le monde reste ouvert.

Les artistes, les poètes et les religieux cherchent au fond d'eux-mêmes les sources du renouveau et de la transcendance. Les savants et les explorateurs les recherchent dans le monde extérieur. Mais le commun des mortels n'a d'autres ressources que l'autre – son corps, son cœur –, un autre qui devient le réalisateur de leur grand rêve et le co-héros d'une « aventure sentimentale », aventure qui semble à portée de main et qui est bien la plus aventureuse qui soit.

Que font de cette agitation sexuelle, de cette tendance exploratoire, ceux qui restent fidèles ? Peut-être sont-ils artistes, religieux ou savants et trouvent-ils en eux ou dans le monde de quoi satisfaire leur besoin d'évasion, d'envolée. Peut-être savent-ils être pour leur conjoint un magicien : celui qui est multiple, renouvelé, imprévisible, celui qui est mystère. Et qui anime, étonne, émeut, fait rire, qui met du désordre dans l'ordre.

Je pense aussi que ceux qui restent fidèles voyagent beaucoup dans l'imaginaire. L'exploration, ils la pratiquent au travers des romans, des œuvres théâtrales, des films, des œuvres d'art. Quant à l'agitation sexuelle, ils la vivent en fantasmes ; les êtres qu'ils désirent, ils les invitent en pensée dans la phase d'excitation de la relation sexuelle, mais quand survient l'orgasme, ils reviennent à la personne aimée. Peut-être même que l'homme ne quitte pas un seul instant sa partenaire car celle-là est toutes les femmes ; l'étreignant, il embrasse toute la féminité du monde. Elle est LA femme, le sexe de la Terre. Pour elle, il est L'homme, la masculinité de l'univers.

Le phénomène des facettes

Les êtres, comme les pierres taillées, ont de multiples facettes ; comme le manteau d'Arlequin, ils sont faits de plusieurs couleurs.

Ces facettes et ces couleurs concernent tous les plans du psychisme, le conscient autant que l'inconscient. Chaque facette porte une sensibilité particulière, des désirs bien à elle, des possibilités propres. Chacune aspire à être reconnue, illuminée, à briller. Virtuelle, chacune est en attente de l'événement ou de l'être qui saura la révéler. Mais comme elle n'est visible que sous un certain angle, elle peut avoir échappé à un partenaire et être décelée par un autre. Même si les deux partenaires l'avaient découverte, peut-être qu'un seul pouvait la satisfaire.

Julie a deux amants : « Chacun, dit-elle, a des qualités très différentes. À deux, ils se complètent et me comblent, m'équilibrent. »
Jacques a deux maîtresses : « Chacune, déclare-t-il, correspond à une partie de moi qui a besoin de vivre. Pour être entier, il me faut plusieurs femmes. »
Guillaume : « On ne peut rester fidèle toute une vie sans frustrer des parties de soi-même. On a besoin, pour mieux se connaître, mieux se comprendre, de se mesurer aux désirs des autres. Chaque nouvelle partenaire dévoile une facette cachée de moi. »
Madeleine a trouvé, semble-t-il, une réponse au problème des facettes. C'est une ex-soixante-huitarde : « Dans les années soixante-dix, j'ai eu de nombreux amants. Érotiquement, je m'éclatais. Il m'arrivait de changer de partenaire chaque semaine. J'ai eu aussi des passions. Aujourd'hui je ne me souviens plus de mes amants de corps et je n'ai rien retenu de mes nuits frénétiques. Quant à mes passions, c'était beaucoup d'exaltation et pas mal de souffrances, mais je n'en ai pas retenu grand-chose non plus ; aveuglé, obsédé, mon moi tournait en rond comme un cyclone. Non, il ne m'est rien resté de ces relations orageuses, ni de ces hommes pour qui, pourtant, j'aurais cru mourir. Ils ont disparu, corps et biens. En revanche, les hommes que j'ai désirés et approchés, mais sans passer à l'acte, sans me laisser emporter, ces hommes m'ont beaucoup appris et je les revois. Au fond, le sexe mis à part, ce que l'on recherche dans l'autre, c'est à se confronter à une conscience, à s'enrichir et à évoluer

à son contact. Les amitiés, et spécialement les amitiés amoureuses, permettent cela. On va plus loin avec les amis, quand l'amitié est profonde, qu'avec les amants. »

Les contradictions

L'humain est fait de contradictions, ce qui peut le rendre inconstant. Selon que ses forces de cohésion ou ses forces de dispersion l'emportent, il sera fidèle ou pas. Nous sommes parfois désorientés par nos propres ambivalences, ambiguïtés ou paradoxes. Rien en nous n'est univoque, nos sentiments, nos pensées, nos désirs. Quand l'affectif s'en mêle, c'est pire : nous pouvons vouloir une chose et son contraire : « Je veux un grand amour qui m'enchaîne jusqu'à la mort et je veux être libre comme l'air. Je veux m'engager et au moment de le faire pointe un désir de liberté. Je veux être fidèle et c'est alors que se produit l'infidélité. Je veux être un héros pour celle que j'aime et je lui demande de me materner. Je suis gentil et méchant à la fois. Vrai et faux. »

Il faut accepter d'être ainsi, c'est le propre de l'homme. Dans les langues anciennes, les mêmes mots désignaient une chose et son contraire. Et Freud avait confirmé que toute crainte est doublée d'un désir. Nous sommes vraiment bipolaires, à l'instar de tout ce qui existe au monde, ce qu'avaient vu depuis des lustres les philosophes et les religieux ; ces derniers, en particulier les manichéens, donnant à cette bipartition une connotation morale – le Bien et le Mal, l'Ombre et la Lumière. Même lorsqu'elle se situe à la pointe du progrès technologique, comme dans l'informatique, notre pensée fonctionne de façon binaire.

Accepter de se savoir ambivalent permet de voir plus clair en soi et assure une certaine maîtrise de sa vie intérieure.

La dialectique madone-putain

L'épouse, femme tendre, femme maîtresse de maison, femme mère, rappelle à l'homme une personne semblable, mais intouchable, car objet du plus grand des tabous : sa mère. En plus, cette femme lui a donné des enfants, ce qui la sacralise davantage. Alors, inconsciemment, l'homme est tiraillé entre son désir pour elle et une sorte de respect. Il tranche : par devoir, il fera l'amour avec elle, mais « à la papa » pour les fioritures, les trente-six positions, les recherches en tout genre, les excès et les records, il s'adressera à des femmes extérieures, des femmes libres de tout ce contexte de respectabilité : des maîtresses ou des prostituées. Dans tous les pays monogamiques, les choses se sont toujours passées ainsi. Des Romains jusqu'aux bourgeois du XIXe siècle, les hommes, face au dilemme désir-respect, ont choisi la dichotomie. Ainsi, la respectabilité de la femme-épouse engendre l'infidélité de l'époux.

Il existe toutefois des hommes qui tranchent autrement : quand le désir les pousse vers leur épouse, c'est la respectabilité qu'ils taillent en pièces : ils traitent la femme de putain et, joignant le geste à la parole, ils la traitent en putain. Abaisser la femme pour pouvoir lui faire l'amour, c'est ainsi que les machos ont toujours résolu leur dialectique madone-putain.

Reste une autre solution, inverse des comportements précédents : transférer le respect dans la sexualité, faire de l'activité sexuelle un érotisme sacré, faire de la partenaire une célébrante. Ce qui n'est pas pensable en Occident, où la chair est péché depuis deux mille ans. Sauf à réinventer le sacré de l'amour.

Le chiffre 3 ou le trio œdipien

Il est des cas où l'infidélité n'est autre que la réalisation d'un programme régi par le chiffre 3. C'est sous ce signe que fut placé notre premier amour : l'enfant qui « désire » le parent de sexe opposé se trouve confronté à un couple. Cette expérience précoce, laissant une trace indélébile dans l'inconscient, induira chez certains une tendance à s'inscrire dans une relation triangulaire.

Considérons le cas d'une femme qui prend un amant. Si elle est mariée, la combinaison affective trielle est : elle, plus son mari, plus son amant, le mari représentant la figure paternelle. Si elle n'est pas mariée, elle s'arrangera pour tomber sur un homme marié, réalisant la combinaison : elle, plus son amant, plus la femme de son amant. Voyons, maintenant le cas d'un homme qui prend une maîtresse. S'il est marié, la distribution est : lui, plus son épouse, plus sa maîtresse, l'épouse figurant la mère. S'il n'est pas marié, il tombera fort à propos sur une femme mariée et le casting sera : lui, plus sa maîtresse, plus le mari de sa maîtresse, celui-ci représentant l'instance paternelle.

En se plaçant dans de telles situations, la femme ou l'homme retrouve les douleurs et les ambiguïtés de l'enfance, ainsi que le cortège des fantasmes et des désirs de cette époque. Par exemple, l'homme qui s'éprend d'une femme mariée retrouve les souffrances de ses premières années associées aux fantasmes de désir pour la mère et de haine mortelle pour le père. On peut se demander pour quelle raison on va ainsi au-devant de la douleur. C'est qu'il existe un mécanisme psychique imparable : la répétition de la souffrance. Dans l'inconscient, la mémoire d'une jouissance masochiste ressentie dans une situation douloureuse incite à rechercher des situations analogues.

Les manifestations du chiffre 3 nous poussent parfois à de curieuses décisions, par exemple, à nous faire épouser un conjoint prédestiné à l'infidélité – un homme inconstant, une femme séductrice – de façon à nous situer dans une combinaison triangulaire, mais, cette fois, plus dans le rôle de « trompeur », mais dans celui de « trompé ». Prenons le cas d'une femme dont le mari a une maîtresse. Dans le triangle – elle, plus son conjoint, plus la maîtresse de son conjoint –, celle-ci représente la mère de cette femme.

Parfois, l'inconscient est plus perfide encore : une femme prend un amant qui est marié, mais ce qui l'intéresse en réalité, c'est la conjointe de cet amant, qu'elle assimile à sa mère. Le but du jeu est d'exiger de l'amant qu'il quitte sa conjointe, comme elle avait espéré voir son père délaisser sa mère – à elle – pour l'enfant qu'elle était.

Les infidélités messages

C'est la femme qui en use le plus souvent. Elle voudrait que son conjoint l'écoute, qu'il soit plus tendre, qu'il lui fasse l'amour autrement, qu'il la comprenne, qu'il la sorte. Elle le lui a dit, fait sentir, redit de nombreuses fois. En vain : il esquive ou n'entend pas. Alors, elle prend un amant pour lui donner à réfléchir et l'amener à accéder à ses désirs. Elle veut aussi le tester – « Tient-il vraiment à moi ? » – et le punir – « Ça lui apprendra ». Bien sûr, elle veut également se tester – « Serais-je moins séduisante ? ». Par la même occasion, elle vérifiera s'il existe vraiment un homme comme elle en rêve.

Catherine a tout essayé pour se faire comprendre de son mari : il s'étonnait de ses remarques et de ses demandes ; pour lui, tout allait bien. De guerre lasse, elle s'est lancée dans une aventure extraconjugale, « comme pour jeter un pétard dans la relation et pour voir comment c'est au-dehors ». C'est tout récent, mais elle est déjà satisfaite : « Mon amant, quand il me regarde, il me voit, et quand il m'écoute, il m'entend. Il remarque le moindre changement : une autre façon de me coiffer, un nouveau chemisier, la paire de chaussures achetée la veille. Avec lui, ça vaut le coup de se demander : qu'est-ce que je mets ? »

Les hommes, eux, quand ils ne sont pas satisfaits, le disent rarement.

Henri, comme tant de maris, trouve que sa femme est plus mère qu'épouse. « Comment lui dire cela ? Je n'aime pas réclamer. Et puis, j'aurais l'air d'être jaloux des enfants. » Alors, il a pris une « petite amie ».

Faute d'oser demander, les hommes vont plus vite chercher dehors ce qui leur manque.

Les infidélités pour s'affirmer

C'est également une attitude plutôt féminine en ces temps où la femme cherche à conforter son identité. Après quelques années faites de concessions, voire de soumission à son mari et à sa famille, faites aussi de routine, la femme a le sentiment de s'être dissoute, de ne plus savoir qui elle est vraiment ni quels sont ses désirs propres. Elle a également l'impression de s'être enlisée et que son évolution s'est arrêtée. À la réflexion, elle trouve que, décidément, il lui a manqué de voler de ses propres ailes. Elle décide donc d'avoir une aventure pour mieux se redéfinir et progresser.

Souvent, elle n'analyse pas d'emblée la situation. Elle éprouve une insatisfaction sexuelle, elle se focalise dessus, et quand elle décide de prendre un amant, c'est à ses yeux pour ce motif, le plus tangible et le plus évident. Mais, au cours de son aventure, elle prend clairement conscience que son insatisfaction est plus vaste et concerne aussi son évolution psychique. En réalité, elle cherche à ce qu'on l'aide à découvrir toutes les dimensions de sa personnalité.

L'infidélité ne me semble pas être le meilleur moyen d'affirmer son identité. Cette recherche se déroule dans des conditions peu favorables, en ce sens qu'elle ne bénéficie pas de l'énergie d'un engagement et qu'elle s'accompagne souvent de culpabilité. Le fait d'avoir réussi à séduire un homme et à obtenir son premier orgasme donne assurément confiance en soi, mais ce n'est qu'un succès d'amour-propre, pas une métamorphose. De plus, ce succès risque d'être éphémère, car l'apport d'énergie fourni par le partenaire n'est que provisoire.

La découverte de la vraie signification de son existence, la transformation réelle et durable de sa personnalité et de ses comportements ne peuvent s'obtenir que par un travail sur soi, ce qui demande du courage et du temps, bref, un effort soutenu. Cela suppose aussi l'aide d'un thérapeute.

Nadine, quand elle s'est mariée, a choisi d'assister son mari dans sa carrière, d'être son soutien inconditionnel et pour cela de faire tout ce qu'il voulait, quitte à renoncer à ses propres besoins. C'était se condamner à sacrifier sa propre personnalité et à vivre à travers l'autre. Plus elle lui donnait, plus il exigeait, et moins il était reconnaissant. Un jour, elle a pris conscience qu'elle n'existait vraiment plus pour lui et encore moins pour elle-même. Elle s'est ressaisie et a décidé de modifier la situation avec, pour objectif, de se changer et de le faire changer. Mais il s'est opposé à tout changement, bloquant de ce fait toute évolution. Alors, Nadine a pris un amant. Elle a repris confiance en elle, retrouvé son appétit de vivre et cessé de travailler pour son mari afin de se consacrer à la peinture, un talent qu'elle avait toujours négligé car ni son père ni son mari ne l'y avaient encouragée. Apparemment, cette rencontre extraconjugale l'avait changée. Mais, pour des raisons diverses, son amant a dû mettre un terme à leur liaison. Nadine a sombré dans un état dépressif sévère et retrouvé sa difficulté à exister par elle-même. Cette aventure l'avait fait progresser, mais ne l'avait pas transformée. Elle a entrepris une thérapie et découvert enfin qui elle était, pour quoi elle était faite et comment vivre par elle-même.

L'usure de l'amour

Cause très importante d'infidélité, ce thème a été traité dans le chapitre IX de la deuxième partie.

La monotonie sexuelle

Ce thème capital a été étudié dans le chapitre X de la deuxième partie.

Les insatisfactions

Elles sont de tous ordres – affectif, énergétique, sexuel, spirituel, etc. Elles ont été décrites dans le chapitre VIII de la deuxième partie.

Les conséquences de l'infidélité

La survenue d'une infidélité a toujours des conséquences importantes, parfois même capitales – pour l'infidèle, pour le partenaire et pour l'entourage.

Conséquences pour l'infidèle

Effets bénéfiques. Tomber amoureux à nouveau, c'est vivre cette révolution joyeuse qu'est l'état amoureux. Sous l'effet de la rencontre, des facettes ternies ou d'autres restées dans l'ombre se mettent à briller.

Effets négatifs. Souvent, il y a des contreparties à ce bonheur : la tristesse et les frustrations liées à l'absence de l'être aimé, l'anxiété en rapport avec une situation souvent inconfortable ou aléatoire, sans oublier les complications ou les drames liés à l'un des protagonistes.

Conséquences pour le partenaire

Effets bénéfiques

1) L'exaltation des sentiments amoureux. Quand la personne que l'on aime s'intéresse à un tiers, un regain d'amour pour elle nous

saisit ; nous pouvons alors passer de la tiédeur à la passion. Nous ne désirons rien tant que ce que nous risquons de perdre.

2) L'amélioration de l'humeur de l'infidèle, la relation extérieure lui apportant ce qui lui manquait au plan sexuel, affectif ou intellectuel.

3) Parfois, il se produit chez l'infidèle un retour d'amour pour son conjoint.

Effets négatifs

La souffrance est intense, extrême, non maîtrisable. C'est une des plus atroces que puisse éprouver un être humain. Quelque chose se déchire soudain au fond de nous, quelque chose qui est le plus profond de nous, et de cette déchirure fuse un hurlement dont les échos se répercutent des mois, des années. Cette souffrance s'accompagne de troubles de l'humeur : tristesse, anxiété, angoisses, voire dépression véritable. Elle s'accompagne aussi de troubles psychosomatiques.

Si l'événement prend les proportions d'un séisme, c'est qu'il touche à des points extrêmement sensibles de l'âme : les blessures de l'enfance. Dans le chagrin d'amour, nous relions inconsciemment les douleurs présentes à des douleurs anciennes enregistrées dans notre mémoire, les secondes majorant les premières. La situation actuelle rappelle une situation vécue dans l'enfance ou au cours d'une autre histoire d'amour : les douleurs d'alors remontent et se mêlent aux douleurs présentes. Trois sentiments archaïques sont concernés :

• *Le sentiment d'abandon.* On interprète le fait que notre partenaire fréquente un autre être comme une menace d'abandon. L'angoisse et parfois la panique qui s'ensuivent sont bien entendu à relier à des événements de l'enfance. Bien qu'aimante, il fallait bien que maman nous quitte par moments ; mal aimante, elle nous quittait trop mal et trop longtemps. Notre enfant intérieur a gardé les traces de ces douleurs. Cet atroce sentiment d'abandon est bien la grande affaire de tous les vivants.

• *Le sentiment de dépossession.* Nous avons l'impression que la personne rivale nous prend l'objet de notre affection et nous exclut de l'amour. Nous avions vécu cette situation, ô combien, au temps de notre amour œdipien ; le triangle infernal, la jalousie, nous connaissons.

• *Le sentiment de dévalorisation.* « Puisque mon – ma – partenaire s'adresse à une autre personne pour satisfaire ses besoins affectifs, sexuels ou intellectuels, c'est que je suis un être inférieur à cet autre, et même inférieur en général ! » Ainsi l'infidélité du conjoint est vécue comme un acte qui met en cause notre valeur. Ainsi la douleur a aussi pour origine une blessure narcissique.

Sous ces divers sentiments, un dénominateur commun : la peur, sous toutes ses formes. Peur de n'être plus aimé, de n'être plus aimable de n'être plus désirable, d'être rejeté, d'être seul. C'est la peur qui teinte d'angoisse la souffrance, la rend insupportable. Et c'est la peur qui pousse à la violence.

Gérer l'épreuve

Selon nos réactions, nous entrerons dans le drame, la destruction, ou, au contraire, nous ouvrirons un futur où tout est possible y compris la sauvegarde de l'amour, ou, mieux, son agrandissement.

Si vous êtes la personne « trompée »

Donnez un sens à cette crise. Elle indique qu'il y a quelque chose à changer, à faire progresser dans votre couple, certes, mais aussi, et surtout, en vous. C'est pour vous une chance prodigieuse d'évoluer, de grandir, de vous élever. « Je ne suis pas la victime de l'autre, de la malchance. Je ne subis pas les événements, je peux et je veux être le créateur de ma vie. » C'est en vous positionnant à ce niveau de conscience que vous pourrez gérer la crise : atténuer vos douleurs et celles des autres, établir un dialogue constructif, préparer l'avenir. Ce sont les crises qui font progresser les couples et évoluer les êtres. [28]

Occupez-vous de vos douleurs. D'abord, acceptez votre douleur, acceptez de ressentir cette émotion pénible qui remplit votre conscience. Regardez-la en face. Là, vous êtes dans le pays de votre ombre, osez le traverser, vous y rencontrerez cette part de vous qui a été trahie : l'humiliation, la haine, la peur, la colère.

Ayant accepté votre douleur, exorcisez-la en exprimant les émotions qu'elle suscite en vous : pleurez, criez, hurlez, tapez sur les coussins, les murs, le sol, le tronc des arbres. Par effet de catharsis et par défoulement symbolique, votre douleur s'atténuera.

Maintenant, vous pouvez agir sur les racines de votre souffrance et l'atténuer en la relativisant. Si elle est intense, disproportionnée en quelque sorte, c'est en raison de votre blessure d'enfance. Inconsciemment, vous reliez l'événement actuel à des événements de l'enfance et vous les assimilez. Le présent rouvre une blessure du passé, et la douleur d'autrefois double la douleur présente. Mais ce n'est pas juste, les événements ne sont pas semblables, et, aujourd'hui, vous n'êtes plus condamné à subir, vous êtes libre de réagir. Occupez-vous de l'enfant blessé qui pleure au fond de vous. Accueillez-le, parlez-lui, consolez-le, rassurez-le, donnez-lui de l'amour, soyez son père ou sa mère.

Sachez communiquer selon les règles de l'art exposées dans la troisième partie. Dans ces circonstances extrêmement sensibles, la communication a le grand rôle. Si vous la négligez, vous irez vers un dialogue de sourd ou, pire, un pugilat destructeur. Si vous la respectez, l'échange sera constructif et la relation, quelle que soit l'issue, sauvée.

Si vous êtes l'infidèle

Perfectionnez votre communication. Rappelez-vous que communiquer, c'est échanger de l'humain, ce n'est pas avoir raison, faire céder, obtenir ce que l'on veut, triompher.

Efforcez-vous de comprendre. Vous comprendre et comprendre l'autre, comprendre l'événement. Refusez de vous situer – ou d'être situé – en coupable.

Après avoir fait face à l'urgence, il vous faudra, au bout d'un certain temps, prendre les grandes décisions : rester ou partir, faire un travail sur vous, accéder à un autre niveau d'amour, pardonner. Que vous preniez le parti de rester avec votre partenaire ou de le quitter, évitez de prendre des décisions à chaud et rapidement ; donnez-vous le temps de comprendre et de vous expliquer avec votre partenaire. La colère est bien la plus mauvaise conseillère. Il faut la laisser retomber avant de prendre toute décision. C'est souvent une réaction d'orgueil d'ampleur démesurée qui entraîne des réactions excessives.

Que vous restiez ou que vous partiez, vous devez faire un travail de transformation sur vous ; l'événement a bien montré que c'était nécessaire. Si vous restez, ça vous aidera à restaurer votre couple ; si vous partez, ça vous évitera de rater le prochain.

Réinventer une autre fidélité

Voilà plusieurs milliers d'années que la fidélité nous est imposée – notamment à la femme – par contrainte. Les États et les religions, l'exigeaient sous peine de sanctions. Ces pressions étaient destinées à consolider la société que les hommes avaient établie à leur profit. Derrière l'obligation de fidélité, il y avait la peur des hommes de perdre le pouvoir.

La donne a radicalement changé. Toutes les lois civiles et religieuses qui brimaient la femme ont été abolies. Les contraintes étant levées, qu'est-ce qui pourrait faire qu'une femme et un homme vivent ensemble dans la fidélité ? Le sentiment associé au désir, certes, mais ce n'est pas suffisant, puisque ces émotions s'usent. L'intérêt, n'en parlons pas, il n'a rien à voir avec l'amour. Seul un « idéal », librement conçu et librement choisi, pourrait fonder une nouvelle fidélité. Reste à savoir si la fidélité peut encore avoir un sens et quelque valeur, et, si oui, à en inventer les bases et les modalités.

La nouvelle fidélité est débarrassée de toutes craintes et contraintes. Elle est un choix déterminé par chacun et en son nom propre, choix en connaissance de cause, parce qu'il est juste et bénéfique pour soi et pour le couple. [28]

La fidélité est un témoignage d'amour. En étant fidèle à l'être aimé, on lui déclare qu'il vaut plus que tout autre. La fidélité est le choix d'investir toute son énergie à la construction du couple et au travail que l'on doit faire sur soi, travail destiné à se transformer et faire évoluer ce couple. La fidélité est la décision d'assurer au couple et à chacun une sécurité et une paix qui créent un contexte favorable à l'épanouissement de tous. Il existe un besoin légitime de sécurité, qui n'est pas forcément le fruit d'une peur abandonnique ou de quelque autre névrose. La fidélité est une prise de responsabilité, selon laquelle on assume d'être comptable de tous ses actes et de leurs conséquences. Par exemple seront prises en considération les possibles conséquences négatives d'une infidélité pour le conjoint, le couple, les enfants. La fidélité est une voie d'épanouissement sexuel. La concentration du désir sur un seul partenaire préserve le côté « unique » de l'activité sexuelle, et donc sa signification et son « sacré », alors que la dispersion sexuelle risque d'aboutir à une banalisation et à une perte de sens. Par ailleurs, la concentration associée à la durée permet aux partenaires d'ajuster leur sexualité et de peaufiner les recherches en vue de conduire la femme à l'orgasme.

La fidélité est une voie spirituelle, elle oblige à faire un travail d'approfondissement et de maturation de sa propre personnalité. On prend alors conscience que l'infidélité est une quête quelque peu immature et souvent vaine pour trouver hors de soi la solution à des problèmes existentiels et l'estime, les réassurances, les richesses qu'en réalité on a en soi ; si on a préféré cette quête, c'est que la prospection externe paraît plus facile que l'exploration interne. On s'aperçoit également que l'infidélité est une fuite devant les problèmes surgis dans le couple, et un refus de faire l'effort d'apprendre à communiquer avec l'autre et de découvrir toutes ses richesses. La fidélité est la réalisation de l'aspiration profonde de tout être à l'Absolu. Tous les humains possèdent le sens de ce qui est sacré dans le couple, et tous sont habités d'un besoin de se dépasser.

La fidélité ne peut être spontanée et heureuse que si elle est inspirée par un amour, qui, au-delà des tribulations des sentiments et des désirs, dépasse l'ego, un amour relié à quelque chose qui nous transcende et donne un sens à nos comportements : l'amour véritable. La transcendance, c'est tout d'abord cette « part divine » dont chacun est porteur, quelque chose de plus intérieur que les pulsions et les sentiments ; c'est cette aspiration à la beauté, à la générosité, à la vérité, en un mot notre part de lumière. La transcendance, c'est aussi d'être porteur d'une conscience et d'avoir pour but de développer cette conscience. C'est ce qui donne un sens à son existence.

L'évolution spirituelle : la réalisation de notre rêve originel passe également par la redécouverte de notre part divine, l'acquisition d'un sens existentiel et l'agrandissement de notre conscience. Cette part divine, que l'on nomme aussi, selon les courants de pensée, conscience d'éveil, conscience d'accomplissement, conscience suprême, sagesse, soi supérieur, âme ou esprit, est notre être dans ce qu'il a de plus central, de plus profond, de plus essentiel. C'est la source de notre idéal, c'est la source d'amour vrai, c'est la source de lumière. Là est la plénitude absolue où rien ne manque.

Chapitre VI
LES DOULEURS MAL GÉRÉES

Établir une relation amoureuse, c'est s'exposer à une multitude de blessures et de douleurs. Notre rêve de bonheur paisible se brise sur la réalité, qui nous réserve inévitablement une profusion de difficultés et de déceptions. Et alors notre cœur est douloureusement brisé.

De notre attitude face à cette épreuve cruciale et sacrée dépendra notre équilibre intérieur comme celui du couple. Ou bien nous refusons la réalité – ce que l'autre est en vérité, ce que la relation est réellement – et tentons d'éviter les situations blessantes, et même de nier les blessures elles-mêmes; dans ce cas, la relation sera faussée, et les blessures reçues, malgré nous, nous travailleront secrètement. Ou bien nous acceptons la réalité et reconnaissons nos blessures; dans ce cas, la relation sera juste et nous serons au plus vrai avec nous-même.

Aimer véritablement implique de s'ouvrir à la possibilité d'être blessé. Tandis que fuir les blessures de l'amour réduit notre capacité à aimer en nous empêchant de nous ouvrir pleinement à l'autre et en diminuant notre sensibilité. [51]

Accepter nos douleurs

D'une façon générale, le fait de nous autoriser à ressentir nos émotions – douleur, colère, haine, etc. – nous rend plus vrai, plus humain. De façon plus particulière, accepter notre douleur, nous laisser pénétrer par elle, la toucher, accueillir notre chagrin, être présent à lui, le vivre consciemment, nous fera progresser dans l'amour.

Le travail à faire consiste à :

• Accepter la plus grande des douleurs : renoncer à la croyance que l'autre est un être idéal qui va nous sauver et admettre qu'il ne pourra effacer complètement notre état de séparation originelle et notre solitude fondamentale, ni panser les blessures du passé, ni nous procurer une sécurité totale, ni, enfin, nous donner l'amour et la confiance que nous n'avons pas pour nous. Et en conclure que seul un travail sur nous peut réparer et épanouir notre conscience en nous reliant au noyau de nous-même.

• Chercher à savoir pour quelles raisons nous cachons nos douleurs, à nous-même et à l'autre. Nous découvrirons qu'en agissant ainsi nous visons à rester conforme à l'image que nous voulons offrir d'un « vrai » homme, d'une femme « digne », afin de ne pas décevoir notre partenaire, et qu'au fond c'est la peur de perdre l'amour qui nous meut. Ici encore, un travail sur nous-même nous préparera à affronter la vérité.

• Prêter attention à ce que notre douleur nous dit, ce qu'il y a derrière.

• Reconnaître que notre douleur relève bien davantage de ce qu'il y a en nous de vulnérable que de l'attitude de notre partenaire.

• Comprendre ce qui, dans notre comportement, a causé la difficulté dans la relation et ce qu'il y a sous cette attitude : des peurs, des angoisses, des dénis d'émotion, etc.

Les bénéfices de l'ouverture

Les bénéfices de cette ouverture à la douleur sont multiples. En nous ouvrant, nous nous débarrassons de ce vieux système de défense que nous avions élaboré en vue de protéger notre fragilité, mais qui se révèle désormais néfaste et inapproprié : ces carapaces et ces structures rigides, en nous durcissant, nous rendaient imperméable à l'amour. Maintenant qu'elles sont brisées et dissoutes, nous voilà ouvert et attentif vis-à-vis de nous-même et de l'autre, et plein de compassion.

De plus, cela nous débarrasse des images derrière lesquelles nous nous contraignions à vivre afin de nous donner, et de donner à l'autre, les apparences d'un bon partenaire et la façade d'une relation idéale. L'image arrachée, nous nous prouvons au cœur de notre vérité, nous découvrant nous-même.

Ainsi, de nous ouvrir à l'endroit où nous souffrons, là où nous sommes vulnérables, nous rend perméable à l'amour et nous relie à l'autre et à la vie.

Inversement, de faire comme si nous n'éprouvions pas de douleurs a de graves conséquences. S'opposer à la douleur nous ferme le cœur, nous rend plus dur, plus amer, moins vivant, pour ne pas dire à moitié mort. Le fait de nous couper de nos émotions ne nous empêche pas de les subir, or les émotions subies passivement ont une force occulte qui les rend plus douloureuses et plus perturbantes. Refouler ses émotions rétrécit le canal avec le partenaire et l'encombre de sentiments négatifs (ressentiments, malentendus, méfiance, etc.).

Exprimer ses émotions

Il est bon d'exprimer ses émotions et de les communiquer à son partenaire. Bien entendu, il y a la manière de le faire et un équilibre à trouver entre le « retenir » et le « libérer ». Il ne s'agit pas, par impulsivité et parce que nous sommes incapable de les contenir, de jeter des émotions brutes à la tête de l'autre. Le partenaire, submergé, agressé, se mettra sur la défensive et ripostera, et c'en sera fini de la relation. Il faut donc apprendre à différer le moment de nous exprimer et surtout apprendre à nous exprimer selon les règles d'une bonne communication.

S'autoriser à s'extérioriser – et autoriser l'autre à le faire – présente des avantages évidents pour chacun et pour le couple : cela permet aux partenaires de mieux se connaître réciproquement, d'établir une communication authentique en les reliant par le cœur, l'un à l'autre, et de trouver une véritable intimité, vivante et profonde (« Quand tu me laisses voir ta blessure, je me sens plus proche de toi »). Enfin, cela fait naître chez le partenaire des sentiments nouveaux et positifs : de la compassion, mais aussi de l'admiration (« Quand tu es vrai, quand tu révèles ta vulnérabilité, quand tu as ce courage, je t'admire et je t'aime davantage »). [51]

Que le plus spontané commence ; l'autre encouragé, s'ouvrira alors au partage. Mais que ni l'un ni l'autre n'oublient pas que l'intime révélation des émotions suppose que chacun sache accueillir les confidences et aimer l'autre dans sa totalité, émotions « négatives » comprises, et pas seulement son côté « idéal ». Ce qui est une marque de l'amour vrai.

Inversement, la rétention des émotions – par peur de se dévoiler et d'être jugé – rétracte et rigidifie la personne ; alors, on entretient au fond de soi des rancœurs, voire de la haine, et des envies de rompre. À partir de ces bas-fonds fusent des pointes d'agressivité, voire des flèches empoisonnées.

Il en est de nos besoins comme de nos émotions : il faut savoir les exprimer avec la même simplicité, savoir poser des demandes claires, sans exiger toutefois ; nous serons étonnés de voir que notre partenaire les accueille bien et s'efforce d'y répondre. En tout cas, ça vaut mieux que nos comportements habituels : ne pas oser dire directement nos besoins et nous arranger pour obtenir ce que nous voulons en manipulant l'autre, ou, pire, nous trouvant insatisfait sans même avoir formulé une demande, blâmer notre partenaire de ne pas nous avoir donné ce que nous attendions : « Si tu m'aimais, tu aurais dû deviner. » Et s'ensuivent bouderies, replis, escarmouches.

En résumé, on peut affirmer qu'en accueillant la douleur nous pouvons en faire une alliée de l'amour et que c'est en affrontant nos chagrins que nous le faisons grandir. Il faut pour cela du courage et une conscience claire.

Chapitre VII
LA PEUR

La peur, dans les relations humaines, et spécialement dans les relations amoureuses, est à la base de la plupart de nos souffrances et de nos erreurs.

La peur, l'homme la connaît bien. Dès l'aube de l'humanité, elle a été sa compagne : le plus nu et le plus désarmé d'entre les vivants, l'homme, a dû affronter une nature souvent hostile et violente, et des animaux redoutables. Son cerveau particulièrement développé et sa main admirablement habile lui ont permis de surmonter les dangers, de dépasser ses peurs et d'aller de l'avant.

Au début de sa vie, l'individu est à nouveau nu et désarmé face à des dangers aussi terrifiants que la sortie du ventre maternel et la venue sur une terre où rôdent la faim, le froid, la solitude et la douleur. Et ce n'est que le commencement d'un enchaînement de peurs diverses.

Ici, nous étudierons les peurs liées aux relations entre la femme et l'homme, et nous verrons quel gâchis elles provoquent dans la vie du couple.

Peur et amour

La peur d'aimer

« Chaque fois qu'il y a l'amour, il y a la peur », écrit John Welwood. [51]

Origines de cette peur

La femme peut, face à un engagement sensuel ou sentimental, éprouver une certaine appréhension, si ce n'est une terreur.

Chez l'homme, la peur semble plus marquée. C'est la peur que les sentiments déchaînés en lui par la femme n'aspirent ses forces, ne mangent son temps. Il craint d'être englouti ou dévoré affectivement. C'est aussi la peur que son désir pour une femme n'aliène sa liberté, que, envoûté, il ne perde la tête, que, dominé, il ne se laisse mener pas le bout du nez, bref qu'il ne devienne l'esclave de cette femme. Car le plaisir qu'elle procure est la possession absolue et la dépossession totale. Être à la femme, c'est ne plus s'appartenir. La passion conduit à la soumission.

Cet attachement par la volupté, que l'on a jusqu'alors décrit en termes psychologiques, peut également s'analyser comme un processus physiologique très contraignant : il serait une authentique dépendance. Le plaisir provoque la sécrétion dans le cerveau de véritables drogues, les neurohormones hédoniques ; ces substances entraînent une réelle assuétude : dès que le plaisir s'interrompt, le taux des endomorphines baisse et un état de manque apparaît, qui oblige l'être à rechercher le plaisir afin d'accroître à nouveau le niveau de ses drogues internes. Le plaisir engendre le besoin de plaisir. C'est cela, « avoir une femme dans la peau ». Voilà comment l'homme perd le contrôle de sa destinée.

Dans la révolte que manifestent les mâles face à l'amour, on trouve aussi une peur fantasmatique, celle de la castration. Même si l'homme est adulte, sa «virilité» n'en demeure pas moins à la merci des femmes. Chaque fois qu'il sera en position de faiblesse, il devra s'abandonner à leurs mains. Amoureux, il est à la merci de son amante, malade, de son infirmière, vieux, de sa gouvernante ou des aides-soignantes. La peur infantile de la castration est réactualisée chez l'homme en maintes occasions. Bien sûr, c'est dans la relation sexuelle que le risque est le plus grand: face à la cavité vaginale, il redoutera que sa verge n'y soit engloutie: confronté à l'appétit sexuel de la femme, il craindra qu'elle ne s'empare définitivement de ses attributs. Ces menaces d'émasculation sont de purs fantasmes masculins. Cependant, il existe des cas où une femme peut être castratrice de façon délibérée, par exemple en dévalorisant un homme. En dépréciant ses qualités, en méprisant ses attitudes, *a fortiori* en ridiculisant son pénis, une femme peut tuer l'ego et le sexe de l'homme. [30]

Chez la femme, il semble que ce soit la peur de l'abandon qui la retienne. Elle a peur d'aimer parce qu'elle craint d'être abandonnée comme si, pour elle, le don contenait l'abandon, comme si le fait de gagner l'amour la suspendait dans le vide, exposée à toutes les blessures et condamnée à chuter. Plutôt ne pas vivre que d'être éperdue et bientôt perdue.

La peur d'aimer est plus vive que jamais. Se livrer à l'amour, perdre la tête, aliéner sa liberté, se soumettre à ses émotions, haleter de désir, se ronger d'inquiétude, passer du délire au désespoir? Non, merci! Donner son temps, souffrir d'attendre, se languir d'absence, vivre dans l'espoir d'un sourire, s'offrir à la jalousie, s'exposer aux palpitations, aux migraines, aux brûlures d'estomac, aux nuits blanches? Non, vraiment! Risquer d'être essoufflé, affaibli, ridiculisé, trompé, trahi, abandonné? Souffrir et mourir d'amour? Vraiment, non!

La passion n'est plus ce qu'elle était. À vrai dire, existe-t-elle encore? On saute, on trente-six-positionne, on orgasme, on concubine, parfois on se marie, trop souvent on coexiste, mais s'aime-t-on encore en lettres majuscules ? Manque de temps ? Manque de souffle ? Trop de peurs ! Passent avant la carrière, le fric, la frime. Dans l'économie libérale, dans le matérialisme submergeant, n'y aurait-il plus de place pour la passion amoureuse ? Et pour l'amour véritable ?

De nouvelles peurs

Ces dernières années, d'autres formes de méfiance entre les sexes sont apparues. Les jeunes femmes en début de carrière donnent, pour la plupart, la priorité à la réussite professionnelle ; pour ce qui concerne l'amour – le mariage, la maternité –, elles verront plus tard, autour de la trentaine. Elles craignent d'être détournées de leur voie par un homme et une famille.

Les femmes qui ont vécu en couple et ont divorcé préfèrent la solitude agrémentée par l'amitié de quelques autres femmes seules. Les hommes les ont déçues, soit qu'ils étaient dominateurs, voire machos, soit qu'ils ne faisaient pas le poids face à elles, trop infantiles ou trop mous. Leur peur serait de s'en remettre à nouveau à de tels hommes ; de plus, elles ont pris le goût de la liberté. Toutefois, elles pourraient réviser leur position si elles tombaient sur la perle rare, un être pourvu de qualités apparemment contradictoires : un homme sur qui elles pourraient compter et sur l'épaule duquel elles pourraient poser leur tête, en un mot, solide, mais pas dominateur, un homme qui serait une référence dans leur chemin de conscience, mais pas autoritaire, un homme tendre, mais pas mou, un homme raffiné, mais pas efféminé, un homme sensuel, mais pas obsédé sexuel.

L'homme, quant à lui, craint le genre de plus en plus répandu des femmes amazones chez lesquelles l'*animus* hypertrophié a étouffé *l'anima.* C'est une rivale au bureau, une égale dans le lit. L'homme, habitué à être le chef, ne sait plus que faire dans cette nouvelle situation. Il est d'autant plus désorienté qu'on lui demande en même temps d'épanouir son *anima.* Comment être tendre, sensible devant une femme qui se positionne avec tant d'autorité ?

Valérie est une jeune femme, belle, libre, intelligente, spirituelle, battante, comédienne de son état. Richard, jeune ingénieur, est fasciné. Ils se plaisent et se marient. Alors, tout change. Ce qu'il admirait chez cette femme et l'avait poussé à la conquérir lui fait peur, maintenant. Sa beauté? Un danger, elle pourrait en séduire beaucoup d'autres. Sa liberté? Un danger aussi grand et un motif permanent d'inquiétude: comment savoir ce qu'elle fait, où elle va, qui elle voit... Son intelligence? C'est en son nom qu'elle veut partager le pouvoir. Et si elle était plus intelligente que lui? Et si elle constatait qu'il est moins bien qu'elle ne le pensait? Il craint de ne pas pouvoir faire face, d'être dévalorisé, trompé, quitté.
Pour être à la hauteur, il s'éreinte: il travaille un maximum pour gagner beaucoup d'argent, il la suit dans les réceptions et les spectacles, il est aux petits soins, il affecte de paraître libéral quand elle s'absente, mais ça le ronge. Au total, tous ces efforts lui coûtent une énergie considérable, il s'essouffle. Alors, il va essayer de transformer Valérie en femme au foyer, quitte à l'abaisser, voire à l'écraser pour la dominer. Il y arrivera, car Valérie a une faille, malgré ses talents et ses apparences: elle doute d'elle. Elle se laissera dévaloriser et quittera la scène. Elle glissera alors dans une longue dépression.

Enfin, la femme et l'homme constatent que la vie de couple est quelque chose de plus en plus difficile, où les peurs se multiplient. Non seulement il y a ce problème d'attribution de l'autorité, mais surtout les partenaires prennent conscience que l'ajustement de deux personnalités est chose ardue maintenant que chacun refuse de se renier pour s'affirmer pleinement. La vie à deux, c'est vraiment l'affrontement de deux histoires, de deux caractères, de deux inconscients; d'où des remises en cause, des souffrances, des obligations d'évoluer. D'autant qu'on a l'ambition de réussir son couple et d'y trouver le moyen de s'épanouir au lieu de se contenter de coexister. Vivre à deux c'est un challenge, pour ne pas dire une épreuve. « Ô toi que j'ai appelé pour me panser, voilà qu'avec toi je me blesse plus encore. »

Traitement de la peur d'aimer

• Préalable : apprivoiser la peur

• D'abord, renoncer à l'idée que, dans un couple, règne forcément une harmonie idéale. La relation amoureuse est une corde raide où on ne cesse de perdre et de retrouver l'équilibre. En rencontrant l'autre, on rencontre l'inconnu et on expose sa vulnérabilité. Les souffrances comme la peur sont incontournables.

• Mais « la peur n'évite pas le danger ». Il faut l'admettre et la regarder en face, c'est-à-dire exposer son cœur au lieu de ne penser qu'à le protéger – nous avons vu combien cela grandissait l'amour. Et puis, défiée, bien gérée, la peur peut donner un sursaut d'énergie créatrice et pousser l'individu à changer.

• Inventer un nouveau couple et un nouveau contrat conjugal basé sur le partage du pouvoir, celui-ci étant réparti en fonction des compétences de chacun, et le partage négocié selon les meilleures règles d'hygiène relationnelle ; basé également sur l'acceptation des différences, de la personnalité et de la liberté de chacun. Le nouveau couple s'inscrira dans une démarche globale de réconciliation entre la femme et l'homme. Nous y reviendrons au long des chapitres.

La peur de perdre l'amour

Que de dégâts entraîne cette peur-là. Inscrite en filigrane dans la conscience, elle fausse les relations entre les partenaires et hypothèque le devenir du couple. [30]

Les effets maléfiques de cette peur

• Elle engendre une tension latente dans le couple. Celui qui craint est nerveux, soupçonneux, voire inquisiteur. Il interprète les mots, les gestes, les faits. Il exerce un contrôle plus ou moins discret sur l'autre. Il est d'humeur changeante, il a des bouderies imprévisibles et des rancunes inexpliquées. Le partenaire sent confusément qu'il y a un malaise chez l'autre, des méfiances, des restrictions, une difficulté à s'abandonner. Bref, la relation n'est ni fluide ni spontanée.

• Un degré de plus et la peur de perdre génère de graves problèmes. Celui qui a peur se fait prégnant, exigeant : il ne se contente pas de guetter les preuves d'amour – les mots, les gestes –, les réassurances, il les quête. Il ne se demande plus « M'aime-t-elle ? », il interpelle « M'aimes-tu ? ». Il ne lui suffit plus d'épier, il espionne. Il est plus que boudeur, il est agressif, plus qu'anxieux, dépressif, plus qu'amer, rancunier. Il devient insupportable et la relation peut se faire infernale.

• La peur de perdre interdit l'authenticité. On ne pense plus qu'à ne pas déplaire et à ne pas décevoir. Première obligation : ne pas s'opposer, ne pas contrarier, *a fortiori* ne pas blesser. Seconde obligation : ne pas se montrer tel que l'on est de peur d'être mal jugé, donc cacher ses incertitudes, ses faiblesses, ses irritations, ses peurs et toutes autres émotions « inavouables » qui trahiraient notre vulnérabilité ou notre agressivité. Surtout, ne pas passer pour un faible, un lâche, un coléreux, un être incapable de jouer son rôle.

Tout cela revient à ne pas oser s'affirmer dans sa réalité, dans sa vérité, à ne pas être soi, et, pire, à se renier, à se dénier. Jusqu'à se taire, jusqu'à mentir, jusqu'à céder. Et fuir ses responsabilités. Et esquiver l'intimité. Il n'empêche que l'on rêve néanmoins d'obtenir de l'autre ce que l'on veut ; mais comme on n'ose pas exprimer ses désirs, on empruntera des voies détournées, autrement dit, on manipulera son partenaire. Ainsi, c'est la peur qui nous manipule qui nous fait manipuler l'autre.

On sait bien ce qu'il advient de ces relations en porte-à-faux et de l'accumulation des non-dits, des insatisfactions et des rancœurs : elles pourrissent la relation, elles la gangrènent de conflits larvés (mini-accrochages pour un rien, réactions de mauvaise humeur, etc.), de vengeances sournoises (refus de sorties, grève de la sexualité, etc.), d'actes manqués (bris d'un objet cher à l'autre, oubli d'anniversaire, etc.). Toutes attitudes mises sur le compte d'une fatigue, d'une migraine… parce qu'il ne faut pas contrarier, pas décevoir.

À l'inverse de ces comportements hostiles, certains pratiquent la surenchère de manifestations amoureuses, sorte de fuite en avant par rapport à leur peur, ou de renversement de leur agressivité. Ils sont empressés, redoublent de compliments, multiplient les cadeaux.

Mais, un jour, toutes les émotions négatives refoulées, entassées, comprimées, formant un mélange détonnant, explosent ; la violence fait irruption : mots cruels, gestes brutaux. Souvent, cela se produit à propos d'un événement mineur. La violence est le déguisement de la peur.

Quand surgit la violence dans un couple, tentons d'entendre les peurs réveillées en nous et chez l'autre. [42]

Cette ambiance malsaine, ces guérillas feutrées, ces explosions vont mener le couple à la rupture, à moins qu'un travail ne soit fait. Ainsi, paradoxalement, c'est la peur de perdre qui provoque la perte, c'est l'obsession de la rupture qui mène à la rupture.

Les racines de la peur

Nous avons vu que cette peur de perdre l'amour, autrement dit d'être abandonné, nous venait de l'enfance. Impuissant, impotent, incapable de subvenir à nos besoins, de lutter contre l'adversité (le froid, la douleur, les souillures, les agressions réelles ou fantasmatiques), nous étions entièrement dépendant de nos parents, et plus spécialement de notre mère. Être abandonné, c'était plus qu'un désagrément : une menace de mort. Des parents réellement mal aimants (distants, négligents, peu disponibles, etc.), ou ressentis comme tels par le petit tyran paniqué que nous étions, ou des événements « inquiétants » les concernant (absences de la mère pour courses, travail, sorties, retards à son retour, etc.) vécus comme des drames ont fait de nous des sujets abandonniques.

La peur d'être nous-même nous vient aussi de l'enfance. Nous avons très vite compris que certains de nos sentiments, certains de nos désirs, exprimés en mot ou en attitudes, étaient dangereux ; les risques encourus étaient nombreux : être réprouvé, humilié, puni, rejeté ; déclencher le chagrin de maman, déchaîner le courroux de papa ; ouvrir un conflit dont nous sortirions perdant. Nous avons fini par croire réellement que certains de nos besoins et certaines de nos émotions étaient mauvais. Alors, nous avons appris à nous taire, à mentir, à faire semblant et, pire, à dénier ce que nous ressentions. Quinze ans de dissimulation, ça laisse des traces et des habitudes.

Quand, devenu adulte, nous vivons en couple, certaines situations peuvent nous rappeler des situations analogues de l'enfance et ainsi réactualiser nos peurs, surtout nos peurs abandonniques : l'attitude apparemment moins aimante (moins démonstrative, moins fervente, moins désirante) du partenaire, ou, pire, son infidélité, qui représente le risque majeur d'être quitté.

La dépollution de la peur

Elle tient en trois points :

- **Refuser l'amalgame entre la situation infantile et la situation actuelle**, c'est-à-dire la confusion entre la micro-disquette et la macro-disquette.
- **Dédramatiser l'événement menaçant en ramenant les choses à de plus justes proportions** : une baisse plus ou moins transitoire d'amour est normale dans le cycle d'un couple, qui comporte des hauts et des bas. Une infidélité, même si c'est un événement important, n'est pas la fin d'un couple. Quant à une rupture, ce n'est pas la fin de la vie.
- **Renforcer l'estime de soi**. C'est de ne pas nous estimer, de ne pas nous croire estimable que nous vient cette peur que l'autre pourrait nous quitter. C'est de ne pas nous aimer que nous vient ce besoin d'être aimé par l'autre. Mais si nous nous estimions, si nous nous aimions, si nous étions bien avec nous, il ne nous viendrait pas à l'esprit (pas autant) qu'il pourrait partir et que, si cela se produisait, ce serait la fin du monde.

Débarrassé de cette peur, nous pourrons créer une relation plus fluide et plus heureuse. Et échapper à cette loi infernale qui veut que ce que l'on craint arrive. Comme si de le craindre provoquait le malheur.

La peur de l'intimité

Cette peur gêne, voire empêche ce qu'il y a de plus heureux, de plus profond, de plus complice et de plus chaud dans la relation. Cette peur a plusieurs visages, car l'intimité, ce n'est pas seulement se blottir dans les bras de quelqu'un et échanger quelques propos sentimentaux, c'est aussi s'abandonner à l'autre, lui ouvrir les portes de sa vie intérieure, le laisser entrer.

Nous avons traité ce thème dans le chapitre IV de cette partie.

Les peurs œdipiennes

Si l'on en croit Freud, non seulement le petit garçon aimerait sa mère, mais il la désirerait. Toutefois, cela lui est interdit, car maman appartient à papa. S'il transgressait, son papa le punirait du pire des châtiments : la castration. Son désir de la mère sera donc teinté d'angoisse. Il tentera bien de le refouler, mais toujours il se manifestera. Ce n'est qu'à sept ans que sera liquidé ce complexe d'Œdipe. Cela n'empêchera pas l'homme d'avoir plus tard, en référence à sa mère, quelques problèmes avec les femmes. Il va en effet tendre à considérer toute femme comme un substitut de la mère et, plus précisément, à projeter sur elle l'image de sa propre mère qui, bien entendu, était une tendre et sainte femme. C'est dire si son désir peut lui apparaître en quelque façon incestueux. Voilà pourquoi certains hommes, trop attachés à leur mère, sont pris d'angoisse au moment de « connaître » une femme, et voient alors leur désir s'effondrer.

De son côté, la petite fille aimerait et désirerait son père. Ce qui lui est interdit également, mais ne l'empêche pas de déclarer jusqu'à l'âge de sept ans qu'elle va épouser papa. À cet âge, le complexe d'Électre se résout, et la fillette renonce à son père et se rapproche de sa mère. Cependant, il arrive qu'elle garde au fond d'elle une attirance mêlée de culpabilité pour son père, surtout lorsqu'elle en a été proche. Dans ce cas, elle choisira, plus ou moins consciemment, des hommes qui, quelque part, ressemblent à papa – quelques traits, quelques tics. Quand elle se mariera – et *a fortiori* lorsqu'elle aura des enfants –, elle se positionnera plus facilement dans une relation de type « papa-maman », et l'assimilation de son mari à un substitut du père pourra se réaliser. Sa vieille culpabilité – faire l'amour avec papa – se réactualisera et risquera d'inhiber son désir.

Que faire ?

Dans les deux cas, lorsque les troubles du désir sont conséquents, une psychothérapie est nécessaire. Son but est, pour les hommes, de remettre chaque chose à sa place : l'amour de la mère au niveau de l'affectif exclusivement, l'amour de la femme hors de l'amour de la mère. Il s'agit de détacher l'amour pour la femme et l'amour pour la mère. Pour les femmes, le but est, symétriquement, de dissocier amour des hommes et affection pour le père.

La psychanalyse semble, *a priori,* la thérapie la plus indiquée, car nous sommes ici en plein dans la mythologie freudienne. Mais c'est une voie toujours longue. Des techniques de psychothérapie plus modernes, telles la psycho-synthèse ou l'analyse transactionnelle, assureront un dénouement plus rapide. Libérés des amalgames nés de l'enfance, les êtres retrouveront la clarté et la puissance de leur désir.

Peur et sexualité

Les moments les plus forts de la relation amoureuse sont ceux où les corps se rapprochent à l'extrême jusqu'à fusionner. Hélas, parfois, des obstacles encombrent le chemin de ces joies fabuleuses et entravent le jaillissement vers le bonheur suprême.

Par un phénomène psychologique – l'inhibition –, la peur bloque le désir et l'extase, mais la physiologie participe également à ce blocage : la peur, qui est un stress, provoque une décharge d'adrénaline ; or, cette substance, en déterminant une vasoconstriction dans la sphère sexuelle, s'oppose à la vasodilatation de l'excitation.

La peur du péché

Dès les premiers temps de notre ère, certains prosélytes, déformant le message messianique, ont introduit dans la religion chrétienne une terrible haine de la sexualité et de la femme. L'amour charnel, prétendaient-ils, est un péché. C'est ainsi que depuis vingt siècles, en Occident, on se sent coupable de désirer et de jouir. Bien entendu, le mal sévit surtout dans les familles croyantes, mais les non-croyants, à leur âme défendante, sont pétris des mêmes préjugés. Aussi, tous ceux qui ont autorité sur les enfants – parents, prêtres, enseignants – se font les censeurs de la sexualité.

L'attitude adoptée peut être tout simplement le silence : on ne parle pas de sexualité, on ne donne aucune information, on ne tolère pas que quiconque aborde le sujet. Mais le comportement le plus courant consiste à énoncer les interdits : défense de faire quoi que ce soit qui relève de la sexualité. Par « faire », on entend aussi bien rêver, désirer, dire, se dénuder, regarder que toucher, caresser, se masturber et a fortiori faire l'amour. Tout cela est péché. On déclare aussi que « ce n'est pas beau » et même que « c'est laid », afin d'en dégoûter, ou « ce n'est pas bon » et « c'est mauvais » (sous-entendu pour la santé), afin d'inquiéter.

Si un enfant ou un adolescent transgresse un interdit, la réaction ne tarde pas : admonestation, menaces, punitions, privations, mise à l'écart, coups… Toutefois, ce qui marque le plus les enfants, c'est que les parents leur fassent honte devant des tiers, ou leur retirent leur affection (« Maman ne t'aime plus »), ou devant Dieu (« Tu fais pleurer le petit Jésus, il ne t'aime plus »). Toutes ces sanctions dissuadent sérieusement de franchir les interdits et les renforcent. À la longue, l'enfant intériorise les tabous et les fait siens. S'est installé dans sa conscience – ou plus précisément dans son inconscient – un juge que d'aucuns appellent « critique intérieur » et les psychanalystes le surmoi, et qui, la vie durant, va répéter les injonctions des parents : « Jouir est mal », « C'est sale de se regarder », « C'est laid de se masturber », « Tu es un vicieux », « Tu n'as pas le droit d'agir comme une gourgandine », « Tu es une putain », etc. Très vite, ce dressage atteint ses objectifs : la nature de l'enfant est profondément modifiée ; sa sexualité est bridée, son désir réduit, si ce n'est inhibé, sa sensualité émoussée, voire anesthésiée.

Quand viendra le temps de la découverte de la sexualité en duo, il se peut que l'exaltation des sens et l'impétuosité des sentiments l'emportent sur le juge et balayent les tabous. Cependant, rien n'est gagné, ni pour toujours ni pour tout le monde. Après quelques mois ou quelques années de cohabitation, on assiste à l'extinction secondaire du désir. À la faveur de déceptions ou de conflits qui brisent les rêves, ou par le biais de la routine qui démythifie les êtres, l'ivresse peu à peu s'évapore et le critique qui trépignait au fond de l'inconscient se redresse et reprend ses invectives avec plus de force encore. Chez les individus mal assurés et quelque peu complexés, la peur du désir comme celle du plaisir, les anciennes répulsions et les blocages archaïques peuvent resurgir. Certains, rien qu'à ressentir, bien malgré eux, les agréables émois de leur sexe, seront saisis d'angoisse ; aussi tenteront-ils d'éviter l'acte d'amour quand il s'annonce. S'il est trop tard, il ne leur restera plus qu'à s'en échapper par des pensées parasites qui, dans leur conscience, remplaceront la réalité : la lessive à faire, la voiture à réparer, les factures à régler…

Exorcisez cette peur

Dites-vous bien et persuadez-vous que le plaisir n'est pas un péché : Dieu nous a pourvus d'organes sexuels élaborés, où il a inclus les moyens d'obtenir du plaisir. Ce que confirme Abélard, dont la foi ne peut faire de doute : « On n'a pas le droit de qualifier de péché le plaisir naturel, ni de parler de faute quand quelqu'un jouit d'un plaisir qu'il ne peut s'empêcher de ressentir. Car du premier jour de notre création, alors que l'homme vivait sans péché au paradis, le rapport conjugal et la dégustation de plats délectables ont toujours été nécessairement accompagnés d'une sensation agréable. C'est Dieu lui-même qui a fait ainsi la nature. »

La peur du plaisir

Malgré l'évolution des mœurs, beaucoup de gens sont encore mal à l'aise face au plaisir. Assumer consciemment de faire l'amour dans le but de se procurer du plaisir peut poser problème, surtout dans le cadre du mariage. Au cours d'une aventure ou même au temps des fiançailles, le désir et l'union sexuelle sont quelque chose d'imprévu qui nous arrive, nous emporte. Nous laissons faire, nous n'avons pas à le décider délibérément, nous ne sommes pas responsable, et encore moins coupable. Dans le mariage – ou dans toute cohabitation durable –, la disponibilité permanente du partenaire et la prévisibilité de ce qui peut se passer font que l'on est plus conscient et plus responsable de son désir et de sa satisfaction ; celle-ci relève alors davantage d'une décision que d'une inspiration soudaine. Il faut regarder la sexualité en face et, au-delà, regarder ce que l'on est et ce qu'est l'autre.

Quand apparaissent des difficultés sexuelles, et en particulier des problèmes de désir, c'est pire : le constat de non-désir ou de non-plaisir et la nécessité de devoir faire des recherches, voire des exercices, pour réveiller le désir et stimuler le plaisir exigent d'avoir une conscience plus aiguë de la sexualité et d'en être responsable. Si, dans un recoin de notre conscience, nous considérons toujours que l'amour est sale et répréhensible, cette culpabilité et l'angoisse qu'elle engendre nous souffleront toutes les bonnes raisons de ne pas faire ces recherches et ces exercices : « Des gens respectables, père et mère de surcroît, ne vont quand même pas se livrer à des pratiques aussi inconvenantes ! », « On n'est plus des enfants pour se livrer à ces jeux ! », « Ce n'est pas spontané, ces trucs ! », « C'est ridicule », etc. En réalité, nous fuyons nos responsabilités.

Dans la peur du plaisir, on pourrait discerner bien d'autres peurs, comme la peur de se laisser aller et de paraître sous un jour gênant. Peur de paraître infantile quand on se laisse aller à la spontanéité et à la joie. Peur de passer pour une personne dévergondée si l'on s'abandonne au souffle du plaisir. Peur de paraître ridicule ou laid quand l'orgasme fait gémir, crier, pleurer, grimacer. Peur de paraître se soumettre quand on se livre aux caresses du partenaire. Peur, enfin, de devenir dépendant du plaisir et de la personne qui le délivre.

Réjouissez-vous !

Nous l'avons dit, le plaisir est un phénomène naturel. La nature nous a octroyé un système physiologique de plaisir et des molécules hédoniques ; il est donc licite d'en user. Elle a même fait plaisants les actes naturels. Bien plus, le plaisir – et c'est sa fonction métaphysique – rend supportable cette vie semée de souffrances et d'angoisses. Si le Très-Haut nous a pourvus de sens, ne croyez-vous pas que c'est pour que nous y puisions quelques joies ?

Enfin, en tant que médecin, je puis vous assurer que le plaisir – par les neurohormones qui l'accompagnent – est un bon moyen de se maintenir en bonne santé : il est anxiolytique (il apaise l'anxiété), il est thymo-analeptique (il stimule la bonne humeur et combat la dépression), il est antalgique (il diminue les douleurs), il est myorelaxant (il réduit les contractures), enfin, il est psycho-stimulant (il accroît les facultés intellectuelles).

Les peurs post-traumatiques

L'éducation répressive peut entraîner chez la fille – et par conséquent chez la femme – un certain dégoût de la sexualité ; mais le dégoût profond vient plutôt des avatars sexuels dont elle a pu être victime. Les événements choquants et, a fortiori, les traumatismes sexuels qui surviennent dans l'enfance (rencontre avec un exhibitionniste, baisers exigés ou attouchements plus ou moins forcés d'un père alcoolique, d'un grand-père égrillard ou d'un voisin obsédé) laissent des traces indélébiles. Les pires sont les « simili-viols », voire les rapports incestueux avec un membre de la famille. Ce qui ajoute au drame, c'est que l'événement est vécu dans l'ambivalence : ont été perçues, d'une part, des émotions pénibles telles la honte, l'humiliation ou la terreur, et, d'autre part, des émotions agréables ou excitantes, comme la tendresse ou le plaisir ressenti. Celles qui ont éprouvé de l'excitation sont les plus perturbées : elles s'en croient coupables et ne se le pardonnent pas ; elles sont dégoûtées d'elles-mêmes.

Les années passant, elles croient l'affaire « classée », mais, la mémoire reste vive et les répercussions sont graves. Il s'agit, entre autres, de méfiance, voire de peur, envers les hommes : ils ne sont pas fiables, il vaut mieux ne pas leur faire confiance et se garder de toute nouvelle approche sexuelle. Pour cela, elles décident de ne plus être désirables, quitte à s'enlaidir en négligeant leur apparence ou en se laissant grossir. Si, malgré tout, se noue une relation avec un homme, et se profilent donc de nouvelles relations sexuelles, le danger viendrait plutôt de ce qu'elles pourraient ressentir ; aussi anesthésient-elles leurs zones érogènes et nient-elles leur excitation, ainsi que leur jouissance.

Chez d'autres femmes, ce sont les premières relations sexuelles qui ont constitué le traumatisme. Le partenaire maladroit, angoissé, égoïste ou brutal – pour ne pas dire bestial – non seulement n'a pas su éveiller le moindre agrément, mais il a de surcroît infligé quelques douleurs. Cependant ce qui, profondément, dégoûte la jeune femme, c'est son manque d'attention et de tendresse, cette façon de la traiter comme un objet. Le sexe, c'est sale quand on est mal aimée ! Après ce baptême sexuel raté, et pour peu que les rencontres suivantes ne soient guère plus réussies, la femme insatisfaite et endolorie ne pourra que nourrir angoisse et répulsion vis-à-vis de son désir, de la chose sexuelle en général et des hommes en totalité. De véritables phobies peuvent s'installer.

D'après ce que j'ai pu entendre ou lire depuis plusieurs années, il apparaît que sept femmes sur dix ont subi un contact sexuel dans leur enfance. Et quatre hommes sur dix ont été victimes du même sort, notamment de sodomisations, de la part de leur père, d'un oncle ou d'un éducateur.

Comment reprendre goût aux joies du sexe ?

À titre préventif, il faudrait inciter les parents et les éducateurs à donner une vision plus sereine, plus belle de la sexualité. Par ailleurs, il serait nécessaire d'adjurer les hommes d'aborder les jeunes femmes non initiées avec autant de tendresse et d'attention que de désir. Sécurisée, une femme aimée pourra surmonter son appréhension, voire son dégoût, et peu à peu acquérir un goût pour l'érotisme. Les hommes ont une grande responsabilité dans les premières expériences des femmes.

À titre curatif, dans les cas où les traumatismes sexuels ont laissé des traces profondes – névrose d'angoisse, phobie de la sexualité, répugnance pour ses propres organes sexuels, etc. –, il faudra entreprendre une psychothérapie.

La mâle-peur

La peur du sexe de la femme

De tout temps, le sexe de la femme a inspiré une profonde peur à l'homme, tout en le fascinant. Ce que l'on sait de la vie préhistorique le montre, et l'histoire des diverses civilisations le démontre. [30]

Comme il est émouvant, cet orifice d'où sort la vie, où s'ouvre le monde mystérieux du ventre, lui-même grouillant de vie ! Comme elle est sidérante, cette fente où bébé apparaît dans le sang et les cris ! De penser que ses enfants sont issus de là, que lui aussi vient de là, remplit l'homme d'admiration et de crainte.

Comme elle est impressionnante, cette grotte de la femme, faite des multiples creux de la vulve, du vagin, de la matrice. Siège secret de quelque mystérieuse alchimie, impénétrable à la lumière, hermétique à la logique. Puits insondable où le désir de la femme s'éprouve comme une force qui aspire. Et donc lieu de toutes les fantasmagories masculines. Abysses humides aux odeurs marines, le sexe féminin n'est-il pas semblable à la mer ? Comme elle, il fascine l'homme, l'attire, le terrifie. Ne risque-t-il pas de l'engloutir ? De fait, la verge noyée dans les profondeurs de la femme, le corps immergé dans ses bras, l'esprit saisi de vertiges, l'homme peut craindre de sombrer sans retour. N'y aurait-il pas dans les hauts-fonds du vagin quelque grotte marine où se tapissent de féroces animaux – poissons, serpents ? –, et cette cavité n'est-elle pas elle-même la gueule de quelque animal, gueule dont les dents – *vagina dentata* – risquent de mordre, voire de sectionner le pénis ou même de dévorer l'homme tout entier ?

Autre motif de terreur de l'homme : la toison pubienne. Beaucoup la croyaient maléfique ; sa vue, de mauvais augure, attirerait les plus grands malheurs. Il en était ainsi chez les Égyptiens et dans nombre de peuplades d'Afrique. Les Grecs, dont on connaît la misogynie, voyaient dans la fauve pilosité quelques signes de barbarie, voire quelques traces d'animalité que renforçaient ses effluves. Quant aux Pères de l'Église, ils prenaient argument des fragrances dégagées pour jeter le discrédit sur ces lieux. Saint Augustin ne rappelait-il pas, avec un méchant cynisme, que cet endroit où nous sommes nés est un carrefour commun aux émonctoires de nos déchets : « *Inter urinam et faeces nacimur.* »

Mais ce qui effraie le plus les hommes, c'est bien le sang menstruel. Certains y voient la preuve de l'appartenance de la femme aux forces primaires, autrement dit la démonstration de son animalité : comme tous les mammifères femelles, elle saigne périodiquement, inéluctablement. Par trop liée à son corps, à la nature et à la matière, la femme ne saurait s'élever à la spiritualité. D'autres hommes fantasment, pensant que le sang pourrait provenir d'un pénis mordu par le *vagina dentata*. D'autres enfin, voyant le sang couler, imaginent que c'est la vie qui s'en va ainsi, et, introjectant cette menace de mort, ils angoissent.

Qu'en est-il de nos jours ? Le sexe de la femme inspire toujours autant d'inquiétude aux hommes, fussent-ils évolués. Leurs fantasmes et leurs réactions ne sont guère différents de ceux de l'homme primitif – il suffit de le demander aux psychiatres et à tous ceux qui recueillent les confidences masculines. Bien plus, depuis quelque temps, une frayeur supplémentaire est venue s'ajouter aux répugnances classiques : la peur des microbes, consécutive à la recrudescence des maladies sexuellement transmissibles, et en particulier du sida.

Quelle qu'en soit la cause, la peur de l'homme face au sexe féminin entrave le désir et perturbe la vie sexuelle. [30]

Une fleur admirable

Pour éliminer ces peurs stupides, l'homme doit élever la vision qu'il a du sexe féminin, tant sur le plan esthétique – c'est une fleur admirable – que sur le plan affectif – c'est le lieu prodigieux de l'union de la femme et de l'homme – et spirituel – c'est un fabuleux carrefour de vie et le tremplin d'un état de conscience du plus haut niveau. En d'autres termes, il lui faut rendre à ce sexe sa beauté et son sacré.

C'est là que la science peut jouer un rôle salutaire en nous aidant à nous défaire des idées archaïques et des fantasmes pernicieux qui entourent la sexualité féminine. Elle nous apprend parfaitement l'anatomie des organes génitaux féminins et nous permet d'en comprendre le fonctionnement (ovulation, menstruation, conception, parturition, etc.). La sexualité féminine n'a donc plus rien de sulfureux ni de mystérieux. Prenons garde, toutefois : à trop démythifier, nous risquons de banaliser. Réduire la sexualité à une fonction, c'est-à-dire à des phénomènes mécaniques et chimiques, c'est la sauver des mains de l'ignorance pour l'offrir à la pornographie. De la désacralisation au sacrilège, il n'y a qu'un pas. La relation sexuelle et la maternité demeurent des phénomènes admirables, fabuleux. En soi, le sexe de la femme est un lieu de splendeur.

Il y a mille raisons d'adorer le sexe de la femme. Voilà des lustres que les peuples d'Orient l'ont compris. Rien n'est plus beau que les descriptions des traités érotiques de la Chine ancienne. Elles constituent quelques-unes des plus merveilleuses poésies de l'humanité. Citons le *Sou Nu King*, ou *Manuel de la fille de candeur*, premier manuel d'érotisme qui parut deux cents ans avant J.-C. et fut réédité pendant vingt siècles, avec des variantes et des ajouts. Et le *Yu Fang Mi Ju*, ou *Les Secrets de la chambre de jade*. Sans oublier *L'Ars Amatoria* de maître Tong Houan et le *Tao Tö King*, ou *Livre de la voie suprême*, livre fondateur du taoïsme [49]. L'imagination, portée par un souffle, déborde de métaphores fantastiques. Les échanges amoureux sont les jeux des nuages et de la pluie ; le corps à corps est un combat où l'on déploie les étendards et où l'on frappe du tambour ; la pénétration est le glissement d'un noir dragon dans la mer profonde. Les images empruntent aux éléments naturels, car l'amour participe des phénomènes naturels.

Il n'y a pas de différence entre la pluie qui arrose les champs et la semence qui féconde la femme. Les sécrétions féminines sont appelées nuages ou pluie. Ses organes intimes portent des noms évoquant les fleurs (cœur de la fleur, chambre fleurie, jardin des mystères, cour céleste), la campagne (champ sacré, val profond, ravine de cinabre), les sources (fontaine de jade, fontaine des eaux), ou anticipent le bonheur (porte de jade, précieuse porte, porte de vie). Animés du même élan, inspirés par un même émerveillement, les arts chinois (estampes, soies, porcelaines, sculptures) font également appel aux éléments de la nature pour représenter le sexe féminin. Les fleurs du prunier, la pivoine ouverte, l'immortelle, la pêche, les champignons, les nuées et les vallées brumeuses figurent magnifiquement la beauté, la délicatesse et l'attrait de l'anatomie sexuelle de la femme.

Plus qu'admiré, les peuples de l'Inde ont véritablement vénéré ce sexe. Dans les lieux de prière, les fidèles adorent littéralement la divine vulve. Elle est représentée dans sa majestueuse réalité sous forme de dessins ou de sculptures, ou figurée par des images ou des objets sacrés : triangle pointe en bas, fleur de lotus, coquillage (coco de mer), fissure de rocher, tous très évocateurs.

« Il faut dire qu'en Occident, écrivait Marguerite Yourcenar, l'amour n'a jamais été un plaisir sacré. C'était un péché ou un sentiment. » C'est pourquoi la porte de ce plaisir, – le sexe féminin –, n'a jamais été officiellement adulée sous nos latitudes. En jetant l'opprobre sur la sexualité, l'Église a repoussé le sexe dans l'ombre des consciences et l'enfer des bibliothèques. La rendre honteuse, c'était l'abandonner au vulgaire. De fait, quand on parle de sexualité en Europe, c'est sur le registre de la grivoiserie, quand ce n'est pas sur un mode trivial. Mais la belle chair ne fut jamais chantée vraiment.

Un jour viendra où les hommes béniront la fière toison qui se tend au faîte de la butte. Où ils loueront sous le crin la ronde colline où reposera leur front, où pèsera leur corps. Où ils chanteront la femme en son verger, le fruit gorgé de suc, la pulpe de désirs pleine, fendue comme une pêche, plus juteuse que mangue. Où ils vanteront, aux marches du palais, l'exquise pousse, le bourgeon ardent, le divin bouton. Où ils célébreront, en les butinant, les effleurant, les effeuillant, les calices vermillon, les corolles écarlates, les pétales érubescents. Ces plis et replis carmin. Ces festons et ces godrons, ces ourlets et ces godets, ces froncis, ces troussis, ces pinces, ces drapés. Plus secrets que l'iris, plus parfaits que l'orchidée. Où ils glorifieront la rosée qui perle, l'ondée qui s'abat, la source qui ruisselle et l'eau qui ravine, scintille, qui les baptise fastement. Qui les sacre solennellement. Alors, ils se prosterneront, étourdis de sang et de feu.

Enfin, le sexe de la femme est pourvu d'arômes éminemment agréables, voire capiteux.

La peur de la sexualité de la femme

La capacité érotique de la femme – son désir, notamment – est immense. Cette puissance fait peur aux hommes. Analysons les raisons de cette peur.

• L'homme craint d'être épuisé et de ne pas pouvoir tenir ses rôles – de chef de famille, de chef de clan, de chef d'entreprise – ou de ne pas être en mesure de remplir ses tâches de travailleur – chasser, cultiver, produire, combattre les ennemis. Il est vrai que l'acte sexuel répété a toujours été tenu comme épuisant pour le mâle lorsqu'il s'accompagne automatiquement d'éjaculation. Tous les traités d'érotisme de l'ancienne Chine l'affirment, tel le *Tao Tö King* (600 ans avant J.-C.) : « La semence de l'homme est ce qu'il y a de plus précieux. C'est la source de sa santé et même de sa vie. Toute perte diminue sa vitalité. » Au XVIIe siècle, Duplex confirme : « Par la trop fréquente émission de semence, ils incommoderaient leur santé et abrégeraient leur vie. » Et le professeur Seraine, en 1865, renchérit : « Chaque fois que l'homme consomme l'acte de procréation, il donne une portion de sa vie. » [22]

• L'homme s'inquiète du plaisir qu'en lui la femme fait naître. Ce plaisir ne risque-t-il pas de le livrer corps et âme à elle ? Il atteint un tel degré ! Dans les bras de la femme, il brûle. Dans le creuset de son corps, il fond. Coulée d'or et de sang. Soudain, une éruption de volupté l'emporte, le soulève, l'entraîne, le projette, le pulvérise. Le voilà poussière de lave entre Sirius et Cassiopée. Alors, il pourrait vouloir renouveler ce plaisir, encore et toujours. Et se soumettre à la femme comme à une drogue, et en oublier ses devoirs et le parti des mâles.

• L'homme craint que la fréquentation des femmes ne l'amollisse. À leur contact, il devient plus tendre, plus sentimental, plus sensible, plus sensuel. Ce qui constitue autant de tares quand il faut se battre dans la jungle de la vie. Mais, à bien y réfléchir, ce que l'homme redoute, c'est le réveil de sa propre féminité, qu'il a eu tant de mal à étouffer. Découvrir qu'au fond, on est encore tendre, sensible et sensuel, c'est constater que l'on peut être fragile, vulnérable, paisible et (horreur!) doux ou (pire!) douillet. C'est craindre d'être ou de paraître moins viril, plus faible, et donc de s'exposer à être battu, dominé, spolié, tué par des concurrents ou des événements. Les peuples les plus guerriers ont été les plus méfiants vis-à-vis de l'amour, et les plus rudes pour la femme. Ils craignaient les effets débilitants de l'amour physique. Aussi, les hommes de guerre pratiquaient-ils une certaine continence, comme le font aujourd'hui certains sportifs pour garder la forme.

• L'homme appréhende de ne pas pouvoir satisfaire les besoins sensuels de cette gourmande, de ne pas avoir une érection comme il faut, quand il faut, le temps qu'il faut, autant de fois qu'il faut. Rien n'est moins obéissant qu'une érection, et rien n'est plus fragile. Mais s'il suffisait d'avoir une érection… Il faut aussi caresser longuement et avec raffinement, être tendre, et sauvage. Allez savoir quand il faut être tendre, quand il faut être sauvage! La femme est donc trop souvent insatisfaite. Et l'homme de se morfondre : si elle allait s'assouvir auprès d'un autre mâle? Alors, il s'échine pour décrocher son brevet de virilité. Et le précieux sperme fiche le camp. Et le pénis qui ne répond plus. Épuisé, angoissé, infériorisé, l'homme ne se sent plus d'attaque.

• L'homme redoute la jouissance féminine. Cette ferveur, ces chants, ces cris, ce déchaînement superbe, cette extase dont il se demande si elle relève du mysticisme ou du démonisme, du merveilleux ou du pathologique. Et si elle s'y abîmait sans retour ? Pourvu que les enfants n'aient rien entendu… et qu'il lui reste assez de forces pour préparer le dîner !

• L'homme appréhende enfin que les convoitises éveillées par la femme chez les uns et les autres ne soient source de rivalités et de conflits, et n'attentent à l'ordre public et social, provoquant l'éclatement des couples et les hostilités entre les citoyens.

Dévalorisé souvent, trompé parfois, amolli, fatigué, anxieux, comment voulez-vous que l'homme en impose à sa femme, à ses collaborateurs, à ses ennemis et remplisse sa tâche avec autant de vigueur ? Au-delà de lui, c'est toute l'organisation patriarcale qui risque d'être ébranlée. La peur d'un retour au matriarcat obsède l'homme. Et cette peur n'est pas théorique : c'est la peur de perdre l'autorité dans la famille, au bureau, à l'usine, au magasin ; la peur de perdre le privilège des salaires plus élevés, des promotions prioritaires ; la peur de perdre tous les droits légaux qui l'avantagent. En un mot, toutes ses prérogatives : choisir sa destinée, avoir la part du lion, être servi, se réserver les emplois, en particulier les emplois « nobles », être payé plus, pratiquer l'adultère sans être lapidé, etc. Car, par-dessus tout, ce que craint l'homme, c'est de perdre le pouvoir. Tout oppresseur vit dans la crainte de la révolte des opprimés. Alors il faut veiller à ne jamais abandonner une parcelle d'autorité aux mains des femmes, à ne jamais se mettre sous leur influence. Or, la sexualité et l'amour, voilà bien ce qui risque le plus de le livrer à la merci des femmes. [30]

La peur aujourd'hui

Certains diront : « Tout cela est du passé ! » Erreur, la libération de la femme a réactualisé toutes les anciennes peurs, particulièrement la peur de la sexualité féminine. Tout ce qui bridait l'activité sexuelle de la femme se desserre : la culpabilisation par le péché, la réprobation de l'opinion publique, la répression par les tribunaux et la crainte de la grossesse – contraception et interruption volontaire écartant celle-ci. Plus : la femme a droit au plaisir, les sexologues le proclament. Plus encore : elle peut disposer de sa vie, de son corps, comme elle l'entend, la loi l'a décrété – elle peut divorcer, par exemple. Désormais, la femme a la faculté d'épanouir sa riche sensualité avec qui elle veut, quand elle veut.

Alors s'enfle la peur masculine d'être épuisé, car l'amour c'est toujours fatigant, et le travail, dans cette société industrielle et libérale, exige de plus en plus d'énergie. Alors culmine la peur de ne pas pouvoir satisfaire une femme « libérée ». Assurer le bonheur érotique de la femme demeure, pour beaucoup, une mission difficile, sinon impossible, car la sensualité féminine est toujours aussi complexe que riche, il faut en connaître les arcanes. Les hommes, qui se sont plus évertués à la réprimer qu'à l'épanouir, paient des siècles d'obscurantisme. L'amant doit donc réussir à tout prix à propulser sa partenaire au paroxysme du plaisir, faute de quoi il n'est pas un homme. L'insatisfaction de la femme ferait de lui un être châtré, non seulement sexuellement, mais humainement : l'orgasme de la femme reste le dernier domaine où l'homme peut se sentir tout-puissant. C'est l'unique instant où elle peut le désirer en tant qu'homme. Cette crainte de ne pas être à la hauteur désoriente l'homme : à quoi servira à l'homme de débarquer sur la Lune s'il doit, sur le chemin du retour, se demander avec angoisse s'il sera capable, à son retour, de satisfaire sa femme ? [21]

Sous cette peur sexuelle, on retrouve en réalité l'éternelle peur de perdre le pouvoir, déjà énoncée. D'autant que des menaces plus directes sont apparues : la femme s'est mise à réclamer officiellement le partage de l'autorité. Elle a osé, car, en l'espace de trois générations, les structures patriarcales se sont lézardées, les valeurs masculines effritées. Et elle a gagné : elle a conquis la liberté et l'égalité. Désormais, c'est un être et un citoyen à part entière, qui a la même valeur et les mêmes droits que l'homme. Dans la cité, la femme a le droit de participer à l'administration. Au sein de la famille, elle peut, comme l'homme, choisir son conjoint, décider de le quitter, élire domicile, gérer ses comptes. Au travail, elle peut prétendre à tous les emplois. Autant de droits acquis pour la femme, autant de peurs supplémentaires pour l'homme.

En finir avec la peur, en finir avec la guerre

En ce qui concerne la peur masculine de la sexualité de la femme, elle n'a pas de raison d'être ; la femme n'est pas un être insatiable mettant en péril l'individu mâle et l'ordre de la société. Premièrement, la capacité orgasmique illimitée de la femme est une faculté, non une obligation. Ce qui est virtuellement possible n'a pas à être concrétisé au quotidien. Deuxièmement, l'homme, pour peu qu'il se passionne pour l'art d'aimer, saura combler sa compagne sans s'épuiser ni courir la performance. Les caresses de la peau, la caresse vaginale, la caresse intérieure, et tant d'autres (voir *Le Traité des caresses*), sont autant de façons de mener la femme à de multiples extases. [30]

En ce qui concerne la lutte pour le pouvoir, il faudra bien la dépasser. Il y a environ dix mille ans que l'homme s'en est emparé à la faveur de circonstances qui lui étaient favorables et mû par sa peur de la femme. Il a assis son autorité et organisé la soumission de la femme sur un ensemble d'institutions et de réglementations tant civiles que religieuses. Au début du siècle dernier, les femmes se sont insurgées et ont obtenu le partage du pouvoir. Depuis lors, elles sont les égales des hommes en valeur et en droits. Mais si la libération de l'*animus* de la femme est un progrès, elle n'est qu'une parcelle de progrès ; parfois, cet événement constitue pour la société un non-progrès. C'est à dire que les femmes libérées ont trop tendance à oublier leur essence même et à imiter les hommes, leur soif de domination, leur matérialisme, leur insensibilité, leur agressivité. Ainsi se perpétue une civilisation dont on ne peut pas dire qu'elle ait fait le bonheur de l'humanité. En vérité, il y aura un réel progrès de civilisation lorsque la femme et l'homme deviendront des êtres complets dont *l'animus* et *l'anima* seront harmonieusement équilibrés. Nous y reviendrons dans la cinquième partie, chapitre III.

CINQUIÈME PARTIE
LES POLLUTIONS LIÉES À LA CIVILISATION OCCIDENTALE

Chapitre I
ATTENTION : EGO

Certaines pollutions de la relation entre la femme et l'homme, propres à l'époque contemporaine, sont apparues dans les dernières décennies.

L'individualisme

L'individu, après des siècles d'oppression par les institutions collectives civiles ou religieuses, relève la tête. Désormais, priorité est donnée au « moi ». À chacun de se libérer et de s'affirmer : se libérer des croyances et des interdits qui écrasent la personnalité ; s'affirmer dans toutes ses dimensions – affectives, intellectuelles, artistiques et sexuelles. Sur le plan affectif, plus aucune contrainte ne doit nous lier. Il faut s'éclater. Quant à la fidélité, seul compte la fidélité à soi-même et à ses besoins.

Il est vrai que la raison d'être de tout individu est de s'épanouir. Et vrai aussi que l'épanouissement de l'un profite à l'autre et aux autres ; pour savoir aimer il faut s'aimer. Mais prenons garde : du développement de l'ego à l'égoïsme, il n'y a qu'un pas. Or, la recherche de son seul bonheur et plaisir, le manque d'altruisme, la disparition de l'idée de devoir, ne constituent un progrès ni pour la personne ni pour la civilisation. L'individualisme poussé à l'excès est une fermeture sur soi, une forme de schizophrénie. À l'extrême, la monade est la mort de la communauté et de l'individu lui-même. L'altérité est le garde-fou de l'être, c'est-à-dire ce qui l'empêche de devenir fou.

Avoir et paraître

Notre société prône l'avoir et le paraître. Ce qui compte, de nos jours, c'est d'avoir : avoir une belle femme, une belle situation, de l'argent, des biens, des objets-gadgets, bref, de consommer, quitte à jeter après usage. Cette mentalité s'applique à la relation femme-homme. Alors, on consomme les êtres comme on abuse des gadgets. Avoir un conjoint, une conjointe, ne suffit pas, il est bien d'avoir aussi des amants, des maîtresses. À vrai dire, si on veut avoir toutes sortes d'êtres et de choses, ce n'est pas tant pour en jouir que pour paraître avoir été capable de les acquérir. Car ce qui compte aussi, c'est de paraître, c'est-à-dire d'avoir l'air : avoir l'air beau, avoir l'air jeune, avoir l'air riche, et avoir le look, la ligne, la forme, les moyens… Le partenaire lui-même est choisi presque exclusivement en fonction de ses apparences ou, pire, de sa ressemblance avec des top modèles – leurs traits, leur silhouette. Le but est de se narcissiser en s'exhibant avec sa conquête, en se parant d'elle. Quand la personne conquise perdra de son éclat, on la répudiera ou on lui adjoindra une liaison plus « top » encore.

Avoir et avoir l'air ne sont pas des attitudes authentiques. On peut s'en contenter un certain temps, mais un jour on prend conscience que le succès social et la possession de biens n'apportent pas un bonheur profond et durable, que la recherche de la réussite traduit une insuffisance de la personnalité, et que la volonté de puissance n'est qu'une compensation au vide intérieur. Le bonheur authentique, c'est dans *l'être* et non dans *l'avoir* qu'on le trouve. Être, c'est être bien dans son corps : en étroit contact avec la vie qui le parcourt et attentif à toutes les heureuses sensations qu'il procure, et en jouir. Être, c'est accueillir toutes les composantes de son psychisme – la sensibilité, l'affectivité, l'intuition, l'instinctuel, l'intellectuel – sans en hypertrophier aucune. Être, c'est mettre en adéquation ce que l'on est, ce que l'on veut et ce que l'on fait. Être, c'est donner un sens à son existence. Être, c'est aimer. Être, c'est la simplicité, car le corps et l'esprit sont les plus grandes sources de plaisirs et de joie, et la nature qui les nourrit est offerte à tous. [12]

Chapitre II
LE SENTIMENTALISME

Croire qu'il suffit d'aimer pour réussir un couple heureux et durable, c'est bien l'illusion de notre civilisation. Les sentiments, à eux seuls, n'assurent ni l'harmonie ni la durée d'un couple ; ils n'empêchent pas les conflits et de toute façon finissent par s'user.

Quand l'amour n'existait pas

L'amour tel qu'on le connaît – ce sentiment qui relie la femme et l'homme – n'a pas toujours existé. C'est une invention de l'Occident, et plus précisément de l'Occitanie, au XIIe siècle.

Jusqu'alors, en tous pays, les relations altruistes entre les êtres se résumaient à quatre : l'amour maternel (de la mère à l'enfant), l'amour filial (de l'enfant envers les parents, mais plus particulièrement envers la mère), l'affection familiale (entre frères et sœurs) et l'amitié (entre les hommes ou entre les femmes, accompagnée ou non de sexualité). La relation entre les sexes – hétérosexuelle – se réduisait à la sexualité, et encore, le seul désir reconnu était celui de l'homme pour la femme. Le recensement des relations entre les êtres s'arrêtait là.

En Grèce, par exemple, on connaissait « l'éros », qui relevait de la sexualité, et « l'agapé », qui était l'amitié. Les hommes préféraient les relations homosexuelles et y incluaient la sexualité et l'amitié, mais ils pouvaient aussi épurer l'amitié de tout érotisme et vivre une relation « platonique ».

En Palestine, dans les premières années de notre ère, Jésus apporta un nouveau mode de relation : la « caritas » ou amour entre tous les êtres. C'est la « caritas » que loue saint Paul dans sa célèbre épître aux Corinthiens :

« Quand bien même je parlerais· toutes les langues, celle des hommes et celle des anges, si je n'ai pas l'amour, je ne suis qu'airain sonore ou cymbale qui retentit. Même si j'avais le don de prophétie ou la voyance des mystères et toute la connaissance, si j'avais la foi totale, celle qui transporte les montagnes, si je n'ai pas l'amour, je ne suis rien.

Même si je donnais tout ce qui m'appartient ou si je livrais mon corps pour être brûlé, si je n'ai pas l'amour, je ne suis rien.

L'amour n'est pas jaloux, l'amour ne se vante point. Il n'est pas orgueilleux ni dépravé. Il ne cherche pas son bien, ne s'irrite pas, ne soupçonne pas le mal. Il ne se réjouit pas de l'injustice mais trouve sa joie dans la vérité. Il est toujours patient, il croit tout, espère tout, supporte tout. L'amour ne périt jamais. » (I, Cor. 13)

C'est improprement que l'on traduit caritas par amour, particulièrement si l'on veut désigner le sentiment « amoureux », parce qu'alors ce sentiment n'était pas encore reconnu ; toutefois, le véritable amour auquel les amants « éveillés » souhaitent accéder inclut la caritas. Revenons à cette longue période où la relation hétérosexuelle se limitait à la sexualité. Le concept même d'amour sentimental entre la femme et l'homme était impossible, impensable. L'échange ne pouvait se concevoir qu'en termes de besoins sexuels et, de façon plus restrictive encore, de besoins dirigés du second vers la première : la copulation initiée par le mâle résumait les relations entre les sexes.

Pour l'homme, la femme était un être inférieur indigne d'attention, méprisable même, un être privé de droits et soumis. Et, dans le peuple, plus que soumis, opprimé, une servante misérable, battue, persécutée, livrée au viol, droit de cuissage et autres prééminences sur la mariée.

Cette prétendue « infériorité » de la femme était liée à sa « faible constitution » en un temps où les valeurs suprêmes étaient la force et l'intrépidité. Elle était aussi le résultat de la politique répressive et humiliante que les mâles avaient menée depuis les débuts du patriarcat. Comme ils avaient voulu la femme inférieure, ils la croyaient ainsi. Alors, comment auraient-ils pu éprouver envers elle autre chose qu'un besoin ? Comment auraient-ils pu ressentir de l'affection et a posteriori partager une communion spirituelle ? Seuls les hommes, frères d'armes ou compagnons de palabres, étaient dignes d'estime et d'amitié, parce qu'ils détenaient la force et l'intrépidité ou parce qu'ils possédaient – s'arrogeaient – l'art de philosopher. Avec eux, on pouvait associer l'amitié à la sexualité et nouer une relation complexe, c'est-à-dire à deux niveaux.

Toutefois, face à la femme, les hommes ne pouvaient s'empêcher de ressentir des émotions qui les dérangeaient. D'une part, ils sentaient au fond d'eux-mêmes ce que la femme avait de « magique » : une impression qui touchait en eux des couches profondes de leur conscience – leur « âme » – et qui, sans doute, était transmise par l'inconscient collectif, les échos lointains de la fascination qu'ils avaient eue pour elle au temps du matriarcat.

D'autre part, il leur arrivait d'éprouver envers une femme un « sentiment ». Jusqu'alors, le seul sentiment dépourvu de sexualité qu'ils connaissaient, c'était celui qu'ils avaient pour leur mère, le sentiment d'amour filial. Et voilà qu'ils ressentaient une affection semblable pour une femme, à la différence qu'ici le sentiment est compatible avec des relations sexuelles. Ce sentiment complexe, c'était une préfiguration de l'amour. Mais là, ils prenaient peur, car cette émotion qu'ils voyaient couramment chez la femme, ils la croyaient uniquement féminine. Aimer comme une femme est indigne d'un homme ; ce serait passer de leur moi masculin à un moi féminin, par nature inférieur. Quelle honte ! Pas question d'admettre en eux cette sentimentalité propre à la femme, et par conséquent d'avoir avec la femme d'autres relations que voluptueuses.

Pour se débarrasser de ces émotions troublantes, il leur fallait humilier la femme en la prenant de force. Le plaisir, du reste, était dans la force mise à l'abaisser, la sauvegarde dans sa possession forcée. Exit la magie et le sentiment. C'est pourquoi le viol était l'activité sexuelle la plus répandue, d'ailleurs considérée comme naturelle et légitime : viol légal dans le cadre conjugal, viol sauvage dans les bourgs et les campagnes, viol à l'occasion des guerres par les soudards. Ce goût du viol, aujourd'hui condamné par la conscience universelle, fait partie de la nature profonde de l'homme, comme le prouve la persistance des violences sexuelles à notre époque (30 000 viols déclarés en France en 1999) et la recrudescence des viols dans les guerres récentes : en Algérie, des citoyens français enrégimentés s'y sont adonnés ; en Bosnie, le viol a été érigé en système d'humiliation de la population adverse ; ces viols, autant que la satisfaction d'une pulsion, répondent à un besoin de triompher de la femme, de l'humilier, surtout quand elle est étrangère.

En résumé, durant cette longue période, la seule relation entre l'homme et la femme ne pouvait qu'être une subordination de cette dernière, en particulier sur le plan sexuel. La femme était la servante, y compris la servante sexuelle. Ce qui portait l'homme vers la femme ne devait être que l'instinct, non le sentiment.

Voilà pourquoi, dans toute l'Antiquité, il n'y a pas eu un seul cas de « grand amour ». Ce que l'on a pris pour tel n'était que passion sexuelle. Il faudra attendre le XIIe siècle pour que l'homme admette qu'une autre relation puisse s'établir avec la femme : le sentiment.

L'amour courtois

Au XIIe siècle, les conditions étaient réunies pour que la femme révèle l'amour dans le cœur de l'homme et donne à la relation sa dimension spirituelle. Pour cela, il était nécessaire que la femme prenne l'ascendant sur l'homme ; la société féodale allait lui en offrir la possibilité. D'une part, cette société proposait un modèle de soumission honorable : le dévouement vassalique. Pour le vassal, c'est un honneur de se dévouer pour un seigneur ou pour une grande dame, c'est un bonheur de bénéficier de leur amitié.

D'autre part, en ce temps-là, quelques grandes dames avaient assez de prestige pour imposer le renversement des rôles – la subordination de l'homme. Grâce à elles, on vivait un moment historique de prépondérance féminine. Du dévouement à la dévotion, il n'y avait qu'un pas qu'allaient permettre de franchir la qualité des dames et le réveil en l'homme de sa fascination refoulée pour la magie féminine. [36]

Il y avait eu, en d'autres temps, des femmes supérieures – à Rome, sous Auguste, par exemple –, mais elles avaient utilisé leur domination sur l'homme pour l'avilir, s'avilir elles-mêmes et dégrader un peu plus la relation entre la femme et l'homme ; le miracle, cette fois, venait de la rencontre de trois événements :

1) **L'obligation d'une forme de chasteté liée à l'impossibilité pour ces grandes dames de se donner charnellement.** D'un côté, l'orgueil de leur rang leur interdisait ce don à des vassaux (elles ne pouvaient choisir que des hommes de rang inférieur, car il était impensable qu'un seigneur accepte une prééminence de la femme) ; d'un autre côté, la fidélité à leur mari les retenait de le faire. Si bien que l'homme était obligé de les désirer sans les « consommer ». Ce qui ne l'empêchait de s'attacher à elles. Ainsi, le sentiment allait se distinguer du désir, et se ressentir et se penser à l'état pur, ce qui constituait un pas vers l'amour. Notons que le désir n'était pas nié,

ni découragé, mais sublimé. Et, paradoxe, le désir était tout à la fois contrôlé et exalté.

2) **La possibilité pour la femme de transmettre plus facilement à l'homme sa profonde sentimentalité**, en raison de l'ascendant qu'elle avait pris sur lui.

3) **L'opportunité pour la femme de transmettre à l'homme également, et pour la même raison, sa spiritualité propre**. Elle ne s'était jamais résignée à n'être qu'un objet d'assouvissement et à ne voir dans la relation sexuelle qu'une gesticulation. Mettre du spirituel dans le désir, en d'autres termes idéaliser la relation, était un rêve auquel elle n'avait jamais renoncé.

Il semble, effectivement, que les aspirations de la féminité coïncident avec l'essence même de l'amour, et rejoignent les mythes poético-magiques des Occitans.

Pour achever d'humaniser l'homme, toutes les autres tendances altruistes ne pouvaient pas suffire ; il fallait que l'homme trouve en la femme son alter ego, et dans sa propre volupté, révélée par sa compagne, sa propre aspiration à la spiritualité. Ainsi, l'amour courtois plaçait l'amour et la femme au rang des valeurs supérieures : l'amour est le plus noble des sentiments, et la femme une divinité. Par sublimation de l'instinct, d'objet d'assouvissement la femme devenait objet d'adoration, le viol faisait place au culte de la Dame, et les grossièretés s'effaçaient devant les raffinements et la galanterie.

L'érotique des troubadours constitue une véritable révolution en ce sens qu'elle a inventé un sentiment distinct de toutes les formes d'altruisme connues : l'amour sentimental. Elle a posé les droits du cœur : pour qu'il y ait accès au corps, il faut que le cœur et l'âme soient émus ; mieux, que parfois le corps renonce pour que s'exerce la communion des cœurs. Elle a transféré les sentiments d'amitié sexuelle, propres aux homosexuels, aux relations hétérosexuelles ; elle a transféré de même la forme platonique des rapports homosexuels à l'hétérosexualité. Enfin, elle a libéré l'homme de sa peur misogyne : de l'appropriation, il pourra passer à une relation d'échange.

Sans doute était-ce trop pour les détenteurs du pouvoir patriarcal – la royauté et la papauté. Ils sont partis en croisade contre les Albigeois. Et les misogynes chevaliers du Nord ont écrasé les troubadours, confondant hérésie et amour courtois.

L'amour romantique

Le roman tel qu'on le conçoit de nos jours est né au début du XIXe siècle. C'est dans ce genre littéraire que se déploie l'amour romantique. Certains aspects de ce sentiment étaient positifs : il apportait un souffle d'idéalisme ou même de spiritualité à la relation amoureuse ; il confirmait l'importance de l'affectivité à une époque où les mariages étaient encore arrangés par les familles ; il était un ferment de révolte contre l'ordre établi.

À l'inverse, l'amour romantique présente nombre d'aspects négatifs :

• La fascination pour le malheur : dans certaines œuvres, c'est la passion qui est mise en scène, et nous savons bien, ne serait-ce que par l'étymologie, que les protagonistes vont souffrir. Leur amour rencontrant un obstacle – la famille, le devoir, une personne rivale – va se faire fureur et tourments. Finalement, la rupture – ou, pire, la mort – sera la seule issue. Aucun de ces héros ne formera un couple heureux et durable. Ainsi, l'amour romantique confère aux Occidentaux un goût pour la souffrance et le morbide, et leur inspire des croyances maléfiques : « Il n'y a pas d'amour heureux » ou « Souffrir est une preuve d'amour ».

• Le mythe de la prédestination et du bonheur assuré : dans d'autres œuvres – celles de la série rose – on prétend qu'à chaque femme correspond un homme fait pour elle, et à chaque homme une femme conçue pour lui. Il n'y a donc pas à faire d'effort pour s'adapter à la personne réelle. Au contraire, si des efforts sont faits, c'est pour tenter de mouler la réalité dans le rêve. De toute façon, il suffit de s'aimer pour être heureux. À l'effet déformant de ces mythes s'ajoutent les effets trompeurs des trois processus de l'état amoureux – idéalisation, identification, fusion - ; si bien que très longtemps les amoureux sont à côté de la réalité. Quand enfin ils prennent conscience que l'autre n'est pas celui dont ils rêvaient et qu'ils avaient cru voir, qu'il est même très différent, la chute est douloureuse. Reste à évoluer vers l'acceptation de l'autre tel qu'il est, et vers le véritable amour, chemin difficile mais possible.

Au total, l'hypersentimentalisme romantique, s'il offre des transports, des ivresses, voire des ensorcellements, ne constitue pas une base solide pour la formation d'un couple. Sans oublier qu'il ne peut que brouiller la communication.

Le mariage d'amour

En Égypte, en Grèce, à Rome, en Europe, jusqu'au XIXe siècle, le mariage était un acte social dont le but était de fonder une famille et d'avoir des enfants légitimes. L'épouse n'était qu'une reproductrice dont le choix était fait par les pères en fonction de ses biens et de sa situation sociale.

Chez les Romains, par exemple, le mariage est une institution organisée au seul profit de l'homme et de l'État. C'est un acte important que tout citoyen romain a le devoir d'accomplir s'il veut être un homme de bien. Monogamique, il a pour but, ici comme ailleurs, de construire la cellule de base de la société romaine, cellule où naîtront et s'éduqueront les enfants qui perpétueront la cité. Seuls les enfants issus de cette union légitime porteront le nom du père, jouiront de ses privilèges et hériteront de ses biens.

Les mariés ne forment pas un couple au sens actuel. Aucun sentiment, sauf heureuse exception, ne les unit ; aucune relation sexuelle ne les rapproche forcément. S'ils s'aiment et s'ils font l'amour, c'est bien, mais ce n'est pas le but de leur mariage. Pour l'homme, qu'aucun devoir de fidélité ne lie, l'amour est libre, et pour le plaisir, qu'aucun tabou n'hypothèque, il dispose des esclaves, des affranchies et des Romaines non mariées ; à lui d'en faire des passades, des maîtresses ou des concubines. La façade juridique est monogamique, la réalité, polygamique. Apollodore déclare : « Nous avons des hétaïres pour la volupté, des concubines pour les soins journaliers et des épouses pour avoir des fils légitimes et pour garder fidèlement la maison. »

Progressivement, le droit romain va élaborer un savant statut qui infériorise la femme et annule tous ses liens légaux avec ses enfants – seul subsistera le lien de nature. La loi institue l'exclusivité du lien paternel et la toute-puissance paternelle. La femme est désormais un être mineur, guère plus qu'un enfant. L'épouse, ou matrone, n'est qu'un élément de la maisonnée, comme les fils, la domesticité ou les clients. Les femmes libres ne sont que des exutoires pour le plaisir.

C'est au XIXe siècle que naîtra – ou plutôt se généralisera – le mariage d'amour : on choisit soi-même en fonction de son cœur. L'amour qui préside à cette union plonge ses racines dans l'amour courtois et dans l'amour romantique, et dans la surabondante littérature romanesque.

Au XXe siècle, l'amour sentimental fait rage, et c'est quasiment toujours par amour que l'on se marie ; une profusion de romans et de films – le nouvel art – ont pour thème des histoires sentimentales.

En Occident, on en est arrivé à accorder une importance excessive au seul sentiment dans la création d'un couple. Cette hypertrophie sentimentale n'assure pas la félicité : au nom de cet amour, on souffre, on fait souffrir, on se bat, on tue même. Il est bien cruel ce sentiment que l'on disait doux. Certains en sont malades (troubles psychosomatiques, anxiété, dépression). En plus, ce sentimentalisme fragilise les unions et les fait échouer : c'est que les sentiments s'usent. À cette usure, il y a plusieurs explications :

- **L'inconsistance des mythes romantiques**, en particulier du mythe de la prédestination : une fois les sentiments usés jusqu'à la corde, ou, pire, éteints, que reste-t-il à partager entre les amants ? Rien, à part les enfants – dont on fait des otages – et les biens – ce qui n'est pas un moyen d'épanouissement. Les statistiques confirment la fragilité du « tout sentiment ». À notre époque, sur trois mariages, deux se terminent par un divorce au bout de trois ans. On pourrait donc croire que « l'amour » dure au moins trois ans. Pas du tout : les enquêtes montrent que la passion n'occupe que la première année, la seconde étant celle de la tendresse, et la troisième celle de l'ennui. Une enquête précise même que la passion dure 317,5 jours.
- **La fin des illusions inhérentes à l'état amoureux**. Le retour à la réalité et la lucidité dégonflent l'hypertrophie sentimentale.
- **Le lâchage des neurohormones** : sur le plan biochimique, l'état de grâce correspond à une surabondance de sécrétions de certaines neurohormones et de certains neuromédiateurs (lulibérine, dopamine, phényléthylamine, endomorphines…) par le cerveau. Mais, à la longue, ces sécrétions se réduisent et s'épuisent. Sans doute parce que les stimulations ont perdu de leur primeur et de leur intensité.

L'amour véritable

Les sentiments et les émotions gardent toutefois leur importance dans la relation amoureuse ; ce sont eux qui donnent à la relation son humanité – sa chaleur, sa couleur – et sa force. Il ne s'agit donc pas de les renier, ou, pire, de les réprimer, ce qui conduirait à une relation froide, désincarnée, ni non plus de nous laisser gouverner par eux. Ni maîtres ni esclaves, nos sentiments sont nos alliés : ils nous apportent une énergie brute ; reste à la transférer dans notre travail de transformation. Transmuée, cette énergie nous donnera le courage et la discipline nécessaires à notre évolution. Ce sentiment – état subjectif – se fera action – état dynamique volontaire.

Deux démarches sont alors nécessaires :

- **Discerner dans l'émotion ressentie** ce qui ressort du besoin d'être aimé et ce qui est don d'amour. Trop de « Je t'aime » veulent dire « Aime-moi ». Le besoin d'être aimé relève de la sentimentalité, attitude centrifuge et parasite ; le don d'amour – l'amour véritable – est un mouvement centripète et oblatif. Il faut épurer l'amour romantique de son aspect morbide, mélancolique, où l'être se complaît dans la souffrance tout en exigeant de l'aide, et retenir son côté idéaliste, généreux, où l'être aspire à s'élever et à élever l'autre.
- **Se décider à donner la priorité à la relation.** Quand les sentiments se seront amoindris. La relation et la qualité de la communication vont permettre de demeurer ensemble de façon agréable, féconde, vivante. « Même si mes émotions ne sont plus flamboyantes, je reste avec l'autre, parce qu'il m'écoute, m'entend, me comprend. Je peux me dire sans être jugé, rabaissé, rejeté. Je peux être conseillé, aidé si nécessaire. »

Chapitre III
LA DOMINATION

Comme dans tout groupe se pose dans le couple le problème du pouvoir : qui va commander ? Qui va prendre les décisions ? Car les décisions à prendre sont innombrables : il y a celles qui concernent l'organisation pratique de la vie à deux (ou plus, s'il y a une famille), en particulier la gestion de l'argent, la répartition du temps, l'ajustement des activités, les loisirs, et celles qui concernent l'importance accordée à la tendresse et à l'érotisme, et la liberté sexuelle, et enfin celles qui concernent l'éducation des enfants et leur avenir.

Chaque partenaire ayant ses propres conceptions quant à ces divers points, et ses valeurs de références personnelles, les sujets de désaccord ne manquent pas et la relation risque de tourner souvent à l'épreuve de force. Alors, qui va trancher ? Qui va prendre la direction du couple ? Faut-il que quelqu'un la prenne ?

Il existe chez les êtres un besoin fondamental d'exercer une influence sur les autres. C'est une constante de la nature humaine – voisine sans doute de la notion de dominance chez les animaux. Difficile par conséquent, dans une relation, de n'être pas tenté d'influencer l'autre, ou, pire, de le dominer.

Histoire de la domination

Le matriarcat

Au cours de la préhistoire, tandis que le cerveau et le crâne qui le contient s'accroissent follement, le bassin, lui, s'élargit lentement. Quand le cerveau dépasse 600 cm^3, le diamètre du crâne devient supérieur au diamètre de l'orifice pelvien ; la tête de bébé ne peut plus franchir le détroit osseux. Qu'à cela ne tienne : bébé naîtra avant que son encéphale n'excède les 600 cm^3 fatidiques, c'est-à-dire avant son complet développement ! [30]

Dans un tel cerveau immature, la plupart des centres nerveux sont incapables de fonctionner. Aucun nouveau-né n'est aussi fragile ni aussi dépendant à sa naissance que celui-là. Seule sa mère peut le sauver en continuant à lui procurer nourriture, chaleur et protection. Cet être ne peut survivre que parce qu'une femelle, qui peu à peu se fait femme, le prend en charge dès sa naissance jusqu'à la maturation de son cerveau et l'apprentissage des conduites fondamentales : trois ans au minimum.

Une telle dépendance de sa progéniture contraint la mère à demeurer près d'elle en permanence. Alors s'instaure une loi biologique fondamentale et coercitive qui persistera jusqu'à nos jours : la femme est confinée au gîte, près de bébé ; c'est au mâle que revient le soin de rapporter la pitance. Cette division du travail est un des fondements de l'humanité.

En même temps naît une forme d'amour entre la femme et l'homme. L'amour, alors, est ce qui fait qu'un mâle donné manifeste un intérêt particulier pour une femelle précise. Plus prosaïquement, l'amour est ce qui motive tel mâle à rapporter de la nourriture à telle femelle. Un fait lié à l'acquisition de la station verticale va contribuer, de façon décisive, à personnaliser l'échange amoureux, c'est le passage, en ce qui concerne le coït, de l'abord postérieur à l'abord antérieur : un visage permet la communication par le regard, par les mimiques. Quand on fait l'amour face à face, on sait avec qui on le fait. C'en est fini de la polygamie qui venait des singes, le couple devient la relation idéale entre la femme et l'homme.

Dans la lutte pour le pouvoir à laquelle se sont livrés les deux sexes, le parti féminin l'a emporté dans un premier temps. À l'aube de l'humanité, la femme disposait d'arguments suffisamment solides pour imposer sa loi. Face aux pouvoirs féminins, la puissance masculine ne faisait pas le poids :

• **La femme était chef de famille :** en ce temps-là, la femme, en tant que mère de bébé, c'est-à-dire personne qui engendre, nourrit de sa substance et éduque un petit, détient une autorité certaine. Mais il y a plus : l'élevage des petits contraint la femelle à se fixer au gîte ; elle en fera un foyer qu'elle organisera à sa façon. D'autant qu'elle en est l'élément présent en permanence, l'homme étant parti à la chasse. En l'absence de celui-ci la femme devient le chef de famille. De plus, elle est l'élément originel, celle dont est issu tout être et à qui nous attachent des liens sûrs et irrévocables – on ignore alors le rôle de l'homme dans la fécondation. N'étant pour rien dans la venue de bébé, l'homme n'est pas vraiment un parent de l'enfant, il ne fait pas réellement partie de la famille, c'est un étranger ; seule la parenté matrilinéaire est certaine.

• **La femme était chef de lignée :** elle n'est pas seulement la matrice de l'enfant, elle est la génératrice de toute la famille et, au-delà, de toute la lignée. La parenté est fondée sur la filiation utérine. Le mari doit élire domicile dans le territoire de l'épouse, car la femme ne doit pas quitter son clan. Les enfants appartiennent au clan plus qu'au mari ; le père a moins de droits sur l'enfant que le clan.

• **La femme était magicienne :** l'homme fruste des premiers temps voit sortir un enfant du ventre de la femme, de ses seins sourd le lait dont elle abreuve le petit. Nul doute, la femme est un vase magique où s'opèrent de mystérieuses transformations. Il est un autre fait qui contribue au pouvoir de la femme : la sexualité. Comment l'homme ne ressentirait-il pas comme un sortilège l'ivresse que lui procure la femme? Et le fatal attachement qu'il lui voue ensuite? Et comment n'assimilerait-il pas à une transe le séisme orgasmique qui ébranle la femme elle-même? L'homme prêtera à la femme bien d'autres dons extraordinaires, jusqu'à la faire divine. Maîtresse de la vie et de la mort, dépositaire de l'avenir, ensorceleuse, la femme serait décidément au-dessus de la condition humaine. Elle se servira de la peur qu'inspirent ses pouvoirs surnaturels pour tirer à elle le pouvoir.

Au cours du matriarcat, une chose sauvera le prestige des mâles: non pas leur force musculaire – qu'est-ce qu'un paquet de muscles, face aux impératifs de la perpétuation de l'espèce et à la magie de la maternité? –, mais leur rôle de pourvoyeurs de nourriture et, plus particulièrement, de chasseurs. La chasse est l'apanage du mâle, c'est un fait universel. Elle confère à celui qui la pratique une grande importance. [30]

Le patriarcat

L'avènement des mâles

La prééminence de la *mater familias* perdurera des milliers d'années. Son déclin sera, paradoxalement, une conséquence de ce qui faisait sa force: sa fécondité. Tant que les communautés avaient la dimension d'un clan ou d'un village, les femmes tenaient leur monde bien en main. Quand les sociétés ont pris les dimensions de cités, elles ont perdu le contact et leur influence s'est diluée. En revanche, l'extension des sociétés, qui nécessitait un contrôle physique des individus et la défense du territoire, convenait aux hommes, forts de leur puissance musculaire et de leurs armes. L'autorité des hommes s'est alors substituée à la suprématie des femmes.

Par ailleurs, les progrès de la culture ont contribué à l'accroissement des populations: une nourriture plus abondante permettait de faire subsister un nombre plus important d'individus. Mais qui dit culture dit propriété, et donc guerre. C'étaient les hommes qui devaient combattre. Non point en vertu de leur supériorité physique, mais parce que la chasse leur avait donné l'habitude des armes et des talents de stratèges. Leurs actions valeureuses devaient ajouter à leur prestige.

Un jour, l'homme a découvert son importance dans la reproduction : sans sa semence, pas de maternité ! Alors, les choses se sont inversées : la femme n'était plus qu'un réceptacle à féconder, la fertilité devenait le propre du phallus. C'en était fait de la magie des femmes. Le pouvoir allait passer aux mains des hommes.

Garder le pouvoir

Les hommes, ayant obtenu le pouvoir, feront tout pour le garder. Ils prendront toutes les dispositions pour contrôler les femmes et les maintenir dans un état de subordination, en un mot pour les dominer. Ils vont donc organiser la société afin que le gouvernement des nations soit aux mains des hommes. La législation sera cyniquement discriminatoire envers les femmes. L'accès aux connaissances et la direction de l'économie seront réservés aux hommes, la femme étant reléguée à des tâches subalternes.

La famille, qui était le royaume de la femme, deviendra sa prison. Elle sera l'élément de base de l'organisation patriarcale. L'homme en est le maître absolu. Il a le droit de châtiment et même de mort sur les êtres ; il a le droit de répudiation sur son épouse. Le chef de famille, c'est lui.

Les bases personnelles de l'autorité

Quelle que soit la place officielle assignée par la législation –civile et religieuse –, le pouvoir réel appartient, dans le couple, à l'individu qui a su s'imposer, soit en vertu de ses qualités, soit, inversement, en raison de ses travers.

Les bases

• **L'intelligence, les compétences professionnelles, le statut social, la culture** peuvent déterminer le leadership. Mais on voit aussi des femmes ou des hommes pleins de ces qualités se laisser diriger par un conjoint qui en est dépourvu, plus fruste et moins instruit.

• **La science instinctive des relations interpersonnelles.** Cette perception intuitive de ce qui se passe chez les êtres, de ce qu'ils ressentent (spécialement en ce qui concerne le conjoint, les enfants) confère à celui qui la possède la faculté de gouverner les autres. La femme est particulièrement pourvue de ce don.

• **L'argent désigne trop souvent le détenteur du pouvoir.** C'est, entre autres, parce qu'il était le seul pourvoyeur que l'homme a été longtemps le maître ; inversement, c'est sa dépendance financière qui a contraint la femme à se soumettre. Maintenant que la femme a ses propres ressources, parfois même supérieures à celles de l'homme (comme c'est le cas notamment pour l'homme au chômage), le pouvoir tend à être plus équitablement réparti. Cependant, dans certains couples, l'argent n'assure pas forcément l'autorité ; par exemple, certaines femmes sans revenus font la pluie et le beau temps dans le ménage.

• **Hélas, fréquemment, c'est le plus dominateur, le plus égoïste, le moins sensible, le moins amoureux, le plus destructeur, le plus prédateur qui s'empare des rênes.** Sous ces mauvais sentiments se cache souvent la peur ; c'est elle qui pousse à la domination – comme la peur historique qu'éprouvait l'homme face à la femme (la « mâle-peur ») –, c'est encore ce qui motive l'autoritarisme machiste.

• **Enfin, la culpabilisation constitue un moyen de pression et de manipulation, autrement dit une façon – détournée – d'imposer sa volonté.** C'est en particulier le moyen des « faibles ». Ce peut être celui de certaines femmes dépourvues de bagage intellectuel et de ressources qui, mariées avec un homme plus prestigieux, contrôlent sa vie et ses activités par un chantage affectif : « À faire cela ou à ne pas faire cela, tu me rends malheureuse », « C'est de ta faute si les enfants… », « À force de me laisser seule… », « Tu m'avais promis… », etc. Inversement, on voit des femmes brillantes se laisser entraver par les attitudes d'un mari alcoolique ou dépressif : « Si je prends trop de liberté, si je m'absente trop, ou pire, si je le quitte, il va replonger de plus belle dans l'alcool ou dans la déprime. »

Il existe aussi des couples où le pouvoir est spontanément partagé en fonction des compétences de chacun. Dans tel domaine, c'est tel partenaire qui est suivi, dans tel autre domaine, c'est l'autre partenaire qui est écouté. Ainsi, selon la situation, l'influence revient tantôt à l'un, tantôt à l'autre.

Évolution des bases

La chute du dominant

Au cours de la vie d'un couple, le pouvoir peut carrément passer d'un partenaire à l'autre. Les changements qui affectent l'un des membres du couple peuvent modifier les rapports de force. Si le dominant rétrograde dans son statut social ou économique (échec, chômage, mise à la retraite…), ou s'il est atteint d'une maladie qui le diminue (cardiopathie, dépression, paralysie…), il y a de grandes chances pour qu'il perde son autorité. Mais, comme il a été dit ci-dessus, il arrive que ce soit le « faible » qui exerce le pouvoir : tels ces hommes et ces femmes qui, de leur fauteuil ou du fond de leur lit, commandent toute la maisonnée, y régnant en maîtres.

Cas particulier, mais important : l'impact du chômage de l'homme ou de sa mise à la retraite. Dans les deux cas, l'homme reste à la maison, territoire où les femmes règnent habituellement, qu'elles aient ou non une activité professionnelle. Le couple découvre alors, à propos de problèmes banals comme la façon de cuisiner, les courses, etc., que la coexistence permanente est difficile. Certains hommes veulent s'emparer de l'intendance et se comporter à la maison comme ils le faisaient au travail, avec leur logique, leur rationalité, leur organisation. « Mon mari me surveillait du coin de l'œil quand je préparais les repas. « Pour cuire ces pommes dauphines, moi, je ferais comme cela », etc. Quand je partais en courses, il me demandait : « Où vas-tu, à quelle heure reviens-tu ? » Et quand je revenais : « Il y avait du monde chez le boucher ? » » Devant cette tentative de prendre le pouvoir domestique, les femmes réagissent. Les conflits se multiplient. Il faut trouver un nouveau *modus vivendi*, une nouvelle répartition des rôles, une autre distribution du territoire ; sinon, le couple va péricliter. Certains divorcent à soixante-cinq ans, après quarante ans de vie « commune » sans histoire. « Commune ? » Pas autant qu'en ces jours d'homme à la maison.

À l'inverse, d'autres hommes, renonçant à toute domination, passent d'emblée une nouvelle alliance avec leur partenaire, prenant en charge telles tâches domestiques et se réservant une partie du territoire. Ainsi agissent les hommes sages qui choisissent ce *new deal*. Ainsi agissent aussi les hommes dévalorisés par la perte de leur emploi – chômage ou retraite – et qui, soumis, s'y résignent.

Sursaut de la personne dominée

Dans le parcours du couple, il arrive aussi que la personne dominée relève la tête sans que pour autant l'autre ait subi quelque dégradation. Qu'est-ce qui permet au dominé de s'affirmer ? Ce peut être l'accès à un emploi ou l'accomplissement dans un domaine professionnel ou artistique. C'est ainsi que des femmes qui étaient « restées » à la maison se mettent à travailler à l'extérieur ou réalisent leurs aspirations artistiques et, reconnues et épanouies, retrouvent confiance en elles et osent, enfin, exister. Mais ce qui est plus remarquable, c'est l'effet révolutionnaire d'une psychothérapie : par un travail sur lui-même, le partenaire soumis prend conscience de sa force intérieure, apprend à s'estimer et à avoir confiance en lui, analyse les raisons de sa dépendance et, au total, acquiert plus d'autonomie ; alors, le dominant, remis en cause, est désorienté, et l'équilibre antérieur du duo chamboulé : c'est la crise ; le couple s'en sortira si l'autre partenaire entreprend également un travail personnel et si une réorganisation est trouvée.

La violence – douce ou cruelle – comme moyen de domination

Douces violences

Il y a des violences insidieuses, qui font en douce autant de mal à la relation que des brutalités. Elles visent à maintenir l'autre en dépendance, à lui imposer désirs et idées. Elles constituent un véritable terrorisme relationnel. On y trouve :

Les croyances archaïques

Des « vérités » issues du patriarcat ont encore cours dans certaines familles et sont transmises par les parents. Assenées ou susurrées par le conjoint, elles font mouche : « Une femme ne doit pas contrarier son mari», «Une femme doit se consacrer à sa famille», «Une femme doit se soumettre aux désirs de son époux», «Une femme doit obéissance à son époux», etc.

Les bonnes intentions

• «Je veux faire ton bonheur», «C'est pour ton bien». Ces déclarations faites au nom de l'amour cachent en réalité une volonté de prendre le pouvoir sur l'autre, de le placer en dépendance. La surprotection est une forme de domination. [43]

• «Je sais mieux que toi ce qui est bon pour toi», «Je sais ce qui peut te rendre heureuse». Autres déclarations qui visent à dominer l'autre, mais qui sont plus perfides encore. D'abord, elles sont téméraires, car qui peut savoir vraiment qui est l'autre et quelles sont ses attentes? La preuve, c'est ce que fait le dominant n'est jamais ce qu'attend le dominé. Ensuite, elles sont destructrices, car elles sous-entendent que l'autre ne sait pas ce qu'il veut, ou que ce qu'il est et ce qu'il veut est erroné. Pour injecter son message («Je sais mieux que toi...»), le dominant ira jusqu'à persuader son conjoint que ce qu'il pense et sent n'est pas juste, ni bon. À chaque tentative authentique de dire ou de faire du dominé, le message est rappelé: «Ce que tu dis et fais n'est pas bon, ni pour toi, ni pour nous. Moi, je t'aime et je sais.» Il s'ensuit des «leçons de moralité» et des remontrances. Désorienté, le dominé ne sait plus que penser ni ce qu'il a à faire; mais, comme le dominant parle au nom de l'amour, il s'en remet à lui. De toute façon, le dominant, passant par-dessus les protestations du premier, lui fera faire ce qu'il veut. À force, le dominé risque de ne plus exister pour lui-même. [43]

La gratification

Autre volet du système récompense-punition, la gratification contribue à la manipulation. La sexualité joue un grand rôle dans ce système. Par exemple, on peut, selon que l'autre a été gentil ou non, accéder ou non à son désir sexuel, s'abandonner au plaisir ou non. Ainsi, le lit peut être perfidement le champ clos de la lutte de pouvoir. Et ce n'est pas nouveau : l'Histoire est vieille comme l'humanité, puisqu'elle commence par la Genèse. Souvenez-vous de Lilith, la première femme d'Adam, que Dieu créa simultanément et indépendamment de l'homme, avec de la terre. Adam voulut dominer Lilith et lui imposa de faire l'amour toujours et exclusivement lui au-dessus. Lilith, elle, voulait l'égalité et revendiqua le droit de faire l'amour également au-dessus, quitte à alterner les rôles. Adam refusant tout partage, Lilith quitta le Paradis et alla hanter l'Univers. Pour la remplacer, Dieu créa Ève et la soumit à l'homme. En Occident, la prérogative des mâles d'avoir le dessus a âprement été défendue par toutes les autorités, y compris les Pères de l'Église. Viguerius, un théologien du VIIe siècle affirmait : « Dans l'acte conjugal, l'homme est actif, et la femme passive, et pour cela le rôle le plus noble revient à l'homme. » La position femme au-dessus fut, dans les pénitentiels, classée « péché contre nature ». Un théologien affirma même que le Déluge fut déclenché par « le renversement de la position normale. »[30]

Cruelles violences

À cet extrême se trouve la violence verbale : paroles dévalorisantes, voire insultantes, paroles culpabilisantes, voire accusations, menaces affectives. S'y ajoutent parfois des violences physiques ; elles ne sont pas tellement rares : une enquête récente (an 2000) révèle que dans notre pays, réputé pour sa galanterie, 1,5 million de femmes subissent chaque année des violences.

Devant certaines situations – contestation de son autorité, libertés prises par la femme et surtout infidélité réelle ou supposée de la partenaire –, l'homme entre dans un état émotionnel aussi étonnant que redoutable. Apparemment, c'est de la colère, mais au fond, c'est de la panique. Nous en savons les raisons : d'une part, il y a de l'infantilisme – la colère et la panique sont celles de l'enfant aux prises de la désillusion de sa toute-puissance et avec sa névrose abandonnique ; d'autre part, il y a la peur de perdre le pouvoir, ou mâle-peur dont nous avons déjà parlé.

De l'effet polluant de la domination

La vie à deux entraîne inévitablement une lutte pour le pouvoir, des conflits et des épreuves de force. C'est alors qu'elle va engendrer moult insatisfactions, déceptions, ressentiments, colères et blessures, qui sont autant de polluants de la conscience et de la relation. Mais ce serait une erreur de croire que la prise du pouvoir absolu par l'un des partenaires et la soumission totale de l'autre vont éclairer la situation et apporter la paix et le bonheur. Certes, il n'y aura plus de conflits violents, d'oppositions marquées, mais à l'intérieur des êtres, quelle gangrène !

D'une part, la soumission n'est jamais totale : la révolte gronde dans le cœur de la personne soumise. Elle se traduit par des humeurs mauvaises, des contestations larvées, des refus sous prétextes (migraine, etc.), des mini-reproches ou mini-vexations en présence de tiers. Et la révolte se nourrit des attitudes répressives répétées du dominant – dévalorisation, refus d'entendre les besoins, etc. – et des angoisses, peurs et blessures qui en résultent.

D'autre part, le dominant lui-même n'est pas non plus en paix. Comme tout tyran et tout possessif, il est tendu, en proie à des suspicions, à des peurs, à des angoisses. Une grande partie de son énergie est absorbée par le contrôle permanent qu'il lui faut exercer. En lui aussi s'accumulent les insatisfactions, les rages et autres pollutions. Enfin, comme il a écrasé la personnalité de l'autre, le dominant se prive des richesses que celui-ci aurait pu lui apporter.

Dans cette coexistence infernale, les cœurs baignent dans l'amertume. Personne n'entend personne, on ne cherche qu'à se venger, tout le monde y perd. L'atmosphère est détestable. Bref, la relation est livrée à une pollution totale.

Les fleurs du mâle

D'une façon générale, la domination de l'homme et son corollaire, la répression de la femme, ont des conséquences dramatiques, tant pour les individus que pour les couples et la société.

La femme doit non seulement renier sa sexualité, mais il lui faut aussi renoncer à des pans entiers de sa personnalité : sa sensualité, bien sûr, mais également sa part d'initiative, d'action, d'autorité, de création. De plus, elle est tenue de jouer les rôles, toujours les mêmes, que l'homme lui assigne. En conséquence, la femme est un être tronqué et « gauchi ».

L'homme, quant à lui, restreint de lui-même sa vitalité sexuelle et étouffe délibérément certaines composantes de son psychisme – sa sensualité, tout d'abord, sa sensibilité et son affectivité. Parallèlement, il se contraint à jouer des rôles dans le registre de l'agressivité. Au total, l'homme est un être « mutilé » et « forcé ». Du reste, mutilé, l'homme l'est doublement, car il est aussi privé de ce que la femme aurait pu lui apporter s'il ne l'avait censurée : d'autres façons de penser, de sentir, de voir, de jouir, d'organiser. L'homme s'est coupé du meilleur moyen de s'épanouir et de s'équilibrer. Il a perdu un supplément d'être. C'est en brimant par trop l'esclave que le maître s'entrave et se punit.

Quant au couple, c'est miracle s'il en est qui constituent une association harmonieuse. Le plus souvent, l'homme en a fait le champ clos d'une épreuve de force et un lieu d'asservissement.

Une société faite d'individus aussi frustrés et opposés ne peut être harmonieuse ni paisible. En effet, si les hommes sont solidaires quand il s'agit de dominer la femme, ils s'affrontent à leur tour au moindre prétexte. Comme si les rapports de domination qu'ils imposent aux femmes devaient être reconduits vis-à-vis de leurs semblables. Et comme si le rejet de leur propre sensibilité et de celle de leur compagne – en un mot, de la féminité – multipliait leur agressivité. La civilisation patriarcale, basée sur des comportements sadomasochistes ou des rapports de force, ne peut qu'être marquée par des tortures, des crimes, des massacres, des guerres et des destructions de la Terre.

Alors, ne nous étonnons pas si les êtres sont souvent malheureux et malades. Tant de peines et de maux sont à mettre sur le compte de l'insatisfaction, de l'oppression, de l'insécurité, de l'anxiété, de l'angoisse. L'homme n'y échappe pas, mais son mâle-être, il ne le doit qu'à lui-même et à la société masculine qu'il a forgée.

Si l'on survole ces millénaires de domination masculine, force est de constater que les civilisations qu'elle a inspirées sont des échecs : elle n'a pas réussi à harmoniser les relations entre la femme et l'homme, entre les citoyens et entre les nations. La mâle-peur, le mâle-être, la guerre, la torture, l'exploitation de l'homme par l'homme, le matérialisme, l'affairisme, la destruction de notre mère la Terre en sont les fruits.

Les religions que les hommes ont inventées ont été détournées de leur inspiration première pour devenir les instruments de la répression de la femme et du corps. Pire, elles ont été le prétexte à d'innombrables tueries. Les doctrines socio-économiques sécrétées par les hommes – tels le capitalisme ou le marxisme – ont créé des sociétés où il ne fait pas bon vivre ; la science elle-même – acquis de l'ère masculine qui aurait pu être bénéfique – se retourne trop souvent contre les humains : le progrès technologique ne peut apporter le bonheur à l'humanité sans progrès éthique. La civilisation patriarcale a engendré un monde violent, cruel, inhumain, peuplé de frustrés, d'angoissés, de névrosés, de tueurs. Elle a conduit l'humanité au point critique où elle se trouve : au bord de catastrophes mondiales, d'ordre écologique ou militaire. Le pouvoir masculin est incapable de construire le bonheur des humains ; sa faillite est évidente.

Il ne nous reste qu'une chance de survivre et d'inventer un monde meilleur : renoncer à la prépondérance des valeurs masculines, épanouir les valeurs féminines. La véritable alternative qui s'offre à nous ne consiste plus à choisir entre le libéralisme ou le socialisme, mais entre la perpétuation d'une civilisation machiste et sadomasochiste et l'inauguration d'une société où l'on permettra aux valeurs féminines de s'exprimer, une civilisation vraiment humaine. Rendre à l'humanité les richesses de la féminité, ce n'est pas seulement lui donner les moyens d'un nouvel âge, c'est assurer sa survie. [30]

La guerre des sexes

Après le matriarcat, où la femme détenait une certaine autorité, est venu le patriarcat, où l'homme a imposé son pouvoir. De nos jours, nous assistons à la fin de cette ère : le peuple des femmes a relevé la tête ; elles ont acquis l'égalité avec l'homme – la même valeur reconnue, les mêmes droits, les mêmes ressources – et veulent leur part de pouvoir dans la famille et dans la société.

Par un phénomène de retour de balancier, il y a même des femmes qui veulent tout le pouvoir, particulièrement dans le couple. D'où une nouvelle guerre, à l'envers cette fois : c'est la femme qui se fait dominatrice. Certaines, même, ne veulent plus frayer avec les hommes, renoncent au couple et préfèrent vivre seules. Ainsi, pire que la guerre, c'est la rupture entre les sexes qui menace. Nous sommes ici dans une période de transition entre deux civilisations. Tout est à réinventer, et d'abord un nouveau *modus vivendi* entre la femme et l'homme. C'est en changeant les êtres que l'on y arrivera. [30]

Le nouveau contrat conjugal

Portraits classiques

Il est difficile de décrire la femme et l'homme sans tomber dans le lieu commun ou la caricature. Difficile, car ce que l'on connaît de l'une et de l'autre, c'est ce qu'en a fait le règne des hommes, portant aux nues certains aspects des mâles, en écrasant d'autres, et faisant de même pour la femme. Qui est vraiment la femme ? et l'homme ? Pourtant, il faut bien tenter de préciser ce qui est, avant d'envisager ce qui serait souhaitable.

Chez la femme, le plus souvent, le cerveau droit prédomine ; sa pensée est plus intuitive, plus globale aussi : la femme pense avec tout son être – son esprit, certes, mais aussi son cœur et son corps. La femme est également plus pragmatique, en prise directe avec la vie quotidienne. De là lui viennent sans doute un bon sens certain et une certaine sagesse. Elle a aussi le sens des nuances. Et, si elle a une conscience aiguë de ses devoirs, elle donne la priorité aux êtres proches et à la vie. Chez l'homme, c'est le cerveau gauche qui l'emporte généralement ; l'homme est plus rationnel, plus logique. Il est aussi plus porté à l'abstraction, ce qui en fait un bon mathématicien et un incorrigible idéologue. Ses jugements sont plus manichéens. Son sens du devoir, il le mettrait plus volontiers au service de ses idéaux qu'à celui de personnes de chair.

La femme est, en général, plus émotive, plus sensible, plus sentimentale. Douce, affectueuse, elle aime donner et recevoir de la tendresse. Elle est altruiste. Elle est humaine. L'homme, à force de se contrôler, a réduit sa sensibilité, son affectivité, sa tendresse ; il se veut dur, froid, voire impitoyable.

La femme a une sensualité de proximité tournée vers les êtres et la nature (les plantes, les fruits, etc.). Son toucher, sa peau sont particulièrement éveillés. Sa perception des autres et des choses est immédiate, intime. Elle est sensible à l'environnement sensuel et à la qualité de la vie. Sa sexualité est davantage liée à ses sentiments et ne s'épanouit vraiment que dans la tendresse et les caresses. Son désir et son plaisir impliquent tout son être. L'homme a une sensualité à distance (sa vision, son ouïe). Sa perception de la nature est plus utilitaire que voluptueuse. Sa sexualité est plus indépendante de son affectivité. Son désir et son plaisir sont plus ponctuels.

L'agressivité de la femme est moindre ; sauf à devoir se défendre, elle a horreur de la violence. Pour concevoir et élever les enfants, elle a besoin de paix. Pour avoir porté et gardé la vie, elle en connaît le prix et la respecte. Son besoin de réussite professionnelle n'est pas aussi impératif, car son œuvre, c'est l'enfantement et l'enfant. L'homme est beaucoup plus agressif ; il a besoin d'user et d'abuser de sa force, ce qui le rend autoritaire, voire dominateur, ce qui le rend aussi entreprenant et combatif et lui permet d'obtenir la réussite professionnelle dont il a besoin pour se trouver, pour se prouver. Un degré de plus, et cette agressivité le rend belliqueux, et même violent. Alors, moins respectueux de la vie, il peut devenir cruel et, hélas, tueur. Son agressivité s'exerce également vis-à-vis de la nature, qu'il n'hésite pas à exploiter et à détruire.

Les centres d'intérêt de la femme classique sont plutôt la vie, l'enfant, l'amour. Ceux de l'homme classique sont les outils, les idées, la guerre.

De récentes recherches sur le langage ont montré que, décidément, la femme et l'homme étaient bien différents. La façon de s'exprimer de chacun est à ce point spécifique que l'auteur des travaux – Deborah Tannen – parle de deux cultures, voire de deux planètes différentes.[47] Ainsi, dans le même pays, dans les mêmes rues, sous le même toit coexisteraient deux espèces distinctes qui ne parleraient pas la même langue.

L'homme s'exprime en tant que représentant d'une classe dominante, imbu du sens de la hiérarchie et persuadé que la vie est une lutte pour préserver sa place et son indépendance. Il converse pour acquérir ou maintenir un statut de supériorité, non seulement vis-à-vis de la femme, mais de tous les autres interlocuteurs. L'interlocuteur est « cadré » comme supérieur ou subalterne ; de toute façon, c'est un adversaire. Ces conversations basées sur la définition d'un statut dans la hiérarchie ne peuvent qu'être conflictuelles : si l'homme est en position supérieure, il lui faut bien se défendre contre un rival potentiel ; s'il est en position inférieure, il va défier l'autorité et se battre pour ravir le pouvoir. Toute conversation tourne à la compétition. Dans ces conditions, les rapports humains sont asymétriques, les autres n'étant jamais vraiment égaux et ressemblants. Même l'amitié masculine s'exprime sous forme d'affrontements rituels et d'agressions simulées. Ce que vise l'homme dans un entretien, c'est d'avoir le dessus, de prouver que l'autre a tort, quitte à le rabaisser. Ce que redoute l'homme, c'est d'être dominé, humilié. C'est pourquoi l'homme ne parle pas de ses problèmes personnels, ne confie pas ses secrets, ne livre pas ses émotions : ce serait se mettre en position d'infériorité, se rendre vulnérable, perdre son indépendance. Quand il parle, c'est pour donner des ordres, informer, démontrer, discourir ; il préfère les généralités et l'abstraction. Ses sujets de conversation : d'abord le travail, ensuite les affaires, le sport, la technique. S'il conseille, protège ou compatit, c'est plus pour conforter sa supériorité prétendue que par générosité, à la limite, c'est de la condescendance.

La femme, elle, converse pour établir une relation, créer des liens, se rapprocher des autres ; il s'agit de se placer dans un réseau de rapports intimes et d'interdépendance. L'interlocuteur est un semblable avec qui il est bon de coopérer, qu'il faut comprendre et soutenir. La femme s'efforce de préserver l'harmonie, donc elle évite les confrontations et cherche le consensus et le compromis. Elle n'ordonne pas, elle incite. Les rapports humains sont symétriques et égalitaires. Le but est de montrer son intérêt, son affection, et de partager. La femme parle d'elle, dit ses soucis, ses joies, ses chagrins, confie ses secrets et parle de ses proches (amoureux, enfants, collègues). Ses sujets sont privés : les personnes d'abord, le travail ensuite.

Si l'homme cherche à se faire respecter, la femme souhaite être aimée. Les mâles vivent dans un monde où le pouvoir appartient à l'individu qui résiste aux autres. Pour la femme, c'est la communauté sociale qui est source de pouvoir.

Ces attitudes spécifiques existent dès l'enfance. Des études notent déjà chez les garçons de trois ans une tendance à hiérarchiser les groupes, à établir des règlements, à revendiquer le beau rôle, à commander, à se disputer, à se vanter. Les fillettes du même âge se plaisent dans l'égalité, décident des jeux d'une même voix, cherchent des compromis, ne fanfaronnent pas, ne s'agressent pas violemment.

Vraiment, entre la femme et l'homme, il y a plus d'une différence de style ; ce sont deux stratégies distinctes : femme et homme ne recherchent pas la même chose dans la conversation. Sans doute ces attitudes correspondent-elles à deux structures mentales et à deux conceptions du monde.

Ces dissemblances sont-elles innées, sont-elles acquises ? Les auteurs de travaux pensent qu'elles sont induites par la pression sociale et correspondent à des conventions de la société patriarcale : garçons et filles grandissent dans des mondes différents, en ce sens qu'ils sont faits d'autres mots, l'entourage ne parlant pas de la même façon aux uns et aux autres ; et les enfants passent la plupart de leur temps dans des groupes de même sexe, ayant leurs jeux propres. Toutefois, il me semble que de telles différences ne peuvent relever uniquement de l'éducation et qu'elles doivent s'appuyer également sur des forces génétiques et biologiques.

Les deux pôles

S'il était nécessaire, pour définir le féminin et le masculin, de brosser des portraits tranchés, il faut s'empresser d'ajouter que les êtres, en réalité, les hommes comme les femmes, sont une composition infiniment variée de féminin et de masculin.

La féminité n'est pas la propriété exclusive de la femme, pas plus que la masculinité n'est celle de l'homme. Chaque sexe a une part de féminité et une part de masculinité. La femme a un pôle masculin et un pôle féminin. L'homme de même. Les êtres sont bipolaires (terme que je préfère à bisexuels, inexact). Le pôle féminin correspond au *Yin* du taoïsme et à *l'anima* de Jung ; le pôle masculin correspond au *Yang* taoïste et à *l'animus* jungien. Chez l'homme type, la masculinité l'emporte, et chez la femme type, c'est la féminité. Cette différence de dosage des pôles, c'est ce qui fait la différence entre les sexes.

Hélas, la civilisation patriarcale a manipulé les doses de façon à hypertrophier le pôle masculin de l'homme et à atrophier son pôle féminin, tandis qu'elle réduisait la part masculine de la femme et amplifiait sa part féminine. Cela afin de renforcer l'homme et d'affaiblir la femme. Ce déséquilibre, qui a permis à l'homme de dominer, n'est en réalité bon ni pour l'homme ni pour la femme, ni pour leur relation, ni pour l'humanité. La féminité n'a pu s'exprimer – celle de l'homme étant étouffée, celle de la femme contenue dans les limites de la maternité –, les valeurs féminines n'ont pu se réaliser. En revanche, la masculinité a triomphé et a imposé ses valeurs ; les unes étaient bonnes pour le monde, les autres funestes. Presque toujours, c'est l'agressivité, dans ce qu'elle a de destructeur, qui l'a emporté.

La femme nouvelle

La femme nouvelle s'emploie à développer son pôle masculin. La législation et la science lui en donnent la possibilité. Libre de sa vie, libre de son corps, elle peut prendre toutes les initiatives et entreprendre toutes les actions : exercer un métier, choisir son partenaire, choisir sa résidence, etc. La femme nouvelle s'évertue à investir son énergie dans des entreprises plus justes, plus généreuses, plus sensées que celles des hommes anciens. Elle s'efforce de trouver d'autres solutions aux problèmes humains.

La femme nouvelle veille à préserver son pôle féminin et sa spécificité. Elle ne confond pas égalité et similitude. Obsédées par l'égalitarisme, mais prenant l'homme comme référence, les féministes avaient voulu la femme semblable au mâle. Les phallocrates ont toléré cette évolution, car elle sauvegarde les valeurs masculines. Alors, les femmes ont copié les hommes, adoptant leurs idéologies, leurs organisations, leurs activités (les affaires, la guerre, etc.), leurs comportements (l'agressivité, le cynisme, la grossièreté, l'usage du tabac, etc.), singeant même leurs accoutrements. Ce mimétisme ne fait que perpétuer le patriarcat dans ce qu'il a de plus néfaste. C'est particulièrement mauvais quand les femmes détiennent de hautes responsabilités. Menant la même politique que les mâles, les femmes ne font guère progresser l'amour, la justice et la paix. Sans doute, insérées dans un système masculin, ne peuvent-elles faire autrement ; du reste, celles qui se risquent à pratiquer une politique novatrice – ouverte, généreuse, conciliatrice, pacificatrice – sont aussitôt démises de leurs fonctions, seules restent en place celles qui mènent une politique strictement conforme aux vœux des « virils » dirigeants. Cependant, si les femmes font comme les hommes, elles ne changent rien, si elles ne sont pas elles-mêmes, elles n'apportent rien. Le monde a besoin d'une autre vision, d'autres solutions et d'un élan nouveau. L'humanité a besoin, pour se réinventer, de la féminité dans ce qu'elle a de plus essentiel.

Pourtant, il ne faut pas se cacher qu'il est difficile d'être une femme nouvelle en cette période de transition où dominent encore les valeurs patriarcales, où persiste l'organisation sociale masculine et où les nouveaux hommes sont encore rares. Difficile d'assumer en même temps le travail dans le cercle et hors du cercle. Difficile d'être sensible et tendre dans des milieux professionnels si durs. Difficile d'affronter des guerriers sans pitié, sans piété. Bref, difficile d'imposer un point de vue féminin dans un monde d'hommes. C'est un combat inégal où les nerfs des femmes sont mis à rude épreuve. Même les superwomen craquent. Il est aberrant d'exiger des femmes qu'elles se surpassent et se « défoncent » pour s'adapter à une société frénétique et inhumaine, dont les hommes eux-mêmes commencent à se lasser ; ce qui est souhaitable, c'est de changer les règles du jeu et, mieux encore, le jeu lui-même. [30]

Le nouvel homme

Le nouvel homme s'efforce d'épanouir son pôle féminin. Libérant son affectivité, il s'autorise à ressentir pleinement ses émotions et à les exprimer naturellement, même celles dont il avait honte : ses peurs, ses tristesses, sa tendresse. Il sait qu'être tendre, ce n'est pas être mou, ni faible, qu'il peut avoir des muscles d'acier et des gestes de soie, une volonté de fer et un cœur de velours. Aussi l'homme nouveau aime-t-il donner et recevoir de la tendresse. Sa vie en est transformée, car la tendresse est l'antidote des stress et le contrepoison des agressions qui assaillent ses sens et ses nerfs. La vie du monde en sera transformée aussi, car la tendresse atténue l'agressivité et la cruauté fondamentale de l'espèce humaine qu'encourage le système patriarcal : dans les villes déchirées triomphent les kalachnikovs, et dans la jungle des affaires règnent les tigres. Face à cette barbarie résurgente, l'homme nouveau sait que la tendresse est plus qu'une utopie : un espoir. Le seul.

L'homme nouveau développe également sa sensibilité et sa sensualité. Il sait écouter les vibrations de son corps et en jouir sans restriction : il est plus attentif aux plaisirs de sa peau, plus réceptif aux bienfaits des odeurs, plus accueillant aux vertus des couleurs, etc. Bref, plus ouvert aux bonheurs de ses sens.

En amour, l'homme nouveau est tendre avant tout. Et inventif. Et plein d'humour. Il écoute attentivement sa compagne et la comprend réellement. Il s'enquiert de ce qu'elle souhaite, pense et sent. Il parle, se dit et ose demander. Il aime les joies de l'amour, mais il a le droit de ne pas bander automatiquement, de ne pas pénétrer systématiquement, et celui d'être caressé et cajolé.

L'homme nouveau cultive son pôle masculin dans ce qu'il a de plus bénéfique. Son agressivité, il en fait une combativité qu'il met au service de causes bonnes; son esprit de domination devient une force de caractère qui lui permet d'affronter les difficultés; sa soif d'entreprendre s'oriente vers des buts valables. Sa virilité redevient synonyme de courage, vigueur, noblesse.

Les domaines où peuvent s'exercer les qualités masculines restent immenses et s'agrandissent de nouveaux champs d'action. Les épreuves de la vie, l'activité professionnelle, la pratique de sports, la lutte contre les catastrophes naturelles et la famine, la défense des populations contre les délinquants, les criminels, les fous et les fanatiques, l'exercice du droit d'ingérence, l'aide humanitaire, la conquête des fonds marins, l'exploration de l'espace et, sous nos pieds, le sauvetage de notre mère la Terre nécessiteront le meilleur des hommes: la force sans la cruauté ou, mieux encore, la hardiesse alliée à la tendresse.

Bien sûr, cette alliance de la force et de la douceur qui fait l'homme nouveau est encore difficile à réaliser. Car il est difficile de concilier en soi autorité et sensibilité; difficile de s'attendrir dans un contexte de concurrence impitoyable, d'insécurité angoissante et de sanglants conflits; difficile de baisser sa garde quand les femmes elles-mêmes vous disputent le pouvoir; difficile d'accepter son pôle féminin sans craindre de paraître efféminé ou d'être soupçonné d'homosexualité. Alors, que les hommes se rappellent Romain Gary: « Un homme qui n'a pas en lui une part de féminité est une demi-portion. La première chose qui me vient à l'esprit lorsqu'on dit « civilisation », c'est une certaine douceur, une certaine tendresse maternelle. » Et qu'ils se persuadent qu'il faut en finir avec une ère dont ils sont les premières victimes et inaugurer une autre façon de vivre, dont ils bénéficieront autant que les femmes.

Du reste, si les hommes savaient les avantages que leur réserve leur pôle féminin, ils n'hésiteraient pas à le laisser vivre. Cultivée, leur sensualité leur offrirait des plaisirs insoupçonnés; éclose, leur sensibilité leur délivrerait des joies intenses; libérée, leur tendresse leur donnerait de si grands bonheurs! Les femmes, les enfants, la nature deviendraient une mine de joies. Ce serait le premier pas vers un monde nouveau où les relations entre les êtres cesseraient d'être des épreuves de force, les rapports avec la nature une sauvage exploitation; un monde où régnerait l'harmonie entre les habitants, où resplendirait une nature respectée.

Cet homme nouveau, les femmes l'appellent de tous leurs vœux; une longue observation m'en a convaincu: des enquêtes publiées par la presse l'ont confirmé. Elles veulent un vrai homme et un homme vrai, un homme qui soit une heureuse combinaison de virilité et de sensibilité. Elles entendent par virilité le courage moral et physique, la force psychique, la franchise, la maîtrise de soi, la mesure. Même les intellectuelles et les femmes « managers » confient avoir besoin de l'épaule solide d'un partenaire sécurisant. Et tant mieux s'il réussit dans son travail, à condition que ses succès soient fondés sur des qualités humaines. Alors, l'homme est-il condamné à l'héroïsme? Non pas, car les femmes, si elles veulent un authentique mâle, veulent aussi un mâle authentique, un homme qui soit complètement lui-même et laisse s'épanouir sa part féminine. Qu'il s'autorise à être sensible, sentimental, et, pourquoi pas? vulnérable. Qu'il soit tendre par-dessus tout. La tendresse est la première qualité souhaitée par les femmes. Au lit, c'est primordial; à choisir, elles préféreraient des câlins à la pénétration, bien que l'idéal, ce soit des caresses plus la ferveur sexuelle. Les femmes souhaitent que l'homme sache les écouter et s'efforce de les comprendre vraiment. Elles aiment que l'homme ait assez d'imagination et d'esprit pour changer la couleur des jours.

Inversement, le type d'homme qu'elles détestent le plus, c'est le macho, cet individu dominateur, méprisant, égoïste, brutal, roulant des mécaniques, persuadé d'appartenir à une race supérieure. Sous cet aspect caricatural, le machisme tend à disparaître; d'ailleurs, les femmes ne se laissent plus faire: le macho méditerranéen, ça les amuse plutôt, et elles ont tôt fait, par un: « Bon, ça suffit, ton cinéma. Sois un peu vrai! », d'établir une relation d'égalité. Ce qui est redoutable, c'est le machisme qui ne s'affiche plus, mais qui se révèle dans certaines décisions ou prises de position. C'est le machisme sournois des intellectuels progressistes qui clament des opinions égalitaristes mais agissent selon les pires traditions patriarcales. C'est aussi le machisme hypocrite des faibles qui, à l'extérieur, jouent l'ouverture – tout le monde admire leur générosité –, mais qui, vis-à-vis de leur femme, se conduisent en tyrans ! Hormis le macho, il est d'autres espèces d'homme que les femmes n'apprécient pas : le frimeur, dont la réussite n'est qu'apparence, le lâche – la lâcheté est le premier reproche fait aux hommes, dans les enquêtes – et l'indécis perpétuel, le faible chronique, l'hypersensible qui verse dans la sensiblerie, le paniqueur. Elles redoutent aussi l'ennuyeux et l'anorexique sexuel. [30]

Le nouveau couple

Entre l'homme nouveau et la femme nouvelle, les échanges sont plus complets, plus riches. Les différences – pôle masculin toujours prépondérant chez l'homme, pôle féminin toujours soutenu chez la femme – attirent puissamment. Les ressemblances, elles, rapprochent intimement : épanoui, le pôle féminin de l'homme s'accorde à celui de la femme, et les voilà qui communiquent et fusionnent ; renforcé, le pôle masculin de la femme s'ajuste à celui de l'homme, et les voilà qui se comprennent et collaborent. Jeux à quatre mains aux accords infiniment multipliés. Jeux horizontaux ou croisés, où il est plus facile de se trouver, de s'entendre, de s'assembler. Ce couple, né de « l'émergence » de la femme « engloutie » et de l'accomplissement de l'homme par la reconnaissance de son pôle féminin, est le couple du troisième millénaire.

Ce nouveau couple est un acteur d'équilibre et un enrichissement pour les deux partenaires. Il est aussi gage d'harmonie pour la société : par sa cohésion et en tant qu'exemple de communication et de coopération. Dès lors, les interactions individus-couple-société pourront fonctionner dans un sens favorable à l'humanité.

La nouvelle société

Féminiser le monde, ce n'est pas seulement plus de femmes dans tous les emplois – femme médecin, pilote, juge ou P.-D.G. –, ce n'est pas, non plus, davantage de femmes décideurs – femme préfet, député, ministre ou président de la République. [13] Féminiser le monde, c'est surtout laisser vivre et s'exprimer, en chaque femme, en chaque homme, sa part féminine : c'est permettre aux valeurs féminines de se réaliser. C'est percevoir et approcher les êtres d'une autre façon, apporter d'autres solutions, agir différemment : avec tendresse, humanité, en tenant compte des souhaits, des souffrances, en prenant en compte la qualité de la vie. [30]

Féminiser le monde, c'est établir d'autres relations : renoncer à la volonté de domination et aux violences destinées à l'imposer – la force physique, la pression morale, la puissance de l'argent. C'est choisir comme projet la coopération, comme cadre la communauté, comme moyen le consensus. Et, pour cela, c'est apprendre la compréhension mutuelle, le respect de l'autre, le partage, et, surtout, apprendre à parler autrement : en individus symétriques, interdépendants, complices, authentiques.

Féminiser le monde, c'est renoncer à tuer pour résoudre les conflits. Il suffirait que les mâles, à l'instant de presser sur une détente, se figurent intensément qu'au bout de sa trajectoire, le métal va écraser, faire éclater, déchiqueter, écharper un être semblable à lui, à sa femme, à son enfant, et qu'il s'ensuivra des douleurs, des souffrances, des paniques, des angoisses et des désespoirs qui n'auront pas de fin.

Féminiser le monde, c'est permettre que, dans le travail, chaque être puisse exprimer sa créativité, sa spontanée fécondité. C'est réhumaniser le travail.

Féminiser le monde, c'est cesser d'éventrer et de niveler la glèbe, d'en arracher les vertes parures, de la gorger de produits délétères, de la saigner jusqu'au dernier grain, jusqu'au dernier raisin. Féminiser le monde, c'est rendre aux campagnes leurs rondeurs, leurs ruisselets, leurs haies, leurs bosquets. C'est rendre aux villages leurs écoles, leurs commerces, leur vie. Et c'est restituer aux paysans le prix de leur peine.

Féminiser le monde, c'est cesser d'imposer aux humains des monstres de béton comme maisons, des entrepôts de ferraille pour magasins, de sinistres couloirs comme rues. Féminiser le monde, c'est recivilise les villes. Que les quartiers redeviennent des lieux de création, d'échanges, de contacts. Que les rues retrouvent leurs voix, leurs couleurs, leurs odeurs. Qu'à nouveau les artisans conçoivent en chantant de bons aliments et de beaux objets. Que les commerçants conversent en vendant.

Ce que sera la nouvelle société, on ne peut le dire encore, mais une chose est sûre : ce libéralisme sauvage, triomphe de la civilisation patriarcale, générateur de guerre, pourvoyeur de chômage, fossoyeur d'âmes, destructeur de la nature, ne peut plus durer. [30]

Chapitre IV

LE NON-SENS DE LA SEXUALITÉ EN OCCIDENT

Quand la sexualité était sacrée

En Occident, depuis des millénaires, les hommes, spécialement les prêtres – et non Dieu ou son envoyé, Jésus – représentant les religions prépondérantes (la religion juive et la religion chrétienne), ont mené une répression sévère, et même acharnée, contre la sexualité, qui a entraîné des siècles de tristesse, voire de misère sexuelle, d'angoisses, de névroses ou même de psychoses.

En faisant de l'amour sexuel un acte mauvais, un péché, la civilisation judéo-chrétienne l'a pollué, empoisonné gravement pour ne pas dire mortellement. En y instillant la peur, la honte et le dégoût, elle a non seulement privé l'érotisme de sens, mais elle en a déformé en chacun la perception et le vécu, salissant, dénaturant.

Les conséquences actuelles sont terribles. D'une part, il existe encore des millions d'êtres qui subissent l'influence de cette condamnation des joies sexuelles. D'autre part, les millions d'êtres qui se sont délivrés de la notion de péché de sexe se retrouvent dans le vide, c'est-à-dire dans une sexualité qui n'a pas de sens. En effet, la sexualité, n'ayant jamais été sacrée, se révèle privée de signification maintenant qu'elle n'a même plus valeur de transgression. Dans ce vide, la pornographie s'est engouffrée. De l'enfer, la sexualité est tombée dans le «X» qui est, pour d'autres raisons, infernal aussi. Il suffit de regarder le niveau des productions qui concernent la sexualité : magazines, livres, vidéos, films ne montrent que manipulations d'organes et chosification des individus. On cherche en vain les «œuvres» où l'acte sexuel serait inspiré par un respect mutuel, conçu comme une forme de communication fervente et un moyen d'évolution des consciences. Décidément, l'Occident ne réussit pas à accéder au divin de l'érotisme.

Spiritualité ne signifie pas forcément appartenance à une religion ou croyance en un dieu. C'est une propriété psychique spécifique aux êtres humains. C'est même un besoin. Dans le schéma des besoins humains figurés par une pyramide, Maslow, le fondateur de la psychologie transpersonnelle, situe le besoin de spiritualité au sommet. Il est vrai que tout se passe comme si, au-delà des besoins physiologiques fondamentaux (manger, boire, dormir, etc.) et des besoins psychologiques basiques (l'estime de soi, la reconnaissance, etc.) ou même plus élevés (l'accomplissement), était un besoin supérieur : le besoin de transcendance. C'est le besoin de donner un sens à notre existence et à nos souffrances, et un sens qui dépasse le «moi» ; il comprend le besoin de reliance, c'est-à-dire de relier notre existence à celle des autres et à l'univers. La spiritualité, c'est ce qui fait passer d'une conscience rétrécie sur l'ego à une conscience élargie au monde. Cette évolution de l'esprit devrait être le but de toute existence humaine.

Plus les civilisations sont anciennes, plus elles ont le sens du sacré de la sexualité. C'est peu à peu que les pollutions défigureront la beauté de l'union de la femme et de l'homme. Un survol de l'Histoire nous permettra de comprendre cette dégradation et, au passage, nous suggérera les moyens de resacraliser l'amour dit «charnel».

C'est à l'époque matriarcale que la sexualité est le plus fondamentalement sacrée. Par la magie de la femme.

La déesse-mère

Ici, Dieu se décline au féminin : c'est la déesse-mère. Véritable matrice du monde, elle est le pouvoir créateur de toute chose. Elle engendre les étoiles, la Terre, la mer. Elle est à l'origine de tout ce qui vit : les végétaux, les animaux, les humains. Non seulement elle les crée, mais elle les féconde. C'est par son entremise que chaque être vivant devient à son tour créateur de vie. Aussi la femme qui expulse de son ventre un enfant est-elle semblable à ces milliers de femelles qui dans la campagne ou dans la steppe enfantent et allaitent, qui sur les berges des grands lacs couvent, qui dans les eaux claires fraient. Semblable aussi à la terre qui engendre les hautes herbes porteuses de graines et les arbres lourds de fruits. La femme se sent reliée à tous ces êtres, qui foisonnent de vie, et s'exalte de participer à cette profusion de vie. [25]

Et comme tout ce qui vit et engendre, la femme est semblable à la déesse-mère. Elle se sent reliée à elle. Car la déesse-mère représente au sommet et multiplie à l'infini ce que chaque femme est : une créatrice de vie, une nourricière d'abondance, une dispensatrice de voluptés. Car la grande déesse montre aussi l'exemple quant aux plaisirs de l'amour, et ses amants ne se comptent plus.

Plus tard, les hommes découvriront que, par leur semence, ils participent aussi à la procréation. Alors l'union des sexes, déjà si fabuleuse par les jouissances extraordinaires qu'elle procure, prendra une dimension encore plus surnaturelle ; c'est que maintenant elle s'inscrit directement dans les desseins divins. Mais comme c'est la femme qui porte et nourrit l'enfant, elle tiendra encore longtemps une place prépondérante.

Nous comprenons à présent pourquoi les cérémonies religieuses comportent des rites incluant des rapports sexuels. Il s'agit de célébrer la fécondité universelle, à savoir les forces créatrices omniprésentes dans la nature et, au-delà d'elles, celle qui en est la source : la grande déesse. Pour honorer une telle puissance, la pensée et les mots ne peuvent suffire, il faut que tout le corps participe. Parce qu'il est le dépositaire d'une fraction de cette puissance. Parce qu'en vibrant intensément, il concourt à propulser la conscience à un niveau supérieur. C'est donc corps et âme que l'humain communie avec les forces naturelles et se fond à la déesse-mère. Bien que les chants et les danses rythmées, par la transe qu'ils provoquent, permettent également d'accéder au divin, l'étreinte sexuelle demeure toutefois la voie d'accès privilégié. Nous le voyons, il ne s'agit donc pas de débauche ni de pratiques licencieuses ou perverses. Du reste, les femmes qui offrent leur corps sont des femmes consacrées, sortes de prêtresses ou prostituées sacrées. Ou de jeunes femmes célibataires qui se doivent de s'offrir une fois l'an à un étranger. De plus, comme nous sommes dans une civilisation rurale, les cultes se déroulent dans la nature – la prairie, les bois, la grève –, ce qui leur donne une certaine pureté originelle. Au total, les croyances et les rites permettent à l'individu de donner un sens métaphysique à son existence et à ses activités sexuelles. Ils lui permettent notamment d'exprimer ses pulsions érotiques tout en les intégrant à quelque chose de plus grand que lui. L'acte d'amour, acquérant une dimension supra individuelle et supra matérielle, s'élève au rang de « noces cosmiques ». Ces croyances et ces rites brisent les barrières entre l'homme, la société, la nature et les divinités, et font circuler les forces de vie d'un niveau à l'autre. Ils permettent ainsi à l'individu de dépasser son moi et de découvrir sa part divine, celle qui est Amour, celle qui est reliée à l'universel. C'est en cela que l'amour relève du sacré.

Progressivement, nous allons entrer dans l'ère patriarcale. Dans certains pays – en Orient particulièrement –, le caractère sacré de la sexualité persistera. Dans d'autres – en Occident –, il disparaîtra.

La Chine ancienne

Sans doute, la Chine préhistorique était-elle un état matriarcal. C'étaient les femmes qui détenaient le savoir sexuel : même le fameux « empereur jaune » recourait à l'enseignement d'une préceptrice du sexe, la non moins fameuse Sou-Nu. En ce temps-là, on croyait qu'une force universelle, *Ky*, animait le monde et organisait la nature selon un ordre suprême. Chaque être, chaque chose recevait une parcelle de cette énergie : c'était leur *Tô*. La femme avait un *Tô* particulièrement intense, ce qui lui conférait certains pouvoirs magiques. Les rapports sexuels avaient une signification cosmique : l'union de la femme et de l'homme était la réplique de l'union d'autres forces jumelles de la nature, telle l'union du ciel et de la terre par l'intermédiaire de la pluie. On pensait que, pendant l'union sexuelle, les forces vitales de l'homme se nourrissent et se renforcent de celles de la femme ; forces qui résident en particulier dans les sécrétions vaginales. [49]

L'extension de l'agriculture, l'édification des cités, la découverte du rôle masculin dans la procréation ont ruiné le pouvoir féminin. Dans les années 1 100 avant J.-C., l'homme prend le pouvoir. Les valeurs s'inversent : le père devient le chef tout-puissant d'un système familial solidement structuré. C'est le patriarcat, dont le confucianisme est l'apogée. Cependant, parallèlement, coule un courant spiritualiste : le taoïsme. [30]

Le *Tao* est analogue au *Ki* de l'époque matriarcale : c'est un torrent continu de forces cosmiques qui parcourent l'univers. Dans ce flot, on peut distinguer des forces jumelles : le *Yin* et le *Yang*. Chaque être, chaque chose, est traversé par ces courants et devient à son tour un flux complexe. La femme recèle plus de *Yin* que de *Yang*; chez l'homme, c'est l'inverse. Le but du taoïsme est de vivre en harmonie avec la force *tao*. En suivant son cours, on découvre le bonheur. L'homme trouvera les voies du *tao* par la méditation ou bien en s'accordant avec ce qui contient le plus de forces primordiales : la nature et la femme. La femme, elle qui crée la vie, déborde de forces vives. Vénérons-la et unissons-nous à elle. L'union sexuelle de l'homme et de la femme fusionne leurs flux *Yin* et *Yang*, le courant de leur conscience et les essences de leurs corps.

Pour atteindre ce sommet, il faut pratiquer l'acte sexuel selon un certain art. Le but est de prolonger l'union afin de donner à l'harmonisation le temps de s'établir. L'objectif est aussi de procurer à la femme le maximum de plaisir : parce que c'est équitable et parce que la volupté lui fait distiller en grande quantité cette essence *Yin* si bénéfique à l'homme. Oui, c'est en prolongeant l'union que l'homme permet à la femme d'accéder à une plus grande jouissance. Pour prolonger l'acte, l'homme doit éviter d'éjaculer. En effet, après l'émission, le désir et les forces de l'homme s'amenuisent. L'acte sexuel, acte naturel qui s'intègre à l'ordre naturel, est un acte sacré.

« Le taoïsme, écrit Jolan Chang, enjoint à ses adeptes de cultiver leurs goûts, de mener une vie saine et de jouir pleinement des joies terrestres ou célestes. Il n'existe pas, pour le taoïste, de démarcation entre ces joies, elles coïncident avec l'extase, car lorsqu'il savoure ce que lui offre la nature ou l'art, il est en communion avec l'univers, terme par lequel il désigne Dieu. » Il continue : « Les taoïstes pensaient que l'harmonie sexuelle faisait participer la personne humaine à l'énergie infinie de la nature [...] La Terre était l'élément féminin, ou Yin, et le ciel l'élément masculin, ou Yang. L'interaction de ces deux éléments formait un Tout. Par extension, l'union de l'homme et de la femme créait aussi une unité. » [5]

« Cette union, commente Marc de Smedt, c'est la "perle de feu" [...] Cette gemme mystérieuse est le symbole parfait des énergies Yin et Yang devenues une, pure énergie vitale, condensé d'énergie cosmique. Et peut-être alors les parties secrètes de l'être s'ouvrent et il peut contempler son visage comme il était avant sa naissance, c'est-à-dire revenir à sa racine originelle, se fondre dans la vallée du monde. » [8]

L'art érotique était exposé dans des manuels. Les techniques étaient décrites avec raffinement dans un style poétique. Les mille façons d'engendrer le plaisir étaient enseignées aux filles et aux garçons aussi naturellement que la décoration florale, la cuisine ou les arts martiaux. Ce qui montre à quel point le plaisir était, pour les Chinois, une activité saine et naturelle. Voilà ce qu'écrit Li Hong Hsuan, célèbre médecin chinois du VIIe siècle, dans le *Fong Hsuan Tzé*: « Ils respirent leurs souffles parfumés et boivent le nectar l'un de l'autre [...] Tandis qu'ils se caressent et s'embrassent partout, mille charmes se déploient et cent chagrins s'évanouissent. Elle lui tient sa tige de jade [...] Sa grotte de corail s'humecte de fluide abondant, telle une source silencieuse qui ruisselle. »

Les taoïstes avaient constaté la dissymétrie des sexualités: « Le masculin appartient au Yang, dit Wou-Hien, la particularité du Yang est d'être aisément excité; mais il bat facilement en retraite. Le féminin appartient au Yin, la particularité du Yin est d'être lent à s'exciter, mais il est lent aussi à être rassasié. » [49] Comme ils tenaient à offrir à la femme le maximum de jouissance, ils ont cherché le moyen d'y parvenir sans pour autant s'épuiser: « Un homme, écrit Li Hong Hsuan, doit cultiver l'art de retarder son éjaculation jusqu'à ce que sa partenaire amoureuse ait éprouvé l'orgasme [...] Un homme doit trouver quelle est sa fréquence d'éjaculation et la maîtriser. Il ne doit émettre sa semence que deux ou trois fois sur dix. » [48]

Cet art de l'amour non seulement comble de joie les partenaires, mais, bien plus, il leur assure une parfaite santé. L'homme n'a plus à craindre de s'user. « Si un couple, dit Sou-Nu, une autre préceptrice de l'empereur Houang Ti, applique correctement le Tao de l'art d'aimer, l'homme restera jeune et en bonne santé et la femme évitera cent maladies. Tous deux y prendront un plaisir extrême et augmenteront en même temps leur force physique». « Plus souvent il fera l'amour, plus sa partenaire et lui-même éprouveront les bienfaits de l'harmonie du Yin et du Yang [...] un homme doit s'efforcer d'avoir des rapports sexuels quotidiens. » « Tous deux y gagneront une paix intérieure inconnue jusqu'alors. »

« L'homme, déclare P'ong Tsou, s'il pouvait réapprendre le Tao de l'art d'aimer [...] découvrirait la voie de la longévité. » [49]

L'Inde

En Inde, l'aspect religieux de l'amour l'a emporté sur la peur. L'érotisme est une activité sacrée. Le désir est d'essence divine : « Je suis dans les êtres le désir, dit Krishna, la divinité suprême, le plaisir sexuel est promu au rang de joie la plus proche de la réalisation divine. » [15] Les recueils de préceptes érotiques sont partie intégrante des livres de prières. Dans les oratoires, les fidèles, enfants comme adultes, vénèrent des statues qui figurent un phallus serti dans une vulve. Au fronton des temples sont sculptés des couples aux corps noués et aux visages extasiés. Songeons à ce qui se passe dans la tête des petits hindous adorant la statue du lingam joint au yoni : « Pour eux, l'union des sexes était déjà liée au sacré, à l'amour. » Tandis que nous, « nous n'avons cessé de séparer le spirituel du sexuel, le sexe de l'amour ». [15]

L'amour projette l'être à la source du monde. Qui a aimé a ressenti cela. Le tantrisme a fait de cette intuition une philosophie religieuse ; sa pratique vise à atteindre l'« illumination ». C'est un état mental qui permet de connaître, dans leurs vérités premières, la raison d'être des choses et des êtres. Ces vérités sont en nous, l'intuition suprême nous les révèle. Pour parvenir à l'illumination, il faut exalter toutes nos facultés psychiques : l'intelligence, la sensualité, l'émotivité, mobiliser toutes les énergies disponibles, par des activités qui engendrent du plaisir et des émotions ; les arts, l'art érotique, par exemple : « Élevez vos plaisirs à leur plus haut degré de puissance ; puis faites-en le combustible spirituel. » [3]

L'exaltation sexuelle, représentant le paroxysme de l'énergie en éveil, est le moyen privilégié de parvenir à l'illumination. L'extase charnelle est la voie de l'extase cosmique. Par l'accouplement, l'être remonte jusqu'au sommet de l'échelle de « la Genèse ». Au premier échelon, Sakti, le principe femelle, danse ; ses mouvements tracent la trame de l'univers. Au deuxième échelon, Çiva, le principe mâle, apparaît et s'approche de Sakti ; ils s'attirent puissamment. Un degré de plus, et ils se font face. Encore un degré, et ils s'enlacent étroitement, puis s'unissent: c'est la béatitude. Enfin, au degré le plus élevé, Sakti et Çiva ont fusionné, c'est la plénitude. Ils ont reconstitué l'état d'union originel, ils forment un Tout suprême. Ils ont accédé à la connaissance de la vérité totale, à l'acte continu de création. Le corps contient tout l'univers.

Sakti et Çiva, c'est aussi la femme et l'homme. L'expérience sexuelle, affirment les tantristes, permet de transcender l'état de séparation. « L'union sexuelle cesse d'être une conjonction de deux recherches égoïstes pour devenir la manifestation de la totalité à travers deux instruments cosmiques: les corps », affirme Odier.[38] Il poursuit: « Le couple, réuni dans l'harmonie totale, est alors transporté par l'illumination. Ils y pénètrent tous les deux dans le Nirvana. Il n'y a pas de plus haute réalisation spirituelle. Cette suprême réalisation est le couronnement et l'achèvement total de la destinée humaine en sa cime la plus haute. Elle est l'éternité même dans le noyau de l'être. »

Les préceptes érotiques sont réunis dans des recueils, eux-mêmes incorporés aux livres sacrés. Les plus fameux sont le *Kama-sutra*, écrit au Ve siècle, et *l'Ananga Ranga*, daté du XVe siècle. Dans ce dernier, on peut lire: « Les désirs de la femme étant plus lents à s'éveiller que ceux de l'homme, un seul acte de congrès peut malaisément la satisfaire [...] Mais au second acte, ses passions se trouvent tout à fait excitées, l'orgasme est chez elle plus violent et elle est pleinement satisfaite. Cet état de choses est juste le contraire de ce qui se passe chez l'homme: celui-ci, en effet, tout feu et flamme dans le premier acte, se refroidit dans le second et languit ensuite sans disposition pour un troisième [...] De là, il résulte que l'un des principaux devoirs de l'homme, dans cette vie, est d'apprendre à se retenir le plus possible. »

Les recueils orientaux enseignent également les mille et une façons de caresser la peau, de la mordiller, de la griffer. Et autant de façons d'embrasser. L'érotisme n'est pas un élément à part, il baigne la vie quotidienne, il fait partie de l'ordre naturel.

Le mariage hindouiste

En Inde comme dans toutes les traditions, chez les peuples les plus grands, aussi bien que dans les tribus, le mariage a un caractère sacré. L'union se célèbre sous l'auspice de divinités, et ce que l'on unit, c'est la part divine de l'un avec la part divine de l'autre, car chacun respecte le dieu en soi, comme il respecte le dieu en l'autre. Aussi le mariage, plus qu'une nécessité sociale, est-il considéré comme un chemin d'éveil, un yoga : progresser ensemble et accéder à un autre niveau de conscience, tel est le but du mariage.[7]

C'est pourquoi, pour les hindouistes, le mariage a un rôle primordial. Être épouse ou époux est un plus grand *dharma* (une mission) que d'être avocat ou ingénieur, ces rôles n'étant jamais que des fonctions. Le jour où ils se marient, ils pensent : « Voilà l'être que le *karma* (le destin) m'a réservé. Il m'est attribué, c'est le divin qui m'a confié cet être, et c'est de moi que va dépendre son bonheur ou son malheur ; c'est moi qui vais contribuer ou pas à son évolution spirituelle. » Ce chemin spirituel, le mariage, a pour but de transformer une femme en épouse et un homme en époux, c'est-à-dire en personnes qui ont la volonté de progresser ensemble sur le plan de la conscience. Il s'agit de dépasser son ego et les positions infantilisantes, égocentriques et mesquines qu'il fait prendre. Il s'agit aussi d'ouvrir son ego pour combler le fossé de la séparation entre les deux « moi », de passer de la dualité à la non-dualité, de la relation duelle à l'unité – le « nous ». Mais, ici, unité ne signifie pas similitude et fusion ; les êtres restent différents, nul n'est l'alter ego de l'autre. La communion se fait par dépassement des limites de l'ego, et non par confusion et possession. Vouloir « être un » n'est pas vouloir « ne faire qu'un ». L'acquisition d'une conscience transcendante de non-dualité permet non seulement de réduire la séparation entre les êtres, mais aussi de transformer l'attraction biologique mâle-femelle, réalité humaine, en expansion spirituelle.

L'homme découvre la femme en son épouse, la dimension féminine, tout ce qu'une femme peut apporter et enseigner à l'homme. Inversement, la femme découvre l'homme dans son mari, la dimension masculine, l'enseignement masculin. C'est par la femme que l'homme fait grandir en lui les « vertus » féminines et atteint la plénitude de l'état humain.

Le couple grandira et sera de plus en plus vivant et fécond si, à travers l'autre, on aime tous les autres, le monde. Si l'on élargit l'amour à l'amour universel.

Babylone

En ce qui concerne le sacré de la sexualité, Babylone est à mi-chemin entre les attitudes matriarcales et les attitudes patriarcales.

À Babylone, aucun tabou, aucun préjugé n'entrave la vie sexuelle. C'est une activité naturelle et bonne. Aucun interdit religieux ne condamne le plaisir. Et pour cause : c'est la déesse Ishtar elle-même qui a inventé l'amour ; c'est elle qui crée le désir. Ishtar est la plus belle et la plus célèbre divinité du panthéon. Dans les contes, la déesse parle allègrement de ses désirs. Sans doute, à l'instar de leur déesse, les femmes babyloniennes sont-elles réellement fort sensuelles. Du reste, elles ont dans la recherche du plaisir les mêmes droits que les hommes. Elles en usent. [4]

Toutefois, ces frénésies de plaisir commencent à inquiéter les mâles. Pour se protéger, les hommes organisent la société. À laisser flamboyer la sensualité féminine, c'est le désordre social qui menace. Ils créent donc deux secteurs : « l'amour asservi », qui est le mariage, et « l'amour libre ». L'institution du mariage permet de canaliser les pulsions amoureuses sans les interdire et donne à l'homme le moyen de maîtriser la sexualité de la femme. L'amour « libre » constitue un espace de défoulement. Chacun peut y assouvir son excès de pulsions sans faire éclater la famille. Dans ce secteur se trouvent des professionnels du plaisir, femmes libres et hommes libres, qui se tiennent près des temples et des remparts.

La désacralisation dans l'Antiquité

Elle commence au début du monde antique et correspond aux premiers temps du patriarcat, quand l'homme prend le pouvoir. Les tribus nomades se sont fixées dans des villages ; certains villages sont devenus cités. Pour les individus, cette urbanisation a entraîné une perte de contact avec la nature et une certaine solitude. Une solitude ? C'est paradoxal, mais éternellement vrai : la migration dans une cité implique, d'une part, une coupure affective et pratique par rapport à la cellule familiale et au clan d'origine, et, d'autre part, une forme de noyade dans l'anonymat d'un agglomérat humain. Les cultes, eux-mêmes détachés de leurs bases, se transforment pour devenir de véritables débauches collectives où se déchaînent tous les instincts – sexuels, sanguinaires, etc. C'est alors qu'apparaissent les sacrifices d'animaux ou même d'enfants ou d'adolescents, le cannibalisme, les émasculations, etc. Le vin consommé à profusion aide à libérer les pulsions. Le plaisir est le seul but de ces orgies qui n'ont dès lors plus aucun sens profond.

Voyons comment cela s'est passé dans les trois piliers de notre civilisation occidentale.

Israël

Les origines de la première partie de la Bible – la Genèse – se situent bien avant le XIIIe siècle avant J.-C., donc à la fin du matriarcat. Les hommes, las de la domination des déesses-mères et de leurs rites « barbares », exaspérés par la prééminence féminine et enhardis par des événements qui leur sont favorables, cherchent le moyen de contrôler les femmes et de s'assurer le pouvoir.

En Israël même, avant que ne s'établisse la suprématie du culte de Yaveh, la déesse est vénérée sous le nom d'Asherah, culte si profondément enraciné qu'au VIe siècle avant notre ère Jérémie se lamente. Les adeptes de la déesse Asherah, reine du Ciel, au pays de Canaan, sont l'objet de persécutions atroces de la part des prêtres lévites, qui n'ont qu'un objectif socioreligieux: contrôler totalement la sexualité des femmes israélites et instaurer une structure de parenté patrilinéaire. On peut se demander jusqu'à quel point l'éviction des cultes féminins, la suppression de l'autonomie sexuelle de la femme et de la filiation par la mère n'ont pas été en réalité la radiation pure et simple de l'identité même de la femme.

Alors les hommes vont instaurer un dieu mâle, unique et célibataire, créateur du monde et des humains, Yahvé, et, par sa bouche ou par celle des prophètes, ils vont dicter leurs lois. La Genèse est l'histoire que se content ces hommes pour s'arroger le pouvoir. La Bible, dans son ensemble, est le récit des tribulations d'une civilisation patriarcale face aux déesses et au pouvoir féminin. C'est pourquoi on y trouve tout à la fois des déclarations misogynes – inspirées par la peur – et des déclarations d'amour – soufflées par une impérissable fascination. Les hommes de la postérité aggraveront ce qui, dans le texte initial, pouvait être défavorable aux femmes. Certains même en déformeront le sens pour le rendre plus hostile.

D'entrée, le récit de la création de la femme ne semble pas dicté par de bons sentiments. Créer l'homme en premier et faire naître la femme de l'une de ses côtes, c'est pour le moins une attitude phallocentrique. Toutefois, la trouvaille la plus formidable, qui signe l'essence patriarcale de l'Ancien Testament, c'est l'épisode de la faute d'Ève. En tentant Adam, elle précipite le premier homme et sa postérité dans le malheur. Ainsi, l'histoire de l'humanité s'ouvre sur la faute d'une femme. Créature frivole qui se laisse tenter, créature maudite qui tente à son tour, la femme est, dès l'origine, culpabilisée et infériorisée. Il ne lui reste plus qu'à se soumettre à l'homme.

Cette histoire, non seulement disqualifie la femme, mais instaure la zizanie entre la femme et l'homme. Pendant des siècles et des siècles, prophètes et prêtres ne cesseront de rappeler que la femme est responsable du triste sort de l'humanité, entretenant ainsi la peur et la rancœur des hommes. Même si l'on tient ce récit pour une légende, il n'en exerce pas moins une influence perfide. Ses inventeurs ont distillé à jamais un poison misogyne dans le cœur de tout homme.

Le comble sera atteint quand, plus tard, dans l'Ecclésiastique, le narrateur lancera l'idée que la faute originelle est l'acte sexuel… Le fruit défendu qu'Ève offre à Adam, c'est son corps désirable ; Adam se laisse tenter. Ensemble, ils consomment l'acte d'amour. C'est une faute, car Dieu, courroucé, les chasse de l'Éden. Cette interprétation est la seconde trouvaille géniale des tenants du patriarcat. Elle permet :

1) De décréter que les plaisirs de la chair sont répréhensibles.

2) D'établir le schéma fondamental de la pensée phallocratique de l'Occident, à savoir : femme = sexe = péché. Les Pères de l'Église feront le meilleur usage de cette trouvaille, comme il se doit.

Faire accroire que la faute originelle est l'acte sexuel, le « péché de chair », est une tromperie. La Genèse, nous l'avons vu, est datée de bien avant le XIIIe siècle avant J.-C. Or, aucune des civilisations contemporaines à son invention ne condamnait la sexualité ; en Mésopotamie, par exemple, nous le savons, la sexualité était une activité naturelle, saine et joyeuse, et dans la Bible elle-même, le Cantique des Cantiques est un hymne à l'amour de la même veine que les poèmes érotiques d'Ishtar.

La Bible, toutefois, contient d'autres passages (l'Écclésiaste, les Proverbes) qui constituent des mises en garde vis-à-vis de la femme, et des déclarations hostiles, voire virulentes. C'est la tentatrice, celle dont la beauté enflamme l'homme, qui est visée – la femme adultère et la prostituée. En revanche, la femme fidèle, celle qui se place sous le contrôle phallocratique, elle, est louée : « Une femme vertueuse ? Elle a plus de valeur que des perles. Le cœur de son mari a confiance en elle, et les produits ne lui feront pas défaut. » (Prov., XXXI, 10-11)

Ainsi donc est vertueuse la femme qui n'inquiète pas l'homme. Mais les hommes et autres patriarches ont le droit de « posséder » plusieurs femmes.

En ce qui concerne la sexualité, l'Ancien Testament n'est pas franchement répressif. Dans la Genèse, on lit : « Dieu créa l'homme et la femme » (Gen., I, 27-28) et, plus loin : « Dieu vit tout ce qu'il avait fait, cela était très bon. » (Gen., I, 31) Parmi tout ce que Dieu avait fait et qui est très bon, il y a la femme, l'homme et leur sexualité. La fonction érotique trouve donc une justification biblique. On lit aussi dans ce texte : « L'homme quittera son père et sa mère, il s'attachera à sa femme, ils deviendront une seule chair » (Gen., 2, 24), ce qui signifierait que Dieu a voulu que les deux êtres s'unissent corps et âme et forment un couple.

Athènes

Les déesses règnent encore sur la Grèce, mais leur domination touche à sa fin. Aphrodite, déesse de l'Amour et de la Fécondité, source du pouvoir sensuel féminin, n'est bientôt plus qu'une puissance maléfique qui inspire les passions illégitimes et engendre l'infidélité. Cybèle, la grande déesse, mère des dieux et force reproductrice au cœur de toute chose, devient un simple prétexte à orgies. Les cultes des déesses dégénèrent et ne sont plus que des occasions de beuveries, d'unions sauvages et de transes hystériques. C'est Dionysos qui sera désormais célébré.

Les hommes accusent à tort la civilisation matriarcale et le culte de la déesse-mère d'être responsables de cette barbarie, et en profiteront pour instaurer un patriarcat pur et dur. Alors, sur le territoire grec, le pouvoir des femmes s'effrite, et les hommes ne tardent pas à renverser leurs divinités et à se débarrasser de l'hégémonie de la déesse-mère. La lutte des Grecs contre les Amazones symbolise la lutte des hommes contre le système matriarcal. Une victoire décisive permettra aux hommes de prendre l'avantage sur le matriarcat : Agamemnon et les virils citoyens grecs défont les Troyens, adorateurs de la luxurieuse Aphrodite ; Apollon, dieu mâle de la Lumière, l'emporte. C'est le triomphe de l'esprit et des arts sur les basses pulsions. Désormais, c'est Apollon que l'on vénère. Le culte changeant de divinité, le pouvoir change de camp.

Pour conforter leur autorité, les Grecs utiliseront la même astuce que les Juifs : ils inventeront une femme dont la luxure sera cause de toutes les misères de l'humanité : Pandore. Avant elle, c'était l'âge d'or. Celle qui sera la ruine des hommes avait une âme de chienne et une nature voleuse, la cruauté des désirs qui usent le corps ; elle est fourbe et menteuse. C'est de celle-là qu'est sortie l'engeance maudite des femmes, terrible fléau installé au milieu des hommes. Ayant séduit l'homme, elle lui offre une urne qui, à peine ouverte, laisse s'échapper tous les malheurs qui, depuis lors, frappent l'humanité. Personne ne s'y est trompé : l'urne, c'est le funeste sexe de la femme, ce cadeau empoisonné par lequel tout le mal arrive ; chacun sait que cette fontaine de délices est aussi la source de tous nos maux.

Par ailleurs, les divinités et les personnages féminins des mythes sont le plus souvent des monstres abominables et sanguinaires. À la base de ces représentations, n'y aurait-il pas la peur de la sexualité de la femme ? J'en vois un aveu dans la légende de Tirésias, qui révèle que les Grecs reconnaissaient la supériorité de la jouissance féminine : ce devin thébain voit un jour deux serpents en train de s'accoupler et les sépare. Il est aussitôt miraculeusement changé en femme. Sept ans plus tard, il rencontre de nouveau des serpents entrelacés et agit de la même façon. Il reprend alors sa forme première. Après avoir fait l'expérience des deux sexes, Tirésias affirme que la femme a pour sa part les neuf dixièmes de la jouissance totale de l'union. La déesse Héra, furieuse de cette indiscrétion, frappe Tirésias de cécité. De cette prééminence du plaisir féminin, les Grecs tirent plus de crainte que de jalousie : en rendant la femme exigeante et infidèle, le plaisir peut être source de maux et de désordres. Ils en tirent surtout du mépris : le plaisir inviscère la femme à son corps.

Car, dans ce patriarcat désormais installé en Grèce, le sort de la femme se fait peu enviable. L'homme devient le maître absolu de la famille. Il se marie par discipline, son devoir de citoyen lui enjoignant de donner des enfants à la patrie. Pédéraste le plus souvent, il préfère, pour le commerce de l'esprit comme pour celui du corps, la compagnie des éphèbes. La femme n'est qu'une reproductrice privée d'amour et de considération, elle est reléguée au gynécée avec les enfants. Il lui est interdit de participer à la vie intellectuelle et à la vie publique. Tout se joue en dehors d'elle.

Rome

C'est à Rome que les déesses matriarcales résistent le mieux aux dieux instaurés par le patriarcat. Toutefois, peu à peu, là aussi, les rites dégénèrent en fêtes dédiées à Bacchus et en débauches. Bientôt, ils ne sont plus que prétextes à dépravation sexuelle, beuveries et cruautés ; les prostituées sacrées essaiment dans les rues ; on les trouve dans les amphithéâtres, elles se tiennent dans les galeries situées sous les gradins et dont la voûte se nomme *fornix* – d'où le nom de « fornication » donné à l'adultère.

Les cultes matrimoniaux se dégradant, le sort de la femme se fait de plus en plus défavorable. Monogamique, le mariage a pour but de construire la cellule où seront éduqués les enfants qui perpétueront la cité. Seuls ceux issus de cette union légitime porteront le nom du père et jouiront de ses privilèges. Les mariés ne forment pas un couple au sens actuel. Aucun sentiment, sauf heureuse exception, ne les unit ; aucune relation sexuelle ne les rapproche forcément. Pour l'homme, l'amour est libre, et pour le plaisir, qu'aucun tabou n'hypothèque, il dispose des esclaves, des affranchies et des Romaines non mariées. Progressivement, le droit romain va élaborer un savant statut qui infériorise la femme et annule tous ses liens légaux avec ses enfants. [50]

Les maîtresses expertes en plaisirs raffinés prennent de plus en plus d'importance. Les passions font des ravages, les couples officiels se brisent, le mariage périclite. Effrayée par les maîtresses et les putains, écœurée par les déesses assoiffées de sperme et de sang, l'intelligentsia romaine réagit. Une nouvelle conception du mariage se fait jour : désormais, le « bon mari » est celui qui affectionne durablement son épouse s'efforce de lui être fidèle et lui porte une certaine estime. Certes, la femme reste un être inférieur et soumis, et l'amour conjugal n'est guère qu'une variété supérieure de l'amitié, mais c'est un progrès.

Des courants puritains se développent et regroupent ceux qui désirent s'opposer à la décadence des mœurs. Le stoïcisme remporte un grand succès. Les êtres doivent dominer leurs sentiments, la passion (pathos) étant une maladie de l'âme. Ils doivent dominer par-dessus tout cette émotion suprême : le plaisir, dans le mariage aussi bien qu'en dehors. La volupté est le propre des bêtes dénuées de raison. Ainsi parlent Épictète, Marc Aurèle, Sénèque, bien avant les Pères de l'Église. On voit ainsi que la répression de la sexualité préexistait à l'avènement du christianisme.

La désacralisation dans l'ère chrétienne

Préalable : Jésus, la femme et la sexualité

À la source du christianisme, il y a le formidable message d'amour de Jésus : « Aimez-vous les uns les autres comme je vous ai aimés. » Jésus a beaucoup aimé la femme, comme le prouvent ses prises de position en sa faveur. En contestant le droit masculin de répudiation et en prônant la monogamie, il l'a délivrée de la menace d'être répudiée et d'avoir à subir la polygamie de l'homme, ce qui devait changer radicalement le statut de la femme. Par ailleurs, il lui a rendu sa dignité ; que l'on se souvienne de son attitude envers la femme adultère, envers la Samaritaine (autre femme adultère) et envers Marie-Madeleine (une prostituée), autant de scènes où il agit de façon quasi révolutionnaire compte tenu du machisme des hommes de l'époque. Enfin, Jésus s'est entouré de nombreuses femmes (les Saintes Femmes), qui, du reste, seront les seules de ses enseignés à le suivre jusqu'à sa mort sur la croix.

En ce qui concerne la sexualité, le Nouveau Testament est discret. On n'y trouve nulle trace de répression, mais des éloges renouvelés du mariage et les mêmes recommandations pour le couple : 1. la condamnation de l'adultère (Mu, 5, 23) ; 2. la condamnation du divorce (Mu, 19, 2-12 ; Mu, 10 ; Lc, 16, 18). Dans Mu, 19, 4, on trouve cette vibrante exclamation du Christ :

« N'avez-vous pas vu que le Créateur, dès l'origine, les fit homme et femme ! »

Au total, rien, dans les Écritures, n'est contraire à la femme et rien ne s'oppose aux plaisirs des sens. Donc, rien ne fonde la répression de la femme et de l'érotisme. Rien, à moins de falsifier les textes, ce que les clercs n'ont pas hésité à faire depuis deux mille ans. Alors pourquoi les hommes prêtres ont-ils inventé une doctrine aussi répressive pour l'être féminin et les sens ? Pourquoi, si ce n'est pour conjurer leur grande peur et conforter le pouvoir patriarcal ?

La falsification du message

Les stoïciens avaient inauguré la répression de la sexualité, les premiers chrétiens, eux, commettent l'erreur fondamentale d'enfourcher allègrement la morale stoïcienne.

Il est certain que, s'ils veulent être entendus, les premiers « missionnaires » doivent utiliser un langage familier aux Romains, c'est-à-dire proche du stoïcisme ; du reste, beaucoup d'entre eux sont romains, comme Paul. Et, s'ils veulent toucher les citoyens, qu'effraient l'état déplorable du mariage romain et les orgies commises au nom des dieux païens, ils doivent présenter un christianisme pur et dur : aussi soulignent-ils la rigueur du mariage chrétien, son indissolubilité, son exigence de fidélité. Aussi inventent-ils le « péché de chair » – quand je dis « inventer », c'est par rapport au Christ, qui n'en avait rien dit ; en réalité, ils empruntent aux stoïciens la notion d'impureté dont ils font un péché. Opportunistes, les chrétiens utilisent la peur – peur du sexe, du désordre, de la décadence – d'une partie des Romains et la vogue du stoïcisme. Il est donc probable que les premiers convertis sont des stoïciens. Ils gardent les principes austères de leurs convictions premières et y associent des éléments de la nouvelle religion. Ces stoïciens chrétiens prêchent à leur tour et multiplient les chrétiens stoïciens. Et ainsi de suite…

La pensée chrétienne est entraînée par le courant qui porte les intellectuels de l'époque ; l'homme est le siège d'un conflit entre l'esprit et la matière ; l'esprit, c'est le Bien ; la matière, c'est le Mal ; la chair, qui est matière, met l'être sous l'emprise du Mal ; le Mal vient du sexe ; pour s'élever vers la lumière, il faut se détacher du corps, fuir la femme. La recherche du plaisir charnel – appelé fornication – est rigoureusement condamnée. Les joies du sexe sont pires qu'un péché : un assouvissement bestial que seule peut justifier la perpétuation de l'espèce. Dans le mariage, l'acte sexuel est une œuvre de procréation voulue par Dieu, il n'a pas pour fin le plaisir ; le corps est un instrument de procréation, non de volupté ; toute recherche de plaisir dans l'étreinte conjugale fait de l'accouplement un adultère. L'amour et le plaisir restent étrangers au couple chrétien.

Ainsi se forme, **durant les premiers siècles**, une doctrine stoïco-chrétienne qui sera « la doctrine » de l'Église jusqu'à nos jours. Ainsi sera désacralisée la chair en Occident pour les vingt siècles qui vont suivre. Dès ses origines, le christianisme a donc été l'objet d'une vaste déviation qui s'amplifiera de façon tragique au cours des siècles. Elle se perpétue de nos jours : on peut affirmer qu'en matière de sexualité nous vivons encore sous une morale stoïcienne qui n'a rien à voir avec le Christ.

C'est saint Paul qui est à l'origine de ces prises de position. Il faut dire que la dépravation des mœurs de la société romaine était affligeante. En bon stoïcien, Paul est l'un des inventeurs du péché de chair. Il pourchasse le désir, ou concupiscence. Le célibat, dit-il, est un bien, le mariage un pis-aller : « Il est bon pour l'homme de s'abstenir de la femme. » Même dans le cadre du mariage, il faut user du sexe avec une extrême précaution : « Que ceux qui ont des femmes vivent comme n'en ayant pas. » (1 Cor, 7, 29) L'amour qu'on a pour son épouse ne doit relever ni du désir ni du sentiment, mais de la *caritas.* Quant aux femmes, leur position est clairement indiquée : « Femmes, soyez soumises à vos maris comme au Seigneur ; car le mari est le chef de la femme comme le Christ est le chef de l'Église. »

Tertullien, un contemporain de Paul, stoïcien également, est un ennemi farouche du plaisir. Dans un traité, il fait l'apologie de l'abstinence et de la virginité. C'est un misogyne cynique. Dans *De cultu feminarum,* il s'adresse aux femmes en ces termes : « Tu enfantes dans la douleur et les angoisses, femme. Et tu ignores qu'Ève c'est toi ? Elle vit encore en ce monde, la sentence de Dieu contre ton sexe. Vis donc, il le faut, en accusée. » Les successeurs des premiers chrétiens, en particulier ceux que l'on appelle les « Pères de l'Église », reprennent à leur compte cette morale païenne, la développent, radicalisant ses préceptes, aggravant ses interdits. Et les exégèses, se substituant à l'Évangile, prennent force de loi. On s'enferme dans l'erreur. On s'acharne sur la sexualité. [30]

Au Moyen Âge, Pères de l'Église et clercs de tous ordres vont rivaliser de sottise quant à la femme et à la sexualité. Ils vont diaboliser le sexe et enlever au corps toute dignité. Clément d'Alexandrie relance l'idée stoïcienne selon laquelle les rapports sexuels ont pour but la procréation, non le plaisir. Ainsi naît la notion de « péché contre nature », qui désigne tous les actes sexuels n'aboutissant pas à l'insémination de la femme : l'inversion de l'homme et de la femme, l'imitation des animaux, le coït interrompu (pénitence de deux à dix ans de jeûne), le coït buccal (trois à quinze ans de jeûne), la sodomie (sanctionnée par le bûcher). Au Ve siècle, saint Augustin se déchaîne contre la concupiscence, qui plonge l'être dans la passion. Force mauvaise, elle arrache le corps au contrôle de la raison et submerge l'esprit. L'esprit dominé par les sens ne peut trouver Dieu. Dans le mariage, l'acte de chair, s'il vise la procréation, est légitime, mais la sexualité commandée par la concupiscence est un mal. Au XIe siècle, Yves de Chartres définit un nouveau péché : « l'abus d'épouse ».

« Abuser de son épouse, c'est user des parties de son corps qui ne sont pas destinées à la procréation. » Il exhorte les maris à plus d'autorité : « S'il y a discorde entre mari et femme, que le mari dompte la femme [...] Puisqu'Adam a été instruit en tentation par Ève [...] il est juste que l'homme assure le gouvernement de la femme. » [30]

S'en prendre à la chair ne suffisait pas à calmer la grande peur des hommes. Pour mieux se protéger, il fallait s'en prendre à la femme. La fameuse légende de la pomme allait fournir aux Pères le moyen d'arriver à leurs fins. C'est Ève, c'est une femme, la responsable du péché originel qui a précipité l'humanité dans le malheur.

Pour mieux parvenir à leur but – la réduction de la sexualité féminine –, les clercs ne tarderont pas à assimiler le péché de chair à la faute originelle : c'est son corps, et non une pomme, que la femme a offerte à l'homme. Interprétation qui permettra de détourner l'homme du plaisir et de la femme : les filles d'Ève ne sont-elles pas également promptes à la volupté ? Interprétation qui permettra aussi d'abaisser encore plus la femme : selon saint Augustin, « chez l'homme le corps est le reflet de l'âme, alors que la femme est sous la domination de son corps ». Mais ce penchant pour le plaisir sexuel ne traduit-il pas une nature bestiale ? « La femme, déclare un théologien, est une créature inférieure plus proche de l'animal que de l'homme, être évolué. » Cette dégradation de la femme atteindra son comble au concile de Mâcon, en 588, où les évêques se réuniront afin de savoir si « la femme, être hanté par la fornication, à l'instar des animaux, a une âme ». « L'homme seul a été fait à l'image de Dieu, et non la femme », prétendront certains. [30]

En réalité, cette peur de la sexualité est sous-tendue par la peur de perdre le pouvoir. Et la dévalorisation de la femme est le moyen de l'écarter du pouvoir.

Pour l'homme de **la Renaissance** la femme appartient toujours aux ténèbres, au charnel, au chaos, alors que lui relève de la lumière, de l'esprit et de l'ordre. Les clercs de la Réforme, eux aussi, vitupèrent la femme et le sexe. Ce regain d'antiféminisme se double, cela va de soi, d'un puritanisme exacerbé. Les réformés s'obnubilent sur le péché d'adultère. Que la femme adultère soit rasée, fouettée et enfermée dans un monastère ! Certains demandent même qu'elle soit punie de mort, comme dans l'Ancien Testament. [11]

Les hommes du **Grand Siècle** ne seront pas grands à l'égard de l'amour. Les jansénistes s'en prennent à leur tour aux plaisirs amoureux. Pascal traite l'union charnelle de « besogne », l'orgasme d'« éternuements » et la joie des sens d'« égarement » dans le domaine animal. Méfions-nous donc de la femme, ce serpent tentateur, et prenons garde à notre maudit corps.

Au siècle des Lumières, l'Église mène campagne contre la contraception, essentiellement le coït interrompu : les clercs exigent en confession que les fidèles renoncent à cette pratique.

Au XIXe siècle, l'Église continue son combat. Le puritanisme culmine en France. Les littératures édifiantes pullulent, tel ce discours sur les femmes « débraillées » où l'auteur disserte sur l'importance du « péché de décolleté ». Les médecins prêtent main-forte aux clercs dans la répression de la sexualité, et spécialement celle de la femme : pathologisation de la masturbation, cautérisation, voire ablation, du clitoris, internement dans des « maisons de force » des femmes prétendument hystériques, etc. Sans oublier la recommandation selon laquelle « une femme honnête n'a pas de plaisir ». C'est passivement que la femme accepte les approches de son mari. « La femme qui se risque à laisser paraître son émoi dans les ébats sexuels serait aussitôt classée parmi les nymphomanes ou les filles de rien. » [11]

Les temps modernes. Dans la première moitié du XXe siècle, les religieux résistent encore. À la fin de la guerre de 1939-1945, abandonnant des positions tenues depuis deux mille ans, l'Église affirme que l'amour est la base du sacrement du mariage autant que la procréation, et que la sexualité peut être un acte d'amour.

La désacralisation aujourd'hui

L'individualisme

Pendant deux millénaires, la morale chrétienne a prôné le sacrifice de soi, taxant d'égoïsme toute préoccupation pour sa propre personne, et de faute toute satisfaction donnée à son corps. Tout ce qui en soi ne relevait pas de l'esprit devait être renié. Par réaction, notre époque – emmenée par les « psys » – accorde la priorité à l'individu, à son épanouissement personnel et à son propre plaisir. Mais l'excès en ce domaine conduit au culte du moi. Cet individualisme se teinte souvent de narcissisme ; ce qui importe, c'est l'image que l'on a de soi en se contemplant soi-même ou en se mirant dans le regard des autres. On aboutit au culte de l'apparence de soi.

S'il est important de s'aimer pour aimer les autres, à l'inverse, le culte du moi et de ses apparences est une entrave à l'amour. À ne rechercher que la réalisation de ses propres désirs, à ne viser que son propre plaisir, à ne satisfaire que ses seuls besoins émotionnels, on arrive à un repli sur soi, à une fermeture à l'autre. Or, l'amour est écoute et partage, ouverture des oreilles et du cœur. C'est également pour protéger leur moi que les êtres narcissiques évitent de s'engager dans un amour durable : ce serait livrer leur moi et le charger de chaînes. Pourtant, l'amour, semble-t-il, n'a de signification profonde que dans la mesure où il implique une idée de durée, une volonté de s'investir dans une alliance.

Le matérialisme

Pour le matérialisme, le but de la vie, et le seul, est de se donner du bien-être par la possession et la consommation de biens matériels ou de personnes. Le matérialiste se situe donc dans *l'avoir* et non dans *l'être*. Il veut avoir un beau corps, et non être bien dans son corps ; avoir un conjoint, un amant, une maîtresse, et non *être amour*. C'est dire qu'il ne se soucie pas de raffiner sa sensualité qui, elle, est la perfection de *l'être.* [12]

Le matérialisme, lui aussi, dessert l'amour. Il pousse à considérer l'autre comme une chose à posséder, alors que l'amour est relation interpersonnelle, respect mutuel – entre autres, respect de sa liberté – et dépassement de soi. En ce qui concerne l'activité sexuelle, le matérialisme incite à considérer un partenaire comme le simple instrument de sa propre satisfaction, et le plaisir comme un bien quantifiable qu'il faut consommer au maximum grâce à des « techniques ». Sont quantifiés le nombre de positions, la durée de l'érection, le nombre d'orgasmes, la longueur des séquences, la fréquence des rapports sexuels, etc. Il s'agit de se situer dans la moyenne des statistiques ou, mieux, de les dépasser. Pour y arriver, on recourt à des techniques enseignées dans les manuels et les vidéos. Il suffit de les appliquer pour exécuter un numéro exemplaire de rapports sexuels et devenir expert. Mais, un jour, ces champions du sexe s'aperçoivent qu'ils s'ennuient et ressentent une impression de vide. Ces obligations, ces obsessions, cette mécanisation, ces démonstrations sont en effet contraires à la volupté, qui, elle, est jeu, communication.

La profanation de la sexualité

La sexologie a également contribué à démythifier la sexualité. En disséquant les mécanismes de la relation sexuelle – faite de flux sanguins, d'influx électriques et de sécrétions de neurohormones –, elle a réduit la volupté à des phénomènes d'organes.

Dernière cause de profanation : le gavage de sexe que nous subissons tous azimuts – par l'intermédiaire des médias, des publicités, des livres et des écrans divers. Il émousse notre sensibilité érotique et notre spontanéité, et finirait par rendre moroses nos ébats amoureux. C'est pourquoi certains blasés, pour retrouver le goût du fruit défendu et le halo extraordinaire qui entoure les échanges sexuels – bref, un regain de désir – recourent à des excitations particulières : fantasmes « hard », utilisation de gadgets, sexualité collective, échangisme, etc. Et trop souvent, ils font de la violence un condiment banal, trop d'hommes confondant alors virilité et brutalité. Cette banalisation est aux antipodes du désir dans ce qu'il a de mystère, voire de mystique. Elle conduit à l'ennui et à la tristesse, et ne favorise nullement l'élévation des consciences.

La désacralisation de la femme

Tout ce qui s'oppose au sacré de l'amour contribue à démythifier la femme : le narcissisme en fait un objet de satisfaction de l'ego ; le matérialisme la rabaisse au rang d'instrument de plaisir ; la « chosification » du corps féminin par l'image la réduit à ses formes, et l'utilisation abusive de ces formes en restreint la magie ; la sexologie, en démontrant les rouages anatomiques et physiologiques de la volupté féminine, fait de la femme une mécanique à jouir, une machine à orgasmes ; la guerre des sexes fait de la femme une rivale. Pour s'affirmer, la femme croit devoir hypertrophier son *animus* et copier l'homme. Devenue semblable à lui ou, pire, son adversaire, la femme perd de sa spécificité, de son aura, de son mystère, et donc de son charme. De son côté, l'homme, par peur d'être ridicule ou de paraître faible, et aussi par ressentiment, ne se laisse plus fasciner par elle et renonce à la courtiser ou à lui manifester respect ou admiration.

Au total, le regard de l'homme sur la femme est limité à l'envie de posséder son corps. À moins que, mithridatisé, il n'en ait même plus envie. De toute façon, chez l'un comme chez l'autre, c'en est fait du rêve divin.

La perte du sens

Justement, dans la mesure où l'union d'une femme et d'un homme n'est plus présidée par une transcendance laïque ou religieuse, elle se vide de sens et se fragilise – je parle ici d'idéaux et non de contraintes : la foi en un dieu, la vocation à « fonder une famille », l'idée de « donner un enfant à la patrie » et, plus généralement, la notion de « devoir », y compris de devoir de fidélité. On peut discuter du bien-fondé de ces croyances tenues pour désuètes, mais il faut constater que la disparition de toute transcendance soustrait encore au couple une force de cohésion.

Deux tentatives de sacralisation en Occident

La première, c'est aux XIIe et XIIIe siècles, l'amour courtois.

La femme idéalisée devient un être admirable et infiniment respectable, que l'homme doit mériter. Certes, on faisait ainsi de la femme un être mythique, désincarné, où le désir ne trouvait pas à se réaliser. Mais peut-être étaient-ce les prémices d'une évolution vers un érotisme sacré. Hélas ! Les chevaliers du Nord, catholiques fanatiques et misogynes, dans leur croisade contre les Albigeois, ont massacré indistinctement les Cathares et les troubadours. Ainsi s'est achevé le rêve d'amour occitan.

La seconde, c'est le mariage chrétien.

Nous croyons le plus souvent que le mariage religieux est une institution qui remonte à l'origine du christianisme, c'est-à-dire fondée par Jésus lui-même. En réalité, le mariage chrétien ne date que du XIIe siècle. Pendant plus de mille ans, l'Église n'a eu que répugnance pour ces pratiques auxquelles s'adonnaient la majorité des femmes et des hommes : faire l'amour et vivre ensemble. [46]

Pourtant, dès le récit de la Création – la Genèse –, Dieu avait fondé le mariage. « Dieu dit : "Faisons l'Homme à notre image selon notre ressemblance." Dieu créa l'Homme à son image, à l'image de Dieu, il le créa homme et femme. Dieu les bénit et leur dit : "Soyez féconds et multipliez-vous, remplissez la terre." » (Gen., 1, 26-27-28) « Puis le Seigneur Dieu dit : "Il n'est pas bon que l'Homme reste seul. Je vais lui faire une aide qui soit son complément." [...] Alors le Seigneur Dieu fit tomber sur l'Homme un profond sommeil. Pendant que l'Homme dormait, le Seigneur Dieu prit de la chair de son côté, puis le referma [...] L'Homme dit alors: "Cette fois, voilà l'os de mes os, la chair de ma chair. On l'appelle femme parce que de l'Homme a été prise." À cause de cela l'Homme quittera son père et sa mère, il s'attachera à sa femme et tous deux ne feront qu'une seule chair.» (Gen., 2, 18-21-23-34)

Quant au fils de Dieu, Jésus, il confirme le mariage et abolit la coutume autorisant le mari à répudier sa femme. «Des pharisiens demandèrent: «Est-il permis à un homme de renvoyer sa femme pour n'importe quel motif?" Jésus répondit: "N'avez-vous pas lu que le Créateur, dès le commencement, les fit homme et femme et qu'il leur dit: l'homme quittera son père et sa mère, il s'attachera à sa femme et tous deux ne feront plus qu'une seule chair. À cause de cela ils ne sont plus deux mais une seule chair."» (Mat., 19, 3-6)

«Ils lui dirent: "Pourquoi donc Moïse prescrivit-il de donner un acte de renvoi, et de divorcer avec elle?" Il leur dit: "Moïse, en raison de votre dureté de cœur, vous a fait une concession en vous permettant de divorcer avec vos femmes, mais dès (le) commencement, il n'en était pas ainsi. Je vous dis que quiconque divorce avec sa femme, sauf pour le motif de fornication, et se marie avec une autre, commet un adultère."» (Mat., 19, 7-8-9)

Hélas, saint Paul

Comme nous l'avons évoqué ci-dessus (cinquième partie, chapitre III), saint Paul, qui pourtant n'a pas connu directement Jésus, fait des commentaires personnels hostiles au mariage et à la sexualité. L'Église en tirera sa doctrine.

«Il est bon pour l'homme de ne pas toucher de femme: toutefois, en raison de la fréquence des cas de fornication, que chaque homme ait sa propre femme et que chaque femme ait son propre mari. Que le mari rende à la femme son dû: mais que la femme aussi agisse de même envers [son] mari. La femme n'a pas pouvoir sur son corps, mais c'est son mari ; de même aussi le mari n'a pas pouvoir sur son propre corps, mais c'est sa femme. Ne vous [en] privez pas l'un l'autre, si ce n'est d'un commun accord [et] pour un temps fixé, afin que vous consacriez du temps à la prière et que vous vous remettiez ensemble, pour que Satan ne vous tente pas continuellement à cause de votre manque de maîtrise sur vous-mêmes. Or je dis cela en manière de concession et non à la façon d'un ordre. Mais je voudrais que tous les hommes soient comme moi. Cependant chacun a de Dieu son propre don, l'un d'une manière, l'autre de l'autre. » (I Cor., 7, 1-7)

« Or je dis à ceux qui ne sont pas mariés et aux veuves qu'il leur est bon de demeurer comme moi. Mais s'ils ne savent pas se dominer, qu'ils se marient, car il vaut mieux se marier que de brûler [de désir]. » (Cor., 7, 8-9)

« Ainsi donc, celui qui donne sa virginité en mariage fait bien, mais celui qui ne la donne pas en mariage fera mieux. » (Cor., 7, 36-38)

« Or voici ce que je dis, frères : le temps qui reste est écourté. Désormais que ceux qui ont une femme soient comme s'ils n'en avaient pas. » (Cor., 7, 29)

Cette dernière phrase explique la préférence de Paul pour le célibat : Jésus doit revenir incessamment pour fonder le « Royaume de Dieu » ; cette parousie, il faut la préparer en consacrant tout son temps et son énergie à la prière. C'est pour la même raison que la « chair », cause de tant de « tribulations », est déconseillée.

« Dieu, en voyant son propre fils [...] a condamné le péché de la chair [...] ceux qui sont en accord avec la chair désirent les choses de la chair, mais ceux qui sont en accord avec l'esprit, les choses de l'esprit : car le désir de la chair signifie la mort, mais le désir de l'esprit signifie la vie et la paix ; parce que le désir de la chair signifie inimitié contre Dieu [...] ceux donc qui sont en accord avec la chair ne peuvent plaire à Dieu. » (Rom., 8, 13)

« Mais vous êtes en accord, non pas avec la chair, mais avec l'esprit, si vraiment l'esprit de Dieu habite en vous. » (Rom., 8, 9-10)

« Si vous vivez en accord avec la chair, vous mourrez à coup sûr ; mais si, par l'esprit, vous faites mourir les pratiques du corps, vous vivez. » (Rom., 8, 13)

« Que le péché ne continue donc pas à régner dans votre corps mortel pour que vous obéissiez aux désirs de votre corps. » (Rom., 6, 12)

Cette condamnation de la chair est également inspirée à Paul par le spectacle de la décadence des cultes rendus aux divinités féminines (rites orgiaques) et la décadence de la société romaine, décadences qui, du reste, avaient engendré le stoïcisme. Plus généralement, cette dichotomie corps-esprit et le choix de l'Esprit caractérisent les philosophies patriarcales depuis quelques siècles, sans oublier la mâle-peur qui couve en filigrane.

« Continuez à marcher par l'esprit et vous n'exécuterez aucun désir charnel. Car la chair, en son désir, est contre l'esprit et l'esprit contre la chair ; car ils s'opposent l'un à l'autre, si bien que vous ne faites pas ce que vous voudriez [...] or, les œuvres de la chair sont manifestes ; ce sont la fornication, l'impureté, l'inconduite [...] Ceux qui pratiquent de telles choses n'hériteront pas du royaume de Dieu [...] ceux qui appartiennent à Christ Jésus ont attaché sur la croix la chair avec ses passions et ses désirs. » (Gal., 5, 16-24)

Et Paul de démasquer sa mâle-peur : « Soyez soumis les uns aux autres dans la crainte de Dieu. Que les femmes soient soumises à leurs maris comme au Seigneur, parce que le mari est le chef de sa femme, tout comme le Christ est chef de l'Église, lui, le sauveur. Oui, comme l'Église est soumise au Christ, qu'ainsi les femmes le soient aussi en tout à leurs maris. » (Éphés., 5, 21-24) « Femmes, soyez soumises à [vos] maris, comme il convient dans [le] Seigneur. Maris, continuez à aimer [vos] femmes et ne vous aigrissez pas contre elles. » (Colos., 3, 18)

Cet enseignement est repris et amplifié par les Pères de l'Église. Pendant plus de mille ans, l'Église a donné la préférence au célibat. Elle suivait, en cela, l'exemple des protagonistes de l'Évangile : Jésus était célibataire, Marie et Joseph étaient mariés, mais la première était restée vierge, et le second chaste, les apôtres étaient célibataires ou séparés, et tout le monde était asexué. Nous verrons plus loin que ces croyances sont révisables.

Ce que pensaient du mariage les gens d'Église tient en ces quelques idées :

• Le mariage inclut « l'œuvre de chair », or la chair est ce qui est bas, alors que l'esprit, lui, est haut (idée venue des philosophes grecs, reprise pas les stoïciens romains, puis par les penseurs médiévaux). Pire, la chair est le Mal qui expose aux châtiments, alors que le Bien ouvre la voie au salut. Il s'ensuit que le but de tout chrétien est de se détacher de son corps.

• C'est par la femme que le charnel, c'est-à-dire le Mal, arrive.

• Le mariage ne peut être qu'un pis-aller pour ceux qui ne peuvent se contenir. Mieux, il peut être leur remède : le mariage est une médecine pour guérir la luxure et la concupiscence.

En vertu de ces idées, le mariage n'intéresse pas l'Église, qui n'a élaboré ni théologie ni liturgie matrimoniale. Du reste, le mariage n'était pas un sacrement.

Le mariage laïc

Le mariage est alors l'affaire des laïcs ; c'est un acte civil, clef de voûte de l'édifice patriarcal. Il est institué pour assurer l'ordre dans la société, la paix publique, et plus précisément :

1) Assurer la répartition des femmes entre les hommes dans la discipline ; autrement dit, discipliner la compétition des hommes face aux femmes désirées.

2) Introduire officiellement l'homme dans la procréation et dans la filiation. La seule filiation évidente est la filiation maternelle. Par le mariage monogamique, on affirme la paternité. Plus : on lui donne le premier rôle, la femme n'étant plus qu'un ventre dont l'homme devient le propriétaire. Ainsi se renforce le pouvoir masculin : seul, il aura la haute main sur les descendants, le patrimoine et l'héritage.

3) Régulariser la distribution des biens et des titres entre les

enfants. Le statut d'héritier sera réservé aux enfants légitimes nés d'une union licite.

4) Donner un héritier de sexe masculin.

Le choix des époux est décidé par les familles. Il est très soigneux, les prétendants étant triés, et donne lieu à de longues négociations entre les parties, à l'issue desquelles ce sont les pères qui prennent l'engagement. Le mariage fait l'objet d'une cérémonie ostentatoire qui comporte deux phases : d'une part, les épousailles – sur le seuil de l'habitation du futur époux, le père de la future épouse donne solennellement sa fille ; il prend la main droite de l'homme et y pose la main droite de la femme ; d'autre part, les noces – le soir, tous les invités conduisent solennellement l'épouse sur la couche de l'époux. Dans certaines régions, les invités assistent à la consommation du mariage. Le clergé ne se mêle pas de cela ; toutefois, dans certaines contrées, il accorde une bénédiction aux époux (bénédiction nuptiale). Ce n'est que pour les princes qu'une messe ordinaire est dite.

Cette organisation sociale est celle de la société romaine, où le père avait tout pouvoir. Comme dans le droit romain, c'est le consentement des deux pères qui fait le mariage. C'est leur honneur qu'ils engagent.

Pour préserver les filles à marier de toutes souillures de leur sang, on les maintient cloîtrées dans la chambre des dames ou dans de petits couvents attenants, sortes de gynécées dont la fonction principale est la surveillance. Quant à la femme mariée, sa fidélité est primordiale, la plus grande des catastrophes serait qu'elle soit fécondée par un autre que le mari et qu'alors un bâtard porte le nom du maître et des ancêtres, et recueille l'héritage. C'est pourquoi la fidélité, plus qu'une vertu, est le résultat d'une peur des châtiments : le mari a le droit de tuer l'infidèle, ainsi que son amant. Le plus souvent, la femme est brûlée.

À côté du mariage existe le concubinage : la plupart des gens vivent en concubins. Dans ce cas, pas d'engagement, pas de cérémonie, pas de reconnaissance des héritiers ; mais c'est néanmoins une union reconnue.

Création du mariage chrétien

Voici ce qui amènera l'Église, à son âme défendante, à se mêler de mariage : à la fin du IXe siècle, l'Empire carolingien se disloque, l'édifice politique se désagrège, les autorités civiles ne sont plus obéies, les coutumes et rites civils ne sont plus respectés, les violences et les troubles se multiplient : les rapts de plus en plus nombreux entraînent des violences contre les femmes et des batailles entre clans, les concubines et les bâtards croissent en nombre et se mettent à réclamer la succession et le pouvoir. [46]

Dans ce chaos, l'Église apparaît comme la seule force monolithique. Il faut dire que Charlemagne, au IXe siècle, l'a réorganisée et renforcée, et que la réforme grégorienne vient d'accroître sa puissance en en faisant une monarchie centralisée autour du pape. Alors, l'épiscopat se pose en héritier de l'autorité impériale et acquiert la vocation de faire régner la paix publique. C'est ainsi que les laïcs vont le prendre pour arbitre dans des affaires matrimoniales : pour donner son avis dans les querelles de famille et de couple, se prononcer sur les empêchements de consanguinité, faire respecter les coutumes du mariage civil. Ce que veulent les laïcs, c'est que l'Église renforce le mariage civil en lui apportant un élément sacré – ce qu'a bien perçu, à la fin du IXe siècle, l'archevêque de Reims Hincmar, qui devait déclarer : « Le retour à l'ordre exige que soit rendu plus rigoureux le pacte conjugal. »

Peu à peu, le clergé va accroître sa présence dans les cérémonies du mariage civil : il est de plus en plus sollicité pour donner une bénédiction nuptiale dans la maison des mariés ou pour garantir le respect des rites civils, par exemple qu'il y a bien consentement des deux familles. Puis la remise de la fille à l'époux par son père se déroule à l'entrée de l'église, une messe s'ensuivant la plupart du temps. Un peu plus tard, le prêtre prendra la place du père : c'est lui qui mettra la main de la promise dans la main du futur. Enfin, plus tardivement encore (au cours du XIVe siècle), c'est lui qui engagera les époux : « C'est moi qui vous unis », dira-t-il en joignant les mains de l'une et de l'autre. Il faudra plus de trois siècles (du Xe au XIIIe) pour que l'Église élabore sa théologie et sa liturgie du mariage et en fasse un sacrement.

Tout est à inventer, les clercs et les évêques vont tâtonner. Comment christianiser un comportement jusqu'alors décrié ? Bien entendu, les évêques vont examiner ce qui, dans les textes inspirés, pourrait servir de base légitime au mariage religieux. Néanmoins, de nombreuses difficultés apparaissent.

Première difficulté : comment spiritualiser l'union de la femme et de l'homme ? En faire une union sacrée ? Les religieux font appel à la symbolisation qu'avait utilisée Paul : l'Église est l'épouse du Christ. Alors, de même qu'entre le Christ et l'Église circule la *caritas,* entre l'époux et l'épouse circule le même amour universel. Le couple est la réalisation en un cas particulier de ce mouvement d'amour divin.

Deuxième difficulté : comment inclure l'inévitable œuvre de chair dans un acte spirituel ? La place de la sexualité dans un mariage que l'on voudrait chrétien est un vrai casse-tête pour les clercs, qui depuis des siècles condamnaient la chair et qui tous, à cette époque, étaient des continents (fin du concubinage des prêtres, monachisme en extension). Les théologiens veulent exclure l'union chamelle du sacrement à inventer (refusant ainsi la prescription même de Dieu : « Ils feront une seule chair. ») ; ils acceptent l'acte sexuel comme une nécessité pour la procréation, mais ils ne peuvent admettre la concupiscence – le plaisir – qui l'accompagne, car elle est souillure de l'âme. Finalement, on admet que la spiritualité peut intégrer la sexualité. Mais ce n'est qu'une déclaration d'intention, car les hommes d'Église continueront d'énoncer nombre d'interdits à l'encontre des activités sexuelles.

Les législations mâles ont pris leurs précautions en prescrivant que l'homme reste le chef de l'union : 1a femme est placée en subordination. Selon la Genèse, le Créateur le voulait ainsi, disent en chœur tous les hommes : il a créé l'homme en premier, il a créé la femme à partir de l'homme, il l'a créée comme « aide ». Il l'a chassée du Paradis en lui disant que l'homme la, « dominerait ». De toute façon, la faute commise la met en subordination. Quant à saint Paul, il avait confirmé l'obligation de soumission de la femme. Ici donc, le droit canon, c'est-à-dire le droit qui régit l'Église, rejoint le droit romain, qui régissait les laïcs ; par ailleurs, la monogamie devient une loi et l'adultère est condamné.

Toutefois, pour être juste, il faut souligner que deux autres décisions sont éminemment favorables aux femmes, ou en tout cas équitables :

1) La suppression de la répudiation de la femme. Énoncée par Jésus lui-même, l'institution de l'indissolubilité du mariage en découle : elle est fondée sur les textes bibliques et évangéliques, et sur la spiritualité du mariage que les évêques sont en train d'élaborer : dans, la mesure où l'union de l'homme et de la femme est la réplique de l'union du Christ et de l'Église, elle est immortelle ; dans la mesure où elle fait partie du mouvement de *caritas,* elle est aussi immortelle.

2) L'établissement du consentement mutuel. Désormais, le consentement relève non plus des familles, mais des futurs époux eux-mêmes. En effet, seuls ceux qui figurent l'union de l'Église et du Christ, c'est-à-dire les futurs mariés, sont capables de consentir à cet engagement.

En 1150, Pierre Lombard fait inscrire le mariage au nombre des sept sacrements. C'est le seul sacrement qui ne soit pas institué par Jésus. L'union est sacrée en ce sens qu'elle est le signe de l'invisible dans le visible, le symbole de l'amour divin, ce qui la rend immortelle.

Le « mariage à l'église » aujourd'hui

Résumée dans un langage actuel, la volonté de mettre du divin dans l'alliance entre la femme et l'homme s'appuie sur trois perspectives spirituelles.

1) **L'union entre la femme et l'homme est signe de l'alliance de Dieu avec l'humanité, confirmée par l'envoi et le sacrifice de son fils.**

2) **L'amour que les partenaires éprouvent l'un pour l'autre est la continuation de l'amour qu'a Dieu pour les humains et que les hommes doivent se transmettre les uns aux autres.** L'amour

conjugal a donc une double origine divine : l'amour de Dieu pour sa création et le message évangélique.

« Un docteur de la loi posa une question à Jésus pour le mettre à l'épreuve : « Maître, dans la loi, quel est le plus grand commandement ? » Jésus lui répondit : « Tu aimeras le Seigneur ton Dieu de tout ton cœur, de toute ton âme et de tout ton esprit. Voilà le grand, le premier commandement. Et voici le deuxième, qui lui est semblable : tu aimeras ton prochain comme toi-même. » » (Mat., 22, 35-40)

« Mon commandement le voici : Aimez-vous les uns les autres comme je vous ai aimés. Il n'y a pas de plus grand amour que de donner sa vie pour ses amis. » (I Jean, 3, 18-24)

3) **L'être humain est à l'image de Dieu.** « Et Dieu se mit à créer l'homme à son image, à l'image de Dieu il le créa. » (Genèse, 1, 28) Ce qui rend le partenaire aimé et aimable, respectueux et respectable, c'est sa divinité, sa part de lumière.

Notons aussi, dans la célébration actuelle du mariage chrétien, deux décisions libérales : on ne parle plus de la soumission de la femme ; ce sont les époux eux-mêmes qui disent les paroles de consentement et d'engagement réciproques, et non plus le prêtre.

Le texte suivant, remis aux futurs époux par le prêtre, résume bien la tentative de spiritualisation du mariage :

« Parce que Dieu a fait alliance avec chacun de vous depuis votre baptême, parce que le Christ vous accompagne dans le oui qui engage votre vie, votre mariage est un sacrement, c'est-à-dire un signe d'amour de Dieu [...] Votre couple devient image de Dieu fidèle, présence du Dieu d'amour. » On croirait entendre un de ces beaux textes orientaux célébrant l'union de la femme et de l'homme, tel un « Grand Tout », en d'autres termes : Dieu.

Hélas, l'immense majorité des couples se mariant à l'église n'ont pas conscience de la profonde spiritualité de leur démarche. Il faut dire que les prêtres se révèlent peu convaincants. Célibataires, ils ne peuvent transmettre les vibrations essentielles d'un amour humain vécu.

Pour ce qui est de la spiritualisation de l'amour « charnel », malgré les efforts de quelques progressistes, l'Église n'y est pas arrivée. Toutes ses références et sa doctrine depuis deux mille ans sont à base de célibat et de chasteté. Le clergé, qui demeure un peuple de célibataires, ne peut comprendre et chanter l'esprit de la chair qu'il ne vit pas.

La religion chrétienne est-elle définitivement amputée du sexe ? On peut espérer, pour le troisième millénaire, des mutations qui en réalité seraient un retour aux sources. Il faudrait que les religieux comprennent que c'est par « mâle-peur » qu'ils ont fait ce long détour par la misogynie et la répression de la sexualité, mettant ainsi Dieu au service du patriarcat.

Propositions pour une resacralisation du sexe en Occident

Se débarrasser de la répression-pollution

En Occident chrétien, une resacralisation pourrait s'appuyer sur les réflexions suivantes, qui remettent en cause les postulats de chasteté et de célibat dont est issue la répression-pollution.

1) **Reconnaître en Jésus, qui s'est fait homme, la totalité de son humanité, c'est-à-dire la possibilité non seulement d'aimer humainement et de souffrir, mais aussi de jouir.**

2) **Reconnaître, justement, que Jésus a entretenu avec Marie-Madeleine une relation étroite à plusieurs niveaux** : sur le plan spirituel elle était une initiée à qui il a confié des enseigne-

ments qu'il n'a pas confiés aux quatre évangélistes officiels – ou en tout cas qu'ils ne rapportent pas, car, hommes, ils n'y étaient pas réceptifs – et à qui il a réservé d'être la première à l'avoir vu ressuscité, ce qui en fait la fondatrice du christianisme. Sur le plan affectif, il semble évident que Jésus et Marie Madeleine étaient intimes.

La première rencontre a eu lieu à Béthanie. Le récit est de saint Luc, dans son septième chapitre. Verset 36 : « Un pharisien ayant prié Jésus de manger avec lui, Jésus entra dans la maison du pharisien et s'y mit à table à demi couché. » 37 : « Et voilà qu'une femme, qui était une pécheresse de la ville, ayant su qu'il était à table dans la maison du pharisien, s'y rendit avec un vase d'albâtre rempli de parfum. » 38 : « Et se tenant en arrière, le long de ses pieds, elle commença d'arroser ses pieds de larmes, et elle les essuyait avec les cheveux de sa tête, et elle baisait ses pieds et les oignait de parfum. » 44 : « Et, se tournant vers la femme, il dit à Simon : "Tu vois cette femme ? Je suis entré dans ta maison, et tu n'as point lavé mes pieds avec de l'eau ; mais celle-ci a lavé mes pieds avec des larmes, et elle les a essuyés avec ses cheveux." » 45 : « Tu ne m'as point donné de baiser ; mais celle-ci, depuis qu'elle est entrée, n'a point cessé de baiser mes pieds. » 46 : « Tu n'as pas oint ma tête avec de l'huile, mais celle-ci a oint mes pieds avec un parfum » 47 : « C'est pourquoi je te dis : "Beaucoup de péchés lui sont remis parce qu'elle a beaucoup aimé ; et celui auquel il est moins pardonné, c'est qu'il aime moins." » 50 : « Or Jésus dit à la femme : "Votre foi vous a sauvée, allez en paix." »

Laver les pieds d'un invité avec une eau parfumée était un geste traditionnel d'hospitalité. Mais Marie-Madeleine n'était pas l'hôtesse, et l'on sent dans les gestes de la femme toute une fervente féminité, et dans l'attitude de Jésus une telle tendresse.

Alors, pendant trois ans, Jésus fréquente cette famille de Béthanie – Marie, sa sœur Marthe et son frère Lazare. Un jour, Lazare meurt ; Jésus, à la demande de Marie-Madeleine, le ressuscite. Le récit est le onzième chapitre de saint Jean. Verset 32 : « Mais Marie, étant arrivée au lieu où était Jésus et le voyant, tomba à ses pieds et lui dit: “Seigneur, si vous aviez été ici, mon frère ne serait pas mort.” » 33: « Jésus, voyant donc qu'elle pleurait, et voyant pleurer aussi les Juifs qui étaient venus avec elle, frémit dans son esprit et se troubla lui-même. » 34: « Et il dit: “Où l'avez-vous placé? » Ils lui dirent: « Seigneur, venez et voyez.” » 35: « Et Jésus pleura. » 36: « Les Juifs se dirent entre eux: “Voilà comment il l'aimait.” » 38: « Or Jésus, frémissant une seconde fois en lui-même, vint au tombeau, qui était une caverne, et il y avait une pierre qui le fermait. » 43: « Et ayant dit cela, il cria à haute voix: «Lazare, sortez. » »

Et Lacordaire de commenter: « La tendresse déborde dans ce récit, et cependant on pourrait dire qu'elle n'est pas exprimée. Elle gît tout entière dans les entrailles, et, en la sentant toujours, on ne l'entend que par cette seule phrase: “Et Jésus pleura.” Jésus ne devait pas pleurer dans sa passion: il ne pleura point lorsqu'un apôtre lui donna le baiser de la trahison, ni quand Pierre le renia par peur d'une servante, ni quand il vit au pied de sa croix sa mère et ses plus chers amis (...) Lorsque le Christ, libre encore, vivait avec nous de notre vie, il ne put refuser au tombeau d'un ami la faiblesse de l'attendrissement. Il frémit, il se trouble; et enfin, comme l'un de nous, il pleure. » [20]

Enfin, c'est l'épilogue de la vie de Jésus. Au pied de la croix sont les Saintes Femmes, dont Marie, mère de Jésus, et Marie-Madeleine. Un seul homme est présent: Jean. Le lendemain, instant majeur, ce sont encore les mêmes femmes que l'on retrouve devant le tombeau où elles venaient apporter des aromates et des parfums. Elles découvrent le tombeau vide et, éperdues, courent à Jérusalem prévenir les apôtres. « Saint Pierre et saint Jean se précipitent, Madeleine seule les suit: les deux apôtres ne savent que penser et se retirent [...] Marie Madeleine reste seule [...] avec ce tombeau vide » [20] Saint Jean raconte dans le chapitre 20, verset 11: « Or, Marie se tenait debout en dehors du sépulcre, et pleurait. » 14: « Ayant dit cela, elle se retourna par-derrière, et elle vit Jésus debout; mais elle ne savait pas que c'était Jésus. » 15: « Jésus lui dit: “Femme, pourquoi pleurez-vous? Qui cherchez-vous?” Et elle, pensant que c'était le jardinier, lui dit: “Seigneur, si c'est vous qui l'avez enlevé, dites-moi où vous l'avez mis et je le prendrai."» 16: «Jésus lui dit: "Marie." Marie, s'étant retournée, lui dit: "Maître."» 17: «Jésus lui dit: "Ne me touche pas, car je ne suis pas encore monté vers mon Père."»

«Quel amour avait dû mériter la gloire de cette apparition et quel sentiment dut accueillir cette récompense de l'amour» [...] Il apparut donc d'abord à Marie-Madeleine, «et si nous ne pouvons bien pénétrer tout ce qui se passa dans le cœur de l'un et de l'autre, dans le cœur de Dieu qui donnait à sa plus chère amie de la terre les prémices de sa vie recouvrée, et dans le cœur de la créature qui recevait de son Dieu cette marque d'une prédilection inouïe, du moins pouvons-nous suivre l'Évangile avec la modestie d'une tendre admiration, et y chercher, dans l'ombre de nos défaillances, l'imparfaite joie qui nous est permise ici-bas.» [20]

Sur la relation de Jésus et de Marie-Madeleine, et le rôle de celle-ci dans la fondation du christianisme, des auteurs très fiables ont écrit des livres étonnants. En 1859, Lacordaire, illustre prédicateur cité ci-dessus, publie *Sainte Marie-Madeleine* [20], où il fait l'apologie de cette femme et de ses relations avec Jésus. Il évoque l'amour divin et chaste, mais il parle également d'amitié et de tendresse; sous ses descriptions que sa fonction voulait prudes, on sent bien les frémissements humains qui lient les deux êtres. En 1992, Jacqueline Kelen, historienne émérite et écrivaine talentueuse, publie *Un amour infini* [18], le plus sublime poème jamais composé sur le thème des relations de Jésus et de Marie-Madeleine. En 1997, Jean-Yves Leloup, théologien, psychologue et prêtre, révèle, dans *L'Évangile de Marie* [31], qu'un évangile inspiré par Marie-Madeleine a été découvert en 1896; il confirme que cette femme était bien l'initiée à qui Jésus a transmis les plus subtils de ses messages, et son amie intime. *L'Évangile de Marie*, comme les Évangiles de Jean et de Philippe, nous rappelle que Yeshouan était capable d'intimité avec une femme. Cette intimité n'était pas que charnelle, elle était aussi affective, intellectuelle et spirituelle; il s'agit bien de sauver, c'est-à-dire de rendre libre l'être humain dans son entièreté et cela en introduisant de la conscience et de l'amour dans toutes les dimensions de son être.

3) **Reconnaître, à la lumière des évangiles découverts plus récemment – ceux de Philippe, de Pierre, de Barthélemy, de Thomas et, bien sûr, de Marie – que la famille de Jésus et ses disciples n'était pas faite que de femmes et d'hommes célibataires et chastes.** Marie et Joseph eux-mêmes eurent un autre fils, Jacques ; c'est même un évangéliste « officiel » qui le révèle (saint Jean).

4) **Reconnaître que Jésus avait fait de la féminité la base des changements qu'il proposait.** Romain Gary l'avait bien compris : « J'ai et j'ai toujours eu un grand faible pour Jésus. Pour la première fois dans l'histoire de l'Occident, une lumière de féminité venait éclairer le monde, mais c'est tombé entre les pattes des hommes, et ce furent les croisades, l'extermination des infidèles, la conversion par le sabre, l'hérésie, quoi. Le christianisme, c'est la féminité, la piété, la douceur, le pardon, la tolérance, la maternité, le respect des faibles. Jésus, c'est la faiblesse. Je t'ai déjà dit que j'ai un côté chien, un côté instinctif déterminant, et si j'avais rencontré Jésus, j'aurais tout de suite remué la queue et je lui aurais donné la patte. Pour moi il s'agit là d'humanité et non d'au-delà, de l'humain et non du divin. Mais regarde ce que c'est devenu entre les mains des machos. Jésus, la Renaissance en a fait de la haute couture et l'art de Saint-Sulpice en a fait du prêt-à-porter. Après quoi la bourgeoisie a fait de Jésus un cache-sexe. C'était un homme. J'ai toujours eu envie de lui serrer la main. [...] En l'an I de notre ère, une première lueur de tendresse maternelle s'est levée sur cette terre, il y eut germe d'une civilisation, mais il n'y aura jamais de civilisation tant que la féminité continuera à être étouffée, bafouée, refoulée. L'Église a raté la chrétienté, la chrétienté a raté la fraternité. » [13]

À partir de ces réflexions pourrait s'entamer le processus de dépollution de la religion chrétienne quant à ses positions sur la sexualité. Un jour, ses prêtres sortiront de leur confusion entre leur appartenance au pouvoir patriarcal et leur croyance au divin. Un jour, Dieu le Père pourra se prononcer déesse-mère. Un jour, les religieux se marieront. Un jour, dans les traités d'anatomie, on n'appellera plus le nerf et l'artère qui vont au sexe, « honteux », mais « précieux ». Et l'on pourra adorer la vulve et le pénis.

Découvrir au présent un sens à la sexualité

Depuis que nous sommes en âge d'aimer, nous avons pressenti confusément que l'union des êtres, et en particulier de leurs corps, ne peut se résumer à l'obtention du plaisir, ni se limiter à combler l'ego, bref, qu'il nous « transcende ». Et nous avons bien senti que, si le désir sexuel et le plaisir constituaient la plus intense satisfaction qu'un humain puisse connaître, ils étaient plus que des agréments et que l'état mental qu'ils offraient n'était pas un simple bonheur, fût-il superlatif. Nous avons perçu quelque chose de littéralement extraordinaire. Peut-être avons-nous pensé « magique », mais sans doute n'avons-nous pas osé dire « sacré », l'époque ne s'y prête pas. Et pourtant…

Un état de conscience fantastique

L'effervescence sexuelle et, *a fortiori*, le jaillissement orgasmique opèrent une profonde transformation de la conscience, que l'on pourrait appeler « transmutation », en référence à l'alchimie. À un premier niveau s'installe un état de bien-être qui croît jusqu'à confiner à l'euphorie. C'est une impression de plénitude, d'agrandissement, d'allégement. L'humeur est belle, voire exaltée : disparues l'anxiété, les angoisses et les douleurs, dédramatisées ou même oubliées les difficultés, l'optimisme les a emportées. Les sensations visuelles, auditives, olfactives ou tactiles sont amplifiées et ressenties sur un mode hyperagréable ; elles résonnent en écho et se fondent ; la conscience n'est plus qu'une immense sensation flottante. À ce niveau, nous sommes encore dans l'humain, et le Paradis est terrestre encore.

Au second niveau, la conscience jaillit hors de l'espace, hors du temps, et explose dans l'infini. Le corps n'a plus de pesanteur ni de limite. L'être se dilue dans l'autre, dans le monde, dans le cosmos. Apparaît un sentiment d'appartenance à l'univers et de communion avec tout ce qui le constitue : les êtres, les animaux, les fleurs, les roches, le ciel… Émerge aussi un sentiment d'amour océanique pour l'autre, pour les autres, pour le monde entier ; l'indulgence, la compassion, la gratitude triomphent de l'agressivité et de la rancune. Ainsi, de l'étreinte voluptueuse, nous passons à un état de grâce qui mène à l'amour de notre proche, puis à l'amour de l'humanité. Tout être a vocation à élever sa conscience et sa vision de la vie. Mais nous ne savions qu'en faire. Le maximum d'intensité et de durée de cette expérience extatique est atteint quand se produit un enchaînement prolongé d'orgasmes. Les vagues orgasmiques externes et profondes s'enchaînant, il s'installe un continuum orgasmique générateur d'une importante modification de conscience. D'autres activités peuvent induire un changement de conscience : les chants et danses rythmés, qui engendrent des transes, la prière, qui produit l'extase mystique, la méditation transcendantale, la création artistique, etc. Toutes ces manifestations ont entre elles et avec l'ivresse orgasmique des dénominateurs communs : un tracé électro-encéphalographique semblable et une même sécrétion d'endorphines.

Les purs rationalistes s'appuient sur ces phénomènes physiologiques pour refuser à ces états de conscience toute valeur métaphysique et sacrée. Ces modifications psychiques, prétendent-ils, n'ont rien de mystérieux puisqu'elles sont le résultat d'une sécrétion par le cerveau de substances chimiques. Ces propos me semblent réducteurs, car, s'il est indéniable que les endorphines participent à la production de ces états, il est intéressant de savoir que ces états existent. Qu'importe le tremplin pourvu que l'on s'élance ; c'est cet élan qui compte : cette ouverture à l'au-delà de soi, à l'au-delà du caché.

« Tout cela est subjectif et irrationnel ! » objecteront certains. Et si cela relevait d'une intuition supérieure ? Ce que la raison et ses instruments techniques ne peuvent appréhender n'en existe pas moins ; l'invisible, l'impalpable, le non-mesurable, le poétique, le religieux, le sacré, l'amour sont inquantifiables, mais quelle puissance réelle ils ont! Sans doute y a-t-il là-dessous de phénoménaux échanges d'énergie que la science ne peut encore déceler. « Tout cela n'est que superstitions et sornettes, juste bonnes pour les siècles d'obscurantisme et d'ignorance de l'ère pré-scientifique! » font remarquer certains. Mais que sait-on réellement de plus que l'homme préhistorique ou que l'homme antique? Certes, la physiologie et la psychologie ont découvert les rouages du désir et du plaisir – les neurones, les neuromédiateurs, les processus psychiques –, mais que sait-on de l'essence du désir, du génie du plaisir? Et que sait-on de ce fabuleux état de conscience, de cette ouverture au monde qu'est l'extase amoureuse? Et si la biologie et la psychanalyse ont pu démonter les molécules et les ressorts de l'état amoureux, que sait-on de l'amour, de sa naissance, de son essence? La science connaît l'infiniment grand et l'infiniment petit, mais que sait-elle des flux d'énergie qui parcourent les planètes et les êtres? Et que sait-elle de l'origine, du sens et du destin du monde? Les découvertes scientifiques ne font que reculer les limites de l'inconnu. L'œil de la fusée intersidérale *Hubble* a reculé de trente fois les limites de l'univers connu pour constater qu'au-delà il y a d'autres milliards de galaxies. Si bien que tout est encore mystère: la vie, le bonheur, le destin, Dieu. Et l'amour.

Alors, pourquoi, comme les hommes préhistoriques et les Anciens, ne pas voir dans l'amour des sexes une communion avec la puissance de la nature, avec les forces créatrices, avec toutes les formes de vie – animales, végétales –, et même avec la matière dont la structure est dense? Bref, avec tout ce qui nous dépasse? Resacraliser l'amour, c'est le considérer à nouveau comme une voie royale de spiritualisation, de conscientisation, un moyen d'exorciser l'angoisse existentielle, de s'élargir à l'autre, au monde, de communier avec les forces telluriques et cosmiques. C'est parce qu'il nous rattache au mystère de la vie et à la grandeur de la Création que l'amour est sacré. Dans cette expérience de « négociation avec le divin », la femme pourrait être notre guide. Quand femme solaire devenue, son *animus* en parfaite harmonie avec son *anima*, sa part de lumière l'emportant sur sa part d'ombre et sa face divine dévoilée, elle se fera l'éducatrice et la rédemptrice de l'humanité. Elle fécondera spirituellement l'homme et lui fera découvrir la composante mystique de l'érotisme, devenant l'initiatrice de la resacralisation de l'amour. C'est sans doute ce qu'il faut entendre dans le fameux aphorisme d'Aragon : « La femme est l'avenir de l'homme », auquel fait écho la prophétie de Malraux : « Le vingt et unième siècle sera mystique ou ne sera pas. » Au-delà de l'érotisme sacré, c'est un nouveau couple, c'est une nouvelle civilisation que la féminité engendrera.

Le souffle de la vie

La plupart des religions et des philosophies ont affirmé que l'univers tout entier est parcouru par un flot d'énergie d'une puissance infinie : l'énergie vitale. Les Orientaux l'appelaient le *Ki*, certains Occidentaux le nommaient « principe moteur de l'univers » Cette force gigantesque – cosmique, sans doute – délègue à chaque être vivant une parcelle de sa puissance. On peut imaginer que cette parcelle d'énergie est en chacun la pulsion de vie, la pulsion sexuelle n'étant qu'une branche de cette pulsion fondamentale. Ainsi, on peut dire que le désir n'est autre qu'une poussée de vie, et le plaisir orgasmique le point culminant de cette poussée vitale. Mais la frénésie de la force vitale est telle que, dans le désir, elle veut inscrire sa survie ; aussi, quand la vie précipite l'un vers l'autre deux êtres, elle espère bien en profiter pour y reproduire une nouvelle vie.

Dans l'état actuel de la science, on ne peut ni confirmer ni infirmer l'existence de cette énergie universelle. On peut toutefois se fonder sur ce que les scientifiques supputent de l'origine et de l'évolution du monde pour considérer la vie – et donc le désir – comme l'apogée d'une fabuleuse énergie qui se transmet à travers les âges et les êtres. Cette force, belle comme un dieu, puissante comme une bête, est en nous. Elle est née au premier matin de la Terre. Le vacarme du terrible Big-Bang s'était tu depuis longtemps, mais toute chose en conservait la frénétique impulsion, et chaque atome en vibrait encore. Ce matin-là, sous les premiers rayons du soleil, au sein d'une mare tiédie, nichée au creux d'une roche refroidie, s'est célébrée l'alliance de quelques poussières venues des étoiles. Toujours vibrant, le carbone des unes s'est uni à l'hydrogène des autres qui dansait aussi, bientôt rejoint par l'oxygène et l'azote qui tournoyaient dans l'air. De ce ballet naquit la première molécule organique. Ainsi germa la vie qui, dès lors, envahit le monde. Elle créa ici des algues, dessina là des fleurs, dressa plus loin un arbre. S'enhardissant, elle anima les créatures, donnant aux unes un bond, aux autres un vol. Et dans chacun d'elle déposa une parcelle de l'impulsion primitive et le désir de s'allier. Ainsi, sans trêve, à travers l'univers, vont de pair la vie et l'amour. Et toujours inlassablement, majestueusement et religieusement, les fucus sèment leurs spores, les engoulevents mêlent leurs vols, les lis s'offrent à la brise, les manguiers regorgent de fruits et la vulve s'ouvre à la verge fleurie.

Alors, comment ne pas sentir, en faisant l'amour, que nous participons à quelque chose qui nous dépasse, quelque chose de grandiose, d'universel, de cosmique et qui donne un sens à nos ébats : l'éternel tourbillon de la vie ? La prochaine fois que, vous réveillant dans les bras de l'être aimé, vous apercevrez par la fenêtre un prunier exubérant de fleurs ou quelques grives mêlant joyeusement leurs plumes dans la lumière dorée de l'aube, saluez-les d'un regard chaleureux et complice, en un mot, fraternel : ils sont d'amour aussi.

Un fabuleux accès à l'autre

Approcher une femme, approcher un homme, approcher un être autre, si foisonnant de vie, de pensées, de sensations, et si différent, s'en approcher à écouter ses confidences, à percevoir les palpitations de son âme, à confondre les peaux, à nouer les mains, à entrelacer les jambes, s'en approcher à mêler les souffles, à dévorer les bouches, à fondre les regards, à joindre les odeurs, à sentir la chaleur humide de son sexe, s'en approcher jusqu'à intriquer les sexes, n'est-ce pas fabuleux ?

Penser que cet être représente toute l'autre moitié du monde que nous ne connaîtrons jamais que de l'extérieur, quelle expérience privilégiée ! Et quand nous en sommes si près, que nous lui appartenons, quand nous sommes deux, multiple et multiplié, mais un quand même, le couple, nous sommes autre chose encore : une création étrange, une entité étonnante, une sorte de personne nouvelle et tellement large, tellement puissante. Divine, faudrait-il dire. Nous le sentons bien, en dépit du rationalisme – matérialisme ambiant, ne serait-ce que par lueurs. Mais les Orientaux d'antan, que n'embarrassait nul scientisme, sentaient cela tellement plus fort. Selon eux, l'union sexuelle du principe divin femelle et du principe divin mâle aboutit à leur fusion. Et cette fusion est béatitude, plénitude. Car alors ils ont reconstitué l'union originelle : ils forment un Tout suprême.

Ce n'est pas seulement à une femme, à un homme que nous avons accès, c'est à toute la féminité du monde, à toute la masculinité du monde. Nous faisons l'amour avec toutes les femmes ou tous les hommes de la Terre.

« C'est bien toi que j'aime et que je désire, mais à travers toi, en conscience et sans tromperie, j'étreins toutes les femelles et tous les mâles de cette planète, ceux qui ont un visage et ceux qui n'en ont pas. En te prenant à pleines paumes et à plein sexe, je pétris de mes mains et de mon sexe toute cette pâte solaire qu'est la chair rassemblée de tous les humains que brûle le désir. Et je m'y fonds. Et je nous y coule. Et quand de ma vie érigée je multiplie ta vie, nous rejoignons ces milliers de couples, ceux que l'on connaît, ceux que l'on ignore, qui frémissent, convulsent et crient quand la vie les saisit ! » Infidélité dans la fidélité, cet élargissement fantastique et religieux de la relation sexuelle contribue à l'éternité du couple.

La fin de la séparation

Se relier à l'autre, c'est un bonheur religieux.

Retrouver l'unité d'antan

Retrouver l'unité et la béatitude de la relation mère-enfant et, plus loin encore, la fusion et le nirvana de la vie intra-utérine. Éternel naufragé jeté sur la grève d'un monde glacial et rude, l'homme se souvient de l'antique plénitude. Selon Ferenczi: « L'homme cherche perpétuellement à rétablir la situation qu'il occupait [...] dans le sein maternel [...] au moyen d'hallucinations. » Il s'y emploie par les rêves, par les fantasmes et surtout par l'activité sexuelle. « L'acte d'accouplement [...] est en réalité l'expression du désir du retour dans le sein maternel. » Tous les modes d'effraction sont bons – caresses, baisers, morsures, enlacements, coïts, sodomie – quand il s'agit de pénétrer le corps de l'autre. Tous ses pores, tous ses orifices en sont le chemin. Mais le coït, l'effraction la plus intime, réalise au mieux le désir archaïque. [10]

Déjà, l'odeur du sexe féminin enivre l'homme et réveille son fantasme d'entrer et de se lover dans le ventre chéri et convoité. Cette odeur est la première perçue à la sortie de l'utérus. Il se serait alors créé, selon Groddeck, une association entre la vie intra-utérine et cette impression olfactive, association inscrite de façon indélébile dans notre mémoire. A fortiori, la vue de la vulve offerte fascine l'homme et exalte son rêve autant que sa pulsion. [14]

Alors, l'homme confie à sa verge, son organe le plus précieux, auquel il s'identifie, le soin d'entrer dans le corps féminin, ex-maternel. Démarche purement symbolique: l'introduction de son moi n'est que partielle et temporaire. Heureusement, là, il peut aussi déposer son sperme, sa chère sécrétion dont il fait son représentant le plus élaboré: là, au plus profond et pour longtemps. Elle pourra même engendrer un autre moi, bien niché, lui, au saint des saints.

Ainsi, dans l'amour, l'homme réalise son désir de réintégrer la vie intra-utérine de trois façons: la première est uniquement hallucinatoire, ce sont les jeux de peau; la deuxième est partiellement réelle, c'est l'intromission du pénis ; la dernière est authentique, c'est l'éjaculation. C'est en cela que l'acte d'amour est un retour au paradis perdu.

La femme aussi rêve de s'immerger de nouveau dans la paix et la douceur de l'antre maternel. Elle y arrive par le truchement de ses fantasmes.

Retrouver l'âge d'or

L'âge d'or, c'est ce temps divin qui précède l'expulsion du Paradis terrestre. Le bonheur, pour Adam et Ève, ce n'est pas seulement de vivre sans peur, sans labeur et sans souffrance dans un Éden baigné de soleil, regorgeant de fruits, bruissant de fontaines et égayé du chant des oiseaux ; le bonheur, pour la première femme et le premier homme, c'est essentiellement de vivre la plénitude de l'union. Bien que matériellement distincts, ils sont étroitement unis, se sentent un tout. « Ils étaient nus et n'en avaient point honte. » (Genèse 2, 25) Ce qui faisait les délices de ce jardin, c'était aussi la volupté : en hébreu, Éden signifie « volupté ». Car cet âge était, comme le dit Hugo le visionnaire, l'âge de l'amour : « Il semblait avoir vu l'Éden, l'âge d'amour, les temps antérieurs, l'ère immémoriale. » (*La Légende des siècles*)

C'est alors qu'ils désobéissent et sont chassés du paradis. Aussitôt, Adam reproche à Ève de l'avoir tenté, et celle-ci à l'homme de l'avoir dénoncée. Ils ne s'aiment plus comme avant, ils se séparent, ils deviennent étrangers, ils ont honte de leurs âmes désunies, de leurs corps écartés : « Ayant cousu des feuilles de figuier, ils s'en firent des ceintures. » (Genèse 3, 7) Dès lors, ils ont le sentiment d'une absolue séparation. Seul l'amour peut les réunir, les refaire un. L'amour, pont jeté par-dessus la scission originelle, l'amour, aspiration à reconquérir le paradis perdu.

Retrouver la fusion océanique

En vérité, le séjour dans le ventre maternel n'est qu'un épisode de l'épopée cosmogonique que la vie a déjà écrite. L'amante ne serait que la porte océane d'un passé plus vaste, d'une immersion plus lointaine, plus totale. Et l'amour, le désir de plonger au plus profond de la plus ancienne quiétude connue de mémoire de cellule. Le coït est « la satisfaction de l'instinct de retour à l'océan, ancêtre de toutes les mères »... L'amour est « la reconstitution de l'état fœto-infantile d'union à la mère et en même temps à ce qui en est la préfiguration géologique : l'existence océanique ». [10]

L'homme descend du poisson. Sa mémoire conserverait la connaissance inconsciente de ses origines aquatiques. Il y a de cela des milliards d'années, le globe terrestre était entièrement couvert d'eau. Les poissons y vivaient heureux. Quelques millions d'années plus tard survient la grande catastrophe : en divers points, les fonds marins se soulèvent et émergent. Sur ces zones sèches persistent néanmoins des flaques de mer où des poissons subsistent. Peu à peu, ces étendues d'eau se rétrécissent et nos ancêtres, s'ils veulent survivre, doivent s'adapter à une vie amphibie. Pour puiser l'oxygène dans l'air, ils s'adjoignent des poumons ; pour chercher leur nourriture, ils apprennent la reptation, puis la locomotion. Mais, pour se reproduire sur un sol sec, comment faire ?

Dans la mer, nos ancêtres se contentaient de déverser ovules et spermatozoïdes à vau-l'eau ; ceux-ci y survivaient parfaitement et s'y dispersaient, et le hasard finissait bien par faire se rencontrer les uns et les autres. En revanche, jetées sur la terre, les cellules germinales se desséchaient sur place et mouraient. Il fallait donc les déposer directement dans l'organisme d'autres individus dont le ventre serait, telles des flaques de mer, prêt à recevoir les gamètes. Il était impératif de rétablir, à l'intérieur des « mères », un milieu aquatique, riche en oxygène et en nourriture, équivalant à la mer, pour assurer la survie des cellules germinales.

Parlant d'un de ces premiers animaux amphibies, Bölsche écrit : « Le corps de la mère, c'était la mare de la salamandre, c'est dans le corps de la mère qu'elle vit toute sa vie branchiale. » Ferenczi, extrapolant à l'homme, confirme : « Le liquide amniotique figure l'océan introjecté dans le corps maternel ; l'embryon y baigne comme un poisson dans l'eau. » [10] L'existence intra-utérine des mammifères reflète l'existence marine de leurs prédécesseurs. Haeckel résume le processus en une loi classique : « Dans le développement de l'embryon se trouve répétée toute l'évolution de l'espèce. » Et « de la vie » pourrait-on ajouter : de la cellule à l'enfant en passant par le têtard et le poisson.

La « régression thalassale », c'est le désir de retour à l'océan abandonné dans les temps anciens. Elle se réalise par l'activité sexuelle. À travers la femme, c'est la mer que l'homme tente de retrouver. Dans les rêves, les délires, les mythes, la femme symbolise souvent l'étendue marine. L'odeur du sexe féminin, semblable aux effluves marins, stimule la mémoire et le désir de l'homme ; de fait, il est prouvé que les sécrétions génitales féminines contiennent du triméthylamine, substance que l'on trouve dans les écailles des poissons. [10]

Alors quand son pénis, auquel il s'est identifié, frétille dans le corps de la femme, quand ses spermatozoïdes nagent dans les eaux féminines, l'homme réalise son fantasme de retour à la paix océane. Là encore, l'amour est le paradis retrouvé.

Mémoire des temps immémoriaux

« Fantasmes que tout cela ! » diront certains. Oui, mais pas fantasmagories. Fantasmes jaillis brûlants du *ça*. Car le plaisir induit un état de conscience particulier où s'abolit la limite entre le conscient et l'inconscient, où le *ça* devient accessible à la conscience. Sigmund Freud, en 1929, dans une lettre à Romain Rolland, avoue qu'il n'entend rien au sacré et déclare : « La mystique m'est aussi fermée que la musique. » [9] Or, paradoxalement, c'est lui qui donne une définition du mysticisme qui confirme ce que j'avance : « C'est, dit-il, l'autoperception obscure du règne du *ça*, au-delà du *moi*. » S'ouvrir tout grand à la richesse de son inconscient, c'est un « plus », que je sache ? D'autant que le *ça* est aussi le siège de l'inconscient collectif et de la mémoire des temps immémoriaux. En accédant au *ça*, la conscience individuelle s'ouvre à la conscience universelle. Fantasmes, donc, mais qui nous ramènent aux sources du psychisme et confirment l'universalité de l'amour et du plaisir.

Le sacre de l'amour

Ce que nous trouvons dans l'acte d'amour, ce ne sont pas seulement ces agréables moments qui nous aident à supporter la vie terrestre. Nous y découvrons aussi l'accès à un autre état de conscience, l'ouverture vers d'autres perspectives. Or, nous hisser, nous élargir, voilà ce à quoi nous aspirons, afin de surmonter pour un temps notre solitude, notre finitude. C'est en cela que le plaisir amoureux est une expérience métaphysique. C'est en nous unissant à l'autre que, soudain, nous découvrons cette autre dimension. Georges Bataille affirme que « tout érotisme est sacré, car la recherche d'une continuité de l'être est une démarche essentiellement religieuse »[2] L'être est une réalité fermée, isolée ; entre un être et un autre, il y a un abîme insupportable. La démarche érotique a pour effet d'ouvrir un être à un autre, de jeter entre eux un pont par-dessus le vide, puis d'opérer la fusion. La jouissance est le bonheur éperdu de contempler la continuité qui les unit. Relier les êtres, n'est-ce pas, par définition, le rôle d'une religion ?

Mais l'érotisme a des effets plus admirables encore : dans l'union amoureuse, ce n'est pas seulement l'autre que nous découvrons, mais les autres, aussi. Épanouis, les amants s'ouvrent aux êtres, se font plus accueillants, plus tolérants, plus serviables. La relation duelle est la matrice d'une relation plus vaste. L'amour à deux, quand il est réussi, est prémices de l'amour universel. Il est un aspect plus grandiose encore du plaisir amoureux : au-delà de l'autre, au-delà des autres, c'est à l'univers qu'il nous relie surtout. L'amour qu'il génère déborde les humains et s'étend à tous les êtres vivants, animaux et végétaux. On sent bien que l'amour – le désir, le plaisir – n'est autre que le frémissement de la vie qui nous traverse, à l'unisson de tout ce qui vit. L'être humain aime et vit comme aiment et vivent à leur façon l'oiseau et la fleur. L'amour est la communion des vivants. Il est célébration de la vie. Il est hymne à la création. N'est-ce pas le sens des paroles de Pierre Teilhard de Chardin :

« L'amour est une messe sur le monde ? »

J'affirme même que l'amour – le désir, le plaisir – efface la frontière entre ce que l'on appelle vie et ce que l'on appelle matière. Car le plaisir est une coïncidence absolue entre l'esprit et le corps. Et tout se passe soudain comme s'il n'y avait plus ni corps ni esprit, mais mouvement, et que l'être participe alors au ballet universel : à la danse des atomes ou au périple des astres. Vibrations devenu, il résonne avec les infiniment petits et dérive avec les infiniment grands. Et accède à l'infini. « La jouissance, écrit Frédérique Gruyer, est un passage spatial de l'être à l'univers [...] Le sacré, c'est ce qui allie l'être à l'univers [...] Dans le moment hallucinatoire où les limites du corps s'effacent, la frontière s'abolit de soi à l'autre, de l'intérieur à l'extérieur. Dans cette échappée, le corps s'ouvre à l'infini. » [15]

De même qu'il efface toute frontière dans l'espace, l'érotisme supprime toute limite dans le temps. Qui, dans les bras d'une femme, n'a cru dériver vers un océan où se diluait le ciel ? Qui, au décours de l'acmé, n'a senti s'écarter les limites de toute chose et le temps se suspendre ? « L'illumination est un arrêt, une suspension du temps. Moment d'immortalité où le présent fulgure. » Alors si, comme le dit Rimbaud, l'éternité est « la mer allée avec le soleil » [15], l'amour qui éblouit et emporte est la porte de l'éternité. Ainsi va l'homme, dans l'acte d'amour, de la femme à la mère, de la mère à la mer, de la mer à l'éblouissement. Ce retour à l'éternité, c'est aussi le paradis retrouvé.

Nul ne peut nier que le plaisir amoureux qui nous propulse à un tel niveau de conscience soit, *ipso facto*, sacré. Antonin Artaud l'avait bien dit : « C'est par la peau que la métaphysique entre dans l'homme. »

Il fallait que les hommes, en Occident – les clercs plus spécialement – aient bien peur de la femme pour combattre la pulsion amoureuse en usurpant l'autorité de Dieu, et se priver, et priver des millions d'hommes, de la dimension altruiste et sacrée de l'amour humain.

In fine, je me demande si ce qui retient l'homme occidental est, non pas la peur de Dieu, mais la peur d'être Dieu. Jadis, cela lui a coûté cher, n'est-ce pas ?

ÉPILOGUE

Quand nous tombons amoureux, nous croyons que tout sera facile et heureux, que cette relation nous apportera le bonheur, un bonheur éternel : nous serons toujours aimé et digne d'amour, nous serons « sauvé » (de nos névroses, de notre difficulté à vivre, de nos faiblesses, etc.), nos problèmes seront résolus pour toujours, notre insécurité sera apaisée définitivement. L'état amoureux nous fait vivre dans la lumière, dans la légèreté de l'être, et nous pensons vivre léger éternellement, porté par la lumière.

C'est oublier que nous sommes faits d'ombre et de lumière, notre conjoint aussi. Insensiblement, ces ombres vont infiltrer le ciel de l'amour : nuée, nuages, bruines, brouillard, averses, orages obscurcissent l'espace du couple, enveloppent les êtres, les isolent, les égarent. Ce ne sont pas les événements extérieurs qui apportent ces noirceurs, ce n'est pas non plus notre conjoint qui les crée : elles viennent de notre propre ombre tapie dans nos profondeurs, les événements et le partenaire ne font que les révéler. C'est essentiellement de notre ombre intérieure que proviennent les difficultés surgies, les émotions pénibles ressenties.

La rencontre, comme une tornade, soulève la poussière, remue la vase, mais poussière et vase sont en nous d'abord : névroses, besoin excessif d'être aimé, conflits intérieurs, blessures infantiles, peurs archaïques, insécurité, frustrations, jalousie, tous ces déchets du passé entassés au fond de nous sont remués, réveillés, ravivés, réactualisés à l'occasion de la confrontation, et sont amalgamés avec les émotions actuelles de même tonalité et les déceptions et désillusions du temps présent. Et se mêlent à la poussière et à la vase du partenaire. Alors, dans ce fatras qui déforme, englue, empoisonne, aveugle, irrite, les êtres n'y voient plus clair, et leurs réactions sont excessives, inadaptées, dépassées.

Il est capital de savoir que les problèmes qui affectent la relation ne se résument pas à « nous par rapport à l'autre », mais concernent d'abord « nous par rapport à nous-même » ; ce sont nos pollutions intérieures qui sont en cause ; ce sont notre propre poussière et notre vase à nous qui sont remuées. Si bien qu'une dépollution bien ordonnée commence par soi-même, et le travail psychologique doit d'abord être entrepris sur soi.

1. Travail de conscientisation : prendre conscience de ce qui nous manipule depuis l'inconscient et sortir de la confusion entre les événements du microcosme infantile – imprimés sur nos micro-disquettes – et la situation présente. L'essentiel du travail consiste à se servir des émotions au lieu de les subir : se demander ce qu'il y a sous cette peur, sous cette angoisse, sous cette colère. Se servir de l'émotion comme d'un levier pour soulever les apparences et voir en soi.

2. Travail de maturation : sortir de l'infantilisme, c'est-à-dire du besoin d'être aimé, pansé, approuvé, de se prouver. Sortir de l'idée que la solution de nos problèmes est en dehors de nous, que l'autre va totalement combler nos manques. Cesser de croire que l'amour infini est à l'extérieur de nous, alors qu'il est en nous, que c'est à nous de le révéler en nous.

3. Travail d'élévation : passer de l'ego à la conscience supérieure, de la personnalité à l'âme, à l'essence, et ainsi des tribulations des sentiments et des désirs à l'amour. Cet amour relié à une transcendance nous fait nous dépasser, donne un sens à notre vie et à la relation. « L'amour en tant que chemin personnel, c'est labourer la terre grossière et caillouteuse de l'ego. »

À ce stade, on peut mieux cerner ce qu'est l'amour et ce qu'il n'est pas.

Ce que n'est pas l'amour

Ce n'est pas le besoin d'être aimé

La plupart des gens confondent le besoin d'être aimé et aimer. Quand ils disent « Je t'aime », ils pensent « Aime-moi ». Même ceux qui croient aimer généreusement s'attendent à être aimés autant en retour.

Le besoin d'être aimé est normal, mais, quand il devient excessif, il rend incapable d'aimer. Celui qui est trop occupé à prendre ne saura donner. Celui qui est aspiré par son manque ne pourra se tourner vers l'autre pour lui faire une offrande. Nous ne pouvons aimer vraiment et nous laisser aimer que si nous sommes sortis du besoin d'être aimé. Car ce besoin est une expression de l'ego. Or, aimer, c'est dépasser son ego, c'est être dans le don inconditionnel.

Ce n'est pas le sacrifice de soi

Se sacrifier signifie tuer son moi, ne plus écouter ses besoins personnels, ne plus les satisfaire, pour ne plus qu'écouter et satisfaire les besoins des autres. « Se dévouer corps et âme » relève du même esprit de sacrifice. Cela n'est pas de l'amour.

> Le père de Luc était un alcoolique et un coureur de jupons, il négligeait sa famille. Luc en avait beaucoup souffert. Il s'était juré d'être le contraire de son père. Il se présentait comme un homme sobre, sérieux, tout dévoué à sa famille. Il faisait l'impossible pour satisfaire tout le monde ; il allait même au-devant des désirs de chacun ; il était aux petits soins pour sa femme, il faisait les caprices de leurs en-

fants et accomplissait les travaux domestiques. Mais il ne s'accordait jamais de temps pour lui et ne se faisait jamais plaisir. Son comportement infantilisait les membres de sa famille, qui n'avaient plus à prendre d'initiative, qui ne sentaient même plus ce qu'ils voulaient faire ou être. Le comble, c'est que personne n'était heureux, ni sa famille ni lui-même, et que personne n'avait de reconnaissance. Luc s'épuisait pour rien.

Derrière cette attitude exemplaire, il est facile de déceler des motivations moins admirables. Plus ou moins inconsciemment, ce que voulait Luc c'était :

- réparer ses blessures d'enfance par personnes interposées,
- donner aux autres, et se donner à lui-même, une belle image.
- s'humilier, c'est-à-dire satisfaire un certain masochisme.

Se sacrifier par amour est une notion sans fondement : quiconque aime vraiment connaît le plaisir en donnant, quiconque fait quelque chose choisit de le faire parce qu'il en tire une certaine satisfaction. Chacun est responsable de ses choix. Luc n'était pas authentique quand il disait qu'il faisait tout cela « pour sa femme », « pour ses enfants », en ne laissant jamais apparaître qu'il en tirait quelque satisfaction.

Luc ne savait pas ce qu'est aimer vraiment. Aimer a comme préalable de s'aimer d'abord. Or, manifestement, Luc ne s'aimait pas. Aimer, c'est être vrai afin de permettre aux autres de l'être aussi. Or, Luc était dans l'image, donc dans le faux ; il cachait ses sentiments réels (sa satisfaction ou sa désapprobation, sa fatigue ou sa colère) de peur de ternir sa figure de héros. Aimer, c'est aussi, parfois, ne pas donner pour encourager l'autonomie et l'initiative de l'autre. Aimer, ce n'est pas se détruire dans le sacrifice, mais s'agrandir dans le dépassement, mouvement qui remplit, régénère et rend heureux. Au fond, l'amour est à la fois généreux et égoïste, puisqu'il fait du bien aux autres autant qu'à nous.

Ce n'est pas seulement un sentiment

Nous l'avons vu, le sentiment amoureux à lui seul ne garantit ni la qualité ni la pérennité du couple.

Ce que pourrait être l'amour

Une relation

Ce sujet a été développé dans la troisième partie.

Un chemin initiatique

Nous allons vers l'amour, nous allons vers l'autre, plein d'espoir, et nous recevons beaucoup d'amour et beaucoup de bonheur. Nous croyons alors que notre rêve se réalise, que notre manque va être comblé. C'est l'état de grâce. Puis les difficultés apparaissent; l'autre, décidément, est autre, et la relation se resitue à sa vraie place: une rencontre entre deux personnalités – faites d'ombre autant que de lumière – et de deux destinées. Dès lors, l'autre, que nous avions appelé pour nous panser, nous combler, apaiser nos peurs, devient à son tour celui qui nous blesse, nous frustre, nous inquiète, celui qui nous confronte à nos cicatrices anciennes et nous ramène à la source de nos souffrances, à cette enfance qui était aussi le temps des blessures, des manques, des peurs. «Ô, toi que j'avais choisi pour me sauver, voilà que tu me fais retourner sur les lieux de mes déchirures primitives et rejouer les scénarios originels!»

Plusieurs voies s'offrent à nous :

• Subir : nous résigner, courber la tête, ranger notre rêve dans la crypte de notre âme, ravaler nos chants et nos poèmes, entrer dans l'amer renoncement et la morne cohabitation. Cette voie conduit à l'avortement des consciences et à l'ennui.

• Faire subir : prendre le pouvoir, dominer l'autre, l'empêcher d'être afin que ses différences, ses affirmations, ses contestations, ses protestations ne puissent nous remettre en cause, nous infliger des souffrances et réveiller nos peurs. Cette voie mène à l'écrasement des consciences et au malheur.

• Nous engager dans un chemin de progrès de conscience, un chemin spirituel. Rappelons que le besoin de spiritualité est inhérent à l'être humain et que l'idée de spiritualité n'implique pas forcément une croyance religieuse, mais signifie que, au-delà de l'ego, l'être place une transcendance qui donne une valeur, un sens et un but à son existence, et le relie à la communauté des vivants et à l'univers. Alors, vues sous cet angle, les difficultés, voire les épreuves, qu'engendre la rencontre avec l'autre, acquièrent une valeur, indiquent un sens et offrent un but. Elles s'inscrivent dans l'évolution et le progrès de notre conscience :

- Les difficultés, en nous interpellant et en nous renvoyant à nous, nous obligent à nous questionner quant à nos croyances, à nos comportements et à la signification de cette rencontre.

- Les épreuves nous fournissent l'occasion de dépasser notre ego – ses douleurs, ses peurs, son étroitesse, etc. – pour nous élargir, nous grandir et nous élever.

- Le couple devient le moyen de transformer notre conscience. On dit alors du couple qu'il est un « creuset d'alchimie » ou un « atelier permanent » ou un « laboratoire d'évolution ». On parle aussi de « couple pépinière ». Tout cela signifie que la réunion des deux êtres peut les conduire à une métamorphose. [42]

L'évolution peut se faire chacun « en soi », sinon « pour soi » : un des deux partenaires ressent la nécessité de se transformer pour sauvegarder le couple et s'y emploie ; ou l'un et l'autre partenaires en ont pris conscience chacun de leur côté et y travaillent séparément. Cependant, l'évolution a le maximum de chances de se réaliser quand les deux partenaires, ayant fait le point et s'étant concertés, décident de progresser ensemble. Dès lors, le mouvement est double : chacun chemine vers la réalisation de soi tout en contribuant au cheminement de l'autre, chacun est autonome, en marche vers l'accomplissement de sa personnalité, mais accompagne, écoute, soutient, réconforte et aide l'autre. Bien qu'engagé dans son propre processus de perfectionnement, chaque partenaire, dans le même temps, aide l'autre à révéler le meilleur de lui-même, de telle façon que chacun devient meilleur que s'il avait été seul.

Alors, l'amour peut se définir comme le désir ardent de cheminer près de l'autre, afin de contribuer à son évolution et à son épanouissement et d'en recevoir une aide pour son propre accomplissement.

À ce point, la survenue de l'autre dans notre vie a une tout autre signification : il n'est pas ce pansement dont l'inefficacité à moyen terme nous plonge dans la désespérance, il est le coaccoucheur de notre évolution. « Ô, toi que j'avais appelé pour me panser, voilà que tu es dans ma vie uniquement pour m'apprendre à grandir dans l'amour. »

Prenons garde : si ce chemin conduit au bonheur d'aimer, ce n'est pas un sentier romantique ni une route facile. Le gravir est un travail, et chaque étape un combat quotidien contre notre part d'ombre, ses peurs, son égocentrisme, sa possessivité. En tant que travail, il demande du courage, des efforts, de la créativité et de la constance.

« Une relation amoureuse est une sorte d'ascèse qui demande rigueur, vigilance et cohérence, ainsi qu'un très grand respect de soi et de l'autre. » « L'amour est action sur soi-même, métamorphose, perfectionnement et franchissement des épreuves [...] une aventure intérieure et extérieure, de cette recherche, de cette lutte avec nous-mêmes et avec le monde. » [44]

Un engagement

Dans le couple, après les facilités des débuts surviennent les difficultés. Certains les fuient et se séparent ; d'autres restent ensemble au nom de vieux schémas (le devoir, les enfants, la culpabilité, la désapprobation de la famille, etc.) et survivotent dans une relation vidée de toute substance. Mais il est une troisième voie, partie prenante du chemin initiatique : l'engagement.

« Je fais le choix de m'allier à toi et de vivre avec toi le temps de ma vie terrestre, à faire de cette alliance un moyen de progresser en conscience, chacun en soi et l'un avec l'autre, à faire de cette relation une cocréation permanente et à mettre en œuvre des projets communs. Je te promets de respecter ta personnalité, tes recherches personnelles, en vue de t'épanouir et de te réaliser, à préserver ton autonomie et ta liberté. Je m'engage à établir avec toi la meilleure communication qui soit, à t'écouter, à m'exprimer sans t'accuser. Je te promets de t'aider à réaliser ce que tu désires, de satisfaire au mieux tes besoins sexuels et sensuels, de varier tes joies. Et de lutter sans relâche contre la routine. »

Dans cet engagement, « vivre avec toi le temps de ma vie » n'est qu'un aspect. L'essentiel est le choix d'affronter ensemble les problèmes : « Quels que soient les problèmes pouvant surgir entre nos deux personnalités, nous ne les laisserons pas se mettre entre nous. Si nos ego sont en guerre, nous ne laisserons pas nos liens profonds se briser ; nous essaierons toujours de nous rencontrer à ce niveau profond. »

Essentielle aussi est la volonté des deux êtres de se consacrer à leur épanouissement mutuel.

Nous sommes loin des promesses lyriques de l'idéalisme romantique où l'on se lance aveuglément sans se connaître soi-même, sans connaître l'autre, sans avoir traversé de crises, sans s'être préparé à affronter les difficultés, avec, pour seuls bagages, les grands sentiments.

La décision

L'engagement ne doit pas se situer dans le cours de l'état amoureux – il est fait de trop d'exaltation et d'illusions – ni dans le plus fort de la phase de crise. D'abord, il faut sortir de la fusion – cette époque où l'on vit uniquement par l'autre et pour l'autre, où l'on est tout pour l'autre et où l'on attend tout de l'autre –, ensuite, il faut gagner son autonomie. Ce n'est que lorsqu'on sera délié que l'on pourra se relier et s'allier (mais non se lier). La volonté et la responsabilité prendront la relève de l'emballement sentimental, ou, plus exactement, elles viendront armer de l'intérieur les sentiments. Reste à parcourir les étapes suivantes :

- D'abord, le constat : « En mon âme et conscience je constate que cette relation est essentielle pour moi et je souhaite qu'elle dure. »
- Puis le choix : « Je choisis de rester dans cette relation et de la prolonger. »
- Puis la décision : « Je décide de rester dans cette relation et de la prolonger. »
- Enfin, l'action : « Dès maintenant, j'agis dans ce sens. Tous les deux, nous prenons l'engagement commun et simultané de nous unir. » Là intervient la volonté, désir d'une intensité suffisante pour être transformé en action. On la définit aussi comme « une fonction psychique par laquelle chaque aspect de la vie est choisi et intégré ; c'est la capacité de choisir et de diriger ses actions et sa destinée ». Là aussi intervient la responsabilité qui est, elle, « la reconnaissance et l'acceptation consciente de sa capacité de choisir les divers aspects de sa vie ». [37]

L'engagement est la base de la relation d'amour véritable. Il est facile d'éprouver un sentiment, c'est autre chose de s'engager. C'est pourtant le témoignage d'intérêt le plus vrai et la façon la plus sûre de réussir l'union. L'amour solide, l'amour durable, il faut aussi le vouloir. L'engagement volontaire va contribuer à renforcer et à pérenniser la relation.

Les avantages

• L'engagement amplifie les forces de cohésion, qui, du coup, sont plus aptes à contrebalancer les forces d'éclatement toujours à l'œuvre, même dans un couple aimant. Parmi ces forces contraires, il y a, entre autres, l'impermanence des sentiments et des désirs, les tentations extérieures et, surtout, les contradictions internes, ces voix perfides qui, par exemple, nous soufflent de nous éloigner d'un être que pourtant nous aimons. En décidant de préférer cet être à tout autre, nous excluons ou, du moins, nous musclons les forces centrifuges.

• L'engagement donne du temps devant soi. Or, il faut une certaine durée et de la constance pour s'ajuster à l'autre, construire une vraie relation et évoluer ensemble dans la conscientisation.

• L'engagement apporte une sécurité et une stabilité qui permettent de traverser les affrontements sans se détruire, et de dépasser les obstacles sans y sombrer. Car les affrontements et les obstacles ne manqueront pas ; ils surgiront à propos de ces problèmes capitaux que sont les différences, l'indépendance, le pouvoir, la fidélité, etc. Quand l'engagement est pris de ne jamais se quitter, on résiste à la tentation de se détruire réciproquement et d'en finir, et on s'efforce, avec plus de conviction et d'intelligence, de trouver une solution. Autrement dit, la notion d'échec n'ayant pas de place ici, il faut bien trouver une issue, que ce soit sur l'instant, demain ou dans un mois. L'engagement constitue un cadre dans lequel toutes les épreuves, toutes les expériences négatives sont mises à profit pour progresser dans un cheminement personnel ou dans la marche du couple. Car l'engagement n'a pas simplement pour objet de rester ensemble, mais plus ambitieusement d'évoluer ensemble.

• L'engagement produit un changement en profondeur de la relation. Il renforce l'attachement, notamment l'attachement érotique : les aimants renoncent à imaginer des « trahisons », ne s'exposent plus aux tentations et ne recherchent le plaisir que dans le corps de l'autre.

• L'engagement comprend aussi un projet de vie et des projets affluents ; l'ensemble des projets constitue un axe qui rassemble les partenaires dans le présent et les conduit vers l'avenir. C'est l'axe de l'œuvre à construire. C'est une puissante force de cocréation.

L'esprit du contrat

L'engagement n'est pas un reniement de soi, un renoncement à des parties de soi ; on n'a pas à croire, parce qu'on s'est engagé, qu'on n'aura plus jamais d'envies d'indépendance, de solitude, d'amitiés d'autres êtres, de désirs pour d'autres, de poussées de peur, de mouvements de colère. D'ailleurs le voudrait-on que ce ne serait pas possible. On n'a pas non plus à réprimer ces émotions ; mais on ne les subit plus, on les accueille et elles s'intègrent dans l'engagement, s'y diluent, y perdent de leur force, comme une goutte d'encre dans un courant limpide.

L'engagement n'est pas un contrat statique qui fixe une fois pour toutes une situation, c'est un contrat dynamique qui lance une évolution vers des progrès de conscience. On ne s'engage pas seulement à vivre à deux, mais aussi et surtout à avancer ensemble, ce qui suppose, d'une part, de se remettre en cause et de travailler sur soi et, d'autre part, de ne cesser d'échanger avec son partenaire pour nourrir la relation et la faire progresser.

L'alliance est un processus vivant qui a ses rythmes propres tout en suivant les transformations de chacun. Comme tout processus vivant, elle a ses hautes eaux et ses basses eaux, ses étés et ses hibernations. Aussi, le premier mariage étant passé, il faut de temps à autre réactiver l'alliance, refaire sien le mariage contracté pour renaître à l'amour vivant. Si bien que les contes de maintenant n'ont pas de fin : « Ils se marièrent et eurent beaucoup de… mariages, car ensemble ils se remarièrent et se remarièrent et se remarièrent. »

Paradoxalement, cette fluidité, cette variabilité – de la relation et des deux partenaires – donne la sécurité. Dans une situation statique, dès qu'un des deux partenaires se met à bouger, la relation risque de se distendre et de se rompre. À l'inverse, dans une situation dynamique, les deux partenaires, puisqu'ils suivent le courant, restent toujours proches. C'est bien du changement que vient la sécurité.

La forme

L'engagement peut se faire simplement. Les deux intéressés étant seuls, en tête à tête, sans témoins, sans institution et sans cérémonie. De l'avis des philosophes spécialistes en éthique, un tel pacte est fondé et possède une valeur réelle. L'engagement peut aussi se passer devant témoins au cours d'une cérémonie et dans le cadre d'une institution.

Gaël : « J'aimais Véronique et je ne pouvais même pas imaginer que l'on puisse se quitter, mais je rechignais à me marier. C'était pour moi fermer toutes les portes qui donnent sur la vie. Véronique supportait de plus en plus mal le provisoire ; je l'aimais, je le répète, et je ne voulais ni la faire souffrir ni la perdre. Je me suis décidé et nous nous sommes mariés. Il y a cinq ans déjà, et je n'ai plus l'impression d'avoir dû renoncer à plein de petites portes ; au contraire, en vivant en couple avec Véronique, j'ai découvert un immense portail donnant sur une perspective sans limites. Une relation suivie, c'est un défi renouvelé, une grande aventure. Même si on tombe dans des pièges, on sait qu'on va s'en sortir, on s'y est engagé. »
Virginie : « Je disais toujours que l'homme qui me ferait m'engager n'était pas encore né. Et puis il est arrivé, et c'est arrivé : je me suis mariée. J'avais peur d'être ligotée, mais c'est tout le contraire : je me sens libérée. Draguer, ça vous bouffe votre temps et puis ça vous demande une énergie folle. Et ça oblige à se disperser, à donner de l'attention à celui-ci ou à celui-là, à supporter les pressions des uns et des autres, à courir ici ou là. J'ai choisi de m'engager avec Frédéric et je me sens plus libre. On s'aime beaucoup, mais on aime aussi notre indépendance. »

Le respect de la liberté de l'autre

L'amour véritable suppose un respect total de la liberté de l'autre. Sans liberté, il n'y a pas d'amour vrai. Que serait l'amour que nous prétendons donner s'il était accompagné de restrictions de la liberté de l'autre ? Il ne serait qu'appropriation, car l'amour est don inconditionnel. Et que serait l'amour de l'autre s'il était assorti de pressions pour qu'il renonce à sa propre liberté, par exemple, s'il restait au sein du couple par peur (peur de rétorsion, peur de faire mal, etc.) ou par contrainte (obéissance au désir des parents, subordination aveugle à des principes non intégrés, etc.) ? Il ne serait que soumission, or l'amour est don spontané.

On croit souvent que, quand on aime une personne, on a des droits sur elle et qu'elle a des obligations envers nous ; c'est faux. Même si l'autre nous aime, c'est faux aussi. L'amour ne donne aucun droit de propriété, de regard, de savoir, d'intrusion, de contrôle. Et il n'impose aucune obligation de faire ou de laisser faire.

Bien entendu, la vie de couple, par la proximité, les partages et la cohabitation qu'elle implique, instaure de façon tacite un statut privilégié qui donne accès à l'intimité de l'autre, et la faculté, sinon le droit, de savoir ce qu'il en est de lui. Mais il faut être bien conscient que c'est un privilège accordé et non un dû, un privilège dont il faut être toujours digne et un privilège toujours renégociable.

Dans le respect de la liberté est compris le renoncement à toute possessivité. Nul n'est la propriété de quiconque. Et nul n'a le droit de contrôler ce que l'autre fait de sa vie et de son corps. Bien entendu, ici aussi, le statut privilégié atténue la rigueur du principe et confère un sentiment d'appartenance réciproque. Il faut toutefois garder à l'esprit que c'est un don que chacun fait à l'autre, et non un dû que l'autre peut exiger. Don qu'il faut mériter chaque jour.

Aimer, ce n'est pas seulement ressentir un sentiment, c'est se comporter avec amour, c'est passer de l'état amoureux au don d'amour, c'est s'engager dans un perfectionnement continu de soi-même et aider l'autre à révéler le meilleur de lui-même, c'est dépasser les limites de son ego, s'élargir, grandir, s'élever et contribuer à l'élévation de l'autre.

Aimer, c'est alors se relier à quelque chose d'intense et porteur de sens, quelque chose qui transcende – lumineuse légèreté ? part divine ? –, quelque chose que l'on ne peut que sentir, car ici les mots glissent, les mots manquent. Quelque chose que seul le silence nomme.

Voie sacrée, voie ambitieuse aussi que celle de la réconciliation entre l'amour, la sexualité et la spiritualité. Et plus encore : la réconciliation entre la femme et l'homme. Pour en finir avec cet abîme ancestral qui les sépare et se prolonge en chacun comme une blessure. Voici venu le temps de l'alliance. Et, pour l'humanité, celui d'une autre civilisation.

BIBLIOGRAPHIE

1. ALBERONI Francesco, *Je t'aime, tout sur la passion amoureuse*, Plon
2. BATAILLE Georges, *L'Érotisme*, Minuit
3. BERNARD Jean-Louis, *Le Tantrisme, yoga sexuel*, Belfond
4. BOTTERO Jean, « Tout commence à Babylone », *L'Histoire*, n° spécial « L'Amour et la sexualité »
5. CHANG Jolan, *Le Tao et l'art d'aimer*, Calmann-Lévy
6. CHAPSAL Madeleine, interview dans *Psychologie Magazine*, janvier 1998
7. DESJARDIN Arnaud, *Pour une vie réussie*, La Table ronde
8. DE SMEDT Marc, *L'Érotisme chinois*, Solar
9. FREUD Sigmund, *Correspondance*, Gallimard
10. FERENCZI Sandor, *Thalassa*, Payot
11. FLANDRIN Jean-Louis, *Le Sexe et l'Occident*, Seuil
12. FROMM Éric, *Avoir ou être*, Robert Laffont
13. GARY Romain, *La nuit sera calme*, Gallimard Folio
14. GRODDECK Georg, *Le Livre du ça*, Gallimard
15. GRUYER Frédéric, *Le Paradis trop violent*, Robert Laffont
16. HALL Édouard, *La Dimension cachée*, Seuil
17. IŒLEN Jacqueline, *Un amour infini*, Albin Michel
18. IŒLEN Jacqueline, *Propositions d'amour*, Albin Michel
19. RAMER S.M., *Le Mariage sacré à Sumer et à Babylone*, Berg International
20. LACORDAIRE Henri, *Sainte Marie-Madeleine*, Jérôme Million-Atopia
21. LEDERER Wolfgang, *La Peur des femmes*, Payot
22. LE GOFF Jacques, « Le Refus du plaisir », *L'Histoire*, n° spécial « L'Amour et la sexualité »
23. LELEU Gérard, *Le Traité des caresses*, Flammarion et J'ai lu

24. LELEU Gérard, *Le Traité du plaisir*, J'ai lu
25. LELEU Gérard, *Le Traité du désir*, Flammarion et J'ai lu
26. LELEU Gérard, *Amour et calories*, Flammarion et J'ai lu
27. LELEU Gérard, *Le Jardin des caresses*, Flammarion
28. LELEU Gérard, *La Fidélité et le Couple*, Flammarion
29. LELEU Gérard, *L'Intimité et le Couple*, Flammarion
30. LELEU Gérard, *La Mâle Peur*, J'ai lu
31. LELOUP Jean-Yves, *L'Évangile de Marie*, Albin Michel-Spiritualités
32. LEMAIRE Jean-G., *Le Couple : sa vie sa mort*, Fayot-Sciences de l'homme
33. MALAREWICZ Jacques-Antoine, *Le Couple, quatorze définitions*, Laffont-Réponses
34. MEIGNANT Michel, *Amourologie*, Buchet-Chastel
35. MORRIS Desmond, *Le Singe nu*, Grasset
36. NELL ! René, *L'Érotique des troubadours*, Privat
37. NIEMAN Joël, extrait d'une conférence au Centre de psychosynthèse du Sud-Ouest
38. ODIER Daniel, DE SMEDT Marc, *Les Mystiques orientales*, J'ai lu
39. PECK Scott, *Le Chemin le moins fréquenté*, J'ai lu
40. ROUCHE Michel, *Le plaisir sexuel est-il un péché ?*, Le Prat
41. SALOMÉ Jacques, *Passeur d'âme*, Dervy
42. SALOMÉ Jacques, *Jamais seul ensemble*, De l'Homme
43. SALOMÉ Jacques, *Pour ne plus vivre sur la planète Taire*, Albin Michel
44. SALOMÉ Jacques, interview dans *La Vie naturelle*, septembre 1996
45. SALOMON Paule, *La Sainte Folie du couple*, Albin Michel
46. SOT Michel, « La Genèse du mariage chrétien », *L'Histoire*, n° spécial « L'Amour et la sexualité »
47. TANNEN Deborah, *Décidément tu ne comprends pas*, Robert Laffont-Réponses
48. TENNENBAUM Sylvie, *Bien vivre sa vie de couple*, Inter-Éditions
49. VAN GULIK Robert, *La Vie sexuelle dans la Chine ancienne*, Gallimard-Tel
50. VEYNE Paul, « Les Noces du couple romain », *L'Histoire*, n° spécial

« L'Amour et la sexualité »
51. WELWOOD John, *Le Couple, cet inconnu*, Le Souffle d'or-Parole
52. WINTHER Ruth, *Le Livre des odeurs*, Seuil

Dépôt légal : mai 2018 N° imprimeur : 051860475
Imprimé en France par Présence Graphique - Monts.